Leben mit dem Tod

von

Helmut Thielicke

J. C. B. Mohr (Paul Siebeck) Tübingen 1980

CIP-Kurztitelaufnahme der Deutschen Bibliothek

Thielicke, Helmut:
Leben mit dem Tod / von Helmut Thielicke. –
Tübingen: Mohr, 1980.
   ISBN 3-16-142962-1

Helmut Thielicke
Leben mit dem Tod

Erst da ich sterbe, spür' ich, daß ich bin

HUGO VON HOFMANNSTHAL

Wir werden sehen, wenn das Licht erlischt

ERNST JÜNGER

's Leben wär' koan Pfifferling wert, wenn's 'n Tod net gäb'

Aus dem Bairischen

Gott liebt das Leben, er hat es ja erfunden

PAUL TOURNIER

Die Hölle? Ich glaube, es ist die Welt, in der es keine Liebe
mehr gibt. Wir sterben ja nicht, um tot zu sein, um etwas
Totes zu sein. Wir sterben zum Leben, wir sterben in
einem Plan   KNUT HAMSUN

Tota vita discendum est mori

SENECA

Über nichts kann der Mensch Herr werden, solange er den
Tod fürchtet. Wer aber den Tod nicht mehr fürchtet, dem
gehört alles.   LEO N. TOLSTOI

Leben; wohl dem, dem es spendet
Freude, Kinder, täglich Brot,
Doch das Beste, was es sendet,
Ist das Wissen, daß es endet,
Ist der Ausgang, ist der Tod.
THEODOR FONTANE

Vorwort

Jahrzehnte zuvor habe ich schon einmal das Thema „Tod" in einem Buche behandelt. Es wurde inmitten der Schrecken des Bombenkrieges und der Diktatur geschrieben. Da mir ein Reise-, Rede- und Schreibverbot auferlegt war, konnte das Werk in Deutschland nicht publiziert werden. Das Manuskript wurde im Diplomatengepäck in die Schweiz geschmuggelt, wo es im Verlag Oikumene (Genf) zunächst anonym erschien und bei mancherlei Kursen verwendet wurde, die für deutsche Kriegsgefangene in aller Welt eingerichtet waren. Nach dem Krieg wurde das Buch unter dem Titel „Tod und Leben" in mehreren Auflagen vom J. C. B. Mohr-Verlag in Tübingen herausgebracht*.

Inzwischen haben sich mit der Situation auch viele Fragestellungen verändert. So konnte von dem früheren Buch kein Stein auf dem anderen bleiben. Es wurde ganz neu geschrieben. Nur hie und da findet sich ein kürzerer Passus aus dem früheren Text, selbst dann aber ist er wesentlich überarbeitet.

Gleichwohl hoffe ich, daß auch in dieser Gestalt des Buches manche Spuren erkennbar bleiben, in denen sich eigene Begegnungen mit dem Tode kundtun. Sie wurden dem Verfasser nicht nur im Kriege zuteil, sondern auch in

---

* Eine amerikanische Ausgabe erschien unter dem Titel: Death and Life, übersetzt von EDWARD H. SCHROEDER, bei Fortress Press, Philadelphia.

dunklen Krankheitszeiten. Ohne diesen Hintergrund hätte er das Buch kaum schreiben können.

Es ist übrigens für Menschen verfaßt, die über das Lebensende nachdenken, und vermeidet möglichst eine theologische Fachsprache. Fremdsprachliche Zitate werden übersetzt oder sind in den Anmerkungsteil verwiesen.

Dem Text liegt das erweiterte Manuskript einer Vorlesung zugrunde, die ich für Hörer aller Fachbereiche in Hamburg hielt. Statt von ,,Hörern" spreche ich nun von ,,Lesern", habe aber sonst den Vorlesungsstil weitgehend beibehalten.

Helmut Thielicke

Inhalt

Abkürzungen

1. Kapitel

Problemüberblick

Ein erster tour d'horizon

a) Beginn und Ende des menschlichen Lebens.
Unterscheidung zwischen den Dimensionen des Bios
und des Humanum

Ich glaube nicht, daß mein Eindruck mich trügt, wenn
ich sage, daß in unsern Tagen die Frage nach dem Beginn
und dem Ende menschlichen Lebens zu den meistdiskutier-
ten ethischen – man kann auch sagen: zu den ,,existenziel-
len'' – Fragen gehöre. In beiden Fällen gewinnt diese Frage
metaphysische Brisanz. Sie bringt den Horizont menschlichen Daseins in den Blick. In ihr wird der Sinn unseres
Lebens zum Problem.

Was zunächst den *Beginn* des Lebens betrifft, so ist jedem
nachdenklichen Beobachter schon an den Diskussionen über
den Schwangerschaftsabbruch und seine Legalisierung (in
weiten Bereichen der Welt ist diese Frage ja aktuell!) klargeworden, wie jede Überlegung dazu sehr schnell alle *nur*
hygienischen, juristischen oder auch soziologischen Kriterien hinter sich lassen muß und auf die Frage nach dem
Verständnis des menschlichen Lebens drängt, das hier hintergründig unsere Entscheidungen leitet.

Ganz gleich nämlich, ob man sich zur Indikations- oder Fristenlösung durchringt: in beiden Fällen sehen wir uns mit dem Faktum konfrontiert, daß bereits das werdende Leben, so gewiß es eben ,,menschliches" Leben ist, unter einem Tabu steht. Insofern bleibt es einer willkürlichen Verfügung, das heißt einem in unser Belieben gestellten Abortus artificialis, entzogen. Doch sofort stellt sich hier die Frage: ,,Ab wann" geht es denn bei diesem Werdenden um ein spezifisch *menschliches* Leben? Wo ist die Zäsur gegenüber einer – ich sage es einmal so – nur biologischen ,,Prae"-Existenz des Humanum? Bedeutet etwa die Zeugung selbst schon den Beginn des menschlichen Lebens? oder die Einnistung? oder die erste humane Gestaltwerdung des Embryo nach den Anfangsmonaten der Schwangerschaft?

Wir erinnern uns an MICHELANGELOS berühmtes Dekkengemälde in der Sixtina, das die Erschaffung des Menschen symbolisiert: Adam, der Mensch, erscheint schon in vollkommener Gestalt. Doch er ist noch nicht belebt und durchgeistet, obwohl sein Bein schon angezogen ist; im nächsten Augenblick wird er sich erheben und auf eigenen Füßen stehen. Gott-Vater schwebt auf ihn zu, um ihn durch seinen Finger und seine Geistmitteilung zum belebten Ebenbilde seiner selbst zu machen. Adam ist in diesem Augenblick noch kein Mensch. Er ist erst ein Menschen-,,Kandidat".

Die Analogie, auf die ich anspiele, und die Frage, die ich durch sie gestellt sehe, liegen auf der Hand. Ich frage mich nämlich, ob der Mensch auch in seinem gleichsam vormenschlichen Stadium (wir denken wieder an den Embryo!) bereits unter dem Tabu des Humanum steht, oder ob wir in dieser Phase über ihn wie ein Ding, ein noch nicht du-haftes Etwas, verfügen können. MICHELANGELO entscheidet sich wohl, wenn ich recht sehe, im Sinne eines solchen Tabus.

Denn auch der noch unerwachte, noch nicht zu sich selbst gekommene Menschen-„Kandidat" strahlt schon kommende Würde aus und ist – erwartend – dem Du des Schöpfers zugeordnet. Das Ziel des Humanum ist in der Vollkommenheit seiner Gestalt schon präfiguriert.

Wenn sich so bereits hier die Differenzierung zwischen nur biologischem und im strengen Sinn „menschlichem" Leben ankündigt, stellt sich natürlich sofort und noch einmal die Frage, wann denn nun beim werdenden Leben diese spezifisch „menschliche" Phase beginne. Man könnte auch fragen: Wo liegt in der Evolution die Zäsur, von der ab die eigentliche Tabu-Phase beginnt?

Man denke nicht, daß das eine ausgesprochen moderne Fragestellung sei, die bestimmte Resultate der Embryonal-Forschung voraussetze. Das Specificum menschlichen Wesens und damit auch die Frage, wann und wodurch es sich über den bloßen Bios-Bereich erhebe, war auch den Alten bekannt. Das hängt mit ihren religiösen Bindungen zusammen. Wer nämlich den Menschen als Ebenbild Gottes versteht, als ein Wesen also, das aus dem sonstigen Kreaturbereich herausgerufen und besonderer Privilegien teilhaftig ist, der *muß* selbstverständlich auf diese Frage stoßen. Natürlich kann sie in Antike und Mittelalter nicht als eine „wissenschaftliche" Fragestellung heutigen Sinnes auftauchen. Sie äußert sich vielmehr in der Chiffre eines *religiösen* Interesses, und zwar in der Frage, wie und wann die „Beseelung" des menschlichen Keimes eintritt[1].

Daß es hierbei oft zu wunderlichen Spekulationen kommt, die bei uns Heutigen manchmal den Sinn für Humor mobilisieren können, darf uns nicht daran hindern, historisch zu denken und die Argumente einer Zeit ernst zu nehmen, die weit *vor* einer naturwissenschaftlich orientierten Medizin liegen. Es geht um genau jenes Interesse an der

Zäsur zwischen der Kandidatenzeit des Humanum und
seiner Inthronisierung in die Vollgültigkeit. Die Chiffre zur
Markierung dieser Zäsur ist der Begriff der ,,Beseelung"
und damit der eigentlichen Menschwerdung. Vom Augenblick der Beseelung an wird der Eingriff in das keimende
Leben zur ,,Tötung eines Unschuldigen"[2]. In der Scholastik
wird die Frage nach dem Termin der Beseelung im
Anschluß an ARISTOTELES so beantwortet (die Idee der
Gleichberechtigung der Geschlechter spielte hier noch keine
Rolle!), daß die Knabenembryos nach vierzig, die Mädchen-
embryos dagegen erst nach achtzig Tagen beseelt werden.
Aber auch bei modernen katholischen Stellungnahmen, für
die derartige Theorien kaum noch maßgebend sind, wirkt
die Beseelungstheorie insofern nach, als man genau den
Zeitpunkt bestimmt, in dem die Befruchtung, sprich: die
Menschwerdung vollzogen ist (etwa 48 Stunden nach der
Zeugung). Dieser Zeitpunkt stellt die Zäsur dar, bis zu der
in besonderen Fällen (etwa Vergewaltigung) durch Spülun-
gen und Einspritzungen die eintretende Schwangerschaft
manipuliert werden darf.

Der mythologische Eindruck, den jene Beseelungstheorie
heute auf uns macht, sollte uns nicht davon abhalten, die
eigentliche Lehr-*Intention*, die man verfolgt, zu respektieren. Es geht ja um die Absicht, das potentielle vom wirklichen Leben zu unterscheiden und daran das verschiedene
Gewicht einer Schuld zu verdeutlichen, das zwischen einer
unerlaubten Verhinderung und einer Unterbrechung der
Schwangerschaft waltet.

Im Grunde hat sich diese Fragestellung für uns Heutige
nicht geändert, wenigstens soweit es das *Prinzip* anbelangt,
um das es der Beseelungstheorie ging. Wir drücken diese
Fragestellung nur anders aus. Und um sie auszudrücken,
bedienen wir uns des Terminus der Humanitas und ihrer

Privilegien. In eben diesen Privilegien ist ja das ausgedrückt, worin das Humane den bloß biologischen Status übersteigt. Das Problem lautet nun: Läßt sich diese Frage nach dem Beginn der Humanitas mit nur medizinischen Mitteln überhaupt entscheiden? Spätestens bei den Verhandlungen über den Schwangerschaftsabbruch und über die Frage, ab wann die Schutzwürdigkeit menschlichen Lebens beginne, ist auch im öffentlichen Bewußtsein Klarheit darüber entstanden, daß nur medizinische Kategorien eben *nicht* zureichen, um die nötigen Kriterien für diese Entscheidung zu liefern. Ein Symptom dafür ist allein schon die Uneinigkeit der Ärzte, die mit ihrem Meinungsstreit über jenen Termin bekanntlich nicht zu Rande kommen.

Daß diese Kontroversen nicht zu einer objektivierbaren Lösung finden, liegt daran, daß es hier um metamedizinische Probleme geht. Ein einfacher Hinweis kann das verdeutlichen: Man muß nämlich angesichts der strittigen Terminfrage sagen können (und zwar *bekennend* sagen können), was man unter dem Menschen versteht. Über dieses sein „Wesen" lassen sich aber keine Aussagen machen, solange man nur in empiristischer Manier das Phänomen Mensch beschreibt. Es ist amüsant, wie NORBERT WIENER in seinem bahnbrechenden Kybernetik-Werk (Mensch und Menschmaschine, 1952) die bloße Phänomenbeschreibung des Menschen ad absurdum führt: Die allgemeinste empirische Feststellung, so meint er, könne etwa lauten, der Mensch sei ein „federloser Zweifüßler". Doch dann, fügt er hinzu, werfe man ihn „mit einem gerupften Huhn, einem Kängeruh oder einer Springmaus in einen Topf" – ein Zeichen dafür, daß das Eigentliche des Menschseins sich mit derart phänomenologischen Kriterien eben nicht bestimmen läßt.

Offenbar ist im Wesen des Menschen etwas enthalten, das in keine Phänomenbeschreibung eingeht, das also in seinem

Kern gewissermaßen unsichtbar bleibt. Wesentlich ist nämlich, daß der Mensch sich selbst zu *transzendieren* vermag, ja
daß er das *muß*. HERDER sagt dazu in seinen „Ideen zur
Philosophie der Geschichte der Menschheit", der Mensch
sei keineswegs eine unfehlbare Maschine in den Händen der
Natur, sondern werde „sich selbst Zweck und Ziel der
Bearbeitung". Indem er so nicht bloße Marionette ist, die
der Außensteuerung unterliegt, sondern sich vom Schöpfer
mit der Gabe ausgestattet sieht, *eigenes* Aktzentrum zu sein,
lebt er im offenen Risiko. Er kann mit diesem vom Schöpfer
verliehenen Pfund selbstverantwortlicher Existenz sowohl
wuchern, wie er es auch verspielen kann.

Analog dazu sagt SCHILLER in seiner Schrift über
„Anmut und Würde", bei dem Tier und der Pflanze gebe
die Natur nicht bloß die Bestimmung und damit das Ziel
der Entwicklung an, sondern „führt sie auch allein aus.
Beim Menschen aber gibt die Natur bloß die Bestimmung
an und überläßt ihm selbst die Erfüllung derselben". Das
besagt doch: Das *Ziel* seines Daseins ist zwar dem Menschen „gegeben". Es steht nicht in seiner Verfügung, sich
selbst seine Bestimmung zu verordnen. Der *Weg* dahin aber
ist ihm „aufgegeben". An dieser Aufgabe kann er dann
auch scheitern. Das Experiment seines Menschseins kann
möglicherweise nicht aufgehen, er könnte sogar „ent"-
menschen.

Das alles bedeutet doch: Der Mensch muß sich selbst
allererst *entwerfen* auf ein „Woraufhin". Er soll *werden*, was
er ist. Um aber dieses Werden zu vollziehen, muß er eben
fragen, was er „ist", worin seine Identität besteht. Und das
wieder impliziert die weitere Frage, welche *Bestimmung* er
habe, im Namen welchen *Sinnes* er lebe und welche *Werte* er
verwirklichen solle. Zugleich wird dadurch die Möglichkeit
eröffnet, daß der Mensch seine Bestimmung, das heißt sich

selbst auch verfehlen könne, während das Tier diesen Ent-
scheidungs- und Selbstverfehlungsmöglichkeiten nicht
unterworfen ist.

Welchen Grad von Relevanz dieses Problem gerade in
unserer Generation hat, zeigt sich an der viel besprochenen
Identitätsnot, auch an den mancherlei Selbsterfahrungsexerzi-
tien, mit denen man sie therapeutisch anzugehen sucht[3].
Wie kommt es deshalb – so möchte ich hier ganz nebenbei
fragen –, daß man auf Ärzte-Kongressen und bei juristischen
Verhandlungen zur Strafrechtsreform die Stimme von Philosophen und Theologen zu hören wünscht? Liegt es nicht
daran, daß das Menschwerden eben derart metaphysiologi-
sche und metajuristische Probleme aufwirft, und daß psy-
chosomatische Zusammenhänge – ebenso wie etwa das
Thema ,,Strafe'' – eine Affinität gerade zu diesen Problemen
der Identität und der Bestimmung, letzten Endes also des
Sinnes unseres Menschseins haben?

So kann LUDWIG WITTGENSTEIN im Tractatus logico-
philosophicus (1969, 6.41) etwa sagen: ,,Der Sinn der Welt
muß außerhalb ihrer liegen. In der Welt ist alles, wie es ist,
und geschieht alles, wie es geschieht; es gibt *in* ihr keinen
Wert – und wenn es ihn gäbe, so hätte er keinen Wert. Wenn
es einen Wert gibt, der Wert hat, so muß er außerhalb alles
Geschehens und Soseins liegen. Denn alles Geschehen und
So-Sein ist zufällig.'' – Damit ist das Transzendierende, das
ich meine, sehr genau umschrieben.

Diese Problematik von Wesen und Sinn menschlichen
Daseins aktualisiert sich nun erst recht, wenn es um das
Ende und die Endlichkeit, wenn es also um den *Tod des
Menschen* geht.

Wir machen uns das – zunächst nur vorläufig – an einigen
Fragen klar, vor die uns die Tatsache unseres Sterbens stellt

(und zwar so stellt, daß sie uns alle schon einmal bewegt haben, keineswegs nur in den sogenannten Grenzsituationen).

Erste Frage: Gehen wir sterbend vom Sein ins Nicht-sein, ins Nicht-mehr-sein, über? Und ist der Tod dann der Modus dieses Nicht-seins?

Interpretieren wir den Tod in diesem Sinne, wirkt das zugleich auf unser Lebensverständnis zurück (wie das übrigens alle Todesinterpretationen tun). Ein klassisches Beispiel dafür gibt EPIKUR in seinem Brief an MENOIKOS[4]: „Gewöhne dich an den Gedanken, daß der Tod uns nichts angeht. Denn alles Gute und Schlimme beruht auf der Wahrnehmung. Der Tod aber ist der Verlust der Wahrnehmung (und gerade insofern eine Form des Nicht-seins). . . . Das schauerlichste Übel also, der Tod, geht uns (in der Tat) nichts an. Denn (jetzt kommt der berühmt gewordene Satz:) solange wir existieren, ist der Tod nicht da, und wenn der Tod da ist, existieren wir nicht mehr. Er geht also weder die Lebenden an noch die Toten; denn die einen berührt er nicht, und die andern existieren nicht mehr." Insofern ist Todesfurcht nach EPIKUR ein Nonsens. Über diesen Nonsens aufgeklärt zu werden, ihn zu durchschauen, befreit automatisch auch von dieser absurden Todesfurcht und gibt uns der Ungebrochenheit des Lebens und dem Lebensgenuß zurück.

Woran mag es nun liegen, so möchte ich fragen, daß dieser so eingängig formulierte Gegensatz von Sein und Nicht-sein es – aller scheinbaren Logik zuwider – eben *nicht* vermocht hat, sich im Bereich des Emotionalen durchzusetzen und den Menschen von der Endlichkeitsangst zu befreien? Das ist doch offenbar so – oder? Könnte es nicht daran liegen, daß jene absurde Angst *deshalb* bestehen bleibt und sich resistent gegenüber aller Aufklärung verhält, weil wir eben unser Nicht-sein nicht denken können, und die Absurdität sich so auf die Unzugänglichkeit dieses ,,Nichts" verlagert?

Darüber hat JEAN AMÉRY in seinem Diskurs über den Freitod einiges Nachdenkenswerte vermerkt. Er spricht davon, daß unser Denken von der ,,Lebenslogik" beherrscht sei. Damit meint er eine Logik, die mit ,,Seins-kategorien" arbeitet und sich darum ständig auf unser Dasein und das uns begegnende Seiende bezieht. Das Nicht-sein ist von diesen Kategorien der Lebenslogik her nicht zu erfassen. Es erscheint in ihrem Rahmen geradezu als Absur-dität, als das Nicht-Denkbare: ,,Weil es vom Sein zum Nicht-sein keine Brücke gibt, sind wir so hilflos in unserm Nachdenken über den Tod." Dann aber liegt die von LUD-WIG WITTGENSTEIN getroffene[5] Feststellung in der Tat nahe: ,,Zu einer Antwort, die man nicht aussprechen kann, kann man auch die Frage nicht aussprechen. . . . Wovon man nicht sprechen kann, darüber muß man schweigen." Das heißt doch, auf unser Problem übertragen: Da das Nicht-sein eine unaussprechliche Antwort wäre, ist auch die Frage nach ihm illegitim geworden. Nach etwas Absurdem zu fragen, ist selber absurd. Das aber bedeutet: Wenn das Nicht-sein, das Nicht-mehr-sein mein Geschick ist, dann ist das mich Ängstende die Frage selbst. Denn der Weg, auf den ich mich mit ihr begebe, ist das Weglose ,,in Potenz". Mein Seinsgeschick wird damit weg- und wesenlos. EPI-KURS Tröstung findet so ein abruptes Ende, weil das alle Endlichkeitsangst auslöschende Nicht-sein sich dem Zugriff meines Denkens entzieht. Also bleibt mein Denken gegen-über dem Tode wehrlos.

Die *zweite Frage*, die vom Sterben her an unser Leben gestellt wird, ist die *Sinnfrage*. Ich möchte diese Frage illustrieren durch eine Leser-Zuschrift, die die in Moskau erscheinende atheistische Monatsschrift ,,Wissenschaft und Religion" neben vielen andern empfing, als sie einen provozierenden Leitartikel veröffentlicht hatte mit dem Titel: ,,Wofür lebt der Mensch?"[6]

In dieser Leser-Zuschrift heißt es – ich zitiere nur ein paar Sätze –: ,,Wenn mein Leben auf der Erde in meiner irdischen Hülle entsteht, sich erfüllt mit Verstand und Empfindungen, und das alles dann verschwindet (sich einfach im Nicht-sein auflöst) . . ., dann ist dieses Leben eine unerträgliche Absurdität. Wofür soll dann der Mensch seinen ihm gegebenen Verstand ausbilden und seine Empfindungen entfalten, wenn er aus dem ,Nichts' entstanden ist . . . und sich in ein ,Nichts' verwandelt? Wofür soll ich ein vergängliches Bewußtsein meines Daseins haben, wenn ich in diesem kurzen Augenblick Myriaden Himmelslichter sah, lernte zu addieren und zu dividieren . . ., Entzücken und Grauen zu erleben, mich an der Schönheit zu erfreuen . . . und selbstlos zu lieben? Wofür – fragt man sich – war das alles mir gegeben, wenn ich nicht ewig bin, sondern schon im nächsten Augenblick in ein Nicht-sein, und sogar ohne Traumbilder, entschwinde?" Ist dies im Tod erlöschende Leben nicht ,,ein phantastischer Alptraum?"

Der Gedankenzusammenhang, in dem man diese Leser-Äußerung sehen muß, sieht so aus: Der redaktionelle Vorspann, der die Fülle der Zuschriften auslöste, hatte nach marxistischer Manier die Frage ,,Wofür lebt der Mensch?" beantwortet. Diese Antwort konnte hier nur lauten, daß der Mensch für bestimmte ,,Zwecke" da sei, vor allem für den Zweck einer Veränderung der Gesellschaft. Da Zwecke immer endliche Größen sind, bildet auf der pragmatischen

Ebene die Endlichkeit des Menschen natürlich kein Problem. Wenn der Mensch nur Mittel zum Zweck ist – ich drücke das bewußt zugespitzt aus –, kann das Mittel problemlos zunichte werden, wenn es seine zweckdienliche Funktion erfüllt hat. Und diese Funktion *kann* es ja in der Tat erfüllen. In dem Augenblick aber, wo der Mensch *nicht* als Mittel zum Zweck, sondern als ,,Selbstzweck" verstanden wird (ich wähle absichtlich keine christliche, sondern eine kantische Formulierung), kann die Frage ,,Wofür lebe ich?" nicht mehr mit dem Hinweis auf immanente Zwecke beantwortet werden. Denn Selbstzwecklichkeit impliziert ein humanes Würdeprädikat, das den Menschen aus immanenten Funktionszusammenhängen gerade herausnimmt. Es besagt ja nichts Geringeres, als daß der Mensch in seinen Funktionen nicht aufgehe. Deshalb kann es makaber wirken, wenn man in Todesanzeigen auch der westlichen Presse lesen kann: Ein Mann habe ,,für die Produktion von Frischmilch" oder als Ingenieur ,,für Heizung und Entlüftung" gelebt.

An die Stelle des Zweckes, der unser Leben nicht bestimmen und erfüllen kann, setzt das humane Würdeprädikat nun den *Sinn*. ,,Sinn" ist eine alles Vorfindliche transzendierende Größe. Sie hat mit der Bestimmung zu tun, die uns zugemessen wurde und die wir uns nicht selber gegeben haben. Eben dieser Sinn wird aber durch unser Ende im Tod nun zum Problem; *das* will der Briefschreiber doch sagen! Durch den Bezug auf den Sinn steht meine Existenz über sich selbst hinaus; sie weist auf etwas, das ihre Endlichkeit transzendiert. Und dies alles sollte abgebrochen werden können?

Das also wird zum Problem, sobald mir die Unbedingtheit meiner Existenz klargeworden ist; man könnte auch sagen: sobald ich den Akzent der Einmaligkeit, der Unver-

wechselbarkeit bemerkt habe, den mir der Sinn meines
Lebens verleiht. Keiner von den mir bekannten Ost-Auto-
ren hat die Last dieses Todesproblems so hellsichtig erblickt
und so klar ausgesprochen wie VÍTĚZSLAV GARDAVSKÝ in
seinem Buch „Gott ist nicht ganz tot": „Ich sterbe – das
heißt: ich werde mein Werk nicht zu Ende führen, ich werde
die, die ich geliebt habe, nicht mehr sehen, ich werde
Schönheit oder Trauer nicht mehr empfinden. In meinen
Sinnen wird nicht mehr die unwiederholbare Musik dieser
Welt widerklingen; ich werde niemals mehr, nirgendwohin, nach keiner Richtung über mich hinausschreiten. Mir
bleibt nur dies letzte" (229).

   Das, was einen in diesem Text anrührt, ist die Aufrichtig-
keit, mit der GARDAVSKÝ sich allen Annahmen einer postmortalen Weiterexistenz versagt, obwohl sie sich ihm denkbar nahelegen. Er hält die Not des Unglaubens aus, obwohl
er sie illusionslos als Not (!) an sich herankommen läßt.
Denn als Mensch leben, heißt in einer Fülle von sinnhaften
Bezügen leben, vor allem im Bezug der Liebe und im
Getragensein von Sinn. Er spricht von der „unwiederholba-
ren Musik", die in uns widerklingt. Und dieses nicht neu
reproduzierbare Einmalige sollte zu Ende sein können? Wir
können es nicht „denken" (auch AMÉRY hatte das gesagt),
aber wir nehmen das brutum factum hin, über das unsere
gebundenen Augen nicht hinausblicken. Respektgebietend
bei GARDAVSKÝ ist, daß er Fragen stellt – und vor allem *sich*
Fragen stellt –, die offenbleiben müssen. Vielleicht erweist
sich der Rang eines Menschen mehr an dem, was er fragt,
als an dem, was er antwortet.

   Es gibt noch eine *zweite* Variante, in der uns der Tod mit
der Sinnfrage konfrontiert; das zeigt uns ein Blick auf die
überindividuelle Geschichte:

   Schuld und Sühne, Frevel und Unglück erhalten einen

versöhnlichen Akzent, sobald wir längere geschichtliche Fristen und weitergespannte Räume überblicken. Da sind die Abrechnungen der Geschichte, wie BISMARCK einmal gesagt hat, genauer und unerbittlicher als die der preußischen Oberrechnungskammer: Das Böse „pflegt sich" (!) zu rächen, und die Schuld „pflegt" ihre Sühne zu finden. Lügen „pflegen" kurze Beine zu haben, und die Sonne „pflegt" es an den Tag zu bringen. Auch das Gute pflegt Langzeit-Zinsen zu tragen, wenn man (das ist die Bedingung) genügend ausgedehnte Beobachtungsfelder hat.

In der begrenzten Region der Einzelindividualität und der begrenzten Frist zwischen Geburt und Tod klappt es mit diesem Gesetz dagegen nicht: Je kleiner der Beobachtungsraum und je kürzer die Frist, je weniger also das statistische Gesetz der „großen Zahl" in Anspruch genommen werden kann, um so mehr regiert der Zufall und damit das allem Logos Widerstreitende.

Kein Wunder, daß uns gerade bei existenziellen Betroffenheiten die Frage überfällt: Warum das gerade mir? Kein Wunder auch, daß sich speziell hier das Theodizee-Thema meldet. Wir brauchen nur an einen mit multipler Sklerose oder mit Krebs Geschlagenen zu denken: Die Frage lautet dann: „Wie kann Gott das zulassen?" (Es ist genau die Frage, die bei ALBERT CAMUS das Tor zur Absurdität, zur Konzeption der Sisyphus-Existenz öffnet.) In der griechischen Tragödie bildet eben diese Frage den Stachel, der das tragische Geheimnis immer neu hervortreibt. Der sophokleische Ödipus ist dafür wohl das klassische Beispiel: Warum der Doppelfrevel des Inzestes und des Vatermordes sich an ihm, besser: durch ihn vollziehen mußte, das bleibt ein düsteres Geheimnis, das sich in seiner begrenzten Lebensfrist nicht auflösen kann. Die Warum- und damit die Sinnfrage bleibt offen. Sie bleibt damit auch eine offene

Wunde, durch die der Glaube an die Götter zu verbluten droht. Es bleibt kein anderer Ausweg aus der Qual dieser Frage, als daß der geblendete, einsame ,,Ödipus auf Kolonos" das Hadern mit seinem Schicksalsrätsel aufgibt und sich mit ihm versöhnt. Der amor fati, die Einstimmung mit dem Schicksal, wird ihm zur Befreiung. Und was vorher als zerreißender Seelenkampf im Innern tobte, wendet sich nun nach außen, in die Auseinandersetzung mit seinen Söhnen und in deren Verfluchung. Der mit dem eigenen Schicksal Versöhnte wirkt neue Schicksale. Die begrenzte Lebensfrist des Menschen zwischen Geburt und Tod, seine Endlichkeit also, läßt auch hinfort keine Lösung der Warum-Frage im Horizont unseres Lebens zu. Der Wächter über dieser Endlichkeit ist der Tod. Er bildet die Grenze, die Zäsur, die die Lichtung des Daseins durch das Dunkel begrenzt: durch ein Dunkel, in dem alle gebahnten Wege aufhören und das Unübersehbare beginnt. Man kann es Mysterium nennen oder auch Absurdum, wie man eben mag oder sich entscheidet.

Die *dritte Frage*, die der Tod an unser Leben stellt, wird uns später bei der Behandlung NIETZSCHEs noch genauer beschäftigen. Ich nenne sie an dieser Stelle nur um der systematischen Vollständigkeit willen. Es ist die Frage, ob wir das Recht und womöglich den Auftrag haben, unsern Tod nicht nur als Seinsgeschick über uns ergehen zu lassen, sondern ihn zu ,,vollziehen", sei es als Suizid, sei es als Euthanasie. Gehört das Sterben als selbstgewollter Vollzug, als autonomer Richterspruch über uns selbst nicht zu eben jenen Privilegien des Humanum, über die das Tier nicht verfügt? Sind Selbstmord und Euthanasie nicht die Signatur unserer Freiheit, einer Freiheit nämlich, die uns auch die Verantwortung für unser Noch-da-Sein oder Nicht-mehrda-sein-Dürfen aufbürdet? Richter über uns selbst zu sein, könnte gerade eine hervorgehobene Signatur unseres Menschsein und seiner Selbsttranszendierung sein – oder? Wir lassen diese Frage zunächst so stehen und kehren später zu ihr zurück.

b) Die Personhaftigkeit menschlichen Sterbens

1. Der Tod als Ende eines Einmaligen,
als Ende aller Beziehungen

Alle diese Fragen des Todes an das Leben werden nur verständlich, wenn wir uns klarmachen, daß menschliches Sterben anders ist als tierisches Verenden: daß es nämlich in seiner Eigenschaft als biologischer Vorgang nicht aufgeht, sondern an der Personhaftigkeit meines Ich teilnimmt. „Personhaftigkeit" besagt hier, um es zunächst nur negativ auszudrücken: Mein Ich ist nicht bloß das austauschbare Exemplar einer Gattung, sondern es hat den Charakter der Einmaligkeit. (Was dieser Charakter, christlich gesehen, bedeutet, werden wir noch behandeln.) Für das bloße Exemplar einer Gattung, etwa für eine Fliege, stellt sich das Todesproblem nicht. Es geht in der fortlebenden, es überlebenden Gattung auf. Der Akzent der Unbedingtheit aber, der auf die menschliche Existenz gelegt ist, gibt ihr den Charakter der Einmaligkeit. Der Tod wird hier dadurch zum Problem, daß er Einmaliges beendet und daß er mehr und anderes ist als ein bloßer Naturvorgang.

Ich glaube deshalb, daß CARL ZUCKMAYER recht hat, wenn er BERT BRECHT vorwirft[7], er löse das, was wir hier als „Einmaligkeit" bezeichnen, in den Rhythmus bloßer Naturvorgänge auf; er sei hier massiv „heidnisch". Denn, so heißt es bei BRECHT:

Lobet den Baum, der aus Aas
aufwächst jauchzend zum Himmel!
Lobet das Aas,
Lobet den Baum, der es fraß,
Aber auch lobet den Himmel.

Sollte menschliches Geboren-werden und Sterben tatsächlich in diese kreative Abfolge von Aas und Baum,
Baum und Aas hineinintegriert sein?

Ich erinnere mich an das Tagebuch eines gefallenen jungen Soldaten. Darin berichtet er, wie er hingerissen und
vom Frühling gleichsam berauscht einen blühenden Flieder-
busch auseinander bog und darunter die Leiche eines halb-
verwesten Soldaten fand. Warum traf ihn hier der Schock
der Vergänglichkeit, den er bewegend schildert? Hätte er
neben dem blühenden Flieder nur verwelkte Büsche gesehen, so wäre ihm das kaum als Gegensatz erschienen,
sondern als der natürliche Auf- und Abtakt im Lebensrhythmus, als Ausdruck jenes erhaltenden Gesetzes also, das
BERT BRECHT zu der Aufforderung bewegt, ,,auch" den
Himmel zu preisen. Der tote Soldat aber erschien ihm als
Widerspruch zu dieser Schöpfungswelt, als ein Stück Unnatur, das dem Tod die Maske des Fremdlings, eine Horror-
Maske sozusagen, verlieh.

Es liegt sicher an diesem die Natur transzendierenden
Charakter des menschlichen Todes, daß er auch naturwissenschaftlich nicht zu definieren ist, oder etwas sorgfältiger
formuliert: daß er sich nicht in einer derartigen Definition
erschöpft. Auf dieser Ebene tritt die Differenz zwischen
dem Verenden eines Versuchshundes und dem Sterben eines
Patienten auf der Intensivstation noch nicht hervor. Insofern
kommt das Specificum menschlichen Sterbens hier auch
nicht zur Sprache.

Ich versuche nun, dieses Specificum an einigen Modellen zu verdeutlichen, die ich im wesentlichen der Dichtung entnehme.

1. Die Wahrheit des menschlichen Todes bricht erst dann hervor, wenn ich in der ersten Person sprechen kann: ,,Ich sterbe", wenn ich also den Tod als den meinigen, mir zugehörigen verstehe. Erst wenn es so um *meinen* Tod geht, wird er aus einem allgemeinen und insofern immer noch halbwahren Phänomen zu einem persönlichen Widerfahr- nis, in dem ich das Geheimnis meines Daseins erfahre. Der Tod muß mir also zuwachsen. Er muß, wie RILKE sagt, ,,in mir" wachsen.

In diesem Sinne konnte KARL HOLL auf dem Sterbebette sagen, als ihm der Arzt durch ein Narcoticum über die letzte Schwelle hinweghelfen wollte: ,,Ich werde mir doch *meinen* Tod nicht rauben lassen!" Selbstverständlich bewegte ihn hier nicht die Neugier eines Naturwissenschaftlers, der das Erlöschen des vitalen Lebens ,,von innen" wahrnehmen möchte (so etwas wird zum Beispiel von HEMINGWAY berichtet), sondern das Geheimnis des Daseins, zu dem sein je eigener Tod gehört, und das sich deshalb in diesem ,,je Eigensten" kundgibt.

Auf die so betonte Personhaftigkeit des Sterbens hat auch M. HEIDEGGER in ,,Sein und Zeit" aufmerksam gemacht: Indem ich den Tod zu einem objektiven Faktum mache im Sinne des Satzes ,,Man stirbt", weigere ich mich, ihn als eigenen Tod zu übernehmen. ,,Das ,man stirbt' verbreitet die Meinung, der Tod treffe gleichsam (nur) das Man. Die öffentliche Daseinsauslegung sagt: ,man stirbt', weil damit jeder andere und man selbst sich einreden kann: je nicht gerade ich; denn dieses Man ist das Niemand . . . Das Man besorgt dergestalt eine ständige Beruhigung über den Tod." – Diese Beruhigung hört auf, sobald sich mir am Sterben gezeigt hat, ,,daß der Tod ontologisch durch Jemeinigkeit und Existenz konstituiert wird"[6].

In TOLSTOIS Novelle ,,Der Tod des Iwan Iljitsch" vollzieht Pjotr Iwanowitsch genau diese Verdrängung des Sterbens in das Man. Er begeht diesen Raub an der Jemeinigkeit in einer Weise, die das Gesagte höchst prägnant illustriert: ,,Drei Tage und drei Nächte furchtbare Leiden und der Tod. Das kann ja auch mich jeden Augenblick treffen, dachte er. Aber sofort, er wußte selbst nicht wie, kam ihm der alltägliche Gedanke zu Hilfe, daß es ja Iwan Iljitsch, nicht ihn getroffen habe und daß es ihn nicht treffen dürfe und nicht treffen könne . . . Diese Betrachtung beruhigte Pjotr Iwanowitsch . . ., als wäre der Tod ein Ereignis, das nur Iwan Iljitsch eigentümlich, ihm aber ganz fremd sei."

Der ungarische Lyriker GYULA ILLYÉS hält in seinem Essay-Roman ,,Die schönen alten Jahre. Im Boot des Charon" (1975) dazu gleichsam ein Korreferat, wenn er sagt:

,,Unser eigener Tod ist für uns alle unvorstellbar; wir empfinden ihn absurd; und diese Absurdität ist offenbar die Voraussetzung dafür, daß wir jene andere Absurdität zu Ende bringen, die man Leben nennt." – Das heißt doch wohl, wenn ich richtig interpretiere: Jede Absurd-Erklärung ist eine Form von Distanzierung, ein Nicht-an-sich-Heranlassen. Das damit Gemeinte wird aus dem Umkreis dessen, was wir besorgen, womit wir alltäglich hantieren und was wir in ständigen Anläufen rational bewältigen, dezidiert *ausgeschlossen*.

Am Gegenbilde dieser Verdrängung in das Man oder in einen zu beobachtenden physiologischen Ablauf oder in die Irrealität des Absurdum zeigt sich nun das Eigentliche menschlichen Sterbens: daß es eben ein personhaftes Geschehen ist, das unverwechselbar zu mir gehört.

2. Das zweite Modell, an dem wir uns diese Personhaftigkeit, diese Besonderheit menschlichen Sterbens verdeutlichen können, bieten uns einige HÖLDERLIN-Verse aus dem
Gedicht ,,Der Mensch", die auf die verschiedenen Weisen
des Seins zum Tode bei Mensch und Tier hinweisen:

> Denn freier atmen die Vögel des Waldes, wenn schon
> Des Menschen Brust sich herrlicher hebt, und der
> Die dunkle Zukunft sieht, er muß auch
> Sehen den Tod und ihn allein fürchten.

HÖLDERLIN begründet hier die tierisch-menschliche Differenz im Wissen um den Tod nicht dadurch, daß er dem
Tier die Seele abspräche, wie das in der Antike etwa
HOMER, PLATO und PHILO taten. Sondern er sieht diese
Differenz in der Verschiedenheit des Wissens, besser: in der
Verschiedenheit des Selbstbewußtseins. Die Vögel atmen
freier und unbedroht vom Tode (es sei denn, daß sie in
akuter Todesgefahr sind), weil die Zeitdimension
,,Zukunft" keinen Ort in ihrem Bewußtsein hat. Sie gehen
im Augenblick, im Nu des Jetzt auf. Indem sie so leben,
sind sie unsterblich. Dabei ist ihre Unsterblichkeit nur ein
Nicht-wissen um ihre Sterblichkeit. Dieses Wissen ist aber
dem Menschen auferlegt, so gewiß er auf Zukunft hin lebt.
Die Zukunft ist ihm, heideggersch gesprochen, in seiner
Sorge, im Besorgen von Zukünftigem, gegenwärtig oder
sogar vorweg. – Ich bin in Ostafrika gewissen primitiven
Stämmen begegnet, die gleichsam noch unterhalb dieser
humanen Zäsur lebten. Auch sie gingen noch im Augenblick auf: Der tropische Reichtum der sie umgebenden
Natur erlaubte es ihnen zum Beispiel, nicht für einen Winter
vorsorgen zu müssen. Diesen Winter gab es ja gar nicht. Sie
lebten von der Hand in den Mund und fristeten eine Art
vor-geschichtlichen Daseins. Sie blieben auf den Augen-

blick des Jetzt fixiert. Geschichtlich und kulturschöpferisch wird der Mensch erst, wenn er sich auf Zukunft hin entwirft und den punktuellen Augenblick transzendiert. Nur so beginnt er zu planen, zu gestalten, auf Kommendes hin zu wirken. Nur so wird er schöpferisch und gründet Kulturen. Davon hängt es auch ab, ob er politisch effizient wird oder in Passivität verharrt.

Indem sich sein Dasein so wissend auf Zukunft erstreckt, ,,muß er auch sehen den Tod und ihn allein fürchten''. Er lebt und handelt so in einer begrenzten, endlichen Frist. Dieses Wissen um seine Zukunft, die sein Ende auf ihn ,,zukommen'' läßt, ist ein spezifisches Zeichen der *Menschlichkeit*. Denn dieses Wissen ist die Bedingung dafür, daß der Mensch sich überschreiten kann (und muß!). Ich zeigte ja – und erinnere an das, was ich von SCHILLER und HERDER zitierte –, daß der Mensch sich zu ergreifen hat, daß er zur Sinnverwirklichung aufgerufen ist, und daß seiner eine Bestimmung wartet, die er verwirklichen oder verfehlen kann. Er muß ,,etwas aus sich machen''; er muß werden, was er ist.

Diese Nötigung, nach dem Wofür und Wozu seines Lebens fragen zu müssen, ist nur unter zwei Bedingungen denkbar: wenn wir nämlich *erstens* um unsere Zukunft als den möglichen Zeitraum der Selbstverwirklichung wissen; und wenn wir *zweitens* wissen, daß diese unsere Zukunft durch den Tod begrenzt ist. Der Tod ist auch das Ende möglicher Selbstverwirklichung.

Entsprechend könnten wir uns auch unter zwei Bedingungen *nicht* zu dieser Selbstverwirklichung aufgerufen wissen, so daß der Appell ,,Werde, was du bist'' für uns irrelevant bliebe. Das wäre einmal dann so, wenn wir wie die Vögel des Waldes nur den Augenblick realisierten und im Nu des Jetzt aufgingen; zweitens dann, wenn wir eine *un*begrenzte, von keinem Tod limitierte Zukunft hätten, wenn wir unsterbliche Götter wären. Dann würden wir von Aufschub zu Aufschub dahinvegetieren und nie zu uns selbst kommen. (Und als Götter brauchten wir das ja auch nicht!). Selbstverwirklichung gibt es nur, wenn wir unserer Zukunft und der Grenze dieser Zukunft innewerden. Unsere Bestimmung ist auch immer ein Bestimmtsein durch den *Tod*.

3. Ein letztes Modell, das uns die Personhaftigkeit menschlichen Sterbens vor Augen führt, kann ich hier nur andeuten. Es ist von SIGMUND FREUD entliehen. Nach ihm läßt die Todesfurcht als Gestalt der Melancholie nur die eine Erklärung zu, daß das Ich sich aufgibt, weil es sich vom Über-Ich – vom Vater, von der Vorsehung, vom Schicksal – gehaßt und verfolgt anstatt geliebt fühlt. Hier gründet auch der Thanatos-, der Todestrieb. Todesangst ist also auch bei FREUD – jedenfalls in gewissem Umfang[9] – ein spezifisch menschliches Geschick, weil sie aus dem Konflikt stammt, den das Tier nicht kennt, nämlich aus der Auseinandersetzung mit Größen – hier durch die Chiffre Über-Ich umschrieben –, auf die der Mensch sich notwendig beziehen muß, von denen er sich in Frage gestellt sieht, und die ihn entweder zur Selbstbehauptung und Selbstfindung oder aber zur Selbstaufgabe in melancholischer Verstrickung zwingen.

So kann man also, um zu einer ersten Zusammenfassung zu kommen, beim Verstehen des menschlichen Sterbens nicht von der Tatsache absehen, daß das sterbende Dasein kein einfach ,,Vorhandenes'' ist, das durch ein anderes Vorhandenes ersetzt werden könnte, daß es zum Beispiel nicht das bloß auswechselbare Exemplar einer Gattung ist wie beim animalischen Leben. Vielmehr bestimmt sich diese Einmaligkeit menschlichen Daseins durch den besonderen Charakter seiner ,,Individualität". Zweifellos wäre es aber unerlaubt einseitig, die Besonderheit dieser humanen Individualität nur in ihrem inneren Gefüge zu sehen, wie das bei GOETHES ,,Entelechie" oder bei LEIBNIZENS ,,Monade" ist. Das, was ich hier mit Individualität meine, besagt zugleich die Einmaligkeit einer Fülle von Außenbeziehungen, einer vielfachen Korrespondenz zur Umwelt, vor allem zur Geschichte, in die ich verwoben bin. Auch transsubjektive Zusammenhänge von Verhältnissen konstituieren so Individualität.

Jeder Mensch ist trotz allem, was ihn mit andern seinesgleichen verbindet, zugleich der perspektivische Mittelpunkt einer eigenen Welt[10] und hat insofern tatsächlich ,,seine Welt", die alle Lebensbegegnungen in besonderer und einmaliger Weise auf ihn bezogen sein läßt. In diesem Sinne sagt der Psychiater ALFRED E. HOCHE in seiner Biographie einmal: ,,Es ist ein eigentümliches Schauspiel, daß der Mensch, der das Aufhören jeden Lebens um sich her und rückwärts in jede Ferne als oberstes, unerbittliches Gesetz kennt, es für seine Person so schwer findet, sich zu fügen; der Gedanke dünkt ihn unerträglich, daß diese ungeheure subjektive Welt, die er in sich trägt, und die in dieser Gestalt nur einmal lebt, einfach weggewischt werden soll, unerträglich, einfach am Wegesrande zusammenzusinken, während die andern weitergehen, plaudern, als wäre nichts geschehen . . . Die Energie dieses Gefühles . . . spottet jeder Logik . . .''[11] Sie ist – da wäre wieder das Wort! – ,,absurd".

Einmaligkeit der Individualität bedeutet also Einmaligkeit der Beziehungen, die mich im Lieben, Sehen und Fühlen mit meiner Umwelt verbinden. Sie bedeutet die

„unendliche subjektive Welt", in der sich dies alles reflektiert und abbildet[12].

Genauso spricht es auch MAUPASSANT in den wahrhaft schauerlichen Sterbeszenen seines Romans „Bel Ami" aus, wenn etwa der sterbende Norbert von Varenne sagt:

> „Niemals kehrt ein Wesen (wie ich) zurück, niemals . . . Von den Bildwerken hebt man die Abdrücke auf, Hohlformen, in denen man stets die gleiche Gestalt neu erschaffen kann. Mein Leib aber, mein Gesicht, meine Gedanken, meine Sehnsüchte (das also, was HOCHE die „ungeheure subjektive Welt" genannt hatte) werden niemals wiederkehren. Trotzdem werden Millionen und Milliarden von Menschen geboren werden mit Nase, Augen, Stirn, Wange wie ich, auch mit einer Seele ganz so wie ich, ohne daß ich, ‚ich', jemals wiederkehren werde, ohne daß in ihnen allen irgend etwas Wiedererkennbares von mir jemals zurückkehren wird." Daß der Welt mit meinem Sterben ein perspektivischer Mittelpunkt verloren geht, und daß das, was von diesem Mittelpunkt aus als einmaliger Relationszusammenhang gesehen wurde, in seinem faktischen Bestande trotzdem – unbegreiflich! – weiterexistiert, klingt schließlich noch in TOLSTOIS „Krieg und Frieden" an, wenn von Fürst Andrej am Vorabend der Schlacht von Borodino gesagt wird: „Er blickte auf die Birkenreihe mit ihrem regungslosen gelblich-grünen Laub; die weiße Rinde der Stämme glänzte in der Sonne. – Sterben . . . mag man mich töten . . . morgen . . . daß ich nicht mehr bin . . . Mag dies alles weiterbestehen . . . und nur ich nicht mehr sein . . ."

Man wird sagen dürfen, daß der Mensch gerade aufgrund dieser Einmaligkeit mehr als ein bloßes Naturwesen sei, das sich nur als eines unter vielen egalitären Exemplaren einer Gattung präsentiert. Eben dieses der Natur entragende Merkmal hat immer wieder dazu veranlaßt, den Menschen als ein „geschichtliches" (nicht bloß natürliches) Wesen zu behandeln.

Das hat übrigens zur Folge, daß auch erkenntnistheoretisch gesehen das Geschichtswesen Mensch methodisch anders anzugehen ist als ein Objekt der Natur. HEINRICH

RICKERT hat dies zum Ausdruck bringen wollen, wenn er der Naturwissenschaft eine generalisierende, der Geschichtswissenschaft aber eine individualisierende Tendenz zuspricht: Bei einem Hühnerei etwa interessiert mich das ,,Eihafte", also das, was es mit allen andern Eiern teilt. Wer nur auf individuelle Abnormitäten und Ausnahmen in diesem Bereich aus ist, sich also bloß für das Produkt eines ,,verrückten Huhns" interessiert, wäre allenfalls der skurrile Chef eines Raritätenkabinetts, jedoch kein Naturwissenschaftler. Den Historiker hingegen interessiert gerade als Wissenschaftler das *Einmalige* einer geschichtlichen Gestalt, seine Individualität also und damit das, was ihn von seinen Artgenossen unterscheidet. Wer etwa, wie das PAUL DE LAGARDE einmal in satirischer Absicht getan hat, eine Gestalt wie Moltke nur generalisierend, also wie einen Gegenstand der Naturwissenschaft, beschreiben würde (als Säugling hat er die Windeln beschmutzt und nachts geschrieen, später kam er in die Pubertät usw.), könnte sich nicht schmeicheln, die Pointe des ,,Geschichtlichen" an Moltke getroffen zu haben. Nach dem Gesetz des grotesken Gegensatzes würde hier nur Komik erzeugt.

Die eigentliche Wurzel für die geschichtliche Einmaligkeit des Daseins besteht nun in der Eigenschaft des Menschen als ,,Person". Das, was wir ,,Individualität" nannten, ist nur eine sehr unbestimmte Erscheinungsform dieses tieferen Wesens. Daß menschliches Dasein ,,Person" ist, bedeutet, daß ihm verantwortlich das Ergreifen seiner Bestimmung aufgegeben ist, daß es diese ,,gebotene" Bestimmung gewinnen oder verlieren kann und endlich: daß ihm hierfür ,,seine Zeit" zur Verfügung steht, in der jene unrevidierbare Entscheidung fällt . . . Die Unrevidierbarkeit liegt darin, daß seine Zeitstrecke unumkehrbar, daß sie ,,gerichtet" ist.

In dieser Zeitlichkeit des Daseins, welche die aufgegebene Grundentscheidung zu einer einmaligen, nicht revidierbaren macht, liegt das tiefste Wesen der Einmaligkeit und Unvertretbarkeit des Daseins, wie es durch seinen Personcharakter gegeben ist.

Dieses Wesen ist in einer noch hintergründigeren Dimension zu orten, als diejenige es ist, die das Leben als Beziehungsfülle und als „ungeheure subjektive Welt" erscheinen läßt:

Die Personhaftigkeit umschreibt nämlich den letzten Kern unserer Humanitas. Sie läßt uns nach dem fragen, was wir abgesehen von allen Bezügen zu unserer Umwelt noch sind und was wir als Bleibendes über die Todesschwelle mit uns nehmen. –

Mir fällt für diesen Hinweis auf unsere letzte personhafte Substanz keine bessere Illustration ein als das Gleichnis Jesu vom Reichen Kornbauern (Lk. 12, 16 ff.). Einige Sätze möchte ich zitieren:

„Einem reichen Mann hatte sein Land eine reiche Ernte beschert. Da überlegte er sich: Was soll ich nur tun? Meine Lagerräume können den Ertrag nicht fassen. ‚Ich weiß, was ich mache', sagte er sich, ‚ich reiße die alten Scheunen ab und baue größere. Da kann ich dann die ganze Ernte und alle meine Güter stapeln! Und dann will ich zu meiner Seele sagen: Liebe Seele, nun hast du einen Vorrat für viele Jahre. Ruh' dich aus, iß, trink und sei guter Dinge.' – Da aber sagte Gott zu ihm: ‚Du Narr! Heute nacht wird man dein Leben von dir fordern! Wem wird dann alles gehören, was du gespeichert hast?' So geht es dem, der sich Schätze sammelt und ist nicht reich in Gott!"

Dem reichen Kornbauern also stellt sich der Tod – ins Moderne transponiert – als eine Bahnsperre dar, durch die er immer nur allein und ohne Gepäck kommt. Er kann nichts mitnehmen.

Indem er sich als reichen Mann empfand, dem die Zukunftssorge abgenommen war, identifizierte er sich sozusagen mit seinem Besitz. Und in dieser angenommenen Identität schmolz das, was er war, und das, was er hatte, zu einer Einheit zusammen. („Hast du was, so bist du was.") Der Tod aber läßt diese illusionäre Identität zerstieben und stellt ihm beim Überfall durch das Gotteswort die Frage: Was bist du in dieser deiner letzten Nacht nun *ohne* deine Güter, *ohne* deine Funktionen, *ohne* deine Beziehungen? Welches Sein bleibt dir und geht noch mit dir, wenn du deine Habe zurücklassen mußt? Was ist überhaupt deine letzte Identität, was bist du als Person *abgesehen* von diesem Vorletzten und *ohne* dies von außen dir Angegliederte? Was bleibt von dir und deinem Sein unter dem Strich, wenn sich dies tödliche Subtraktionsexempel an dir vollzieht?

Das ist sozusagen die Pointierteste unter den kritischen Anfragen, die der Tod an uns richtet.

2. Verschiedene Arten unseres Wissen um den Tod

Das Bewußtsein unserer Zeitlichkeit

Nach diesen grundsätzlichen Vorbemerkungen über das Spezifische des *menschlichen* Sterbens möchte ich mich nun in einer Zwischenüberlegung einigen empirischen Beobachtungen zuwenden.

Daß der Mensch auf Zukunft bezogen ist und insofern um seinen Tod weiß, haben wir gesehen. Jetzt geht es mir um die mehr phänomenologische Frage, in welchen konkreten Formen sich das Wissen um den Tod äußert. Dabei werden wir auf einige verblüffende Widersprüche stoßen, die nach einer Deutung rufen.

Wenn PLATO im „Phaidon" davon spricht, daß das „ganze Leben der Philosophen eine Kommentierung des

Todes" sei[13], dann wird er sicher nicht sagen wollen, die Philosophen (oder die nachdenklichen Menschen überhaupt) dächten ständig an ihr letztes Stündlein: Es widerspricht auch jeglicher Lebenserfahrung, daß es so gemeint sein könnte. In einem Altersheim, wo man ständig mit diesem letzten Stündlein konfrontiert ist, mag es anders sein. In Kindheit, Jugend und Mannesalter aber taucht der Gedanke an das Ende kaum je über der bewegten Flut unseres Lebens auf, es sei denn in Grenzsituationen wie dem Krieg oder bei Rennfahrern, vielleicht auch bei den Piloten hochgezüchteter Jagdflugzeuge – selbst da aber wohl längst nicht immer.

Worin wird *dann* jedoch unser Todeswissen manifest werden können? Wir müssen zweifellos mit einer verschlüsselten Form seiner Anwesenheit rechnen.

Um mich vorsichtig an dieses Wie unseres Todeswissens heranzutasten, nenne ich zwei literarische Bezeugungen, an die ich ein paar eigene Überlegungen anschließe.

Das erste Zeugnis stammt aus dem recht unbekannt gebliebenen „Fragment über das Religiöse" von THOMAS MANN[14]. Darin wird das Religiöse geradezu definiert als permanenter „Gedanke an den Tod", als ständig präsentes Memento-mori. Diese erstaunlich scheinende Definition (gerade aus diesem Munde!) wird dann von THOMAS MANN autobiographisch kommentiert (was ich bei diesem Autor noch erstaunlicher finde): „Ich sah meinen Vater sterben, ich weiß, daß ich sterben werde, und jener Gedanke ist mir der vertrauteste; er steht hinter allem, was ich denke und schreibe . . . Wir sind vom ewigen Rätsel so dicht umdrängt, daß man ein Tier sein müßte, um es sich nur einen Tag aus dem Sinn zu schlagen. Keinen Tag, an dem ich wach bin, habe ich nicht an den Tod und an das Rätsel gedacht."

Was meint TH. MANN mit diesem Gedanken an das Rätsel? Sollte es hier wirklich um Meditationen über das Dereinst des Todesendes gehen? Wir halten diese Frage fest. Sie wird uns später noch einmal beschäftigen.

Näher kommt wohl JEAN AMÉRY dem Geheimnis dieses Wissens, wenn er in seinem „Diskurs über den Freitod" sagt:

„In Momenten jähen, unerwarteten Gewahrwerdens der Hin-Fälligkeit, wie jedermann sie erlebt, weiß der Mensch, daß er ein Geschöpf der Zeit ist – da braucht er gar nichts zu kennen von der Entropie. Irgendwann einmal wird die relativ irreversible Zeit, die wir aus dem Alltag kennen – (ach, morgen muß ich wieder das gleiche tun, dieselben Wege gehen, die bekannten Gesichter sehen . . .) – vom Sterbenden als absolut unumkehrbar erfahren."

THOMAS MANN spricht ebenso wie AMÉRY davon, daß bestimmte Erfahrungen der Hinfälligkeit (etwa der Tod des Vaters oder der Prozeß des Alterns) die Anamnesis an den Tod auslösen. Aber als was erscheint der Tod hier? Ich frage wieder: etwa als das, was in Gestalt der Sterbestunde auch mir einmal widerfahren wird? An dieser Frage müssen wir noch weiterbohren.

Einen wichtigen Fingerzeig gibt AMÉRY, wenn er auf die Entropie (also auf die Unumkehrbarkeit zeitlicher Prozesse) anspielt. Das weist darauf hin, daß unser Todeswissen mit dem Innewerden unserer Zeitlichkeit und des wiederum spezifisch humanen Charakters dieser Zeitlichkeit zusammenhängt. Wie aber und in welchem Sinne werden wir unserer Zeitlichkeit inne?

Das geschieht wohl, wenn ich recht sehe, auf eine doppelte Weise:

Erstens so, daß wir stündlich (ganz gleich, ob wir jung oder alt sind) mit der Endlichkeit der uns verfügbaren

Zeitstrecke rechnen; und *ferner* so, daß uns die Gerichtetheit, die Unumkehrbarkeit dieser Zeitstrecke bewußt wird und auch ständig bewußt bleibt.

Was ist zunächst (1.) mit diesem Wissen um die Endlichkeit unserer Lebensstrecke gemeint?

Wenn wir unser Lebenswerk verrichten – ob es sich nun um unsere Berufswahl, um unser Examen, um berufliche Leistungen, um die Gründung einer Familie und deren Aufgaben handelt –: immer wissen wir, daß etwas unter Dach und Fach gebracht werden muß, ehe die Stunde, ehe der Kairos dafür verrinnt. Der Leistungssportler weiß, daß sich schon um sein dreißigstes Lebensjahr die Kurve des Leistungsvermögens zu neigen beginnt, daß ,,seine Zeit" zu Ende geht.

Ein junger Mensch kann so sagen – wirklich ganz unphilosophisch, sogar unreflektiert –: Die Jugend vergeht, ich darf nichts anbrennen lassen. Damit meint er: Wir wissen, daß uns nur begrenzte Fristen für Leben und Tun zur Verfügung stehen, und daß es deshalb keine beliebigen Aufschübe gibt. ,,Frist- und Zeitgewinn ist unser Leben", sagt SHAKESPEARE im ,,Julius Caesar" einmal. In diesem Wissen um die begrenzte Frist wird deutlich, daß das Bewußtsein unseres Sterbensgeschicks uns ständig begleitet.

Es ist also nicht der Gedanke an das dereinstige ,,letzte Stündlein", durch den dieses Wissen uns nahekommt, sondern es ist der Gedanke an das verrinnende *Jetzt*. Die Zukunft unseres Endes gewinnt ihre Präsenz dadurch, daß sie den *gegenwärtigen* Lebensaugenblick qualifiziert, auch den eines jungen, von seinem Ende noch weit entfernten Menschen.

Nur wenn wir diese Präsenz bedenken, wird PASCALS tiefsinniger Satz aus seinen ,,Gedanken" verständlich: ,,Der Tod, wenn man nicht an ihn denkt, ist leichter zu ertragen

als der *Gedanke* an den Tod, wenn man gar nicht in Gefahr
ist." Das also, was nach PASCALS Meinung den Tod
schrecklich macht, ist gar nicht seine Eigenschaft, physi-
scher Augenblick, ,,Endpunkt" des Lebens zu sein. Denn
der kann mich auch schreckenlos, mein Bewußtsein über-
tölpelnd oder während der Ausschaltung meines Bewußtseins hinwegnehmen. Ebensowenig besteht danach der
Schrecken des Todes in dem vorangehenden Zerstörungs-
prozeß, etwa in schwerer Verwundung oder Krankheit.
Denn das alles kann ohne den tödlichen Ausgang ebenso
schrecklich, ja sogar furchtbarer sein. Nein: PASCAL sieht
das Grausige des Todes im Tod als *Gedanken*, in jenem
Gedanken, der sich als Schatten über das *Ganze* des Lebens
legt und ihm den Stempel des ,,Seins zum Tode" aufdrückt.
Im gleichen Sinne kann auch LUTHER den Tod auf das Leben
selber beziehen, indem er die Vergänglichkeitsangst als eine
Art Vorwegnahme des Todes interpretiert: ,,die Todesfurcht, die Verzweiflung, der Schrecken ist *selbst* der
Tod"[15].

Deshalb ist es für mich eine offene Frage, die ich nicht
endgültig zu entscheiden wage, ob die fast zur Mode
gewordene Literatur über den Vorgang des Sterbens – über
das ,,letzte Stündlein" also – wirklich die Pointe dessen trifft,
was uns im Gedanken an den Tod bedrängt. Das gilt selbst
von seriösen Autoren, die sich der andrängenden Mystifika-
tionen und Spekulationen tunlichst zu erwehren suchen[16].
Hier geht es zumeist um Trostbücher, die der Angst vor
dem Sterben dadurch entgegenzuwirken suchen, daß sie
Reanimierte von subjektiven Eindrücken bei ihrem (ja nur
fragmentarisch gebliebenen) Sterbevorgang berichten lassen. Dabei werden immer wieder Glückserlebnisse laut: die
Nähe guter Geister und Lichtwesen (etwa in Gestalt von

Engeln) oder die Abspaltung unseres Ichs vom sterbenden
Leib, die diesen schon aus der Distanz und der Überwindung sehen läßt. Es kann bei diesem Gegenüber zu sich
selbst auch zu Gerichtserlebnissen kommen (wie etwa in
MOODYS „Nachgedanken"), die aber in der Subjektivität
bleiben und also nichts mit dem christlichen Gerichtsgedan-
ken vom Jüngsten Tage zu tun haben.

Schon der französische Arzt BARBARIN hatte in seinem
Buch mit dem bezeichnenden Titel „Der Tod als Freund"
(1938) anhand statistischer Erhebungen bei zum Tode Verurteilten, mit dem Flugzeug Abgestürzten, aus der Gefahr
des Ertrinkens im letzten Augenblick Befreiten nachzuwei-
sen gesucht, daß die letzten Augenblicke vor dem Tode
geradezu erhebend und befreiend seien, daß nur die Wegstrecke *bis* zur Todesgrenze durch Leiden und Schockein-
wirkungen, Angst und Schrecken bezeichnet sei. Der Tod
selbst komme dann als Freund und Befreier, durchweg
begleitet von einem Zustande der Euphorie.

Was mir schon an der Themastellung dieser Tod-Erleb-
nis-Literatur fragwürdig erscheint, ist der Versuch, das
Problem des Sterbens auf die letzte Lebensstunde zu reduzieren und es damit seiner Signatur als Zeichen unserer
Endlichkeit zu berauben. Das Bewußtsein unseres Sterbegeschicks als des ständig präsenten Begleiters unserer *ganzen*
Lebenszeit wird hier gerade verdrängt. Man könnte auch
sagen, der existenzielle Charakter unseres Sterbens und
unseres Endlichkeitsbewußtseins werde hier eliminiert.
Während der Tod so nur als Ereignis der „letzten Stunde"
relevant ist, hat das christliche Verständnis des Todes als des
„letzten Feindes" immerhin den Tod als Schatten über
unserer *ganzen* Existenz und als eine Macht verstanden, die
unser Dasein über seine zeitliche Erstreckung hin begleitet.

Mit dieser Präsenz des Todeswissens hängt das *Zweite* zusammen. Ich meine das Wissen um die gerichtete Zeit-strecke, also um ihre Unumkehrbarkeit.

Wir könnten unser gegenwärtiges Jetzt gar nicht als den qualifizierten Augenblick, als die Repräsentation unserer Endlichkeit erfahren, wenn wir nicht zugleich dessen gewiß sein müßten, daß es nicht wiederkehrt. Unsere Lebens-strecke gleicht einem Flur mit lauter Türen, die an der Rückseite keine Klinke haben. Sie ist eine Einbahnstraße (was nicht zu heißen braucht – darüber müssen wir noch reden –, daß sie auch eine „Sackgasse" wäre).

Die Unwiederholbarkeit des Augenblicks, die Unum-kehrbarkeit der Zeitlinie manifestiert sich zum Beispiel darin, daß wir unsere *Vergangenheit* nicht oder doch nur sehr bedingt revidieren können. Wir sind an unsere Vergangen-heit fixiert, in gewissem Sinne sogar mit ihr identisch. Diese Einmaligkeit unserer Lebensphasen hängt mit dem zusam-men, was wir die Einmaligkeit der Person nannten. Wenn die Person auf ihre Bestimmung hin ausgerichtet ist und ihre Zeit so das Medium darstellt, in dem sie werden soll, was sie ist und „wozu" sie da ist, dann gewinnt jeder Punkt der Lebenszeit-Linie eigenes und unbedingtes Gewicht und ist insofern ebensowenig austauschbar wie die Person selbst. *Die gerichtete Zeitstrecke ist deshalb die Zeitlichkeitsgestalt der Personalität.*

Der biblische Gerichtsgedanke ist übrigens mit dieser Zeitgestalt konstitutiv verbunden: Die Geschichte erscheint hier als eine gerichtete Zeitstrecke zwischen Sündenfall und Gericht; die einzelnen Punkte dieser Zeitstrecke sind unrevi-dierbar: Der Mensch kann sich selbst nicht neu machen und etwas anderes sein wollen, denn als was er sich empfangen hat und vorfindet. Er kann nicht, wie Nikodemus in seinem Gespräch mit Jesus es ausspricht, „in seiner Mutter Leib zurück", um so von sich aus eine Neugeburt zu bewirken und noch einmal von vorne zu beginnen (Johannes 3,4). Wiedergeburt kann es nur durch das schöpferische Geistwunder geben (3,5).

Daß es bei diesem Zeitverständnis nicht um eine dogmatische Setzung geht, die uns als eine Art ,,Zwangsglaubenssatz" einfach zugemutet würde, daß es vielmehr um ganz alltägliche Formen unserer Zeiterfahrung geht, läßt sich anhand vieler Fälle dieser Zeiterfahrung demonstrieren. Ich greife nur beispielhaft einige heraus:

Jede Firma oder jede Behörde, die eine Neueinstellung vornimmt, läßt sich einen Lebens- und Arbeitsbericht des Bewerbers vorlegen. Sie tut das, weil sie einem solchen Curriculum wesentliche Auskünfte über die Person des Einzustellenden entnimmt. Der unausgesprochene, oft auch unbewußte Grundsatz der Anthropologie, der begründend hinter dieser Maßnahme steht, ließe sich durch die These ausdrücken, daß der Mensch das sei, was er hinter sich habe, daß er seine Vergangenheit gleichsam ,,ist". Man wird für die Zukunft kaum etwas von ihm erwarten dürfen, das aus der Kontinuität mit dem Bisherigen herausfiele und nicht schon in ihm präformiert wäre.

Diese Fixierung an die Vergangenheit, die wir so in unserm Zeitverständnis voraussetzen, kann sich auch lähmend auswirken: So beobachten wir große Schwierigkeiten bei der Resozialisierung entlassener Strafgefangener. Diese Schwierigkeiten gründen in einem Vorurteil der Gesellschaft, die den Entlassenen aufnehmen und einer geregelten Tätigkeit im Berufsleben eingliedern soll. Hierbei pflegt sich ein hartnäckiges Mißtrauen hindernd in den Weg zu stellen. Der einst zur Haft Verurteilte bleibt in den Augen der sogenannten Gesellschaft ständig mit seiner Vergangenheit identifiziert, selbst wenn er einen Sinneswandel oder gar eine „Bekehrung" durchgemacht hat. Die dadurch gegebene Distanzierung führt nicht selten zu einem Circulus vitiosus: Dem ehemals Kriminellen, der sich allein gelassen sieht, bleibt oft genug nichts anderes übrig als eine erneute Anlehnung an die einstigen Cliquen und damit ein Rückfall in die Kriminalität.

Die schärfste literarische Profilierung dieses Zeitverständnisses hat nach meinem Empfinden der französische Existenzialismus vollzogen, und ich frage mich, ob nicht selbst unter der Decke seines Atheismus noch die Anamnesis an das christliche Wissen um die streckenhafte Zeit wirksam sei.

Ich erwähne nur ein Beispiel:

In SARTRES „Die Fliegen" (Les Mouches) trifft der aus Korinth heimkehrende Orest in seiner Heimat Argos einen Zustand an, der eine allgemeine Schreckenslähmung verrät. Eine furchtbare „Kollektiv"-Schuld lastet über der Stadt: Klytämnestra hat zusammen mit ihrem Buhlen, dem König Aigisthos, ihren Gemahl Agamemnon umgebracht, als der von Troja heimgekehrt war. Das, was hier in jüngster Vergangenheit als Frevel geschehen war, führte in eine *Fixierung* an dies Geschehene von unheimlicher Intensität. Man kann sich nicht mehr von diesem Fluchgeschick lösen, man ist vom Entsetzen gelähmt, es gibt keinen Weg mehr in eine offene Zukunft, die Vergangenheit hält die ganze Stadt bei sich fest. Orestes aber lehnt sich leidenschaftlich gegen diese Fixierung auf und markiert den Höhepunkt seines Widerstandes mit dem Satz: „Ich bin meine Freiheit." Es ist charakteristisch, daß er nicht bloß sagt: „Ich ‚habe‘ Freiheit", sondern vielmehr: „Ich ‚bin‘ Freiheit", daß er also sein ganzes Sein mit ihr identifiziert. Das bedeutet doch, um es in unserer Terminologie zu sagen: Ich bin „Person" und als solche ein Wesen, das sich und seine Bestimmung ergreifen, das seine Identität verwirklichen muß. Jetzt aber, wo die Vergangenheit dieses Argos-Hauses nach mir greift, bin ich mir selbst total

entfremdet: Ich bin bloßes „Objekt" dieser Vergangenheit geworden, während ich doch das „Subjekt" einer von mir zu ergreifenden Zukunft sein muß und will.

Als die „Fliegen" ihn umzingeln und ihn als Rachegöttinnen bei
jener „Kollektiv"-Schuld behaften – sie sind ja die Göttinnen der
Vergangenheit! –, geht er mitten durch sie hinweg und bricht so aus
ihrer Herrschaft aus. – Wohin geht er? Wohl in ein Land „Nirgendwo", genannt Utopien, um seine Vergangenheit abzuschüt-
teln und eine abstrakte Zukunft zu gewinnen, die er ohne die
Hypotheken der Vergangenheit bei einem Null-Punkt neu beginnen kann[17].

Was der SARTREsche Orest hier tut, ist ein gleichsam
prometheischer Akt der Selbstverwirklichung: der Versuch
nämlich, sich selbst in absoluter Freiheit zu produzieren und
sich eben damit von seiner Vergangenheit zu befreien.
Prometheisch ist dieser Versuch deshalb, weil Orest in
angemaßter Vollmacht seine Vergangenheit hinwegkom-
mandiert. Eine geheime unausgesprochene Ironie, die diesen Versuch begleitet, mag darin liegen, daß er sich als
*un*möglicher Versuch enthüllen muß. Er kann nur ins Nirgendwo führen; das erstrebte Ziel kann es nicht geben.
Denn wohin er auch gehen mag, nachdem er die Bannzone
der Erinnyen durchbrochen hat: jeder so durchmessene
Raum wird ihn mit neuer Schuld anreichern und den Rachegöttinnen erneut zu einem Recht auf ihn verhelfen. Nur ein
abstrakter Augenblick kann – als punctum mathematicum
sozusagen – *ohne* Vergangenheit gedacht werden. Schon
indem er sich in den nächsten Augenblick fortsetzt, ist der
erste Schritt zur Bildung neuer Vergangenheiten hin getan.

Gerade weil dieser Begriff der unumkehrbaren Zeitstrecke ursprünglich mit dem biblischen Verständnis der
Einmaligkeit und Unbedingtheit unserer Personwürde
zusammenhängt – wir kommen später noch darauf zurück –,
läßt sich auch das, was der christliche Glaube unter *Erlösung*

versteht, nur im Schema dieses Zeitverständnisses ausdrük-
ken: Da die Unumkehrbarkeit der Zeit, da die „geschichtliche" Zeit kein Sich-Erschaffen oder Sich-neu-Schaffen als
möglich erscheinen läßt, beruhen Wiedergeburt und neue
Schöpfung (kainé ktísis) auf dem Wunder des Geist-Wider-
fahrnisses. Und in *diesem* Kontext läßt sich dann das Erlö-
sungsgeschehen geradezu in Zeitkategorien ausdrücken: So
könnte man „Vergebung" etwa als ein Geschehen definieren, durch das meine Vergangenheit durchgestrichen und
der Schuldschein ans Kreuz geheftet wird (Kolosserbrief
2,14). *Vergebung heißt: eine neue Zukunft zugesprochen zu
bekommen* – keine prometheisch und eigenmächtig erraffte,
sondern eine geschenkte Zukunft.

Als Fazit können wir feststellen: Das Wissen um die
Gerichtetheit unserer Zeitstrecke signalisiert immer auch ihr
Ende. Während der mythische Zeitbegriff durch das große
und kleine Jahr[18] (den Rhythmus des Gestirnlaufs und den
Wechsel der Jahreszeiten) die zyklische Wiederkehr aller
Dinge verkündet, macht uns das biblische Zeitverständnis
klar, daß die Geschichte der Weg vom Sündenfall zum
Gericht sei, daß es also um die gerichtete und insofern
begrenzte Zeit gehe.

Das gleiche gilt von unserm individuellen Leben: Der
Versuch, sich der Ewigkeit zu bemächtigen, gleichsam aus
dem Endlichen auszubrechen und Übermensch zu werden,
ist geradezu die Signatur des Sündenfalls. Genesis 3 macht
ausdrücklich darauf aufmerksam, daß die Rebellion Adams
der Versuch ist, aus seiner Zeitlichkeit auszubrechen. Das
Sterbenmüssen taucht hier als ein Mahnmal der Erinnerung
auf, daß er *nur* Mensch und durch die Zeitgrenze von der
Ewigkeit Gottes geschieden ist. Der später zu besprechende
Satz des Apostels Paulus, daß „der Tod der Sünde Sold"

sei, knüpft an diese Verbindung vom *Ausbruch* aus der Endlichkeit und *Verordnung* der Endlichkeit an.

Jedenfalls: die Gerichtetheit unserer Zeitstrecke impliziert ein verschlüsseltes Wissen um unsern Tod.

Die Verdrängung dieses Wissens

Alltägliche Phänomene: Im Widerspruch zu diesen Grundbefindlichkeiten unseres Lebens können wir eine erstaunliche Entdeckung machen: daß nämlich das implizit vorhandene Todeswissen ständig an seiner Explikation, an seiner Bewußtwerdung verhindert, daß es – psychoanalytisch ausgedrückt – ,,verdrängt" wird.

Man braucht nicht erst über den Friedhof von Hollywood zu gehen, wo die Totenstille von Operettenmelodien aus hundert im Geäst verborgenen Lautsprechern verscheucht wird und die Gräber virtuos zur Nebensächlichkeit gemacht und fast in die Unsichtbarkeit abgedrängt sind. Man braucht auch nicht die dortigen Totenfeiern erlebt zu haben, bei denen dem Verblichenen die Farbe des Lebens durch spezielle Leichenkosmetiker aufgespachtelt wird. Es genügt, unsere eigene Umwelt zu beobachten.

Bei diesem Blick auf alltägliche Phänomene der Todesverdrängung wird es gut sein, sich einige Gesichtspunkte gegenwärtig zu halten, die uns vor Fehldeutungen bewahren können:

Zunächst dürfte es feststehen, daß es in einer Zeit allgemeiner Säkularisation nicht etwa Gedanken an das Jüngste Gericht oder Höllenvorstellungen sind, die uns bemüht sein lassen, das Todesgeschick aus unserm Blickfeld zu verbannen. Die Angst vor dem, was nach dem Tode kommen könnte, empfinden wir weitgehend als mittelalterlich. Für

die meisten unserer Zeitgenossen ist der Tod kein Doppel-
punkt mehr, der eine Fortsetzung unseres Lebenstextes in
andern Dimensionen ankündigte, sondern er ist ein schlechthin beschließender und endgültiger Punkt. Auch die Angst
vor dem Vorgang des Sterbens dürfte kaum oder nur in
Ausnahmefällen ins Gewicht fallen, im höheren Alter vielleicht oder bei akuter Todesgefahr.

Das hintergründig Ängstende und dann den Verdrän-
gungsakt Mobilisierende muß wohl vor allem in dem zu
suchen sein, was wir als den *personalen* Charakter des Todes
herausgearbeitet haben: daß er das Zeichen unserer Endlichkeit und unseres ,,Seins zum Tode" ist, daß er alle Bindungen auflöst, in denen wir leben, weben und sind und uns in
die totale Verhältnislosigkeit stürzt, daß er, wie HOCHE es
ausdrückte, unsere ganze ,,ungeheure subjektive Welt"
annulliert, während die andern weitergehen, plaudernd und
ihr Leben lebend, als sei nichts geschehen. Dieser Absturz in
ein Nichts, das unserer Lebenslogik unzugänglich bleibt, ist
ängstend und löst den Impuls zu jener Verdrängung aus, die
uns allenthalben begegnet. Sie gibt dann, wie wir schon
sahen, dem menschlichen ,,Gerede" über den Tod in ,,sei-
ner öffentlichen Daseinsauslegung" die Wendung, daß
,,man" stirbt, aber nicht daß ,,ich" sterbe, daß der Tod also
auf das ,,Man" als eine Region des Außer-Ich abgedrängt
wird[19]. Auf diese Verdrängung des Todes ist unser kollekti-
ver Lebensstil abgestellt:

1. Die Krankheit als Symptom der Vergänglichkeit ist im
wesentlichen in die Kliniken verbannt. Das gilt besonders
von Grenzerscheinungen wie den Geisteskrankheiten. Sie
sind isoliert und der öffentlichen Anschauung entzogen.
Das, was sich demgegenüber öffentlich aufdrängt, ist vor
allem der Lobpreis des gesunden, speziell des jugendlichen

Lebens, der die Illusion nährt, als sei dieses Gesunde ,,das"
Leben schlechthin. Im Gefolge dieser verdrängenden Illusion kann es dann möglich werden (in gesteigerter Sympto-
matik während des Dritten Reiches, wo die Vitalitätsreli-
gion ihre Orgien feierte), daß etwa die Idealgestalt einer
KOLBE-Plastik als Lebenssymbol schlechthin ausgespielt
wird gegen das erschütternde Bild des Bamberger Bischofs
FRIEDRICH VON HOHENLOHE, dessen ausgezehrte Leidens-
gestalt nicht nur von physischem Schmerz, sondern auch
von der Bedrängnis eines im Leiden gewachsenen übermächtigen Wissens zeugt.

2. Die gleiche Verdrängung zeigt sich beim Geschehen
der Geburt und des Sterbens, das dem Gesehen- und Gehört-
werden entrückt ist und wiederum in der Isolierzone der
Kliniken stattfindet. Keine Leichenzüge durchziehen mehr
die Stadt. Die Bestattung ist ebenfalls hinter Mauern ver-
legt: hinter die der Friedhöfe. In manchen Städten sind
selbst Leichenwagen der schwarzen Farbe beraubt und versuchen sich den Limousinen der Lebenden im Aussehen zu
nähern: Der Tod wird anonymisiert. Dabei mag vieles von
diesen Verbannungsformen nicht absichtlich und selbstzwecklich ins Werk gesetzt werden, sondern mit verkehrs-
technischen, hygienischen und ökonomischen Gesichtspunkten zusammenhängen. Und doch ist es – eine merkwürdige ,,List der Idee"! – in und trotz seiner Indirektheit
Ausdruck jener Ignorierung des Todes und zugleich *Mit*-
Bewirker dieser Ignorierung.
     Wie sind diese Tatbestände zu deuten? Sind sie Ausdruck
eines echten Lebenstriumphes, der den Tod nicht mehr
kennt? Oder sind sie Ausdruck eines verkrampften Noli-
me-tangere, das den Tod nicht mehr wahrhaben will, weil
man den ,,Mut zur Angst vor dem Tode"[20] nicht mehr

aufbringt und darum verzweifelt zu dem beschriebenen
Verdrängungsprozeß greift?

3. Dazu kommt, daß der bindungslose Mensch auch der
Situation der Einsamkeit, in die das Sterben versetzt, geflis-
sentlich aus dem Wege geht. Denn die Einsamkeit wirft ihn
auf sein ureigenstes Personsein zurück und entreißt ihn der
Illussion, er sei lediglich ein Element des ,,Man". Je nichti-
ger und verlorener er sich aber in seinem Personsein weiß,
um so mehr flieht er davor in das ,,Man", in Streß und
Reizüberflutung, durch die die Stimmen der Leere – nicht
zuletzt mit Hilfe technischer Apparaturen – übertönt werden
sollen. Dieser besetzte und besessene Mensch, der die Besat-
zungsmächte seines Ich-Territoriums gleichsam herbeiruft,
dieser homo occupatus, wie ihn SENECA genannt hat, nutzt
sein Leben zu allem andern als zur Bewußtmachung seiner
Vergänglichkeit und zum Erlernen des Sterbens[21]. ,,Ent-
spannung und Erholung findet der vom Tempo der heutigen Zeit erfaßte Mensch in seinem Urlaub nur dann, wenn
er den *Zwang der Einsamkeit* nicht empfindet", lese ich im
Prospekt eines Reiseunternehmens. Selbst noch im Faltboot
können ihm Kofferradio oder Bandgerät eine trügerische
Kommunikation vorgaukeln. So kommt ,,das ganze
Unglück des Menschen aus einer einzigen Ursache: nicht
ruhig in einem Zimmer bleiben zu können", sagt BLAISE
PASCAL in seinen ,,Gedanken".

Für die Stellung zum Tode ist dieser Lebensstil einmal
insofern bedeutsam, als er die dem Sterben Rechnung tragende Situation der Person-Einsamkeit – HEIDEGGER würde
von der ,,Jemeinigkeit" des Lebens und Sterbens sprechen –
nicht aufkommen läßt und also den Menschen über diesen
seinen character indelebilis als Person, als einen dem ,,Sein
zum Tode" Übergebenen betrügt. Dieser Lebensstil ist für

die Stellung zum Tode ferner dadurch bedeutsam, daß er selbst im brutal-*physischen* Sinne kaum dem Gedanken an ein Memento-mori Raum gibt. Der Tod existiert nicht, er *soll* nicht existieren.

Wenn wir das verdrängend Umtriebige dieses Lebensstils auf eine Formel bringen wollen, die zugleich dem theologischen Charakter dieser ,,Flucht vor sich selbst" und damit vor dem Tode Rechnung trägt, so ließe sich sagen:

Die Erholung und Auferbauung des gottgebundenen Menschen als Typus hat stets den Charakter der *Sammlung* besessen, der Besinnung also auf Grund, Ziel und Sinn seines Daseins und damit der ,,Zusammenhaltung" und ,,Umgürtung" des Selbst, der Hut vor dem Sich-verlieren nach außen[22].

Ganz im Gegensatz zu dieser Sammlung beruht die Erholung des bindungslosen Menschen auf *Zerstreuung*[23]. (Um Mißverständnisse zu verhüten, darf ich bemerken, daß ich mit den Begriffen ,,Sammlung" und ,,Zerstreuung" *Typen* einander gegenüberstelle, die nur grundsätzlich unterschieden werden können, während sie in der Praxis vielerlei Mischformen und fließende Übergänge aufweisen. So meine ich mit dem Begriff der Zerstreuung einen durchgängigen Stil der Erholung, denke aber nicht daran, beckmesserisch *jedes* Bedürfnis nach Zerstreuung und psychischer Entfixierung mit einem Verdikt zu belegen.)

Die so verstandene Erholung beruht also darauf, daß man sich selbst und der eigenen Leere nicht mehr standhalten möchte. Ein Synonym für ,,Zerstreuung" ist hierbei die *Ablenkung*, die – sofern sie zum ausschließlichen Modus der Erholung wird – offenbar weniger die Ablenkung von einer unbequemen, sorge-erregenden Sache meint, als vielmehr Ablenkung von dem in Sorge verstrickten, ohne Gegengewicht ihr ausgelieferten und in eigener Leere gewichtslos

treibenden Ich *selbst*. So versucht der bindungslose Mensch
in der Regel mit dem Leidensgeschick nicht fertigzuwerden
durch ,,Standhalten'' (d. h. wieder durch Sammlung!)
sowie durch Einordnen in einen Sinn und durch frontale
Überwindung; er versucht es vielmehr durch Ablenkung,
Betäubung und Wegblicken sowie durch den Wunsch-
traum, daß dadurch der Phobos und die furchterregende
Realität selbst verschwinden möchten. Eine ungeheure,
wenn auch unbewußte Selbstironisierung liegt dabei in der
Illusion, als gelänge es ihm, damit die furchterregende
Realität – wie etwa den Tod – zu ,,verachten''. Die Verachtung, zu der es dabei allenfalls kommt, ist Verachtung aus
dem Nicht-Beachten, aus dem Nicht-wahr-haben-Wollen
und deshalb Verachtung mit Hilfe eines Verdrängungsak-
tes. Doch *ist* das dann noch ,,Ver''-Achtung, ist das nicht im
Gegenteil eine immense, wenn auch unbewußte ,,Be''-
Achtung, ja geradezu ein Gebannt-sein? (Das schließt ein
verdrängendes Abschieben in scheinbare Nichtbeachtung
keineswegs aus!)

Die Zerstreuung, die das Sterben ignoriert und damit
latent eine wichtige existenziale *Interpretation* des Todes ist,
kann abschließend nach mehreren Richtungen charakterisiert werden:

1. Einmal ist Zerstreuung – wiederum als Lebensstil verstanden – ein Ausdruck dafür, daß der sich Zerstreuende den
Gegenständen seiner Angst nicht standhält, sondern sich
von ihnen ablenkt und sie insofern verdrängt.

2. Dabei ist das Objekt, von *dem* abgelenkt wird, weniger die furchterregende Konstellation der Umstände als
vielmehr der sich fürchtende Mensch selber, der hier in
seiner Unfähigkeit, die Furcht zu überwinden, also in seiner
Verknechtung an Furcht und Sorgengeist, offenbar zu werden droht.

3. Die existenzielle Ursache der Zerstreuung ist damit die eigene Leere oder, deutlicher gesagt, die Tatsache, daß kein Gegengewicht zu ihrer Bewältigung da ist: weder ein Gegengewicht des Geistes, der den bannenden Schreckgegenstand in das Licht eines Sinnzusammenhangs rücken könnte, noch ein Gegengewicht der Kraft, die den Gespenstern zu trotzen vermöchte[24].

4. Die existenzielle Ursache der Zerstreuung ist so die eigene Nichtigkeit, die auf die Flucht vor dem Nichts treibt. Man spricht in solchen Fällen davon, daß „es" den Menschen anöde oder – wenn mehrere beisammen sind – daß *sie* sich anöden.

5. Die Zerstreuung ist folglich Ausdruck, Folge und Vollzug der Nichtigkeit:

Sie ist *Ausdruck*, insofern sie die Angst vor dem offenbar werdenden Nichts verrät.

Sie ist *Folge*, insofern der sich zerstreuende Mensch nicht mehr allein sein kann, da er kein „Allein", kein „Selbst" mehr hat und da ihn dieses Nicht- und Nicht-mehr-Haben erschreckend daran erinnert, daß er es haben *müßte*, daß er sich selbst verloren und seine Identität preisgegeben hat.

Endlich ist die Zerstreuung *Vollzug* der Nichtigkeit insofern, als sie zu einer immer vollständigeren Preisgabe und einem immer völligeren „Verlieren-seiner-selbst" treibt. Der Mensch hält die Nichtigkeit nur noch aus, indem er immer toller die leer gewordene Ich-Region, den leer gewordenen Tempel Gottes von außen besetzen läßt (eine unbesetzte Zone gibt es ja nicht!). Je mehr er taumelt, um so rasender stürzt er sich in den Taumel. Er sucht Befreiung von den immer vehementer auf ihn einstürmenden, ihn besetzenden Eindrücken durch *noch stärkere* Eindrücke, durch die zentrifugale Tendenz einer immer mehr gesteigerten Zerstreuung. Die Technik, besonders in Gestalt elektro-

nischer Kommunikationsmittel, stellt dazu ein reiches
Instrumentarium an Möglichkeiten zur Verfügung: Sie füllt
das innere Vacuum mit immer neuen Außenimporten.
Selbst die verarmte Phantasie wird so durch Einfuhren
dieser Art ersetzt.

Von der Zerstreuung gilt: Wer nichts hat (und sich darum
zerstreuend vergessen und sicher sein möchte), dem wird
durch eben diese Zerstreuung noch das genommen werden,
was er hat. So sehr die Zerstreuung eine Jagd nach dem
Glück zu sein scheint, so sehr ist sie aus dem Unglück
geboren. ,,Wenn der Mensch glücklich wäre[25], so wäre er
es um so mehr, je weniger Zerstreuung er hätte, wie die
Heiligen und Gott", kann PASCAL sagen.

Was nun die Zerstreuung – immer als Ausdruck des
existenziell bedingten Lebensstiles verstanden – in ihrer
Beziehung zum *Tod* betrifft, so ist sie vornehmlich als *indirekte*
Ablenkung zu verstehen: das heißt als Ablenkung von dem
einsamen, personhaften Ich, das in seinem Sterben unvertretbar ist und das sich mit Hilfe der ,,Zerstreuung" und mit
Hilfe einer ,,Auslöschung seiner selbst durch Sich-verlieren-
an . . ." vor ihm zu retten hofft. (Ein charakteristisches
Symptom für beide Arten der Ablenkung ist es, daß der
säkulare Mensch gerade an *den* Lebensstationen, die seine
Vergänglichkeit am deutlichsten spiegeln, den Rausch nötig
hat: vor der Schlacht und in der Silvesternacht.)

6. Die Zerstreuung ist also Flucht vor dem Nichts und
vor der Vernichtung, die man dennoch kommen sieht.
Beides, Flucht vor der ,,Nichtigkeit" und vor der ,,Ver-
nichtung", liegt unscheidbar ineinander. Das wird deutlich
im Hinblick darauf, daß die Nichtigkeit – als Sein zum Tode
– der Schlagschatten der Vernichtung ist, in der die sich
nichtig wissende Existenz hinweggeräumt wird. Mit Recht

bezieht HEIDEGGER die Angst vor dem Tode auf die Angst vor dem In-der-Welt-sein selbst[26], so gewiß eben der Tod dieses In-der-Welt-sein bestimmt und zu ihm gehört. Die Angst oder – wie wir sagten – die Flucht vor dem Tode ist charakterisiert durch das Wissen darum, daß wir „gar aus" sind, so gewiß es mit uns aus sein *wird* und dieses faktisch eintretende Aussein im Tode nur die Bestätigung des früher bereits vorhandenen „öffentlich-geheimen" Aus-Seins ist. „Wie gar nichts sind alle Menschen, die doch so sicher leben", das meint: die aus der Verdrängung leben (Ps. 39). Sicherheitsbewußtsein wird man biblisch als *verdrängte* Angst interpretieren dürfen.

Demgegenüber heißt die *überwundene* Angst, die von Gott her geschehende Entrissenheit „Frieden". Wäre Christus *nicht* auferstanden, gäbe es also keine reale Bezwingung der Todesgewalt, die unser an sie hingegebenes Selbst befreit, so müßten wir „die elendesten unter allen Menschen" genannt werden (1. Kor. 15, 14 ff.). Dies Elend-sein bedeutet, daß die unser Leben umgebende Sicherheit, die wir uns suggestiv einreden, kein realistischer Friede, sondern nur eine Ausblendung der letzten Realität war, daß unser in der Zerstreuung sich sicherndes Selbst folglich bloßgestellt wird als das an die Nichtigkeit Verlorene. Es hat in einer schauerlichen Potenzierung seiner Nichtigkeit – kraft der Zerstreuung und Ausblendung – noch das verloren, was es besaß. Wer sähe das heute nicht bis in die Physiognomien hinein[27]!

So kommt es, daß die Verdrängung der letzten Dinge und jenes bedrohenden Lebenshorizontes keineswegs die Nichtigkeit und Leere in dem einmal gewonnenen Stadium *bewahrt*, sondern sie immer *noch* leerer macht und den Substanzschwund wie nach einem arithmetischen Gesetze beschleunigt. Ist diese Flucht in die Personlosigkeit, der das Sterben nichts mehr anhaben kann (weil nämlich der Tod

keine Beute mehr vorfindet und sein Opfer in das Kollektiv
hinein verdampft ist), nicht zugleich Setzung und Herbei-
führung der Personlosigkeit? Freilich so, daß der Mensch
sich nicht austilgen *kann* und immer noch gerade so viel
Personhaftigkeit behält, um über den Verlust seiner selbst
verzweifelt zu sein, so daß er diesen Verlust *deshalb* verdrängen und vor sich selber davonlaufen muß? (Vgl.
Röm. 1,18 ff.)

Gerade der letztere Gesichtspunkt macht eines deutlich:
Sowohl die ideologische Verdrängung des Sterbens mit
Hilfe der Wert-,,*Verlagerung*" auf die überindividuellen
Mächte wie auch seine im Lebensstil sich vollziehende
,,*Ignorierung*" begeben sich immer nur so, daß dabei ein
untergründiges Wissen um die Notwendigkeit des Sterbens
bleibt, auch wenn keine Leichenzüge mehr durch die Straßen
ziehen und ihr Memento-mori verkünden. Das Eilen der
Menschen durch die leer gewordenen Straßen, ihr alles
Ewige ignorierender Blick sind zwar Ausdruck ihrer ver-
meintlichen Sicherheit gegenüber der Bedrohung durch die
Nichtigkeit und die Vernichtung. Aber sind dieser Blick
und dieses Eilen auf der vom Tode befreiten Straße nicht
zugleich der Ausdruck für eine Art *Platzangst* gegenüber der
so leer gewordenen Straße, auf der man dennoch ein dunk-
les Verhängnis ahnt und auf der Flucht vor überfallenden
Nachtgesichten ist? Das Sterben bleibt auch hier die grause
Larve, hinter deren Ästhetisierung, Verdrängung oder
Ignorierung das dunkle Zeichen der Todesangst bleibt:

,,. . . doch unenträtselt blieb die ewige Nacht,
das ernste Zeichen einer fernen Macht."[28]

Die beiden einzigen Möglichkeiten eines Ethos, die von
dieser Krise des personlos gewordenen, verlorenen Menschen noch offengehalten werden, sind *einmal* das aristokra-

tische Ethos des Soldaten von Pompeji, von dem SPENGLER
spricht: das tapfere Standhalten im Nichts, die Kraft also,
mit der der „Elende" von 1.Kor. 15 der Nichtigkeit und
Vernichtung ins Auge schaut. Es ist die Haltung ohne Halt.
Oder es ist die Flucht in scheinbar haltende ideologische
Systeme, wie wir sie anhand des Paradigmas „Marxismus"
noch besprechen wollen[29].

Ein schäbiger pseudochristlicher Ausweg aus dieser Kon-
frontation mit dem Nichts – ich wage ihn in diesem immerhin respektablen Zusammenhang kaum zu nennen, doch
wäre es unfair, nicht auch vor der eigenen Türe zu kehren! –
ein solcher Ausweg wäre das, was NIETZSCHE als den
„Mißbrauch" bezeichnet, den „das Christentum mit der
Sterbestunde getrieben" habe. Hierfür können die Verse
GELLERTS über den „Tod des Freigeistes" eine makabre
Illustration zur Verfügung stellen:

> Sein Ende kam; und der, der nie gezittert,
> Ward plötzlich durch den Tod erschüttert.
> Der Schrecken einer Ewigkeit,
> Ein Richter, der als Gott ihm fluchte,
> Ein Abgrund, welcher ihn schon zu verschlingen suchte,
> Zerstörte das System tollkühner Sicherheit.
> Und der, der sonst mit seinen hohen Lehren
> Der ganzen Welt zu widersteh'n gewagt,
> Fing an, der Magd geduldig zuzuhören,
> Und ließ von seiner frommen Magd,
> Zu der er tausendmal „du christlich Tier" gesagt,
> Sich widerlegen und bekehren.
> So stark sind eines Freigeists Lehren!

Das letzte Tabu

Wir leben in einer Zeit zunehmend aufgehobener Tabus,
man könnte auch sagen: zunehmender Objektivierungen,
Versachlichungen und damit Entmystifizierungen. Wir
können nach dem, was wir über die „Verdrängung" fest-

stellen mußten, fast annehmen, daß der Tod hier keine Ausnahme mache, jedenfalls in gewissem Umfange nicht.

Eben erst haben wir die Sex-Welle absolviert und das viktorianische Zeitalter der Prüderie abrupt und etwas grobschlächtig verabschiedet.

Was man hierbei als Befreiung empfahl, war wohl nur die Verwandlung des Mysteriums der Geschlechtlichkeit in ein mehr oder weniger wertindifferentes Hormonereignis oder in einen Triebmechanismus, dessen geplante Bedienung es ermöglichten sollte, einen Sexualstau, der sich in Aggressionstriebe transformieren könnte, zu verhindern. Die Psychoanalyse – sei es in der FREUDschen oder in der ADLERschen Form – macht es möglich, über Ödipuskomplexe oder Minderwertigkeitsgefühle eine unbefangene, tabubefreite Tee-Konversation zu führen.

Das gleiche zeigt sich in der Literatur, wo Autoren und Autorinnen mit Erfolg bemüht sind, kein koitales Detail zu verschweigen. Man denke, um den Gegensatz zu ermessen, an den Antipoden dieser Mentalität, an ADALBERT STIFTER. In seinen Romanen gibt es eigentlich keine bösen oder auch nur fragwürdigen Menschen. Transponiert man sein Menschenbild ins Architektonische, läßt sich sagen: Diese Menschen gleichen schönen Häusern mit symmetrischen und wohlproportionierten Fassaden. Doch besteht kein Anlaß zu der Vermutung, diese Häuser hätten keine Keller, die finster und voller Spinnweben seien und in denen vielleicht sogar ,,die Wölfe heulen". Daß STIFTER vom Abgründigen im Menschen und vom sprunghaften ,,Tiger" im Menschen wußte, zeigen nicht nur Bemerkungen in den ,,Bunten Steinen", sondern darauf deutet auch sein düsterer Lebensausgang hin. Nur wird es eben dem Leser überlassen, sich vorzustellen, daß jene Menschenhäuser nicht auf dem blanken Boden stehen, sondern in die Erde eingelassen und so über Kellern errichtet sind. STIFTER macht jedoch keine Kellerführungen, wie sie bei modernen Autoren beliebt sind; er bleibt nicht in liebevoller Versenkung vor jeder Kellerassel stehen.

Ich sehe von einer moralischen Bewertung solcher Vorlieben einmal ganz ab und stelle im Vorbeigehen nur die Frage, ob man dem Sexus wohl gedient haben möchte, wenn man ihn des Geheimnisses beraubte und ihm die Transparenz eines objektiven Calculs gab, wenn man ihn im Vordergrund alltäglichen Beschwatzens lokalisierte.

Die gekonntesten Unterleibsexerzitien und die virtuos beherrschte Bett-Artistik können ja nicht darüber hinwegtäuschen, daß man sich vor und nach dem Orgasmus (in den Stunden vor und nach diesen paar Sekunden) vielleicht nichts mehr zu sagen hat, und daß so das Vacuum völliger Kommunikations- und Personlosigkeit gähnt.

Doch das nur nebenbei. Es kam mir nur darauf an, uns einen Eindruck davon zu verschaffen, in welchem Maße wir Tabus – hemmende und helfende Tabus – vom Tisch wischen.

Um so verblüffender ist es, daß wir vor dem letzten Tabu, dem des Todes, zurückzuschrecken scheinen und uns vor ihm verhüllen. Zu dieser Feststellung steht es nicht im Widerspruch, daß uns die von diesem Tabu bewachte Wirklichkeit zuzeiten äußerst interessiert, und daß es auch Buch- und Filmautoren gibt, die diesen tabubewachten Raum umschreiten und – ohne die Wache zu durchbrechen – Fragen hörbar machen, die aus diesem Raume auf uns zukommen. Ich denke etwa an ein so wesentliches Buch wie das von KÜBLER-ROSS ,,Interviews mit Sterbenden" oder auch an den Fernsehfilm über eine Londoner Sterbeklinik.

Wenn man von ernsthaften Bemühungen um Sterbende und einem existenziellen Interesse an den inneren Vorgängen, die das Sterben begleiten, einmal absieht, wird man feststellen müssen, daß die hie und da aufbrandende Todes- und Sterbensneugier nicht ohne flankierende Maßnahmen der *Verklärung* stattfindet. Sie sind oft genug von merkantiler Reklametechnik gesteuert. So gibt es in Amerika geradezu ein Thanatos-Business: Der Sarg wird zum Schrein erhoben, der Leichenbestatter zum Begräbnisdirektor, der Leichenwagen zur Kutsche. Bestattungen werden von Funeral-Instituten als Show aufgezogen, die mit Hilfe von Leichenkosmetikern inszeniert wird und dem Motto dienen soll ,,Schöner leben, schöner sterben". Mütter lassen sich durch ihre Kinder im Versandhaus Sterbeohrringe bestellen. Eine Schulleitung in Washington D. C. ging so weit, einen Holzsarg aufstellen zu lassen, in dem die Kinder Leiche spielen konnten. Angesichts des Show-Charakters – es gibt sogar Institute, die bereits für den Sterbenden Hintergrundmusik und professionelle ,,Tröster" oder besser: Sterbe-Entertainer zur Verfügung halten – konnte das Leiche-Spielen der Kinder geradezu ein kleines Fest der Eitelkeit werden. Man wird sagen dürfen, daß hier kein Tabu *gebrochen*, sondern als Tabu geradezu *intensiviert* wird: Es wird in einen Abgrund verbannt, über dem man tanzende und verbergende Filmschleier erzeugt . . .

Warum diese Verdrängung, warum dieses Relikt einer sonst so konsequent verjagten Tabuisierung?

Vielleicht kann ich dazu in aller Vorläufigkeit (wir wollen später ja noch tiefer eindringen) dies sagen:

Der Mensch fürchtet im Sterben, wenn der Lebenskreis sich rundet, wenn er also in Saat und Ernte sich selbst überblicken kann, sich selbst zu begegnen; und er weiß vielleicht nicht, wer er ist, ob es ihn überhaupt ,,gibt". Er könnte sich selbst als einem Unbekannten oder unwirklichen Schatten gegenüberstehen – und das ist vermutlich ein größerer Phobos, als an das unbekannte Drüben oder an das Nichts der Todesnacht zu denken. Er fürchtet die Fehlanzeige des Mephistopheles: ,,Was soll uns denn das ew'ge Schaffen, Geschaffenes zu nichts hinwegzuraffen?" Nicht alle haben die Tapferkeit von ALBERT CAMUS, der der Sisyphus-Existenz im Nichts standhält (obwohl auch er seine Poren weit öffnet, um heimliche Sinntröstungen eindringen zu lassen). Vielleicht hat man sich todüberwindenden Losungsworten während seines Lebens versagt und sie als Trostillusion für Schwache abgetan. Es ist ja auch eine ernsthafte Frage, ob solche Tröstungen aus dem Jenseits der Endlichkeit nicht tatsächlich Projektionen unserer Lebens- und Todesangst sein könnten.

Doch ganz gleich, wie es damit steht (es ist in Wahrheit gar nicht gleich, ich tue hier nur einen Augenblick so!) – ganz gleich also, wie es damit steht: die Frage, was mit mir geschehe, wenn ich vom Sein ins Nicht-sein entführt werde, überfordert die meisten, wohl auch mich. Darum wird der Nebel, der über diesem Rätsel lastet, noch durch zusätzliche Vernebelungen verstärkt: durch das Verschweigen oder auch durch Euphemismen, die der Amerikaner etwa gebraucht, wenn er vom Sterben als einem simplen ,,Weggehen" spricht.

Im Neuen Testament (das darf ich hier bereits, ein wenig vorgreifend, einfließen lassen) tritt der Tod auf eine erstaunlich *andere* Art zurück. Nicht als ob er in seiner Realität übersehen oder verharmlost würde. Die Bibel bringt Sterbeszenen von großer Schwere, nicht zuletzt den Golgatha-Tod selber, und selbst beim Auferstandenen noch verweist sie auf die Nägelmale des Kreuzestodes. Gleichwohl wird der Tod hier nie zu einem eigenständigen Thema, er wird eher zu einem Schatten verflüchtigt. Aber es ist nicht Furcht, die ihn verdrängt, sondern im Gegenteil ein Siegesgefühl, das seinen Bann bricht. Es ist die hymnische Gewißheit, die sich in der Frage verströmt: ,,Tod, wo ist dein Stachel, Hölle, wo ist dein Sieg?" (1.Kor. 15,55).

Wir sind und bleiben zwar endliche Wesen; wir blühen und verdorren wie Gras. Wir wissen deshalb, daß es tödlich wäre (daß der Tod also aus der letzten Stunde in unser Jetzt gerufen würde), wenn wir uns wie der Reiche Kornbauer

auf das Diesseitige, auf das Vorfindliche verlassen oder – in
der alten Terminologie – aufs Fleisch säen.

Tödlich wäre es auch, einem gesetzlichen Moralismus zu
frönen, weil wir uns durch Leistung eben nicht umwandeln
und die Schranke unserer Endlichkeit nicht durchbrechen
können. Wir aber, als Angerufene, gehen in diesem sich
neigenden Äon nicht mehr auf und darum auch nicht mehr
mit ihm unter. Wir haben die Zusage, eine neue Kreatur zu
sein, die der Person des Todüberwinders verbunden ist und
von ihm nicht preisgegeben wird. Deshalb kann der Tod
keine Größe von eigenem Gewicht mehr sein:

> Er reißet durch den Tod,
> durch Welt, durch Sünd, durch Not.
> Er reißet durch die Höll,
> ich bin stets sein Gesell. (PAUL GERHARD, Osterlied)

Der Tod im bisherigen Sinne („bisherig" deshalb, weil er
nun einen neuen Sinn gewinnt) ist nur noch Symbol für die
gescheiterte Existenz, für brüchige und nicht standhaltende
Bindungen an das Vergängliche, für das Verharren in einem
Vorletzten und für die Verfehlung der letzten Bestimmung.

Etwas gewagt ausgedrückt könnte man angesichts des-
sen, was nun überwunden hinter mir liegt, die Frage stellen:
Und der Tod? Was soll uns der noch? – Er ist jetzt zum
Hintergrund-Statisten auf der Lebensbühne degradiert.

Das also scheint mit der Grund dafür zu sein, warum das
Neue Testament den Tod an den Rand drängt und ihn nicht
mit dem Gewicht eigener Thematik ausstattet. Obwohl er
der „letzte Feind" ist, der uns verbleibt, prallen seine
Angriffe an dem ewigen Leben ab, dessen erste Raten uns
schon in diesem Leben zuteil werden, und dessen Fülle wir
noch erwarten. So hört der Tod auf, ein Ende zu sein und
gewinnt die Qualität eines Neubeginns.

Insofern mag es im Neuen Testament so etwas wie (cum grano salis gesagt!) ,,Verachtung" des Todes geben. Sie ist aber in ihrem Sinngehalt qualitativ unendlich verschieden von dem, was eine säkularistische ,,Todesverachtung" meint. In einem späteren Kapitel über LUTHER, der sich gerade dazu seine Gedanken gemacht hat, werden wir auf diese Frage noch besonders eingehen.

2. Kapitel

Der Tod als Natur und als Unnatur

a) Das Problem

Im folgenden knüpfen wir an die wichtigsten Gesichtspunkte an, die sich beim ersten Durchgang herausgestellt haben, und bauen sie weiter aus. Vor allem wird es sich dabei um eindringendere Reflexionen über die Spannung zwischen dem Sterben als Naturprozeß und dem Sterben als personalem Ereignis handeln. Ich gehe methodisch so vor, daß ich im „natürlichen" Begebnis des Sterbens Momente aufsuche, die den Naturprozeß transzendieren, menschliches Sterben also nicht in ihm aufgehen lassen. Das biblische Verständnis von Tod und Todüberwindung müßte uns fremd und unverständlich bleiben, solange wir uns über jene transzendierenden Momente nicht im klaren sind. Sie bilden gleichsam den Brückenkopf in unserer Subjektivität, den das Auferstehungs-Kerygma in Anspruch nimmt und durch den es uns nahekommt. Bereits in diesem Stadium unserer Überlegungen bildet die Auferstehungsbotschaft gleichsam die indirekte Lichtquelle, die uns jene personale Dimension menschlichen Sterbens sehen läßt[1].

Der merkwürdige Satz des Apostels Paulus, daß der Tod „der Sünde Sold" und daß dementsprechend die Auferstehung Christi die *Überwindung* von Sünde und Tod sei (Röm.

6,23; 1.Kor. 15,42–44.55f. u. a.), läßt uns das Sterben des Menschen nicht von der *Schöpfung*, sondern vom *Fall* aus der Schöpfung und insofern nicht als Natur und Ordnung, sondern als Unnatur und Unordnung verstehen. Hier geht es zugleich, wie wir noch sehen werden, um den entscheidenden Punkt in der Auseinandersetzung mit dem Todesbegriff der Weltanschauungen, so gewiß diese den Tod zu einer biologischen oder metaphysischen Gesetzmäßigkeit zu machen pflegen und ihn damit als ,,Natur'' und ,,Ordnung'', das heißt als notwendiges Bestandstück des Lebens selber zu verstehen trachten. Der Tod wird hierbei zum Ausdruck natürlicher Vergänglichkeit.

Der Terminus ,,Vergänglichkeit'' bringt bereits sprachlich zum Ausdruck, daß Sterben und Zugrundegehen als immanente Eigenschaft zu der uns erfaßbaren Wirklichkeit hinzugehören. Denn die Endung ,,-keit'' drückt ja auf keinen Fall den Tod als ein dem Leben widerfahrendes *Ereignis*, sondern als eine Eigenschaft und einen Zustand des Lebens selbst aus.

Wenn die Bibel demgegenüber den Tod mit der Sünde und damit gerade mit dem ,,*Fall* aus der Ordnung'' zusammensieht, muß von vornehrein das Mißverständnis ausgeschaltet werden, als ob der Tod des Menschen nach seiner *biologischen* Seite als Wirkung der Ursache Sünde zu verstehen sei. Statt dessen zeigt die Schrift das spezifisch *menschliche* Sterben auf als etwas, das sich zwar im Medium des biologischen Todes vollzieht, gleichwohl aber von diesem Medium unterschieden werden muß. Der Tod des Menschen ist darum qualitativ anders als das ,,nur'' biologische Sterben der Tiere. Das Gegenteil zum biologischen Tod ist das biologische Leben. Das Gegenteil zum menschlichen Sterben (das sich im Medium des biologischen Todes vollzieht), ist das Leben aus Gott, dies also, daß wir ,,leben, ob wir gleich sterben'' (Joh. 11,25 ff.).

Es ist irrig zu meinen, daß der Hauptopponent gegen die biblische „Verquickung" von Sünde und Tod die *Naturwissenschaft* sei. Diese Meinung könnte sich allenfalls darauf berufen, daß die menschlichen Proteste wider diese Zusammenschau von Sünde und Tod tatsächlich mit vorwiegend naturwissenschaftlichen Argumenten zu arbeiten pflegen. Diese Argumente haben etwa die Gestalt folgender rhetorischer Frage: Herrscht der Tod nicht auch außerhalb des menschlichen Bereichs, bei Tieren und Pflanzen und damit offenbar jenseits von Gut und Böse, also als Phänomen einer ethisch neutralen Naturgesetzlichkeit? Warum sollte man dieser rhetorischen Frage nicht sogar die naiv schlaue Wendung geben können, daß Adam und Eva doch offenbar nicht nur verbotene Äpfel, sondern wahrscheinlich und vorher auch *Tiere* gegessen hätten[2]. Und da man Tiere nicht lebend essen kann, sondern sie erst schlachten muß, so habe der Tod also schon die paradiesischen Gefilde umdüstert.

Was auch an Geistreichem oder Komischem darauf erwidert werden mag – eines ist zunächst und vor allem zu sehen:

Es ist nicht die Naturwissenschaft als solche, die sich hier zum Wort gemeldet hat, sondern es ist der Mensch, der sich ihrer *Argumente* bedient. Da eine Seite des Todes ohne Zweifel mit bestimmten biologischen Gesetzmäßigkeiten zusammenhängt, die ihrerseits zum Gegenstandsbereich der Naturforschung gehören, wird sich mit Hilfe rein immanenter Forschungsmethoden der Tod als ein ebenso immanentes gesetzmäßiges Phänomen verstehen lassen. Damit aber wäre dann ein weiterer Bereich des Daseins der ausschließlich religiösen, das heißt der auf Gott bezogenen Fundamentierung entzogen und aus dem innerweltlichen Zusammenhang erklärt. Der transzendente Bezug von Tod und Sünde würde hinfällig. Das Sterben wäre biologisch bedingt, und das Biologische liegt eben jenseits von Gut und Böse.

Das naturwissenschaftliche Argument dient hier zunächst dazu, den Menschen aus seiner „in sich ruhenden Endlich- keit" zu verstehen. Insofern hat die Begründungsreihe trotz ihres neutral und voraussetzungslos sich gebenden Gehabes ein ausgesprochen *weltanschauliches* Vorzeichen und Inter- esse. Und insofern wiederum ist sorgfältig das Mittel der Argumentation von dem Zweck der hier laut werdenden und sich proklamierenden Autonomie des Menschen zu unterscheiden.

Wenn man sich das klarmacht, wird sofort deutlich, daß die theologische Auseinandersetzung mit dem säkularen Todesverständnis ihrerseits *nicht* wieder naturwissenschaft- lich vollzogen und damit apologetisch bestimmt sein darf – wobei meist ein hanebüchener und dilettantischer Unsinn herausspringt –; sie muß vielmehr bei jenem *weltanschauli- chen* Interesse einsetzen, das sich hier das Gewand der Naturwissenschaft oder auch das des biologischen Mythos übergeworfen hat. Die theologische Auseinandersetzung hat zu fragen: Wie versteht sich der Mensch selbst, wenn er den Mund zu jenen so exakt klingenden und religiös – scheinbar! – so irrelevanten Argumenten auftut? Oder anders gefragt: Inwieweit ist er bereit, sich dem zu stellen, was wir als die transzendierenden Momente im natürlichen Ster- bensprozeß bezeichneten?

b) Zur Definition des Todes als Naturvorgang

Für einen Laien müssen sich die Hinweise auf eine biolo- gische Definition des Todes darauf beschränken, einige Lesefrüchte aus seiner Lektüre medizinischer Erörterungen aufzuschreiben. Bei diesen Zitierungen gehe ich kaum auf

Versuchsanordnungen und erst recht nicht auf genauere
Begründungen der Ergebnisse ein. Ebenso sehe ich ab von
Außenseiter-Stellungnahmen und beschränke mich auf all-
gemein anerkannte Positionen[3].

1. Es gehört zur opinio communis der Fachgelehrten, daß
der Tod des Menschen vorprogrammiert ist und daß auch
die Länge des individuellen Lebens auf einer genetischen
Vorbestimmung beruht (abgesehen natürlich von äußeren
Einwirkungen). Es war wohl der amerikanische Gerontologe
Leonard Hayflick (Oakland Medical Center, Calif.), der
zuerst nachgewiesen hat, daß menschliche Zellen sich nur
etwa fünfzigmal teilen und regenerieren können. Selbst
wenn man Körperzellen eines Embryos nach der zwanzig-
sten Teilung für mehrere Jahre einfriert, teilen sie sich
anschließend noch dreißigmal, ohne daß der Gefrier-Zwi-
schenzustand irgendeine Rolle spielt. In allen Stadien des
Teilungsvorgangs tradieren die Zellen getreulich die in der
Desoxyribonucleinsäure (= DNS) der Gene und Chromo-
somen enthaltenen Erbinformationen. Sie erzeugen also
genaue und effektive Abbilder ihrer selbst, bis diese Regener-
rationsfähigkeit erschöpft ist. Die innere Uhr ist dann abgelaufen. Der Organismus hat die Todesgrenze erreicht. Etwa
mit der 35. Zellteilung läßt die Regenerationsfähigkeit
zunehmend nach, während die Zahl der Mutationen steigt.
Nach der 45. Zell-Generation hat die Fähigkeit, belastende
Abfallstoffe (Proteine) zu beseitigen, derart nachgelassen,
daß diese das Regenerationsvermögen auf Null reduzieren
und damit den organischen Tod herbeiführen.

Es scheint nicht ausgeschlossen, meint Hayflick, daß es
vielleicht schon in naher Zukunft möglich werde, mit Hilfe
bestimmter chemischer Stoffe und der Genchirurgie die
Lebensspanne des Menschen um 20 oder 30 Prozent auszu-

dehnen. Damit würde man jedoch das Übel nicht an der Wurzel angreifen. Die zeitliche Determination der Lebensspanne bliebe im Prinzip bestehen. Zugleich stellt sich die Frage, ob mit der Erweiterung der Lebensquantität auch eine bestimmte Erhöhung oder wenigstens Erhaltung der Lebensqualität verbunden sei. Da nichts dafür zu sprechen scheint, kann die Verwirklichung des alten Menschheitstraums von der Ausdehnung der Lebensspanne geradezu einen Alpdruck erzeugen: Menschliches Leben und Altern *nur* als einen biologischen Vorgang zu begreifen, würde Sinn und Bestimmung dieses Lebens außer acht lassen und schließlich zur Erzeugung eines Homunculus führen, dessen Gestalt auszumalen unserer Phantasie überlassen bleibt. Vielleicht wäre der konservierte Körper nur noch das Gefäß eines senilen oder infantil gewordenen Geistes.

2. Die Diskussion über objektive Kriterien des Tot-seins bzw. des Todeseintritts hat unter Medizinern und dann auch in den Spalten der allgemeinen Presse eine erhöhte Aktualität gewonnen, seit Organtransplantationen von Toten vorgenommen wurden[4]. Hierbei machte sich in der Öffentlichkeit gelegentlich eine gewisse Skepsis geltend, ob das Interesse an einer lebensrettenden Organentnahme nicht hie und da die nötige Sorgfalt mindere, mit der man den Tod des Spender-Organismus feststelle.

Diese Skepsis nötigte zu einer verbindlichen Definition der *Kriterien* für die Toterklärung. Diese Feststellung gewinnt aus zwei Gründen in der heutigen Situation einen besonderen Grad von Dringlichkeit.

Einmal: die Verwendbarkeit von Organen, die für eine Transplantation in Betracht kommen (Niere, Herz, später wohl auch Lunge und Leber) erlischt nach Unterbrechung des Blutkreislaufs sehr schnell. Deshalb, so konnte gefordert werden, sei die Organentnahme bei solchen Individuen ins Auge zu fassen, die mit Sicherheit sterben werden und sich schon in einem irreversiblen Sterbezustand befinden. Diese Forderung mußte eine Frage auslösen, die eine nur biologische Betrachtungsweise des Übertragungsvorgangs sprengt und der wir beim Euthanasieproblem noch einmal begegnen werden: Es geht um die Frage, ob und inwiefern der bewußtlose, unter Umständen nur künstlich in seiner Atmungs- und Kreislauffunktion am Leben erhaltene Organismus noch des Tabus einer ,,humanen" Qualität teilhaftig oder ob diese Qualität erloschen sei, so daß dieser Rest-Organismus nur noch die Bedeutung eines dinghaften Objektes habe. Um diese Frage zu entscheiden, *bedarf es einer überzeugenden Differenzierung zwischen humanem und (nur) biologischem Leben.* Aus der Tatsache bereits, daß Mediziner-Kongresse, die derartige Themen behandeln, Wissenschaftler anderer Fakultäten – Juristen, Philosophen und Theologen – zu Rate ziehen, geht in symbolischer Eindringlichkeit hervor, daß diese Seite des Todesproblems von einer naturwissenschaftlich orientierten Medizin nicht zu bewältigen ist, daß vielmehr ein aus andern Quellen zu gewinnendes Menschenbild die nötigen Kriterien zur Verfügung stellen muß.

Ferner wird hier klar, daß die moderne Medizin gerade *wegen* ihrer Errungenschaften Probleme für die Feststellung des Todes mit sich gebracht hat, die es in dieser Weise vorher nicht gab: Die früher geltenden klassischen Kriterien für den Eintritt des Todes – etwa Herzstillstand – gelten heute nicht mehr, jedenfalls nicht mehr in *jedem* Falle. Sie gelten nicht nur deshalb nicht mehr, weil bei Verunglückten ein eingetretener Herzstillstand unter Umständen durch Massage und Beatmung rückgängig gemacht werden kann, sondern auch deshalb, weil man bei einem Individuum mit irreversiblem Koma die cardiorespiratorischen Funktionen künstlich, das heißt mit *Apparaten*, aufrechterhalten kann. So wird ein gleichsam partielles Weiterleben des Organismus möglich. Moderne Reanimationsmethoden können damit den Nebeneffekt ermöglichen, bei einem Individuum mit irreversiblem, tödlich endendem Koma gewisse Organe während einer bestimmten Zeit vital zu erhalten. Gerade diese Organe könnten dann das mögliche Reservoir für beabsichtigte Transplantationen bilden.

Hier ergibt sich wiederum die oben gestellte Frage, welche *Qualität* dieser Restorganismus habe: Geht es „noch" um einen Menschen, der dann dem Persönlichkeitsschutz unterläge, oder handelt es sich nur noch um eine Art „Vitalkonserve", die für einen Lebenden immerhin Hilfe und Rettung bedeuten könnte? Noch einmal stellt sich also die Frage, wo die Zäsur verlaufe zwischen dem bloßen „Bios", an dem jener Teilorganismus ja noch partizipiert, *und* „humanem Leben", das möglicherweise nicht mehr existiert.

Alle diese Überlegungen – einschließlich der hier kundwerdenden ärztlichen Konflikte – haben zu der Entscheidung geführt, Organentnahme nur nach eindeutig eingetretenem Tod für statthaft zu halten. Die gesetzliche Verankerung dieser Entscheidung erzwingt so eine Definition des Todeseintritts, die auch die erschwerten Bedingungen der heutigen medizinischen Situation berücksichtigt. (Für diese Definition verdanke ich außer der Literatur auch medizinischen Kollegen, nicht zuletzt Prof. A. GÜTGEMANN, wichtige Hinweise:)

Danach gilt der Tod dann als gegeben, wenn der unwiederbringliche Verlust aller seelischen und intellektuellen Funktionen des menschlichen Gehirns sowie der Verlust aller Steuerungsmechanismen – der spontanen Atmung, des

Blutdrucks, der Körpertemperatur und der Herz-Kreislauf-Tätigkeit – eindeutig festgestellt ist. Das Elektro-Enkephalogramm zeigt dann die Null-Linie.

Der so objektivierbare Hirntod ist klar abzugrenzen gegenüber zwei Zuständen, die zwar mancherlei Analogien zum Hirntod aufweisen, dennoch aber klar als „nicht tot" zu bezeichnen sind:

Dabei geht es *erstens* um Zustände, in denen zwar die bewußte Hirntätigkeit erloschen ist, die vegetativen Steuerungsfunktionen der tieferen Hirnzentren aber noch funktionieren. *Zweitens* geht es um komahafte Zustände, wie sie aufgrund von Kälteeinflüssen, von Arzneimitteleinwirkungen (Schlafmittel), von schweren Stoffwechselentgleisungen und andern Faktoren eintreten können. Sogenannte Apalliker, bei denen die Peripherie des Gehirns erloschen ist, und angeblich „Scheintote" kommen damit ebensowenig für eine Organentnahme in Betracht wie jene Individuen, die sich in den erwähnten nur tod-„ähnlichen" Zuständen befinden. – Um die Objektivität der so zu treffenden Feststellungen zu sichern, dürfen in der Bundesrepublik Deutschland nur solche Ärzte den Tod konstatieren, die an der Transplantation nicht beteiligt und also jedem etwaigen Wunschdenken und Interesse entzogen sind.

Man wird sagen dürfen, daß bei ERNEST HEMINGWAY eine interessante Nuance dieser objektiv-biologischen Beschreibung des Todesgeschehens vorliege, selbst wenn hie und da tiefere Aspekte der Anthropologie aufgerissen werden (so, wenn er im Zusammenhang mit der Tauromachie davon sprechen kann, daß sich in der Sekunde des Todausteilens und Todempfangens die höchste Selbstverwirklichung des endlichen Lebens vollziehe). Doch ist sein eigentliches Interesse auf die Objektivität der Todeserfahrung gerichtet, auf einen „klinischen Realismus" (HAAS) sozusagen, der den Sterbensprozeß von innen, als Vollzug am Sterbenden, beobachten möchte. In seiner „Natural History of the Dead" katalogi-

siert er die Varianten des Sterbens und Verwesens in literarischer
Manier. Die Art, wie Hemingway Eros- und Thanatosmächte
miteinader verbindet, erinnert an Freud. Was ihn an beiden faszi-
niert, ist die Gewalt des Elementaren, die sich nur im Vollzug
erkennen läßt. Wenn Haas ihn als einen ,,Linné des Morbiden"
bezeichnen kann, so wird man – was unsern Gedankengang anbelangt – sagen können, daß Hemingways' Objektivierung der Todeserfahrung sich gleichsam komplementär zum distanzierten Au-
ßenaspekt einer medizinischen Thanatalogie verhält: Er will die
Sterbensvorgänge von innen, im erlebten Vollzuge, konstatieren.

c) Die den Naturvorgang transzendierenden Momente

Wenn wir die Wirklichkeit des Sterbens in ihren spezifisch *menschlichen* Dimensionen erfassen wollen, muß jene
objektive Definition des Todes und des Todeseintritts sich
als unzureichend erweisen, so wertvoll und im übrigen auch
unentbehrlich sie ist. Sie hilft uns zum Beispiel nicht weiter,
schweigt sich vielmehr aus, wenn die erwähnte Zäsur zwischen animalischem Bios und ,,humanem" Leben zum Problem wird.

Indem wir diese Momente, die in einer bloß biologischen
Registrierung des Todesgeschehens *nicht* enthalten sein können und die doch zum Wesentlichen des humanen Sterbens
gehören, im folgenden erörtern, knüpfen wir an einige
Feststellungen an, die wir im ersten Kapitel bereits getroffen
haben.

1. Trotz der verwendeten Terminologie, die sich des
Begriffes ,,Individuum" bedient, muß die biologische Definition davon absehen, daß menschliches Sterben das Ende
einer *Individualität* und jener ,,ungeheuren subjektiven
Welt" bedeutet, von der Hoche sprach. Dabei lassen wir
einen Augenblick noch außer Betracht, daß die Individualität auch jenen *personhaften* Charakter besitzt, den wir erör-

tert haben. Wir sprechen von der Individualität zunächst nur
als der Signatur eines Einzelwesens, dessen Elemente durch
einen organischen Zusammenhang verbunden sind und das
im Tode insofern aufhört, als dieser Zusammenhang aufgelöst wird.

Was der Tod einer so verstandenen Individualität bedeutet, läßt sich am Kontrast des *Einzellers* verdeutlichen, dessen vermeintliche Unsterblichkeit – besser: Todlosigkeit –
darin gründet, daß hier *nicht* jener organische Zell-Zusam-
menhang vorliegt, der im Tode zerfällt. So wird etwa von
Versuchen berichtet, in denen man während eines Zeitrau-
mes von sieben Jahren immer wieder einige neu durch
Teilung entstandene Einzeller in ein frisches Kulturmedium
verbrachte und dabei 8400 Generationen gewann. Da auch
nach sieben Jahren nicht das geringste Nachlassen des Tei-
lungsvermögens zu beobachten war, ist anzunehmen, daß
unter den Versuchsbedingungen derartiger Kulturen so
etwas wie ,,ewiges" Leben festzustellen sei. Theoretisch
muß ja auch die erste Zelle noch bestanden haben[5].

Diese (relative) Todlosigkeit des Einzellers bietet sich als
lehrreicher Kontrast zum Tod der Individualität deshalb an,
weil der Begriff ,,Individualität" beim Einzeller extrem
ferneliegt. Wenn der Begriff ,,Individuum" trotzdem verwendet wird – wie das die Biologen tatsächlich tun und wohl
auch tun müssen –, dann kann er nur die statistische Bedeutung ,,einzelnes Exemplar" haben und ist so nur cum grano
salis zu verstehen. Gerade wegen dieses Defizits an ,,profi-
lierter" Individualität (Individualität als organisches
System) verbinden wir mit der Zellteilung das *Fortleben* des
Einzellers[6]. Zwingen wir dem Einzeller den an sich unzu-
ständigen Individualitätsbegriff gewaltsam auf, so erscheint
die Zellteilung logischerweise auch als ,,individueller" Tod.
In diesem Sinne hat MAX HARTMANN[7] die Teilung der

Einzeller so interpretiert, daß sie nur den Anschein der
Unsterblichkeit erwecke, tatsächlich aber ihren Tod dar-
stelle. Der Elternorganismus habe ja seine „individuelle"
Existenz beendet, auch wenn seine organische Substanz in
den beiden Zellen erhalten bleibe, die durch seine Teilung
entstanden sind. „Der Einzeller stirbt sozusagen durch Teilung, aber seine organische Substanz fällt nicht dem Anor-
ganischen anheim, weil sie kurz vor dem Zerfall in zwei
Tochterzellen aufgefangen wird . . . Wenn die menschliche
Fortpflanzung dem Gesetz der Einzeller entspräche, würden
wir den Vorgang zweifellos als *Tod* beschreiben. Wir brauchen uns nur einen alten Menschen vorzustellen, der plötzlich in zwei Neugeborene zerfällt."[8].

Gerade hier zeigt sich, daß ein gefüllter Begriff der Individualität sich erst bei einem organischen Gesamtgefüge ein-
zustellen beginnt. Bei diesem Gefüge wird auch die vom
Einzeller noch nahegelegte Kontroverse „Tod oder Todlosigkeit" überfällig; der Tod wird hier eindeutig. Was todlos
überdauert, ist allein das Erbgut, das mit Hilfe der Keimzel-
len an die weitere Generation vermittelt wird. Die Individualität als organischer Zusammenhang ist dann, biologisch
gesehen, lediglich ein interimistisches Vehikel dieses todlo-
sen Gutes; sie kann „gehen", wenn sie „ihre Schuldigkeit
getan" hat. Man könnte in Konsequenz dessen sagen, daß
die Gene sich den Organismus nur aufgebaut hätten, um
vorübergehend Herberge in ihm zu finden und ihn als
Startplatz für ihre weiteren Lebensgestalten zu verwenden[9].
Gerade wenn wir so versuchen, beim Begriff der Individualität zunächst im Rahmen biologischer Argumentation
zu bleiben, wird deutlich, daß zur naturhaft-organischen
Seite des menschlichen Todes auch und vor allem das Ende
eines individuellen *Organismus* gehört. Erst wenn das festge-

stellt ist, kann und muß sofort hinzugesetzt werden, es lasse sich dabei nicht von dem Faktum absehen, daß es zugleich um eine *humane* Individualität geht. In einem weiter verstandenen Sinne können wir hier durchaus noch von der humanen „Natur" des menschlichen Sterbens sprechen, auch wenn der Begriff Natur hier seinen nur biologischen Bedeutungsgehalt überschreitet und zugleich den Begriff des „Wesens" – des Wesens des Humanum – mitschwingen läßt[10]. Im folgenden muß uns deshalb die Frage beschäftigen, inwiefern der Tod diese Natur des Humanum antastet, so daß er – in *diesem* Sinne – als „Unnatur" erscheint. Wir fragen damit nach weiteren Momenten, in denen das humane Sterben die besprochene Definition transzendiert.

2. Die genannte objektive physiologische Definition des Todes kann in der Tat nicht mehr als eine bloße Symptomanzeige sein. Einer unter den zahlreichen Faktoren, die sie außer acht lassen muß, liegt in dem Umstand, daß menschliches Sterben den Absturz in die totale *Verhältnislosigkeit* bedeutet[11]. Die Definition enthält einen Hinweis darauf höchstens in dem Sinne, daß schon im Zerfall des organischen Gefüges so etwas wie Verhältnislosigkeit erscheint. Der Organismus ist ja in sich selbst ein weitgespanntes Beziehungssystem, eine Ordnung von Verhältnissen also, die in vielerlei Korrelationen zueinander stehen. Dieses immanente System zerfällt im Tode: Es geht dabei sozusagen um die Destruktion der organischen „Infrastruktur"[12]. Beim Menschen aber ist die Auflösung zugleich mit einer „Extrastruktur" verbunden, die kraft seiner Individualität den Charakter der Einmaligkeit hat.

Was die *Infrastruktur* betrifft, so zeigen Zerstörung und Verwesung, daß dem Beziehungssystem des Organismus die organisierende Mitte geraubt ist, so daß wir von der im

Tod sich begebenden Trennung von ,,Seele und Leib'', also vom Ausfall der *tragenden* Beziehung, sprechen[13].

Hinsichtlich der *Extrastruktur* ist zu sagen, daß der Tod die Beziehungsfülle zerbricht, in der wir uns als Menschen erfahren: unsere menschlichen Begegnungen in Liebe und Haß, die ,,unwiederholbare Musik dieser Welt'', die in unsern Sinnen widerklingt (GARDAVSKÝ), unser Erlebnis von Geschichte und Natur, von Schicksalen in jeder Gestalt. Wir sehen uns der Amputation dieser unserer Welt ausgeliefert, ,,mit der wir uns mehr identisch fühlen als mit dem uns zumeist verborgenen Selbst, das sie geschaffen hat'' (GERHARD NEBEL). Der Abbruch jeder Kommunikation isoliert den Sterbenden und macht die Todesschwelle zur Stätte völliger Einsamkeit: ,,Wir sind allesamt in den Tod gefordert und wird keiner für den andern sterben, sondern ein jeglicher in eigener Person für sich mit dem Tode kämpfen . . . Ein jeglicher muß für sich selber bereit sein in der Zeit des Todes; ich werde nicht bei dir sein noch du bei mir'' (LUTHER)[14].

Diese Aufhebung der extrastrukturellen Verhältnisse wird zum Verlust eines Einmaligen wieder erst dann, wenn der Mensch seine Individualität entdeckt und damit zum Bewußtsein seiner Besonderheit gefunden hat. So kann es bei Jesaja heißen (38,11 f.):

,,Nun werde ich die Menschen nicht mehr sehen
mit denen, die auf der Welt sind.
Meine Hütte ist abgebrochen
und über mir weggenommen wie eines Hirten Zelt.''

Sogar die Beziehung zu Gott, wie sie für die Lebenden besteht, wird durch den Tod in Frage gestellt (wir werden später genauer darauf eingehen):

,,Nun werde ich den Herrn nicht mehr schauen
im Lande der Lebendigen'' (38,11).

Dieser durch den Tod bewirkte Verlust des Einmaligen konnte deshalb so lange nicht empfunden werden, wie es noch *nicht* zum individuellen Bewußtsein gekommen war: Im alten Israel war der einzelne bis zum Ende der Königszeit noch so sehr in das Leben des Volkes integriert, daß er sich nicht von ihm abhob, sich noch nicht als Eigenen empfand. In diesen frühen Perioden gab es deshalb auch keine profilierte *Schuld* eines einzelnen. Was die Väter gesündigt hatten, verdichtete sich gleichsam zu einer überpersönlichen Schuldmacht, die sich an dem ganzen Volke und auch noch an den kommenden Generationen auswirkte: ,,Die Väter haben einst saure Trauben gegessen, und den Kindern werden die Zähne davon stumpf'', so läßt Jahwe durch den Mund des Propheten Jeremia verlauten und kündigt demgegenüber ein *neues* Stadium des Schuldverständnisses an, das ein Selbstbewußtsein des einzelnen voraussetzt: Von nun an soll ,,ein jeder um *seiner* Schuld willen sterben, und wer saure Trauben gegessen hat, dem sollen seine (eigenen) Zähne stumpf werden'' (Jeremia 31,29 f.).

Einst lastete also der Frevel eines einzelnen als ,,Kollektivschuld'' auf *allen* – und umgekehrt. Israel als Volk war noch ein Ganzes, das durch keinerlei Individuation getrennt war. Seine Unteilbarkeit wurde darin manifest, daß der einzelne sich mit diesem Ganzen identifizierte und die Identität seines Ich so in der Identität des Wir aufgehen ließ. Darum konnte auch das, was der Tod als Entführung in die Einsamkeit, in den Abbruch der Beziehungen bedeutet, erst in einem späteren Stadium hervortreten[15]. Der Auferstehungsglaube gewann seine Relevanz erst dadurch, daß der Mensch zum Bewußtsein des einzelnen, vom Volke Abgehobenen, erwacht war und sich so der Frage gegenüber gestellt sah, ob das tödliche Ende des individuellen Lebens zugleich den Abbruch der Geschichte mit Gott (die Ausglie-

derung aus dem Volke Gottes und die Ferne von seinen
Gottesdiensten) bedeuten müsse. Als Beispiel für die Dring-
lichkeit der so entstehenden Frage erwähne ich nur das
Gebet des Hiskia (Jesaja 38,18 f.):

> Nicht mehr bekennt dich die Unterwelt.
> Und der Tod? Rühmt er dich noch?
> Nicht mehr harren, die zur Grube fuhren,
> der treuen Verbundenheit mit dir.
> Nur wer lebt, wer lebt, der rühmt dich,
> so wie ich es heute noch tue.

Wenn der Gedanke an den Tod innerhalb des *Marxismus-
Leninismus*, wie wir noch sehen werden, nur in Spurenele-
menten zu finden ist und keineswegs das Gewicht eines
eigenen Themas besitzt, so hängt auch das mit dem Problem des Individualitäts-Bewußtseins zusammen. Denn
hier ist das Individuum, getreu dem hegelschen Ursprung
des Systems, in seine überpersönlichen, kollektiven Zwecke
aufgelöst. Die ihm anzuerziehenden oder wieder freizule-
genden „gesellschaftlichen Organe" lassen es zum bloßen
Partikel des gesellschaftlichen Gefüges werden und in diesem Gefüge konformistisch aufgehen.

Gerade deshalb ist GARDAVSKÝ trotz seines marxistischen
Bekenntnisses ein Fremdkörper in diesem Bereich: Das in
ihm wirksame christliche Traditionsgut hält das Bewußtsein der Individualität – mit HARNACK zu sprechen: des
„unendlichen Wertes der Menschenseele" – offen. *Deshalb*
muß ihm der beim Sterben eintretende Verlust aller Beziehungen zum Problem werden, so gewiß diese durch die
Individualität eine Einzigartigkeit besitzen, die unübertrag-
bar bleibt und in keiner transsubjektiven Größe wie der
Gesellschaft aufgehoben werden kann.

„Der *Tod* ist so schrecklich wegen dieses Verlustes der Beziehungen: Unser Inneres hört auf, der Schnittpunkt zu sein, an dem

Begegnungen stattfinden. Um so unvermeidbarer wird es, diese
Gewißheit unserer individuellen (!) Zukunft im Leben bewußt
gegenwärtig zu haben . . ."[16] Dieses Verständnis des Todes führt
ihn zur Abgrenzung gegenüber dem, was man als „marxistisches
Lebensgefühl" bezeichnen könnte. Hier gebe es nämlich nur zwei
absolute Gewißheiten: erstens die Gewißheit, daß ich ein gesell-
schaftliches Wesen bin, und zweitens die Gewißheit, daß ich sterben muß. Zwischen diesen beiden Gewißheiten klaffe aber ein tiefer
„Widerspruch: der Tod bringt mich um alles, auch um mich selbst,
die Gesellschaft jedoch wird weiterleben"[17]. Die marxistische
These, daß die Gesellschaft weiterlebt, wird also selbstverständlich
nicht bestritten. Wohl aber wird für GARDAVSKÝ der Gedanke
unvollziehbar, daß die sterbende Individualität mit ihrer Beziehungsfülle sich selbst auf die weiterlebende Gesellschaft *übertragen*
könne. Wie eindeutig er damit zum ideologischen Häretiker
werden muß, erhellt daraus, daß er dieses Todesverständnis mit
dem schon zitierten Lutherwort illustrieren kann, das sich mehr als
sperrig in diesem System ausnimmt und von der Einsamkeit des
Sterbens spricht: „. . . keiner wird für den andern sterben. Ich
werde dann nicht bei dir sein und du nicht bei mir."

Bereits der frühe SCHLEIERMACHER bringt eine *romantische*
Variante dieses Gedankens, daß die an unsere Individualität gebundene Beziehungsfülle im Tode erlischt: Wenn der Freund die Welt
verläßt, stirbt der „gemeinschaftliche Grundton" ab. „Zwar innerlich hallt ihm ein langes Echo ununterbrochen nach, und weiter
geht die Musik: doch erstorben ist die begleitende Harmonie in
ihm, zu welcher ich der Grundton war, und die war mein, wie diese
in mir sein ist. Mein Wirken in ihm hat aufgehört, es ist ein Theil
des Lebens verloren. Durch Sterben tödtet jedes liebende Geschöpf,
und wem der Freunde Viele gestorben sind, der stirbt zuletzt den
Tod von ihrer Hand . . ."[18]

3. Die physiologische Definition des Todes muß auch das
außer Betracht lassen, was ich den *personhaften* Charakter
des menschlichen Sterbens nannte. Wir haben uns diese
personhafte Seite schon klargemacht am „Tod des Iwan
Iljitsch": Der Vorgang menschlichen Sterbens kann nur in
der ersten Person angemessen umschrieben werden, nur so
also, daß gesagt wird: „*Ich* sterbe" und daß es nicht in bloß

objektivierender Weise heißt: ,,*Man* stirbt.`` Weil der Tod so zu ,,mir`` gehört, ist er nicht einfach die objektivierbare Folge einer Krankheit. Ja noch mehr: Auch die Krankheit kann ihrerseits nicht einfach als ein objektivierbarer, sich an der Physis vollziehender Prozeß, als bloßer ,,Fall`` also, verstanden werden. Auch die Krankheit gehört personhaft zu mir, so daß wir es als anstößig empfinden, wenn von einem Patienten als ,,dem Blinddarm von Zimmer 33`` gesprochen wird.

R. M. RILKE hat für diese Tötung des echt menschlichen Todes durch die Anonymität des Man hintergründige Formulierungen gefunden. Er nennt dieses Sterben den ,,kleinen Tod`` im Unterschied zum ,,großen``, ,,ausgereiften``, ,,eigenen`` Tod und zeichnet von dem Kollektiv-Tod im ,,Malte`` ein gespenstisches Bild:

,,Jetzt wird in 559 Betten gestorben. Natürlich fabrikmäßig. Bei der enormen Produktion ist der einzelne Tod nicht so gut ausgeführt, aber darauf kommt es auch nicht an. Die Masse macht es. Wer gibt heute noch etwas auf einen gut ausgearbeiteten Tod? . . . Der Wunsch, einen eigenen Tod zu haben, wird immer seltener. Eine Weile noch, und er wird ebenso selten sein wie ein eigenes Leben. Gott, das ist alles da: Man kommt, man findet ein Leben fertig, man hat es nur anzuziehen . . . Man stirbt, wie es gerade kommt; man stirbt den Tod, der zu der Krankheit gehört, die man hat (denn seit man alle Krankheiten kennt, weiß man auch, daß die verschiedenen letalen Abschlüsse zu den Krankheiten gehören und nicht zu den Kranken, und der Kranke hat sozusagen nichts zu tun)``.

Der Mensch wird innerhalb des Kollektivs so zu einem unpersönlichen, ihm fremden und nur durch die physische Krankheit charakterisierten Tod gezwungen. Ihn beklagt auch das ,,Stundenbuch``:

Denn dieses macht das Sterben fremd und schwer,
Daß es nicht *unser* Tod ist, einer, der

Uns endlich nimmt, nur weil wir keinen reifen;
Drum geht ein Sturm, uns alle abzustreifen.

So kommt es zur Bitte um einen persönlichen, ,,eigenen''
Tod, der allein den Menschen zum Menschen macht und
sein Sterben über bloß tierisches Verenden hinaushebt:

O Herr, gib jedem seinen eig'nen Tod.
Das Sterben, das aus jenem Leben geht,
Darin er Liebe hatte, Sinn und Not.

Die gespenstische Vision des anonymen, entfremdeten
Sterbens wird heute in einem für RILKE noch unbekannten
Maße dort übertroffen, wo die physiologische Definition
des Todes die ureigenste Stätte ihrer Anwendung gefunden
hat: auf den modernen *Intensivstationen*[19].

So schwer es fällt, grundsätzliche Einwendungen gegen
gewisse institutionelle Maßnahmen zu erheben, die für
extreme Ausnahmezustände bestimmt sind, so wenig dürfen wir die Augen vor der Drohung des Unmenschlichen
verschließen, die sich hier erhebt. Diese Drohung scheint
sich nicht nur gegen das Humane, sondern in etwa sogar
gegen das ,,Kreatürliche'' zu wenden: Wir brauchen nur
daran zu denken, daß unter dem ständig brennenden Neon-
licht die Grenze von Tag und Nacht aufgehoben und damit
auch der kreatürliche Rhythmus des Schlafbedürfnisses
unterbrochen wird. Der Patient – das greift nun in die
spezifisch menschliche Sphäre – sieht sich nur als Objekt von
Hantierungen, deren Unpersönlichkeit ihn nicht nur
bedrückt, wenn sie – für ihn undurchschaubar – durch Apparate vermittelt werden, sondern auch dann, wenn das Pflegepersonal tätig ist, weil es kaum irgendeinen persönlichen
Kontakt zu dem Kranken hat, sondern nur auf die somati-
schen Funktionen gerichtet ist. Die Signatur des Menschlichen, Entscheidungsträger zu sein, einen Spielraum für

eigenes Verhalten zu haben und bewußt an dem beteiligt zu werden, was mit ihm geschieht, ist hier weitestgehend ausgelöscht:

,,Bei den kleinen alltäglichen Maßnahmen der Pflege und der medizinischen Eingriffe, wie da sind Spritzen, Infusionen und ähnliches mehr, wird über den Kranken einfachhin verfügt. Man hält es auch nur selten für nötig, ihm den Sinn irgendeiner Maß-nahme zu erklären, sein inneres Einverständnis zu gewinnen durch die Einsicht, die man ihm gewährt in die Vernünftigkeit der Maßnahme." So gibt es keinen ,,Freiraum" für die Kranken: ,,Ich habe mir sagen lassen, daß nicht einmal ihr fester Wille, auf weitere medizinische Maßnahmen zu verzichten, respektiert werde" (KAUTZKY, Sterben im Krankenhaus).

Überhaupt klagen die Opfer dieser Situation über den inhumanen Abbruch jeder Kommunikation. Wie könnte es einem Arzt oder den Pflegern möglich sein, ,,durch die Krankheit des Kranken hindurchzuschauen und ihn zu erkennen, wer er wirklich ist?" (a.a.O.). Zu diesem Hin-durch-schauen würde es ja gehören, mit dem Kranken über seine Angst zu sprechen: ,,Die Ärzte strahlten berufsmäßig freundlichen Optimismus und hilfreiche Besorgtheit aus, aber sie nahmen an der Angst des Patienten nicht teil . . . Die Angst wurde schlechthin abgeleugnet."

Zu der unmenschlichen Kommunikationslosigkeit gehört schließlich noch, daß Ärzte und Angehörige den Sterbens-kranken ,,unisono zu belügen" pflegen, so daß ,,sein Schicksal . . . fremdbestimmt, die Freiheit der Entschei-dung – zum Tode, zur Operation, zu einer letzten Liebschaft – dem Kranken genommen" wird (a.a.O.).

Zweifellos ist diese Kommunikationslosigkeit auch durch eine Krise des *Arztes* angesichts des sterbenden Patienten mitbedingt. Diese Krise ergibt sich nicht nur daraus, daß er für seine Person das Problem des Sterben-müssens noch nicht bewältigt hat oder ihm ausgewichen ist, sondern auch und vielleicht sogar vor allem durch seinen Status, der ihn zum Anwalt des Lebens macht. Deshalb wird das Sterben des Patienten als so etwas wie eine persönliche Niederlage empfunden. Der Arzt ist gleichsam ein Anwalt, der seinen Prozeß verliert und dem die Grenze seiner Macht präsentiert wird. Kein Wunder, daß er sein Haupt verhüllt und sich abwendet. Um so mehr ist es anzuerkennen, wenn Autoren wie KÜBLER-ROSS sich dem *menschlichen* Verlauf des Sterbe-Prozesses zuwenden, um dessen einzelnen Stadien (Widerstand, zornige Erbitterung, Ringen um Lebensverlängerung, Depression und schließlich Bereitschaft zum Sichfügen) in verstehender Zuwendung gerecht zu werden. Tröstlich sind auch die Berichte über einige in London tätige ,,Sterbekliniken'', in denen vor allem freiwilliges und ehrenamtlich tätiges Pflegepersonal wirkt und zusammen mit den Ärzten die Sterbenden auf ihrer letzten Wegstrecke in Liebe und in Wahrheit – also *menschlich* – begleitet. Hier verfolgt man das Ziel, dem Sterben seine humane Würde zurückzugewinnen und also das zu respektieren, was die physiologischen Prozesse übersteigt, und was die registrierenden Apparaturen nicht mitzuteilen vermögen[20].

Die weiteren Momente, die in der medizinischen Definition des Todes nicht enthalten sein können, weil sie den physischen Prozeß als spezifisch ,,menschlich'' transzendieren, habe ich im 1. Kapitel schon besprochen, so daß ich sie hier – um der Systematik willen – nur stichworthaft rekapituliere und hie und da nur etwas ergänze. Also:

4. Im Unterschied zum Tier, so sahen wir, *weiß* der Mensch um die endliche Erstreckung seines Daseins. Es geht bewußt auf seinen Tod zu, gerade dann, wenn er dieses Bewußtsein verdrängt. Er ist auch das einzige Wesen, das

seine Toten bestattet und sich so Mahnmale des Memento-
mori errichtet.

Das Selbstbewußtsein, in das auch das Wissen um die
Endlichkeit seiner Existenz einbegriffen ist, wird ihm nach
beiden biblischen Schöpfungsberichten (Genesis 1 und 2)
schon bei seiner Erschaffung eingestiftet: Gestirne, Pflanzen
und Tiere sind nur Objekt des schöpferischen „Es werde",
ohne über ein Bewußtsein dieser ihrer Geschöpflichkeit zu
verfügen. Demgegenüber wird der Mensch in der Zweiten
Person angesprochen und mit einem Auftrag und einer
Bestimmung behaftet, zu denen er sich bewußt und willentlich verhalten muß, die er ergreifen oder auch verfehlen
kann. Er hat, wie die Sündenfall-Geschichte zeigt, keine
Möglichkeit, die ihm zugewiesene Subjektrolle zu verweigern und sich als bloßes Objekt von Verführungen (durch
Eva oder die Schlange) oder von Zwangsläufigkeiten (etwa
im Sinne von Milieu-Bedingtheiten oder Eigengesetzlich-
keiten) zu entschuldigen. Es ist ihm so verwehrt, Schuld in
Schicksal zu verwandeln.

Ganz entsprechend sieht auch HEIDEGGER menschliches
Dasein von sonstigem Seienden dadurch unterschieden, daß
dieses Dasein von sich weiß und sich ergreifen muß. Dieses
Selbstbewußtsein ist wesentlich ein Wissen um die Zukunft
und damit auch um die tödliche Grenze unseres Lebens. In
Sorge und Hoffnung nimmt der Mensch diese seine
Zukunft vorweg.

*Man könnte also sagen, das Selbstbewußtsein sei das, was den
Menschen zum Menschen mache.* Nur von da her gewinnt
auch das *Leiden* seinen Sinn. Denn mit der Gabe des Selbstbewußtseins sind auch die Aufgabe und die Möglichkeit
verbunden, auf das Leiden zu reagieren, es anzunehmen, zu
bekämpfen oder zu verweigern – und in allen Fällen
„ethisch" zu leiden. (Das ist einer der wesentlichen Gründe

dafür, daß es beim leidenden Menschen nicht den ,,Gnaden-
schuß" geben kann.)

Das Selbstbewußtsein ist damit zugleich der entscheidende Grund dafür, daß der Tod des Menschen kein bloßes
,,Widerfahrnis" ist, sondern etwas, das zu ,,vollziehen" ihm
auferlegt wird, etwas also, das ihn nicht einfach als Objekt
vereinnahmen darf, sondern demgegenüber er Subjekt
bleibt. Eben das hatte RILKE mit seinem Wort vom ,,großen
Tod" gemeint. Und darauf zielt HEIDEGGER (der hier entscheidend von KIERKEGAARD angeregt ist) gleichfalls, wenn
er den Tod als eine Seinsmöglichkeit bestimmt, die das
Dasein *selbst* zu ,,übernehmen" hat. Insofern geht es um die
,,Jemeinigkeit" des Todes, also wieder um den Bezug zur
Besonderheit meiner Individualität, die ihn mehr und qualitativ anders sein läßt als das Absterben eines Exemplars
innerhalb der Gattung. Sie läßt diesen Tod nicht ein bloßes
,,Verenden", sondern eben ein ,,Sterben" sein.

5. Das Selbstbewußtsein, dem das Wissen um die endliche Erstreckung unseres Lebens innewohnt, enthüllt uns so
gleichzeitig die *Ganzheit* unseres Daseins. Wir wissen, daß
wir unsere Zeit haben, und daß sie unumkehrbar ist. Erst
die abgeschlossene Zeit legt das Ganze des Daseins bloß.
Deshalb müßte eine Biographie eigentlich nicht mit der
Geburt, sondern mit dem Tode beginnen, ebenso wie eine
Biographie der Welt – eine Universalgeschichte also – erst
vom Ende der Welt, vom eingetretenen Eschaton her,
geschrieben werden könnte. Erst indem das Ganze zutage
tritt, werden auch Ort und Bedeutung des Einzelgeschehens
innerhalb des Ganzen übersehbar. Erst eschatologisch wird
deshalb das, was als Sinn und höherer Gedanke *innerhalb*
des laufenden Geschichtsprozesses nur zu ,,glauben" ist,
zum Gegenstand des ,,Schauens".

Das gilt auch von der Zeitlichkeit des einzelnen Daseins. ,,Man muß das Theater vor dem Schluß der Vorstellung verlassen, das Ende kann nicht abgewartet werden. Wenn aber das Ende nicht feststeht, der Ausgang unbekannt bleibt, dann kann auch kein abschließendes Urteil über das Stück (und auch nicht über die Bedeutung der einzelnen Akte und Handlungsstationen) gefällt werden."[21]

Gleichwohl drängt sich das Faktum der Ganzheit des Daseins, auch wenn diese im einzelnen undurchschaubar bleibt, sehr viel unmittelbarer auf als die Ganzheit der Geschichte. Das ist deshalb so, weil uns das Ende unserer Zeitlichkeit ständig begleitet und insofern präsent ist, selbst noch als Gegenstand unseres Verdrängens. Insofern brauchen wir dieses Ende nicht erst abzuwarten, um der Ganzheit unserer endlichen Zeitstrecke innezuwerden. Wir leben zwar in der Unabgeschlossenheit, aber wir wissen um den Schluß. Deshalb ist menschliches Dasein als ,,Sein zum Tode" zu bestimmen. Um unsere Identität zu finden, um das Bild dessen zu werden, ,,das ich werden soll", steht mir eine begrenzte Frist zur Verfügung. Insofern legt sich auf das ,,Heute", in dem wir ,,seine Stimme hören", ein unbedingtes Gewicht[22], weil dieses Heute eine Station auf der unumkehrbaren Zeitstrecke ist, und weil das ,,Jetzt" die ,,angenehme Zeit" sein kann, die als Kairos nicht wiederkehrt[23]. Auch im ganz säkularen Bereich wissen wir, daß die Jugend vergeht, und daß die Neige der köstlichen Zeit geschlürft werden muß.

Daß unser Leben so durch sein Wissen um den Tod ,, ein existenzielles Vorwegnehmen des ,*ganzen* Daseins' ist, daß ihm so die Möglichkeit eröffnet wird, als *ganzes Seinkönnen* zu existieren" und daß ihm als ,,äußerste Möglichkeit der Existenz bevorsteht, sich selbst aufzugeben"[24] – das ist die spezifisch menschliche Signatur des Verhältnisses zum

Tode. Sie kann in keiner nur physiologischen Definition des
Todes enthalten sein.

6. Man kann zweifeln, wohin FREUDS Lehre vom *Todes-
trieb* gehöre, ob sie der naturhaften oder der personalen
Interpretation des menschlichen Todes zuzuschlagen sei.
Dieser Zweifel hängt damit zusammen, daß die Gesamtheit
von FREUDS Anthropologie in dieser Hinsicht ambivalente
Züge trägt[25]. Die wichtigste Quelle für die Lehre vom
Todestrieb ist die Schrift „Jenseits des Lustprinzips" (1920).
Manches klingt auch in der späteren Schrift „Das Ich und
das Es" (1923) an.

In aller Kürze sei nur dies dazu angedeutet: FREUD unterscheidet zwei Grundtriebe: den Eros- und den später von
ihm entdeckten Destruktions- (Todes-)Trieb. Der Eros
umgreift sowohl die Spannung von Selbst- und Arterhal-
tungstrieb wie auch die von Ich–Liebe und Objekt-Liebe. Er
will binden, größere Einheiten herstellen und erhalten. Eine
Art Widerlager zum Erostrieb bildet der Destruktionstrieb,
der sozusagen die Rolle des Antagonisten spielt. Zu seiner
Entdeckung kam es vornehmlich dadurch, daß FREUDS
frühere Versuche, Phänomene wie die Zerstörungslust zur
Sexualität zu rechnen (Sadismus, Aggressionslust usw.),
offenbar nicht zureichten, daß es vielmehr um eine eigen-
ständige Triebform gehen müsse. Hierbei verband er die
Idee des Todestriebes mit dem sehr spekulativen Gedanken,
daß es sich um einen Trieb handle, der auf Regression, auf
Wiederherstellung von Früherem, gerichtet sei und als End-
ziel „einen Ausgangszustand (intendiere), den das Lebende
einmal verlassen hat und zu dem es über alle Umwege
(seiner organischen Zwischenstadien) zurückstrebt"[26]. Es
geht also um den Trieb zur Rückkehr in das Anorganische
und insofern zum Tode.

Von hier aus dürfte der genannte Zweifel verständlich sein, ob der FREUDsche Todestrieb auf einem naturhaften oder personalen Verständnis des Todes beruhe. Tatsächlich steht FREUDS Anthropologie insgesamt in diesem Zwielicht: Einmal trägt sie insofern human-personhafte Züge, als das Ich sich in einer konfliktreichen Auseinandersetzung mit sich selbst befindet, mit dem Es und dem Über-Ich vor allem. Andererseits drängt sich bei der Darstellung dieses Ich die Analogie zu einem physikalisch determinierten Triebmechanismus auf. A. GÖRRES sieht gerade hier den Schwerpunkt von FREUDS Anthropologie und geht in seiner Interpretation so weit, den im Sinne FREUDS verstandenen Menschen als ein ,,hormonal gesteuertes Triebwesen" zu verstehen. FREUD selbst spreche bezeichnenderweise von einem ,,seelischen Apparat", der durch Regelmechanismen gesteuert ist. So seien hier der Mensch und sein Geist nicht der ,,Hirte des Seins", wie HEIDEGGER ihn beschreibt, wohl aber der Hirte seines psycho-physischen Stoffwechsels[27].

Daß FREUD beide Dimensionen seiner Anthropologie schwerlich in Einklang bringen kann, und daß das Triebwesen immer wieder die humanen Aspekte ausblendet, dürfte auch aus einer sehr verräterischen Briefäußerung hervorgehen: ,,Im Moment, da der Mensch nach Sinn fragt (also die spezifisch humane Frage nach seiner Bestimmung und Selbstfindung stellt [Verf.]), ist er krank."[28]

Der Todestrieb hat wohl von jeher eine elementare Bedeutung gehabt. Das würde FREUDS faktische Feststellungen bestätigen, auch wenn man sich seiner spekulativen Begründung versagt und diese durch den Rahmen *seiner* Konzeption begrenzt sieht. Beispielhaft dafür könnten Sätze aus dem biblisch-apokryphen Buch der ,,Weisheit" sein (um 150 vor Christus). Allerdings fällt der Todestrieb hier unter das Anathema der ,,Gottlosigkeit": ,,Die Gottlosen suchen den Tod mit Händen und Worten herbeizulocken; ihn für einen Freund haltend verzehren sie sich (in Sehnsucht) nach ihm und schlossen einen Bund mit ihm" (1,16). Modern ausgedrückt würden wir hier von einer *nihilistischen* Sehnsucht sprechen: ,,Durch Zufall sind wir entstanden, und danach werden wir sein, als wären wir nicht gewesen" (2,2).

Abschließend mag noch ein pikanter Hinweis vermerkt werden: ein Wort des französischen Ministerpräsidenten CLEMENCEAU, des ,,Tigers" (und Deutschenhassers!) im Ersten Weltkrieg. Kurz vor dem Tod sagte er seinem Privatsekretär: ,,. . . Es entspricht dem Wesen des Menschen, das Leben zu lieben. Der Deutsche kennt diesen Kult nicht. Es gibt in der deutschen Seele . . . anstelle dessen eine krankhafte und satanische Liebe zum Tod. Diese Leute haben eine Gottheit, die sie zitternd, aber doch mit dem Lächeln der Ekstase betrachten, als wären sie von einem Schwindel erfaßt. Und diese Gottheit ist der Tod. Woher haben sie das? Ich weiß darauf keine Antwort. Der Deutsche liebt den Krieg aus Selbstliebe und weil an dessen Ende das Blutbad wartet. Der Krieg ist ein Vertrag mit dem Tod. Der Deutsche begegnet ihm, wie wenn er seine liebste Freundin wäre" (zit. bei K. BARTH, Die Deutschen und wir. 2. A. 1945, 12).

d) Das Standhalten gegenüber der Wahrheit des Sterben-müssens

Was heißt, dem Todgeweihten gegenüber ,,wahr" zu sein?

1. Der Konflikt zwischen Wahrheit und Liebe

Der Mensch ist also, das halten wir fest, ein Wesen, das in seinem Selbstbewußtsein um den Tod *weiß* und sich inso-

fern zu ihm *verhalten* muß. Mit diesem Verhalten ist
gemeint, daß er nicht als bloßes Objekt vom Tode verein-
nahmt werden darf, sondern ihn als ,,seinen" Tod vollziehen soll. Wenn das so ist, läßt sich die bedrängende Frage
nicht umgehen, ob sich daraus nicht die *Pflicht zur Wahrheit*
gegenüber dem Sterbenskranken ergebe. Ein von Ärzten,
Pflegepersonal und Angehörigen bewußt und mit allen
Mitteln der Vernebelung getäuschter Patient wird ja an
diesem ,,jeseinigen" Sterben, an diesem Vollzuge gehin-
dert. Er wird dem Tode *doch* wieder – im gefüllten Sinne des
Wortes: ,,blindlings"! – als Opfer und Objekt ausgeliefert.
Ich wies bereits darauf hin, daß diese Praxis verbreitet, ja
geradezu die übliche Verhaltensweise gegenüber dem Moriturus ist.

Die dahinterstehenden Motive zeigen ein breites Spek-
trum verschiedener Beweggründe. Sie sind nicht entfernt
nur durch das naheliegende Trägheitsgesetz zu erklären
(weil ein Verschweigen die sozusagen bequemste Lösung
sei), vielmehr öffnen sie weithin tiefere Ausblicke in das
Menschen- und Selbstverständnis der also Täuschenden. Ich
nenne hier nur drei der maßgeblichen Motive:

1. Das am meisten verbreitete Motiv dürfte die Absicht
der *Schonung* des Kranken sein, so daß der hier wie auch
sonst sich meldende Konflikt zwischen Wahrheit und Liebe
zugunsten der *Liebe* entschieden wird. Die realistische
Eröffnung einer Wahrheit über den eigenen Untergang
kann einer Schockwirkung gleichkommen, die nicht nur
Schmerzen und Ängstigung zufügt, sondern auch jeden
Aktivismus eigenen Heilwillens lähmen und das Ende
beschleunigen kann. Auf diese Zusammenhänge zielt wohl
auch CHR. WILH. HUFELAND (der Arzt GOETHES, SCHIL-
LERS und HERDERS), wenn er in seiner ,,Makrobiotik"[29]

sagt: ,,Den Tod verkünden, heißt den Tod geben." Und
vielleicht geht es auf seinen Einfluß zurück, wenn es im
Westöstlichen Divan heißen kann:

> Wofür ich Allah höchlichst danke,
> Daß er Leiden und Wissen getrennt.
> Verzweifeln müßte jeder Kranke,
> Das Übel kennend, wie der Arzt es kennt.

Der japanische Arzt SENJI UMEHARA mag dasselbe im
Auge gehabt haben, wenn er gegenüber F. HOFF[30] äußerte:
,,Es gibt Lügen, welche eine tiefe Menschenliebe ausdrük-
ken", und das Wort Buddhas erwähnte: ,,Die Lüge ist eine
Methode, die Wahrheit zu lehren." K. JASPERS meinte
einmal, als wir die Frage der Wahrheit diskutierten: ,,Selbst
wenn ein Schwerkranker mich als Arzt bedrängt, ihm die
Wahrheit seines Zustandes zu eröffnen, will er doch nur
hören, daß es *nicht* so schlimm mit ihm stehe. Ich würde
seinem wirklichen Willen also gerade nicht entsprechen,
wenn ich seinem Insistieren auf Gewißheit nachgäbe."

2. Anstelle dieser schonenden und therapeutisch gemeinten Rücksichtnahme kann auch ein ganz anderes Motiv,
speziell beim Arzt, wirksam sein: Ich denke an die besprochene Hemmung des Arztes, als Anwalt des Lebens seine
Kapitulation erklären zu müssen. Dieses Motiv mag noch
dadurch verstärkt werden, daß der Arzt Wahrheit und
Wesen des Sterben-müssens für seine Person noch nicht in
Gedanken bewältigt hat, daß seine eigene Reflexion also
noch in den Vordergründen des Physiologischen steckenge-
blieben ist. Es gibt Wahrheiten, die sich nur in der eigenen
Betroffenheit erschließen – ich komme gleich darauf noch
einmal zu sprechen – und auch nur *aus* dieser Betroffenheit
dann andern mitgeteilt werden können. Außerhalb dieses
existenziellen Angerührt-seins kann es nur eine Hilflosigkeit

geben, der kaum etwas anderes übrigbleibt, als sich zu tarnen und den Weg in die Täuschung zu wählen.

3. Ein sehr viel tieferer Grund des Verschweigens, der wiederum mit schonen wollender Liebe zu tun haben mag, dürfte in der Scheu bestehen, den Sterbenskranken seines letzten Potentials an *Hoffnung* zu berauben. Diese Scheu kann in dem vorreflexiven (mehr instinktiven) Wissen gründen, daß der Mensch ein Wesen ist, das prinzipiell auf *Hoffnung* angelegt ist. ERNST BLOCHs ,,Prinzip Hoffnung" ist geradezu eine Ontologie des Noch-nicht: Mensch-sein heißt für ihn, auf dem Wege zu etwas anderm zu sein. Aufgefordert, seine Philosophie in einem einzigen Satz zu formulieren, antwortet er: ,, ,S' ist *noch* nicht ,P' ". Dem Menschen durch Hoffnungslosigkeit seinen Bezug zur Zukunft zu nehmen, heißt so nichts Geringeres, als ihn eines entscheidenden Existenzials zu berauben. Jedenfalls gilt das für alle, die keine – z. B. christliche – Hoffnung über den Tod hinaus haben[31]. Aber auch bei solchen, die dieser Hoffnung teilhaftig sind, ist das ,,Lebenselixier" (TH. WILDER) einer aufs elementar Irdische gegründeten Hoffnung nicht zu unterschätzen.

Deshalb stimmt das Wort eines so erfahrenen Arztes wie FERDINAND HOFF nachdenklich: Auch wenn der Mensch – selbstverständlich! – wisse, daß er ,,eines Tages sterben" müsse, sei er in der Regel doch einer ,,Konfrontation mit seinem in Kürze bevorstehenden Tode nicht gewachsen". Die Natur selbst, so meint er, ,,erspare ihm diesen Schrekken, denn der Todgeweihte verfalle in der Regel in eine wohltätige Selbsttäuschung über seinen Zustand". Deshalb sei es nichts Geringeres als ,,Anmaßung, wenn der Arzt in respektloser Besserwisserei mit groben Fingern dies wohltätige Naturgeschehen störe"[32].

Der Krankenberichte darüber, daß die so geschürte Hoffnung lebenserhaltende oder wenigstens lebensverlängernde
Bedeutung gehabt habe, sind Legion: Das Nichtwissen um
die wirkliche oder vermeintliche Hoffnungslosigkeit kann
in gleichsam produktiver Verblendung über die Schwelle
einer Krise hinwegreißen. So kann aufrechterhaltene Hoffnung ein therapeutischer Faktor sein, der die Lebens- und
Genesungskräfte durch Euphorie aktiviert. Diese Hoff-
nungsstütze, die der Arzt gibt, scheint zusätzlich dadurch
berechtigt zu sein, daß sie das Verhalten der Natur selbst
imitiert. Die Natur pflegt ja die letzten Stadien durch
Schleier des Dahindämmerns – manchmal durch farbige und
schöne Schleier – zu verhüllen. Diese Verhüllung entspricht
offenbar auch jener Lebens- und Todesweisheit, die ULRICH
VON HUTTEN als Klosterschüler auf der Sonnenuhr des
Klostergartens verzeichnet fand: Mors certa, hora incerta
(der Tod steht fest, aber seine Stunde bleibt ungewiß).

DOSTOJEWSKI hat in seinem Roman „Der Idiot" in Anspielung
auf seine eigene Exekution, bei der er im letzten Augenblick
begnadigt wurde, das Tödliche *vollkommener* Hoffnungslosigkeit
geschildert: „Der Mord laut Urteil ist unvergleichlich furchtbarer
als der Mord des Verbrechers. Wer zur Nachtzeit im Walde . . .
unter das Messer von Räubern gerät, hat immer noch, bis zum
letzten Augenblick, die Hoffnung auf Rettung . . . Diese letzte
Hoffnung aber, die das Sterben um das Zehnfache erleichtert, wird
dem Verurteilten durch das eine Wort ‚Unwiderruflich' genommen. Das Urteil läßt sich nicht umstoßen, jede Flucht ist ausgeschlossen, und darin eben besteht das Schreckliche dieser Todesqualen. Es gibt keine schrecklichere Qual auf Erden. Stellen Sie
einen Soldaten in der Schlacht gerade vor die Mündung einer
Kanone und feuern Sie auf ihn – er wird immer noch hoffen; aber
lesen Sie demselben Soldaten sein Todesurteil vor, sagen Sie ihm
das eine Wort ‚Unwiderruflich' – und er wird den Verstand verlieren oder in Tränen ausbrechen."

So stehen wir offensichtlich vor einem schwer oder gar nicht auflösbaren Konflikt zwischen zwei einander widerstreitenden Strebungen:

Die eine Strebung ergibt sich aus der Pflicht zu einer *Wahrheit*, die auch hier allein „frei machen" (Joh. 8,32), das heißt die Freiheit eröffnen kann, den Tod als einen eigenen zu vollziehen und ihn im RILKEschen Sinne einen „großen Tod" werden zu lassen.

Die andere Strebung gründet in der Pflicht zur *Liebe*, in der Aufgabe also, schonsam mit dem Potential an Hoffnung umzugehen, über das selbst der Moriturus noch verfügt. Diese Schonsamkeit beruht auf dem Wissen, daß eine abrupt eröffnete Wahrheit über das Unwiderrufliche tödlich sein, daß sie im Sinne HUFELANDS „den Tod *geben*" kann.

2. Verschiedene Gestalten der Wahrheit

Mit der Redewendung „abrupt eröffnete Wahrheit" ist nun ein Stichwort gefallen, das uns eine tiefere Dimension des hier zuständigen Wahrheitsverständnisses eröffnen kann. Denn damit ist angedeutet, daß es Wahrheitsgestalten gibt, die mit Zeit und Unzeit, also mit der konkreten Situation zu tun haben, in der sich Wahrheit erschließt oder erschlossen wird. Von der *mathematischen* Wahrheit gilt das sicher nicht, so daß schon in dieser Verschiedenheit eine gewisse Bandbreite von Wahrheitsformen manifest wird, die es verbietet, undifferenziert Wahrheit gleich Wahrheit zu setzen. Die mathematische Wahrheit ist ja *jederzeit* abrufbar. Ihre Zeitlosigkeit wirkt sich auch darin aus, daß sie unabhängig von Zeit und Situation „unmittelbar" ausgesprochen werden kann.

Von Wahrheiten, die den *Menschen* betreffen und ihn existenziell anrühren, gilt das sicher nicht. Ein Un-Päd-

agoge etwa, der einem Kind vor versammelter Schulklasse
sagt: ,,Dein Vater ist gestern wieder betrunken nach Hause
gekommen", hat zwar etwas de facto Richtiges geäußert.
Aber dieses Richtige ist nicht identisch mit der Wahrheit,
weil es einen Unschuldigen beschämt, ihn in seiner Fami-
lienehre kränkt und damit der Wahrheit der kindlichen
Existenz nicht gerecht wird. Eine sadistische, destruktive,
vielleicht von Ressentiments angeheizte Emotion ,,bedient"
sich hier einer Richtigkeit, die hintergründig gerade der
Wahrheit entgegentritt und sie verwundet. Mit Hilfe solcher Scheinwahrheiten ist es möglich, Haß, Neid, Eifer-
sucht, Ärger oder Wut an einem andern auszulassen und
damit nichts Geringeres als ein *Attentat wider die Wahrheit des
Menschseins* zu vollbringen, während man hinter dem Wall
formaler Richtigkeiten Deckung sucht und sich durch eine
vermeintliche oder nur vorgegebene Wahrheit unangreifbar
macht. Die Richtigkeit der Aussage, die jener Un-Pädagoge
von sich gab, war also als Wahrheit zur Unzeit und in
falschem Kontext nichts anderes als Lüge und Verleum-
dung. Wären die betreffenden Fakten im Lehrerzimmer zu
einem Kollegen geäußert worden in der Absicht, dem
Kinde oder der Familie zu helfen, so hätten sie die Qualität
der Wahrheit gewinnen können.

   In seinem ,,Buch der Freunde" (S. 21) bringt HUGO VON HOF-
MANNSTHAL ein Zitat PASCALS, das in die gleiche Richtung deutet:
,,Es ist nicht genug, nur wahre Dinge zu sprechen; es ist außerdem
nötig, nicht alle die zu sagen, welche wahr sind; weil man nur die
Dinge bringen soll, welche zu enthüllen nützlich ist, und nicht die,
welche nur verletzen würden, ohne etwas zu fruchten; und also wie
die erste Regel ist ,mit Wahrheit zu sprechen', so ist die zweite ,mit
Diskretion zu sprechen'."

Das tertium comparationis zwischen dieser Situation und
der am Krankenbett liegt auf der Hand: Es besteht in der

Relation der Wahrheit zur Zeit, zum Ort und zur Situation, man könnte auch sagen: zu ihrem Kairos.

In diesem Sinne hätte auch eine abrupte Eröffnung gegenüber dem Moriturus nicht die Qualität der Wahrheit, weil sie eine Wahrheit zur Unzeit wäre. Es ginge dabei um eine Wahrheit, bei der man ,,mit der Tür ins Haus fiele" und sie nicht – im RILKEschen Sinne – als Frucht *wachsen* ließe. Die hier angemessene Form ist in der Tat eine Wahrheit, die im Leben wächst und in die wir hineinwachsen: eine ,,werdende" Wahrheit also, die immer ein Stück Zukünftigkeit behält und der wir nie *ganz* gleichzeitig werden.

Ich versuche dafür wieder ein simples Beispiel heranzuziehen: Wenn ein Teenager in einem Schulaufsatz schreibt: ,,Goethe ist der größte deutsche Dichter", kann man an der Richtigkeit dieser Aussage kaum etwas aussetzen. Und doch wird man dieser Richtigkeit nicht froh, weil man sie aus *diesem* unerfahrenen Munde noch *nicht* hören möchte. Hier ist sie eher Schwindel als Wahrheit; sie ist ja nur nachgeschwätzt. Um die Qualität von ,,Wahrheit" gewinnen zu können, müßte jene Richtigkeit in einem Prozeß eigener Erfahrung ans Licht getreten sein. Nur wenn der Schüler schon einen erheblichen Radius eigener literarischer Erfahrung geschlagen hätte, könnte er über Kriterien verfügen, die im Vergleich mit andern Autoren GOETHE die Siegespalme reichen ließen. Ohne diesen Hintergrund eines Wachstumsprozesses ginge es hier nur um eine Wahrheit zur Unzeit und folglich um *Nicht*-Wahrheit.

Entsprechend kann es auch im Gespräch mit dem Sterbenskranken nur um eine langsame, ,,prozeßhafte" und behutsame Hinführung zur Wahrheit seines Zustandes gehen, um eine Hinführung also, bei der er ,,nachkommen" kann, um so allmählich in eine relative Gleichzeitigkeit mit dieser Wahrheit hineinzuwachsen. Vor allem erscheint es

wichtig, daß Hoffnungen, die der Kranke noch hat, nicht
mit einem Schlage zunichte gemacht werden, daß man sie
vielmehr bestehen läßt und dazu beiträgt, daß der Kranke
sie selber im allmählich wachsenden Klarwerden über seinen Zustand abbaut. Es ginge um eine gleichsam sokrati-
sche Form der ,,Entbindung" jener Wahrheit beim Betrof-
fenen selbst. Sie würde dem Kranken nicht auf den Kopf
zugesagt, sondern müßte von ihm selber gefunden werden.
Nur dem von ihm selbst Gefundenen kann er in seinem
inneren Zustand ,synchron" werden, nur ihm kann er
gewachsen sein.

Diese Form des gebremsten *Zugehens* auf die Wahrheit
kann für den Kranken eine enorme Erleichterung sein. In
der Regel pflegt der Moriturus nämlich sehr viel mehr von
seinem Zustande zu wissen, als er nach außen erkennen läßt
und womöglich sich selber eingesteht. Auch das verdrängte
Wissen bleibt immer noch ein Wissen. Ganz gleich aber, ob
dieses Wissen sich an der Schwelle des Bewußtseins oder
aber unterhalb ihrer befindet: immer wieder wird es vorkommen, daß in den gleichen Schichten des Bewußtseins
auch ein quälender Zweifel an den optimistischen, lächelnd
alle Besorgnis zerstreuen wollenden Versicherungen der
Umwelt nagt. Es pflegt dann ein Punkt zu kommen, wo der
Kranke an dem so erzeugten Widereinander von versicher-
tem Ja und heimlich gewußtem Nein mehr zu leiden
beginnt, als die Klarheit seinen Zustand ihm je an Lasten
auferlegen würde.

Hinsichtlich einer falschen *Vorzeitigkeit* der Wahrheit am
Sterbebett hat jemand – ich glaube, es war HOCHE – einmal
den schönen Satz gesagt, man müsse wohl dem Sterbenskranken eröffnen, daß demnächst der (Todes-)Zug abfahre,
doch solle man ihn mit dieser Gewißheit nicht zu lange auf
dem zugigen Bahnsteig stehen lassen.

Wir sahen, daß Wahrheit im mitmenschlichen Bereich an die Bedingung geknüpft ist, daß ich der Wahrheit des andern, genauer: der Wahrheit seiner Existenz und seines Zustandes, gerecht werde. Insofern hat die Wahrheit in diesem Bereich eine *kommunikative Seite*. Als existenzielle Wahrheit ist sie zugleich die Wahrheit mitmenschlicher Beziehung. Es geht hier also (selbst wenn man den christlichen Hintergrund dieser Formulierung einmal außer Betracht läßt) um ein In-der-Wahrheit-*Sein (Joh. 18,37)*, nicht nur um ein Die-Wahrheit-*Sagen*. Das Sein in der Wahrheit drückt stets einen Bezug aus, der für das Neue Testament der Doppelbezug zu Gott und zum Nächsten ist. Auch wenn dieser Doppelbezug zum Ausdruck bringt, daß er primär vom Verhältnis des Menschen zu *Gott* bestimmt ist, und daß der Mitmensch seinen Sinn als ,,Nächster" erst von dorther empfängt, so muß doch auch für den Nicht-Christen gelten, daß sein Sein in der Wahrheit – hier: in der *menschlichen* Wahrheit – stets die mitmenschliche Beziehung in sich schließt.

Das drückt sich im Verhältnis zum Sterbenden darin aus, daß es zum Wahrheit-*Sagen* nur kommen kann, wenn das *Verhältnis* zu ihm in der Wahrheit ist. Es ist aber nur in der Wahrheit, wenn es von der Teilhabe am Sterbensgeschick des Kranken, von liebender Zuwendung und Solidarität bestimmt wird.

Wer Erfahrung mit solchen Situationen hat, wird bestätigen können: Den Mut zu wahren Eröffnungen am Sterbebett gewinne ich nur aus dieser Zuwendung des Mit-Leidens, nicht aus objektivierender Distanz. Nur diese engagierte Zuwendung ist auch imstande, das Menschenmögliche zu tun, um den eigentlichen Schrecken des Zugehens auf das Sterben zu mindern: die letzte Einsamkeit. Wenn man es nicht sentimental mißversteht, können wir in aller

Schlichtheit sagen: Die Erfahrung der Wahrheit, daß mein
Sterben bevorsteht, möchte ich so machen, daß ich die
Hand eines liebenden Menschen bis zuletzt in der meinen
spüre. Der Mund, der Wahrheit eröffnet, und die Hand, die
hält: beides zusammen macht die Wahrheit aus, um die es
hier geht. Sie wäre auch die wahre *Liebe* – und gerade nicht
die angeblich schonende Täuschung.

Wer diese Solidarität, innerhalb deren die Wahrheit des
Sterben-müssens frei werden kann, *nicht* aufbringt, ist jener
Wahrheit nicht gewachsen und wird dann auch die Arbeit
jener „Tröstung in der Wahrheit" kaum aufbringen wollen.
Ihm bleibt wohl nichts anderes übrig, als sich in die Schein-
liebe des Verschweigens und der Täuschung zu flüchten.

Der existenzielle Charakter der hier zuständigen Wahrheit
deutet zugleich auf die entscheidende Frage, vor die uns die
Wahrheitsaufgabe am Sterbebett stellt: Viel wichtiger nämlich als die Frage: „Wie sage ich's meinem Mitmenschen
oder Allernächsten, daß es kein Zurück von der Todesschwelle mehr gibt?" ist die andere, die selbstkritische, auf
mich zurückspringende Frage: „Wer bin ich, daß ich zu
solchen Eröffnungen imstande und berechtigt wäre? Existiere ich in der Wahrheit jener Solidarität, die allein die
Möglichkeit freigibt, nun auch Wahrheit zu *sagen?*"

Das geistliche Wort der Wahrheit am Sterbebett

Wie schon das zitierte Wort von der Verbindung von
Gottes- und Nächstenliebe anzeigte, ist für den Christen die
allgemeinmenschliche, in tieferem Sinn „natürliche" Solidarität mitleidender Zuwendung darin begründet, daß Gott
sich dem Menschen zugewendet hat und daß wir diese
Zuwendung in der Nächstenliebe nachvollziehen. Es wird
deshalb immer ein Specificum christlichen Sterbetrostes
sein, diesen Hintergrund der Teilhabe am Leiden des ande-

ren zu verdeutlichen und die Kraft des Segens wirksam werden zu lassen, die in ihm verborgen ist. Darum wird der Hinweis auf das Kreuz Christi gerade die letzte Wegstrecke begleiten.

Die Botschaft von der *Auferstehung* gibt zwar – das durchzieht als cantus firmus das ganze Neue Testament – dem Kreuzesleiden Christi seinen Sinn: Sie zeigt, daß der von Gott Gekommene und zu Gott Erhöhte aus Liebe den Weg in die Tiefe der Solidarität mit dem Menschen gegangen ist, daß er die Glorie himmlischen Glastes verschmähte und in liebender Zuwendung den Weg der Niedrigkeit wählte, um das Geschick seiner Menschenbrüder leidend zu teilen (Philipper 2,5 ff.). Es ging also in diesem Sterben um etwas anderes und um mehr als die Katastrophe eines Märtyrertodes.

Obwohl so das Geheimnis dieses Todes ohne die Botschaft der Auferstehung in ihrer eigentlichen Tiefe verschlossen bleiben muß, so wird diese Botschaft als unmittelbarer Zuspruch und als Verheißung eigener Mit-Auferstehung doch nur für *die* eine verstehbare und tröstende Bedeutung haben können, die während ihres Lebens schon glaubend im Lichte dieser Botschaft gelebt haben. Nur ihnen wird es verständlich sein können, daß sie in einem Leben der Auferstehung ,,schauen'' dürfen, was sie ,,geglaubt'' haben, und daß sie von Angesicht zu Angesicht dem nahe sein werden, was sie bisher nur im ,,Spiegel'' und in einem ,,dunklen Wort'' erblickten (1.Korinther 13,12). Die Botschaft von der Auferstehung kann deshalb nicht als eine Wahrheit dienen, die noch im letzten Augenblick erschlossen werden könnte, wenn sie vorher im Leben des Sterbenden dem Blick- und Glaubensfeld entrückt war. Gerade diese Wahrheit gehört zu jenem Typus, der nur wachsen und als Frucht im Leben reifen kann. Auch innerhalb der ersten

Jüngerschar mußte dieser Auferstehungsglaube wachsen; er
war nicht das Erste, sondern das Letzte. Als der Auferstandene den Jüngern vom Emmaus begegnete (Lukas
24,13 ff.), hatten sie noch keine Ahnung, was sich nach dem
Tode ihres Kyrios begeben hatte, auch wenn sie im nachhinein feststellten, daß bei jener Begegnung schon „ihr
Herz gebrannt" hatte und ein Funke von seinem verklärten
Leben auf sie übergesprungen war. Bis aber einer von ihnen
sagen konnte: „Mein Herr und mein Gott!" (Johannes
20,28), mußte die Saat einer ersten Ahnung allererst aufgehen und der Frucht entgegenreifen.

So ist die Botschaft von der Auferstehung keine Wahrheit, die zu guter Letzt noch vom Zaune gebrochen werden
könnte. Sie ist weder eine veritas praecox noch eine zeitlose,
jederzeit abrufbare Wahrheit, sondern eine auf Wachstum
hin angelegte Wahrheit. Darum ist sie ein Sterbetrost nur
für Jünger. Für Sterbende, die dem Glauben fernestehen,
wäre sie eine Zumutung, die sie quälen müßte. Sie würde
als „Dogma" und als Oktroi empfunden, das die Verste-
hensmöglichkeit des Sterbenden (obendrein bei seinem
Zustand!) überforderte und deshalb eher Unruhe verbreiten
als Frieden stiften würde.

Hieraus ergibt sich für den Christen, der mit Sterbenden
zu tun hat, ein bedrängendes seelsorgerliches Problem. Daß
ihn sein Glaube auffordert, dem Kranken in Liebe und
Wahrheit – in beiden! – nahezusein und an seinem Sterbensgeschick teilzuhaben, ist zwar außer Zweifel. Doch gerade
die Wahrheit, die er zu vertreten hat, enthält hier Anforde-
rungen, die ihm Not bereiten. Diese Wahrheit läßt sich, wie
wir sahen, nicht pflicht- oder gar routinemäßig „erledi-
gen", indem man – ich karikiere jetzt – dem Kranken auf den
Kopf zusagt, daß er sterben müsse, um ihn dann noch mit

christlichen Wahrheiten und fettgedruckten Sprüchen zu
bedienen. Ein solcher Un-Seelsorger (auch solche soll es
geben!), würde dem Un-Pädagogen gleichen, von dem wir
sprachen.

Wenn der Christ demgegenüber eine Wahrheit zu vertreten hat, die nicht zeitlos ist, sondern mit Zeit, Situation und
kommunikativer Zuwendung zu tun hat, enthält sie *auch* die
Aufgabe, bei ihrem Adressaten zwischen Christen und
Nichtchristen zu differenzieren, also die *geistliche* Situation
zu bedenken. Was einem sterbenden „Knecht Gottes" Trost
und Weggeleit sein kann, das könnte für einen andern zum
Stein des Anstoßes, ja zu einer unerträglichen Erschwerung
seines Sterbens führen[33].

Gerade solche Überlegungen aber stellen den Seelsorger
vor das Problem, das ihn umtreiben wird: *Was ist er dem
sterbenden Nichtchristen schuldig*, zu dem er gerufen wird oder
von sich aus geht? Vielleicht wollte dieser Kranke nur die
brüderliche Hand, die ihn vor dem Absturz in das letzte
Allein-sein bewahrt. Und sicher gehört es zum Charakter
der Wahrheit, die der Seelsorger zu vertreten hat, daß sie zu
dieser Zuwendung auffordert und ihn also dem menschlichen Wunsche des Kranken nachkommen läßt. Doch ist die
Bereitschaft zu dieser Solidarität alles? Erschöpft sich das
Zeugnis der Seelsorge nur in diesem mitleidenden Für-den-
andern-da-Sein oder schuldet er ihm auch das *Wort* seiner
Wahrheit? Doch *welches* Wort sollte das sein? Und gibt es
überhaupt ein solches Wort, wenn es das von der Auferstehung offensichtlich *nicht* – jedenfalls nicht ohne weiteres –
sein kann?

Das Wort, um das es hier geht, ist das vom Kreuz, auch
wenn die Fülle seines Sinngehaltes sich bei solcher Gelegenheit kaum entbergen kann – und schon gar nicht in expliziter
Form. Eine Liebe aber, die sich bis in den Tod gibt, kann

einem Sterbenden auch dann nahekommen, wenn für ihn
die Voraussetzung eines glaubenden Umgangs mit dieser
Gestalt kaum besteht. Selbst wenn die Botschaft der Auferstehung nicht – oder jedenfalls nicht gleichgewichtig und
sicher nicht reflexiv – daneben auftauchen wird, so schwingt
sie implizit bei der Verkündigung des Kreuzestodes doch
mit: Genau wie der Auferstandene die Kreuzesmale trägt, so
gilt auch das Umgekehrte: daß die Kreuzesmale die Auferstehung verkünden, selbst wenn das in äußersten Grenzsituationen theologisch nicht unmittelbar zum Ausdruck
kommt. Auch unter dem Druck der letzten Wegstrecke
werden Leiden und Sterben des Gekreuzigten ja nicht bloß
mit der Pointe auftauchen, daß es andern und gerade diesem
„*auch* so und vielleicht noch schlimmer" ergangen sei als
dem, der sich nun zu seinem letzten Gang rüstet. Die
Lebenserfahrung zeigt uns, daß solche Hinweise auf fremdes Leiden kaum einen Trostgehalt in sich bergen. Nein: der
Verweis auf das Kreuzesleiden wird stets verbunden sein
mit der Zusage, daß Christus den Tod gerade deshalb auf
sich genommen habe, weil er sich in jene letzte Solidarität
mit uns begibt, die auch das Sterbensgeschick nicht aus-
spart, und daß er als dieser Sterbende nun mit uns in *unser*
Sterben geht und uns darin nicht alleine läßt. Genau das
meint doch der Choralvers PAUL GERHARDTS aus BACHS
Matthäuspassion:

> Wenn ich einmal soll scheiden,
> so scheide nicht von mir;
> wenn ich den Tod soll leiden,
> so tritt du dann herfür.
> Wenn mir am allerbängsten
> wird um das Herze sein,
> so reiß mich aus den Ängsten,
> kraft deiner Angst und Pein.

Der gekreuzigte Christus, der die Erfahrung des Sterbens
,,um meinetwillen'' auf sich nimmt, wird mich deshalb
durch das finstere Tal des Todes begleiten und nicht von
mir scheiden. Seit er selber mein Sterben übernommen hat,
kann es nicht mehr die Einsamkeit der Todesstunde geben.
Die Worte dessen, der einem Sterbenden jenen Choralvers
sagt, werden vor oder an der letzten Schwelle verstummen
und unhörbar werden. Die Zusage dieses Geleites, dieses
Nicht-scheidens aber wird über jene Schwelle gehen und
auch auf der andern Seite in Kraft bleiben.

Diese Zusage wird selbst ein Sterbender verstehen und
annehmen können, der das letzte Geheimnis dieser Gestalt
noch nicht umfaßt, weil ihm der Glaube versagt geblieben
ist – jener Glaube, der das birgt, was der Heidelberger
Katechismus ,,den einigen Trost im Leben und im Sterben''
nennt. Indem er aber den sehr ,,menschlichen'' Trost dieses
Geleites, dieses Mit-gehens vernimmt, hat er wie jene fast
heidnische Frauengestalt des Neuen Testaments wenigstens
,,von hinten sein Gewand angerührt''. In dieser Geschichte
von der ,,Frau mit dem Blutfluß'' (Matthäus 9,20 ff.)
genügt das, um den Kontakt mit dem Erlöser herzustellen.
Diese Frau wird nicht verschmäht, obwohl es bei ihr noch
zu keinem ,,Christusbekenntnis'' kam, obwohl sie sogar
etwas abergläubisch war und noch im Kraftfeld einer heidnischen Magie lebte. Vielmehr wendet Jesus ihr nun sein
Antlitz zu und nimmt ihr simples Kontaktbegehren als
vollgültigen Glauben an. Er steht hoch über allen Pharisäern
und Klerikern, die die Annahme eines Dogmas zum Kriterium dafür machen, ob jemand dazu gehört oder noch
draußen steht.

Das so angerührte Gewand ist aber das Gewand dessen,
der den Tod überwunden hat. Und dieser menschliche,
vielleicht allzumenschliche Trostgedanke, daß einer kraft

seines Sterbens nun auch an *unserm* Sterben teilnehmen und nicht von uns scheiden wird, ist letzten Endes doch ein Gedanke, der im Auferstehungsgeheimnis seinen Grund hat. Denn wie sollte der Sterbende von einst mit uns gehen und nicht nur als ,,Parallelfeld" des Todesleidens gelten können, wenn er nicht der Lebendige, wenn er nicht dieser und der zukünftigen Welt mächtig wäre?

Reflexionen darüber mögen von der letzten Stunde ausgeschlossen sein; die implizite Gewißheit aber, daß es ein Lebender ist, der mich ,,aus den Ängsten kraft *seiner* Angst und Pein" reißt, ist mit jenem Hinweis auf das Kreuz und mit jenem PAUL-GERHARDT-Vers zugesprochen. Hier bricht die Wahrheit auf, die der Zeit und der Situation des Sterbens angemessen ist: die Wahrheit der Solidarität, die Wahrheit der Liebe, die Wahrheit unverbrüchlicher Gemeinschaft.

e) Unnatur und Unvorstellbarkeit des Todes
Dichterische Illustrationen
(HOMER, SHAKESPEARE und andere)

Nach diesem Zwischenakt, in dem es um die Wahrheit am Sterbebett ging, greifen wir noch einmal unsere Feststellung auf, daß menschliches Sterben jede medizinisch-biologische Definition überschreite und das Erlebnis eines nicht n u r ,,Natürlichen", vielleicht sogar den Eindruck von ,,Unnatur" hervorrufe. Gerade die transzendierend-personhaften Momente, die aus jener Definition ausgeschlossen bleiben, können ja nicht objektiviert werden und stellen im Maße dieser ihrer Nicht-Objektivierbarkeit vor das Unbegreifliche, ja Absurde. – Wir haben inzwischen einige Erfahrungen gesammelt, die uns in Stand setzen, den schon im 1. Kapitel kurz angesprochenen Eindruck der Absurdität des Todes nunmehr weiter zu vertiefen.

Wahrscheinlich ist es das noch zu besprechende *christliche* Person-Verständnis, das uns auf dieses Erlebnis der Absurdität und Unbegreiflichkeit des Todes besonders achten läßt. Doch wäre es falsch, das christliche Menschenbild *allein* hier als Stimulans wirksam zu sehen. Auch außerhalb seiner kann es zu analogen Todeserfahrungen kommen. Man braucht nur an die griechische Vorstellung von der Existenzweise der Toten zu denken, um sich das klarzumachen. Aus der Fülle der Stoffe greife ich einige Beispiele heraus, in denen sich diese Analogie verdeutlicht:

Die Unvorstellbarkeit des Todes drückt sich nach meinem Empfinden in der HOMERischen *Religion* vor allem darin aus, daß die Toten in einem letztlich nicht zu begreifenden Zwielicht zwischen Existenz und Nicht-Existenz wesen. Die Kommunikation, die auch im Griechentum ein wesentliches Bestandstück menschlichen Daseins bedeutet, ist zwischen Lebenden und Toten abgebrochen[34]. Gleichwohl sind die Toten nicht einfach ihres Seins beraubt; sie existieren vielmehr in einem Anders-Sein, bei dem die Kontinuität zur Existenzweise der Lebenden abgebrochen ist, und das deshalb nur „mythologisch" umschrieben werden kann: Sie existieren als Schemen in der Hades-Welt. Hades ist der „Zeus der Erdtiefe", der Gott einer andern, von uns geschiedenen Welt[35]. Er nimmt die Psyche der Sterbenden, die aus der schönen Erde hinwegeilt, ins Haus seiner Unterwelt auf, wo sie als bewußtloses, vielleicht noch träumendes Schemen fort-„lebt". Das absolute Ende des irdischen Lebens äußert sich darin, daß in dieser Welt der Schatten jedes weitere Wachstum aufhört, daß es hier also keine Zukunft mehr gibt und damit wiederum ein entscheidendes menschliches Existenzial – neben dem Verlust der Kommunikation – entfällt.

So bedeutet der Tod den Eintritt in eine andere, für die

Lebenden fremde und unzugängliche Welt: Die Toten
wesen nicht mehr im Sein, sondern in einem reinen *Gewe-*
sen-sein. Das bedeutet: Sie sind der Zeitlichkeit entrückt.
Diese Zeitentnommenheit empfinden wir als Verstoßung
ins Nichts, besser: ins Nichtige.

So spricht der Schatten des Achilleus zu Odysseus, der in
den Hades hinabgestiegen ist:

> Preise mir jetzt nicht tröstend den Tod, ruhmvoller Odysseus,
> Lieber möcht' ich führwahr dem unbegüterten Meier,
> Der nur kümmerlich lebt, als Tagelöhner das Feld bau'n,
> Als die ganze Schar vermoderter Toten beherrschen . . .

HEINRICH HEINE, dessen Todesangst sich nicht auf ein
Jüngstes Gericht, sondern auf den Übertritt ins Todes-
Nichts bezog, hat diese HOMER-Verse immer wieder zitiert,
weil er seine Angst in ihnen wiedererkannte.

Alle diese Ausfälle – das Aufhören jedes Ich-Du-Verhält-
nisses, die Zeitentnommenheit – sind zwar Beraubungen
eines spezifisch Menschlichen, so daß man hier die personhaften Züge des menschlichen Daseins und seines Aufhö-
rens wiedererkennen mag. Gleichwohl unterscheidet sich
dieses Verständnis des Personhaften grundlegend von dem
einer christlichen Anthropologie. Denn bei HOMER ist alles,
was menschliches Leben ausmacht, auf den *Leib* bezogen,
mit dessen Untergang alle Säfte und Kräfte des Lebens, alle
Kommunikations- und Wirkungsmöglichkeiten und damit
auch das Verhältnis zur Zeit ausgelöscht sind[36].

Selbst wenn der Mensch also seinen Tod überdauert,
seiner Lebenskraft aber beraubt ist und kein Aktzentrum
mehr bildet: was könnte dann noch seine *Identität* bedeuten?
Das Hades-Schemen hat höchstens eine gebrochene Identität; es ist nicht, um den christlichen Kontrast schon hier
anklingen zu lassen, „bei seinem Namen gerufen" und steht

wandelt sich die befreiend-narkotisierende Vorstellung nir-
wanahaften Versinkens wieder in Schrecken: Da ich nicht
weiß, was dieses ,,unentdeckte Land" an Bedrohlichem für
mich birgt, will ich

>. . . die Übel, die wir haben, lieber
>Ertragen, als zu unbekannten fliehn.

Sobald wir reflektierend und mit den Mitteln der Phanta-
sie dem Todesgeheimnis auf den Grund gehen, macht ,,das
Bewußtsein Feige aus uns allen", und ,,von des Gedankens
Blässe angekränkelt" verlieren wir den Mut zum Sprung in
einen Zustand, der uns wohl unbekannnt, aber nicht ein
Nichts, sondern ein Anders-sein ist.

Ich frage mich, ob das, was hier die Unvorstellbarkeit des
Todes und des Übergangs in das ,,unbekannte Land"
zustande kommen läßt, nicht wiederum die *Individualität* ist,
deren sich Hamlet bewußt wird. Daß das Ich als Aktzentrum schlechthin aufhöre, daß es als perspektivisches Zentrum einer Welt erlösche, die nun ohne es einfach weitergehen soll, führt zu jenem Absurditätserlebnis, das wir bei
HOCHE ausgesprochen fanden. Bei der reinen Absurdität
kann man sozusagen nicht verharren, weil sie die völlige
Verneinung des Gegebenen und Vertrauten wäre. Darum
erheben sich sofort Gegen- und Abwehrkräfte, die als Pio-
niere eine Notbrücke über den Abgrund des Nichts bauen,
auch wenn damit nur der Gedanke an ein ,,Daß" dieses
Drüben erreichbar ist, nicht aber eine Vorstellung über sein
,,Wie". Der horror vacui verlagert sich gleichsam nur vom
Nichts auf das Unbekannte. Mit seinem Begriff der Lebenslogik – einer Logik also, die nur auf das lebendig-Diesseitige
bezogen ist – hat AMÉRY die so entstehende Gedankennot zu
begründen gesucht.

Um diesen Gedanken der Unvorstellbarkeit und Undenkbarkeit
des Todes noch reicher zu instrumentieren und bildhaft zu verdeutlichen, füge ich einige Modellfälle einer Begegnung mit diesem
Unvorstellbaren an:

1. HERMANN HESSE hat in ,,Narziß und Goldmund" die Gedanken ausgesprochen, die Goldmund vor der erwarteten Hinrichtung
kommen und das Unvorstellbare seines Abschieds umkreisen:
Unserm Leben als einem In-der-Welt-Sein bleibt die Vorstellung
erschreckend fremd, daß wir diesem Bezug entnommen werden
und daß die Welt ohne uns weitergeht: ,,. . . Abschied nehmen
mußte er . . . von den Hügeln, von der Sonne, . . .Abschied von
den Bäumen und Wäldern . . ., von den Tageszeiten und Jahreszeiten . . . Abschied nehmen mußte er von seinen eigenen Händen,
Speise und Trank, von der Liebe, vom Lautespielen, vom Schlafen
und Erwachen, von allem. Morgen flog ein Vogel durch die Luft,
und Goldmund sah ihn nicht mehr . . . und alles ging weiter . . .
und alles ohne ihn, alles gehörte ihm nicht mehr, von allem war er
weggerissen."

2. In seiner Erzählung ,,Der Landvogt von Greifensee" berichtet
GOTTFRIED KELLER vom Tod eines Kindes, für das die in Aussicht
gestellte ,,selige wechsellose Ruhe" des Todesschlafs nichts
erschreckend Fremdes in sich birgt, so daß diese Todeserwartung
auf den ersten Blick (aber wirklich nur auf den ersten!) als Ausnahme von der Regel erscheinen könnte: ,,Als einst das zehnjährige
Söhnlein eines Nachbars in unheilbarem Siechtum darnieder lag
und weder das Zureden des Pfarrers noch dasjenige der Eltern das
Kind in seinen Schmerzen und in seiner Angst vor dem Tode zu
trösten vermochte, da es so gerne gelebt hätte, so setzte sich
Landolt, ruhig seine Pfeife rauchend, an das Bett und sprach zu ihm
in so einfachen und treffenden Worten von der Hoffnungslosigkeit
seiner Lage, von der Notwendigkeit, sich zu fassen und eine kleine
Zeit zu leiden, aber auch von der sanften Erlösung durch den Tod
und der seligen wechsellosen Ruhe, die ihm als einem geduldigen
und frommen Knäblein beschieden sei, von der Liebe und Teilnahme, die er als ein fremder Mann zu ihm hege, daß das Kind sich
von Stund an änderte, mit heiterer Geduld sein Leiden ertrug, bis es
vom Tode wirklich erlöst wurde." – Eine tiefergehende Analyse
dieses Vorgangs mag unsere Deutung der erschreckenden Fremdheit des Todes bestätigen: Das Aufhören des Lebens in traumlosem

Schlaf und in „seliger wechselloser Ruhe" bedeutet für die Phantasie nur so lange keine hemmende Schwelle, wie – anders als bei
Goldmund – die Individualität noch nicht erwacht ist und das Ich
sich noch nicht als perspektivischen Mittelpunkt eines einmaligen
Welt- und Lebensbezuges versteht. Dieses Stadium des Noch-nicht
durchlebt das *Kind*. Darum kann hier, wie ich auch von andern
erlebten Sterbesituationen weiß, *das* noch Trost und Hilfe sein, was
nach dem Erwachen der Individualität als erschreckende Fremdheit
erscheinen muß.

3. Die Begegnung mit der Fremdheit des Todes kann nun *auch* –
wie etwa bei Albert Camus und seinem Naturforscherfreunde,
dem Molekularbiologen Jacques Monod[39] – in das Erlebnis der
Fremdheit des *Lebens* umschlagen: „Heute lebt der Mensch in
einem Universum, das plötzlich der Illusionen beraubt ist. In ihm
fühlt der Mensch sich fremd" (Camus). Wenn der Mensch sich
darüber klarwerden muß, daß weder das Universum das Leben
noch die Biosphäre den Menschen in sich trug, daß unsere „Zahl
vielmehr als Zufallstreffer beim Glücksspiel heraussprang", dann
zerbrechen alle Wertsysteme: „Wenn er diese Botschaft in ihrer
vollen Bedeutung aufnimmt, dann muß der Mensch endlich aus
seinem tausendjährigen Traum erwachen und seine totale Verlas-
senheit, seine radikale Freiheit erkennen. Er weiß nun, daß er seinen
Platz wie ein Zigeuner am Rande des Universums hat, das für seine
Musik taub ist und gleichgültig gegen seine Hoffnungen, Leiden
oder Verbrechen" (Monod). Gerade für Camus' Sisyphus-Gedan-
ken gilt: Je mehr der Tod als eine Grenze in Erscheinung tritt, *vor*
deren Erreichen sich das Leben zu keiner Sinnganzheit rundet,
vielmehr alle Wertsysteme in Frage stellt, und *nach* deren Überschreiten es keine transzendente Vollendung gibt, je mehr also der
Tod zur lebensbestimmenden Größe wird, um so radikaler ver-
dichtet sich der Eindruck von der Absurdität des Lebens *selbst*. Um
so unüberhörbarer stellt sich auch die Alternative zwischen der
naheliegenden Kapitulation *und* dem Aufbruch in eine Freiheit, die
sich zu unbedingter Selbstbehauptung inmitten der Absurdität des
Daseins entschließt.

4. Endlich kann die Unvorstellbarkeit des Tot-seins sich auch auf
die Endlosigkeit – eine Art „Pseudo-Ewigkeit" – postmortalen
Fortlebens beziehen. Hierbei ist das Unvorstellbare weniger das ins

Unendliche ausgedehnte Zeitquantum als das Weiterfristen einer
nichtig gewordenen, ausgebrannten Existenz. Den Schrecken dieses Zustandes hat der Dichter der ersten Fausttragödie aus dem
16. Jahrhundert, CHRISTOPHER MARLOWE, visionär verdeutlicht:
Nach vierundzwanzig Jahren des Teufelspaktes hat Faust *Angst* vor
der Unsterblichkeit. Er fleht die Berge an, über ihn zu fallen, die
Erde, ihn zu verschlingen, und den Kosmos, in ihm aufgelöst zu
werden. Es ist, so könnte man wohl sagen, die Bitte um Entindivi-
dualisierung, weil sein Ich ja dem Teufel gehört und dadurch
verloren ist. Könnte die vergebliche Bitte, so im Kosmos aufgelöst
zu werden, ihre Erfüllung finden, wäre das eine namenlose Befreiung. Denn dieses nichtig gewordene Ich in alle Ewigkeit weiter mit
sich herumtragen zu müssen, unsterblich sein zu müssen im Banne
des Unheils und ohne rettende Gnade, ist grauenvoll. Zum Immer-
weiter-Machen gezwungen zu sein, wenn der ewige Grund verloren ist und das Nichtige uns umzingelt, ist die Hölle. – Auch hier ist
das endlose Weiterleben-müssen in einer sinnentleerten, vom Fluch
belasteten Existenz nur eine mythische Spiegelung des absurd
gewordenen Lebens selbst: eines Lebens, das von seinem Urquell
abgeschnitten ist und schon hier in einem gespenstischen Hades
lebt.

3. Kapitel

Der *Zusammenhang zwischen Menschenbild und Todesverständnis in den Weltanschauungen*

a) Die Teilung des Menschen in einen eigentlichen und in einen uneigentlichen Ich-Teil

1. Verdeutlichung an PLATONS Unsterblichkeitslehre

Der Versuch der Weltanschauungen, die Todeswirklichkeit zu entmächtigen – und vielleicht zu ,,verdrängen" –, arbeitet vor allem mit ganz bestimmten anthropologischen Mitteln. Das will sagen: Das Verständnis des Todes wird allemal getragen von einem Gesamtverständnis der menschlichen Existenz. Man könnte auch umgekehrt formulieren, daß dieses Existenzverständnis entscheidend geprägt sei vom Verständnis der *Todes*grenze dieses Existierens. Nur wenn wir dies beides zusammensehen und damit das *ganze* Gehäuse in den Blick bekommen, in dem der Mensch sich aufhält und auch versteckt, begreifen wir die Radikalität des Angriffs, den die biblische Botschaft vom Zusammenhang zwischen Gericht und Tod auf dieses vermeintliche ,,Leben ohne Tod", auf die athanasía unternimmt.

Der weltanschauliche Versuch, den Tod zu entmächtigen, arbeitet nach der anthropologischen Seite hin stets mit demselben Kunstgriff: den Menschen aufzuteilen in einen

,,*eigentlichen Ich-Teil*", der dann als unsterbliche Substanz den Tod überdauert, und in einen ,,*uneigentlichen Ich-Teil*", der als gleichgültiges Gefäß jener eigentlichen Substanz vergeht und auch ruhig vergehen *kann*, ja vergehen *soll*.

Ich meine damit geradezu ein Grundgesetz aller ,,natürlichen" Anthropologie zu formulieren. Was das bedeutet, wird vielleicht am ehesten deutlich an der platonischen Unsterblichkeitsidee, die in klassischer Weise jene Teilung des Menschen in die unsterbliche, durch den Tod sich befreiende Seele einerseits und den uns gefangenhaltenden Leib andererseits zum Ausdruck gebracht hat.

Am schwierigsten dagegen ist das Teilungsprinzip (aus später noch darzulegenden Gründen) bei NIETZSCHE zu erkennen. Gerade deshalb rücke ich PLATON und NIETZSCHE trotz ihrer heterogenen Position in die enge Nachbarschaft eines einzigen Kapitels. An der extremen Gegensätzlichkeit beider Todesideen wird die Gleichheit jenes Teilungsgesetzes um so deutlicher hervortreten und uns die wichtigsten Kriterien für die späteren weltanschaulichen Analysen liefern[1].

Zunächst bedeutet der Tod – nach PLATONS ,,Phaidon" – ganz einfach die Trennung der Psyché (Seele) vom Sôma (Leib). Die vom Körper ablösbare und im Tod sich dann *wirklich* lösende Seele hat ihre eigene Existenz. Damit hängt die wagend ergriffene Gewißheit einer Präexistenz und Postexistenz der Seele zusammen[2].

Überhaupt vollziehen sich Geburt und Sterben keineswegs als ,,Schöpfung" oder ,,Untergang", sondern vielmehr so, daß die Seele nur eine ,,neue Verbindung" mit der Leib-Materie eingeht, das heißt, daß sie sich entweder einen Leib sucht oder aber die vorhanden gewesene Verbindung mit einem Körper löst[3].

Bei PLATON vollziehen sich Geburt und Tod so in einem Rhythmus von Werden und Vergehen, der identisch ist mit dem Rhythmus von Verbindungen, Lösungen und Wiederverbindungen zwischen Seele und Leib. Die Seele selbst „wird" und „stirbt" infolgedessen nicht, sondern liegt als identische Substanz allen geschlossenen, gelösten und also wechselnden Verbindungen mit dem Leibe zugrunde. Der Leib als Sinnenphänomen repräsentiert der Erscheinungen Flucht; die Seele dagegen ist der Inbegriff des Bleibenden.

Es ist selbstverständlich, daß diese Akte des Verbindens und Lösens niemals nur auf die zeitlichen Augenblicke, in denen sie geschehen, beschränkt bleiben, daß sie also keineswegs nur an die chronologisch fixierbaren Momente von „Geburt" und „Tod" gebunden sind, sondern daß sie zugleich das *zwischen* diesen Grenzen sich vollziehende Leben selbst bestimmen. Und zwar bestimmen sie es nicht nur quantitativ (indem sie es eröffnen und beendigen), sondern auch qualitativ, indem sie den *Inhalt* dieses Lebens ausmachen.

Das wird vor allem deutlich an dem, was man den „philosophischen Gehalt" des Lebens nennen könnte. Dieser Gehalt hängt ganz und gar ab von der Stellung, die ein Mensch zu seinem Tode einnimmt oder zu der er sich im Laufe seines Lebens durchringt, anders ausgedrückt: *Der Grad, in dem ein Leben zur Erkenntnis vordringt und damit ein wesentliches Verhältnis zum Seinsgrunde erreicht, hängt ab von seiner Stellung zum Tode.*

Man kann sich das an folgendem klarmachen:

Die Unsterblichkeit der Seele ist für platonisches Denken aufs engste verbunden mit der Beziehung der Seele zur „Ousîa", der Wesenheit der Dinge. Man könnte diese Beziehung etwa so zum Ausdruck bringen, daß man sagt:

der Ousía der Dinge sei die *Seele*, der sinnlichen Erscheinung jener Ousía aber (nämlich der Vielfalt der Sinnenwelt) sei der *Körper* als adäquater Kontrahent zugeordnet.

Beide – Körper und Seele – sind damit auf denjenigen Seinsbereich bezogen, dem sie selber entstammen: Die Psyché gehört zum Ewigen, der Vergänglichkeit Entrückten; sie ist die Zitadelle, die vom Tode nicht erobert werden kann. Der Körper dagegen gehört zum Bereich des Vergänglichen, wie es sich unseren Sinnen präsentiert.

So wird man folgern dürfen – und damit führt der platonische SOKRATES die ,,kindliche"[4] Todesfurcht ad absurdum –, daß die Seele ebensowenig der Auflösung ausgesetzt ist und der Vernichtung verfällt wie der ihr zugehörige Gegenstandsbereich (die Ousía, die Ideen und Begriffe), oder schärfer: wie der Seinsbereich der Wesenheiten, dem sie selber entstammt. Denn auch jene metaphysischen Wesenheiten (z. B. die ,,Ideen" Kugel, Zylinder usw.) verfallen ja nicht der Auflösung, sondern bleiben sich immer gleich, selbst wenn ihre konkreten Erscheinungen vergehen. Das Unsichtbare bleibt sich stets gleich, nur das Sichtbare ändert sich.

Damit hängt der weitere Gedanke zusammen, daß die Seele – als solches Unsichtbare, ,,Wesentliche" – nicht vergehen kann. Denn der Begriff der Seele besteht darin, daß sie das Lebensprinzip, sozusagen die unsichtbare *Qusía* des Lebens, ist[5]. Infolgedessen kann sie wesensmäßig, einfach ihrem *Begriffe* nach, den Tod nicht annehmen: Was die Eigenschaft des Geraden nicht annimmt, nennen wir ungerade; was die Eigenschaft des Toten nicht annimmt, nennen wir ,,un-tot" (athánatos). ,,Wie der Schnee nicht warm, das Feuer nicht kalt sein kann, so kann die Seele, die das Leben spendet, nicht tot sein."[6]

Von hier aus bekommt die im Tod sich vollziehende

Lösung des sterblichen Körpers von der ihn überdauernden, weil „un-toten" Seele ihre inhaltliche Füllung: *Die Seele geht zu dem ihr Ähnlichen.* Allerdings muß man hier differenzieren; es gibt *zwei* Arten von Seelen: Die vorher schon von Leib und Sinnen abgelöste Seele eilt zu dem ihr angemessenen seligen Leben. Die dem Sinnenreiz unterlegene, dem Körper verfallene Seele dagegen (eine Art Un-Seele) muß umhergeistern, bis sie sich wieder mit einem Körper verbunden hat, und zwar je nach ihrer vorherigen Veranlagung mit Eseln, Habichten, Wölfen, Bienen oder Ameisen.

Der Mythos von der ursprünglich befiederten Seele im „Phaidros"[7] entfaltet diese Verschiedenheit der Seelenqualitäten und -geschicke: Die Seele hat ihre ewige Bestimmung nur deshalb, weil sie in einer ursprünglichen Gefährtenschaft mit den Göttern existierte, wo sie „in der Höhe wandelt und das Weltall durchwebt". Das Absinken in die Sterblichkeit wird als „Fall" verstanden, durch den die Seele ihr Gefieder verliert: „Das mit Schlechtigkeit behaftete Roß (das den Seelenwagen lenkt), wenn es von einem der Wagenlenker nicht gut genug genährt worden ist, beugt sich und drückt schwerfällig zur Erde hinab." – Schon in diesem Ursprungs-Sein bilden die Seelen gleichsam eine Hierarchie: Die einen sind und bleiben dem wesenhaft Seienden nahe; andere erblicken das Seiende nur mühsam und sinken, da ihnen die Kraft fehlt, ins Unten. So gibt es Seelen, die unbeschädigt die Gefährtinnen ihres Gottes bleiben, die andern verlieren ihr Gefieder ins Endliche. Sie verbinden sich dann zuerst mit Menschen als deren Lebenskeim – auch hier wieder in Rangstufen: mit Philosophen, die der Wahrheit zugewandt sind, bis zu Sophisten, Volksschmeichlern und Tyrannen. Schließlich gibt es sogar Übersiedlungen in tierische Bereiche. Hier – in ihren irdischen Stadien – sind sie dann in Erinnerung an ihren Ursprung von der Sehnsucht nach dem „Damaligen" erfüllt. Das gilt besonders vom Philosophen, der sich nach dem wesenhaft Seienden, den Ideen emporrichtet, und dessen Geist gerechterweise so wieder befiedert wird.

Damit wird deutlich, daß und wie der Tod als lebensbestimmend in das Leben integriert, gleichsam ein Existential

wird: So gewiß die Verbindung von Seele und Leib zwar auf
der einen Seite *Gestaltwerdung* der Seele und insofern eine
Art Befriedigung bedeutet, so sicher stellt sie auf der andern
Seite auch eine Hypothek und Belastung für die Seele dar.
Sie schaltet ja zwischen diese und ihren Gegenstandsbereich
(nämlich die Ousía der Dinge) das störende und verwir-
rende Medium der Sinnenwelt. *Der Tod bedeutet so Wiederer-
wachen der Seele zu dem ihr Wesentlichen.* Der Störfaktor Leib
fällt mit seiner Entfremdungsfunktion jetzt weg.

Wie verhalten sich nun die *Philosophen* zum Tode? Wenn
das Lebensstreben der echten, philosophischen Menschen
darauf ausgeht, schon jetzt der Ousía der Dinge näherzu-
kommen und also die Welt der ,,Schatten'' mit ihrem
bloßen Augenschein zu durchdringen, läßt sich diese philosophische Bemühung zugleich als ein *Streben nach dem Tode,
nach Auflösung* charakterisieren. In der Tat spricht PLATON
im ,,Phaidon'' von dem ,,thanatân'' (= dem Zu-sterben-
wünschen) der Philosophen und davon, daß das philosophische Leben eine ,,Einübung im Sterben'', ein von ihm
begriffenes Sein zum Tode sei[8].

Der Tod bedeutet ja nur die Trennung von einem Körper, der die Zielbestimmung der Seele verdunkelt. Und er
ist zugleich der Verlust einer Welt, deren Entschwinden
nicht zu beklagen ist, weil ein unvergleichlich Vollkomm-
neres an ihre Stelle tritt. Doch nicht erst der Zeitpunkt des
Todes verschafft uns diesen Übergang in das Edlere; wir
können schon *während* des Lebens seiner teilhaftig werden:
durch die Philosophie. Sie läßt uns bereits hier und jetzt –
ante mortem also – die Täuschung der Sinne durchschauen
und damit die jenseitige Welt des Eîdos betreten; sie läßt die
weltüberlegene Vernunft schon inmitten des Lebens selbst
frei werden. Dieser Akt der geistigen Entfesselung ist
gleichsam schon ein vorweggenommenes Sterben. Tritt der

Tod schließlich selber ein, kann die so vorbereitete Seele der Philosophen leicht „nach oben" schweben und zu den Göttern gelangen, während die der andern sogar dann die Fesseln des Körperlichen noch nicht völlig zu sprengen vermag und gespenstisch in den Gräbern umhergeistern muß.

Wenn PLATON also im „Phaidon" die Philosophie als Sorge um den Tod, ja als eine besondere Weise des „Seins zum Tode" versteht, dann hat er nicht das Sterben als ein Zunichte-werden im Auge (woran unsere Existenzphilosophen und die sonstigen Analytiker der Angst denken mögen), sondern er hat ausschließlich den jenseitigen Zustand selbst im Auge, zu dem das Sterben führt. Er sieht das Angekommen-sein an einem Ziel, zu dem hin der Tod nur ein „adventlicher" Übergang sein kann.

Der Tod erfährt damit eine negative und eine positive Bestimmung:

Negativ bedeutet er die Vernichtung des peripherischen, unwesentlichen Daseinsbereichs: des Körpers. *Positiv* ist er aber gerade dadurch das Erwachen der Existenz zu ihrem eigentlichen Leben. Das Negative ist so nur dialektischer Übergang: Es ist das Abstreifen dessen, was uns an der Seinsweise in jenem Positiven hinderte.

Wir erkennen hierbei deutlich das erwähnte anthropologische Teilungsprinzip, das sich folgerichtig nicht nur auf den Akt des Sterbens als zeitlichen Augenblick auswirkt, sondern als Bestimmtheit des Lebens selber zu gelten hat: Unsterblich, un-tot ist der Mensch deshalb, weil nur ein Etwas „an" ihm sterblich, zeitunterworfen und veränderlich ist: eben „nur" der Leib.

Doch welcher Art ist nun diese Unsterblichkeit der Seele? Ist sie die Bewahrung unserer persönlichen Identität, womöglich gerade der Gewinn dieser Identität? –

Diese Frage stellt uns vor ein Problem, das aufzuhellen ich mir hier nicht anmaße, das aber für die früher aufgewiesene Korrelation von Tod und Individualität bedeutungsvoll ist. Deshalb mag hier wenigstens das *Problem* angedeutet sein:

PLATON bringt im ,,Phaidros", und zwar in der dritten Rede des SOKRATES, einen Hinweis auf das Wesen der Psyché. SOKRATES kommt hier auf die Unterscheidung zwischen lebenden und toten Körpern zu sprechen: Ein Körper ist tot, wenn er sich nicht selber bewegt, sondern nur von außen bewegt werden kann. Er lebt dagegen, wenn er sich selbst zu bewegen vermag. *Daß* er sich selbst bewegen kann und also lebt, ist in seiner Beseeltheit begründet. Seele ist insofern eine Größe, die sich selbst und anderes bewegt, so daß Leben und Seele identisch sind. Im 10. Buch der ,,Nómoi" spricht PLATON vom *zyklischen* Charakter dieser den Kosmos durchwaltenden Bewegung. Sie hat ihr genaues Bild in der Drehung einer Scheibe, deren Mittelpunkt stillsteht, während die Geschwindigkeit der Drehung sich erhöht, je weiter das Seiende vom Zentrum entfernt und je näher es an der Peripherie der Scheibe liegt. Am äußersten Rande ist die Sphäre der Gestirne, die im Kosmos kreisen.

An dieser zyklischen Bewegung nimmt auch die Psyché teil. Denn sie bewegt sich in ständiger Wiederholung eines Dreitaktes von ihrer Verkörperung über die Ent-Leibung im Tode zu erneuter Wiederverkörperung.

Im ,,Phaidon" gewinnt man den Eindruck, daß SOKRATES nicht bei dem den Tod überdauernden Zustand der Seele (also der athanasía) einsetzt, sondern bei der Rückkehr aus dem Tode in die

Wiederverkörperung. So steht hier die Seelenwanderung im Hintergrunde. Sie macht es möglich, daß der dem Sterben entgegengesetzte Zustand nicht bloß die Unsterblichkeit der Seele, sondern – gerade hier – die Reinkarnation der Seele ist. Sie bildet wohl auch das eigentliche Herzstück der Überzeugung, daß das Tot-sein nicht als eine Endgültigkeit hinzunehmen sei.

Hier entsteht nun die Frage, ob diese den Tod überstehende und dann in eine neue Verkörperung eingehende Psyché während ihres jenseitigen Wartestandes *individuelle Konturen* besitzt oder ob sie, etwas unplatonisch-modern ausgedrückt, nur so etwas wie ein kosmisches Prinzip der Lebendigkeit sei.

Im Mythos von der Gestalt des Er, des Sohnes des Armenios[9], gibt SOKRATES auf diese Frage keine ganz eindeutige Antwort. Zunächst scheint es so, als ob die Seele ein Wesen ohne individuelle Konturen sei, als ob es zu ihrer Individualisierung vielmehr erst komme, wenn sie sich in einem körperlichen Wesen – sei es Mensch oder Tier – inkarniert[10]. Gleichwohl stimmt das nicht genau. Denn SOKRATES beschreibt nun, daß die Seelen ihre Einkörperung *wählen* können, auch wenn das Los eine gewisse Vorwahl besorgt und damit die Wahlmöglichkeit verengt. Dennoch besitzen die Seelen im Augenblick ihrer Wahl noch keine ausgeprägte Besonderheit. Eine solche Besonderheit wäre ja doch an die Konkretheit einer Lebensgestalt, an ,,geschichtliche'' Situationen und damit an einen Habitus gebunden, wie er nur in *körperlicher* Existenz möglich ist, in jenem wesenlosen Schweben der jenseitigen Seele aber fehlen muß. Andererseits kann man die Seelen in diesem Zustande auch nicht einfach als tabulae rasae ansehen, die *ohne* jede individuelle Beschriftung wären. Denn stünde es so mit ihnen, wäre jene individuelle Wahlmöglichkeit ja undenkbar! Es könnte dann nur um ein blind-zufälliges Herausgreifen gehen oder darum, daß alle dasselbe wählten. Ajax und Agamemnon aber wählen sehr entschieden und ,,individuell" ihre neue Körpergestalt. Bei dieser ihrer Wahl spricht die Erinnerung an ihr früheres (und das heißt doch wohl: individuelles) Leben deutlich mit. Beide haben Arges von Menschen erfahren und wählen darum für ihre Reinkarnation keine humane, sondern eine tierische Existenz.

So bleibt der Charakter der Seele während ihres jenseitigen Zustandes in einem ungewissen Zwielicht zwischen Individualität und Un-Individualität. Vielleicht wird man sagen dürfen, daß der zyklische Zeitgedanke, der hinter der Seelenwanderung steht, der Ausformung einer konstanten Individualität zuwider sei. Die Idee der Einmaligkeit, wie sie einem prägnanten Begriff von Individualität zugeordnet ist, bedarf offenbar eines Verständnisses der Zeit als linearer, gerichteter Strecke. Es ist deshalb nicht von ungefähr, daß der unbedingte Akzent, den das biblische Denken (jedenfalls im späteren Alten, vor allem aber im Neuen Testament) auf die Individualität setzt, im Rahmen jenes *linearen* Zeitverständnisses erfolgt, bei dem nicht nur der Mensch, sondern auch seine Zeit, sein ,,Kairós", einmalig ist (2.Korinther 6,2). Jedenfalls wäre es eine allzu gewagte Behauptung, wenn man angesichts dieser verschwimmenden Züge einer Seelen-Individualität sagen würde, bei PLATON werde im todjenseitigen Zustande der Psyché unsere Identität bewahrt. Wiederum mag einem hier als biblischer Kontrast dazu der ,,Name" einfallen, bei dem wir gerufen sind; er steht repräsentativ für unsere Identität coram Deo, die von keinem Tode mehr ausgetilgt werden kann[11].

2. Der transzendenzlose Todesgedanke NIETZSCHES

Der modernste und dem heutigen Biologismus am meisten benachbarte Versuch eines transzendenzlosen Todesverständnisses ist wohl der von NIETZSCHE. Er ist zugleich extrem anders als das Todesverständnis PLATONS.

Wir wollen diese Anthropologie in einigen skizzenhaften Strichen umreißen, weil hier das beobachtete Teilungsgesetz bis an seine äußerste Grenze geführt wird. Zugleich bedarf es besonderer Aufmerksamkeit, um diese Teilung zu beobachten, weil die konsequente Immanenzhaltung NIETZSCHES die allzu einfache Annahme eines über die Diesseitigkeit hinaus bleibenden und deshalb unsterblichen Ich-Bestandes verbietet[12].

NIETZSCHES Verkündigung vom menschlichen Tod ist immer polemisch gegen die christliche ,,Verzerrung" der Todeswirklichkeit gerichtet. Wenn er die Todesfurcht als ,,europäische Krankheit"[13] bezeichnen kann, so ist der Erreger dieser Krankheit für ihn die christliche Jenseitsangst, die ,,erbärmliche und schauderhafte Komödie, die das Christentum mit der Sterbestunde getrieben hat"[14], und also die Angst vor etwas, das von einem Jenseits her diesem Leben in und nach dem Tode widerfahren soll.

Demgegenüber will NIETZSCHE den Tod als etwas verstanden haben, das zum Leben hinzugehört und also – ganz im Sinne der geschilderten Idee der Vergänglichkeit – ihm nicht von *außen* her widerfährt, sondern aus ihm *selber* als sein Ende ersteht. ,,Hüten wir uns zu sagen, daß der Tod dem Leben entgegengesetzt sei"[15]. Er kann es schon deshalb nicht sein, weil NIETZSCHES Lebensbegriff betont transzendenzlos ist. Die Deutung des Lebens und seiner Todesgrenze kann deshalb nicht vom Jenseits seiner, sondern nur aus ihm selber genommen werden. Wenn aber der Tod so ein Stück des Lebens selber ist, wird er dem Menschen im gleichen Sinne in die Hand gegeben wie eben dieses *Leben*. Er wird im gleichen Sinne Gegenstand der Sinngebung und der Gestaltung wie dies Leben selber.

Das heißt anders: Da das Leben sich nicht *am* Menschen vollzieht, sondern da der Mensch lebend dies sein Leben *vollzieht* und es sinngebend und gestaltend als Subjekt trägt, steht er genauso als Vollstrecker, als Subjekt, ja als prometheischer Herr seines Daseins auch dem *Tod* gegenüber: Der natürlich mich überkommende Tod ist „der Tod unter den verächtlichsten Bedingungen, ein unfreier Tod, ein Tod zur *unrechten* Zeit, ein Feiglingstod. Man sollte aus Liebe zum Leben – den Tod anders wollen, frei, bewußt, ohne Zufall, ohne Überfall.“[16] „Wenn man sich *abschafft*, tut man die achtungswürdigste Sache, die es gibt: man verdient beinahe damit, zu leben . . . man hat die andern von seinem Anblick befreit.“[17] Freiheit zum Leben ist so ᵥidentisch mit der Freiheit zum Tode, den ich herbeizitiere, wann *ich* will, auf daß er mir nicht zum bloßen Widerfahrnis werde, dem mein Leben dann geknechtet wäre. „Meinen Tod lobe ich euch, den freien Tod, der mir widerfährt, wann *ich* will“[18]; „frei *zum* Tode und *im* Tode“[19]. „Seinen Tod stirbt der Vollbringende, siegreich, umringt von Hoffenden und Gelobenden . . . Den Kämpfenden gleich verhaßt wie dem Sieger ist euer grinsender Tod, der heranschleicht wie ein Dieb . . . In eurem Sterben soll noch euer Geist und eure Tugend glühen, gleich einem Abendrot um die Erde: oder aber das Sterben ist euch schlecht geraten.“[20]. „Man muß die dumme physiologische Tatsache [d. h. also den Tod als biologisches Widerfahrnis] in eine moralische Notwendigkeit umdrehen.“[21]

Hat der Mensch aber seinen Tod zu gestalten und also in

Freiheit zu ergreifen, so ergibt sich die Frage: Wann ist der rechte Augenblick? oder tiefer: Wo ist die Norm, an der ich meine Zeit messen kann? NIETZSCHE kann darauf antworten: ,,Man muß aufhören, sich essen zu lassen, wenn man am besten schmeckt", wenn also Höhe und Grenze des werterfüllten Lebens erreicht ist: ,,. . . ein heiliger Neinsager, wenn es nicht mehr Zeit zum Ja: also versteht er sich auf Tod und Leben."[22]

Indem es so eine werterfüllte, mit dem Freitod zu beschließende Zeit des Menschen gibt, in der sich sein humanes Potential gleichsam erschöpft, kommt NIETZSCHE notwendig zu einer fundamentalen Teilung des Menschen: *Einmal* nämlich ist er der sich selbst bewertende, kritisch messende und insofern auch der von einem bestimmten Moment an sich verurteilende, zum *Tode* verurteilende Mensch. Auf der *andern* Seite aber ist er der Gerichtete, der, dessen werthafte Zeit nun abgelaufen ist und der vom nächsten Augenblick an *unwertes* Leben sein wird.

So ist es nicht von ungefähr, daß NIETZSCHE zu fast platonisch klingenden anthropologischen Aussagen kommt: nämlich zur Scheidung eines ,,Kernes" von der ,,erbärmlichen Substanz der Schale"[23]. Im natürlichen Tod ist der Leib ,,der verkümmernde, oft kranke, stumpfsinnige Gefängniswärter, der Herr, der den Punkt bezeichnet, wo sein vornehmer Gefangener sterben soll. Der natürliche Tod ist der Selbstmord der Natur, d. h. die Vernichtung des vernünftigen Wesens durch das Unvernünftige"[24].

Das Leben richtet sich also selbst als nicht mehr lebenswert und ist doch selbst dieser Richter. Es erhebt sich folglich einen Augenblick lang gleichsam über sich selbst hinaus, taucht sich für einen Moment in eine angenommene Transzendenz, um sich von hier aus zu ,,beurteilen" und zu ,,verurteilen". Und doch ist jene Transzendenz, jene

höhere, richterliche Ich-Zone nicht ein echtes Transzendie-
rendes, das über die Lebenszeit hinaus bliebe, sondern
etwas, das im Nichts des Todes selbst versinkt.

Ebensowenig ist die Norm, an der das Ende bemessen
wird, etwas, das reell diese Lebenszeit transzendierte. Denn
die Normen sind ja für NIETZSCHE selbst nach Grund, Ziel
und Sinn dem Leben immanent. Nur was lebenssteigernd
ist, ist gut und wahr. Das Leben selbst, könnte man pointiert sagen, ist auf alle Fälle die norma normans, und die
ethischen und sonstigen Normen auf alle Fälle die daraus
abgeleiteten und sekundären normae normatae. So stehen
die Normen also dienend *unter* dem Leben und nicht autori-
tativ *darüber*.

Damit ist die das Leben einen Augenblick transzendierende, es messende, es beendende Norm – eben doch dieses
Leben selber. Es ist Pfeil und Ziel, Welle und Ozean.
Deshalb hat es sich *so* in der Hand, daß es sogar seinen Tod
in der Hand hat.

Damit haben wir das entscheidende Moment bei dieser
Entmächtigung des Todes herauskristallisiert:

Diese Entmächtigung vollzieht sich nicht so, daß ein
unsterblicher Ich-Teil angenommen würde, demgegenüber
der leibliche Tod zur Lappalie herabsänke, sondern so, daß
der Tod aus einer Macht *über* den Menschen zu einem
Instrument menschlicher Macht wird, nämlich der Macht des
edlen Menschen über sich selbst als einen wertlos Werdenden, der sein humanes Soll nicht mehr erreicht.

Doch selbst in dieser aller Unsterblichkeit und Transzendenz abholden Sicht der Dinge mußte so jene grundlegende
Ichteilung vollzogen werden, die ich als das Programm aller
natürlichen Entmächtigung des Todes aufzuweisen suchte.

Nur daß sie hier auf ihre äußerste Spitze getrieben ist, auf eine Spitze, die den Gedanken schon im nächsten Augenblick in Sinnlosigkeit umkippen läßt:

Denn die angenommene Transzendenz, von der her das Ich sich richtet, widerspricht diametral dem transzendenzlosen Nichts, in das es sterbend versinkt. (Und das ist wohl auch der Grund dafür, daß alle Aussagen NIETZSCHES über den Tod etwas tanzend Unstetes, Widerspruchsgeladenes an sich haben.) Gerade darin kommt die grenzenlose Übersteigerung, die Vergottung menschlichen Lebens zum Ausdruck: Das Ich hat sich lebend und sterbend in der Hand; der Tod ist nur ein Mittel in dieser Hand, ein symbolhaftes Mittel, mit dem es dartut, wie es sich selber setzt und beendet, erschafft und abschafft und in alledem über sich verfügt.

Dieses Leben ist nicht ein geschöpfliches, sich Vorfindendes, sich Übernehmendes. Es ist nicht ein Leben, das unter der Autorität göttlicher Norm steht und vor Gott ,,zu Ende" ist, sondern dies Leben ist selber sein Schöpfer, der Autor seiner Normen. Es ist Gesetzgeber, Richter und Würgengel in eins. Alle Wege sind von ihm und durch es und zu ihm.

Es ist der ungeheuerste und ,,vitalste" und insofern – obwohl am Rande der Sinnlosigkeit – vielleicht der konsequenteste Husarenstreich gegen den Tod, der geritten worden ist: Der Mensch als Gott – Tod, wo ist dann noch dein Stachel? Hybris und Nihilismus, Selbstvergottung und Wahnsinn liegen hier in beklemmender Nachbarschaft[25].

Exkurs I zu NIETZSCHE: AMÉRYS Thesen zum Recht auf Selbsttötung[26].

Ich versuche nun den Gedanken des Prometheischen, wie

er bei NIETZSCHE auftaucht, bis in seine letzte gegenwärtige Nachwirkung auszuziehen. Sie liegt vor in JEAN AMÉRYS Apologie des Selbstmords, wie sie in seinem Diskurs über den Freitod vorgetragen wird[27]. Unter dem Aufwind des inzwischen eskalierenden Säkularismus erhält der homo creator NIETZSCHES hier sozusagen seinen letzten Schliff. Das drängt zugleich auf eine Reflexionsgestalt hin, die mit den trüben Erfahrungen unseres Jahrhunderts in Terror, Ausrottungs-Praktiken und Folter gesättigt ist.

NIETZSCHE selbst taucht bei AMÉRY übrigens – das habe ich als merkwürdig empfunden – nur am Rande auf. Tatsächlich aber gibt es kaum einen Gedanken, der nicht von NIETZSCHE vorgeprägt wurde und von AMÉRY weitergedacht und pointiert wird.

Der natürliche Tod, wir erinnern uns, ist bei NIETZSCHE ,,der Tod unter den verächtlichsten Bedingungen, ein Tod zur unrechten Zeit, ein Feiglingstod. Man sollte, aus Liebe zum Leben, den Tod anders wollen, frei, bewußt, ohne Zufall und Überfall". AMÉRY, dessen Gedanken sich durchaus in diesem Rahmen bewegen, streitet nicht ab, daß diese selbstbewußte und gewollte Tat des Suizids eine Flucht sei – freilich eine Flucht besonderer Art. Wenn wir nämlich dem unerträglich gewordenen Leben in den Tod hinein entweichen, können wir die Frage, wohin wir fliehen, nicht mehr beantworten: ,,Wohin? Nirgendwohin." Das ,,Ziel" dieser Flucht läßt sich nur negativ umschreiben: Es ist das Nicht-Sein, das Nicht-mehr-Sein. Das aber muß für uns eine Absurdität bleiben, die, wie AMÉRY klug verdeutlicht, jeder wissenschaftlichen Aufhellung widerstrebt: Denn ,,weil es vom Sein zum Nichtsein keine Brücke gibt, sind wir so hilflos im Nachdenken über den Tod". Unsere Logik bleibt an den Horizont des Lebens gebunden, sie ist wesensmäßig, wie wir schon sahen, ,,Lebenslogik".

Deshalb bleibt der Tod, der „natürliche" sowohl wie der in der Selbsttötung ergriffene, prinzipiell unbegreiflich. Das allein sei der Grund dafür, daß die Frage nach dem Wohin unserer Flucht in absurder Weise offenbleiben muß.

Gleichwohl könnten wir, meint AMÉRY, diese Frage nicht unterlassen, und es stimme einfach nicht, wenn LUDWIG WITTGENSTEIN sage: „Zu einer Antwort, die man nicht aussprechen kann, kann man auch die Frage nicht aussprechen." Dieser Satz habe nur auf der Ebene *wissenschaftlicher* Aussage recht. Er werde aber außer Kraft gesetzt, sobald wir existenziell mit unserem Nicht-sein im Tode konfrontiert sind.

Nun können wir uns selbst diesem Nicht-sein ja aktiv aussetzen, wir können es *wollen*. Wir können gegenüber unserm Lebenswillen streiken. Wir können dem Ekel gegenüber unserm Dasein, der Leere und der Unwürdigkeit einer hilf- und sinnlos gewordenen Existenz entrinnen, indem wir eben „Hand an uns legen". So erscheint der Suizid als ethische Tat, ja geradezu als menschliches Privileg, das uns vom Tier unterscheidet. Die „Freiheit zum Freitod" ist insofern „unveräußerliches Menschenrecht". Es gehört so sehr zum Ureigenen des Humanum, daß man es nicht nur vom animalischen Trieb der Selbst- und Arterhaltung abheben muß, sondern auch bloß gesellschaftliche Aspekte hier außer Betracht lassen sollte.

Natürlich hat AMÉRY nun zweifellos recht, wenn er den Suizid in diesem Sinne als eine spezifisch „menschliche" Möglichkeit charakterisiert. Ich wende mich nur gegen seinen Versuch, den Freitod schon dadurch sanktioniert zu sehen, *daß* er diese menschliche Möglichkeit ist. Auch Kannibalismus, der dazu treibt, die eigenen Artgenossen zu verspeisen, ist eine fast ausschließlich menschliche Möglichkeit, auch der Krieg – ja das Schuldig-werden überhaupt!

Kann der Mensch nicht, um das Faust-Wort zu zitieren,
seine Vernunft – und damit wieder ein menschliches Privileg! – dazu mißbrauchen, ,,noch tierischer als jedes Tier zu
sein"? *Alle Scheußlichkeiten der Geschichte, die so im Tierreich
nicht vorkommen, sind durch humane Privilegien zustandegekom-
men und bilden gleichsam ihre Kehrseite.*

Das Tier verfügt hier (zum Beispiel bei der Tötung von
Artgenossen) über bestimmte Hemmungsmechanismen,
deren das instinktentbundene Mängelwesen Mensch entbehrt. ,,Es gäbe längst keine Raben mehr", sagt KONRAD
LORENZ, auch keine Wölfe, ,,wenn nicht verläßliche Hem-
mungen solches verhinderten. Eine Taube, ein Hase und
selbst ein Schimpanse sind nicht imstande, durch einen
einzigen Schlag oder Biß ihresgleichen zu töten. Dazu
kommt noch die Fluchtfähigkeit solcher nicht besonders
bewaffneten Wesen, die hinreicht, um selbst ,berufsmäßi-
gen' Raubtieren zu entkommen . . ."

Das alles wird beim Menschen nun radikal anders. Gerade
weil er in puncto Instinkt ein Mängelwesen ist, muß er den
dadurch erschlossenen Freiheitsraum benutzen, um seinen
Verstand in Funktion – sozusagen in *Ersatz*-Funktion für
sein Instinkt-Defizit – zu bringen. Desgleichen muß er sich
selbstgewählten Normen unterwerfen, die ebenfalls an die
Stelle der verlorenen Instinktdirektiven treten.

Die damit gegebene humane Chance – etwa zur Kulturbil-
dung – führt aber gleichzeitig zur Erfindung der *Waffen*.
Und eben diese nur dem Menschen mögliche Erfindung
stört (so wieder LORENZ) ,,das bisher vorhandene Gleichge-
wicht zwischen Tötungsfähigkeit und instinktmäßiger
Tötungshemmung". Zumal bei den modernen Fernwaffen
sind wir auch gegen den Rest ,,aller hemmungs-auslösen-
den, mitleiderregenden Reizsituationen weitgehend abge-
schirmt". So haben ,,gute, brave, anständige Familienväter

. . . Bombenteppiche gelegt"[28]. Was so in nicht erkennbarer Ferne an schauerlichen Tötungen, Verbrennungen, Todesqualen sich ereignet, könnte unsere Hemmungsmechanismen selbst dann nicht in Gang setzen, wenn es sie noch gäbe.

Es bleibt mir unvergeßlich, wie während des letzten Krieges ein junger Stuka-Flieger mir erzählte, er und sein Copilot hätten sich vor Begeisterung auf die Knie geschlagen, wenn eine Brücke mit Wagenkolonnen unter ihren Bomben in die Luft geflogen sei. Und das war ein netter Kerl, der nie vor einer Dame durch die Tür gegangen wäre.

Alle diese Tötungsmöglichkeiten gegenüber dem Artgenossen sind die Produkte menschlicher Privilegien, die sich so nicht nur als Chancen für ein Höher-hinaus, sondern zugleich als Möglichkeiten für Scheitern und für Destruktion jeder Art erweisen. Das sollte uns vorsichtig machen gegenüber allen Versuchen, diese Privilegien zu verklären und in diese Verklärung das einzubeziehen, was die Menschheit mit ihrer Hilfe ausgefressen hat und weiter ausfrißt.

Die biblische Geschichte vom Sündenfall ist hier eine heilsame Medizin der Ernüchterung: Nicht die Walfische, die Bäume und die Sterne haben sich vom Schöpfer abgewandt, sondern allein der Mensch. Auch diese Abwendung war ein menschliches Privileg, das nur im negativen Modus wahrgenommen wurde. Ich kann also nicht einsehen, warum die Feststellung, der Suizid sei nur dem Menschen möglich, eben damit schon seine Legitimation bedeuten sollte.

Das Privileg des Humanum, wie es AMÉRY vorschwebt, besteht nun wesentlich in der Freiheit der *Selbstbestimmung*. Diese aber kann in der radikalen Form, wie der Verfasser sie

vertritt, nur unter *einer* Voraussetzung gelten: daß nämlich
der Mensch „sich selbst gehört", daß er über sich selbst als
sein Eigentum verfügt und keinem andern Rechenschaft
schuldig ist.

Der Mensch erscheint geradezu als Selbstschöpfer: Wer
sich selbst erschafft und damit grenzenlos über sich verfügt,
hat auch das Recht (ich zitiere noch einmal NIETZSCHE),
sich „abzuschaffen". *Es ist eine illegal erraffte Transzendenz,
in die sich der Mensch hier begibt.*

In welche Abgründe schauen wir so? Der Schwindel, der
einen angesichts dieser Selbstmächtigkeit des Menschen
ergreifen mag, darf allerdings nicht zu dem Irrtum verfüh-
ren, als gehe es hier nur um ungesteuerte Willkür. Die meint
AMÉRY selbstverständlich nicht. Auch wenn es kein Du
eines Schöpfers gibt, dem ich Rechenschaft schuldete, so
schulde ich sie doch meinem Selbst, jener humanen Essenz
sozusagen, die für platonisches Denken die „Psyché" ist.

Insofern kennt AMÉRY sehr wohl Kriterien, die mir die
Möglichkeit eröffnen oder auch versagen, Hand an mich zu
legen:

Das entscheidende Kriterium ist die Würde, die „Dignität" des Menschen – nicht etwa die inferiore, mir nur
gesellschaftlich von *außen* zukommende Würde, wie sie
etwa „im Ehrenkodex . . . als kaiserlich-königlicher Offi-
zier" zuerkannt oder verweigert wird, sondern die Würde,
die mein humanes Selbst *in* sich trägt.

Ich frage mich aber, ob diese Zuerkennung von Würde
nicht ihrerseits wieder in einem Willkürakt bestehen könnte:
ob also die Illusion der Selbstverfügung, die bei AMÉRY
geradezu Axiom ist, hier nicht den äußersten Grad erreicht
und schlechthin *dekretiert*, was unter Dignität zu verstehen
und was ihr in unsern Lebenszuständen gemäß sei.

Was diese Art hintergründiger Willkür bedeuten könnte,

wird klar, wenn wir den christlichen Dialogpartner AMÉRY
zu Wort kommen lassen:

Der Autor räumt ein – er tut das übrigens mit Respekt und
Verständnis –, daß Christen sich wider diese These menschlicher Selbstverfügung sträuben müssen und sich demzufolge nicht für befugt halten, dem Ratschluß Gottes über
unser Sterben eigenmächtig vorzugreifen. Nun wäre es mir
unangenehm, wenn diese christliche Verweigerung des
,,Freitods" als bloß dogmatische und ihrerseits nicht mehr
kritisch zu hinterfragende Gegenthese so stehen bliebe. Daß
diese christliche Gegenthese eine Bedeutung hat, die weit
über das Selbstmord-Thema hinausgreift, kann ich hier nur
andeuten. Und ich möchte das in Gestalt einer an AMÉRY zu
richtenden Gegenfrage tun:

Welche Konsequenzen sind zu erwarten, wenn der
Mensch sich in AMÉRYS Sinne auf Grund vermeintlicher
Selbstverfügung vom Schöpfer emanzipiert und wenn er
dann dasjenige, was er für seine Würde hält, zum alleinigen
Kriterium für sein Leben- oder sein Nicht-mehr-leben-
Wollen macht? Müssen dann nicht auch *andere* über einen
Menschen und sein nicht erreichtes Würde-Soll das Todesurteil sprechen dürfen? Vielleicht ist dieser selbst in seinem
desolaten Zustand ja gar nicht mehr in der Lage, sich selber
kritisch zu sehen, sein Würde-Defizit zu bemerken und
daraufhin die Konsequenz des Freitodes zu ziehen. Es
könnte geradezu das entscheidende Symptom für sein
Absinken unter das humane Niveau sein, wenn er die
Möglichkeit zur Selbstkritik und zum Todesentschluß eben
eingebüßt hat.

Setzen wir AMÉRYS These der Selbstverfügung voraus,
scheint uns nichts mehr an der Konsequenz zu hindern, daß
dann die Umwelt – also Ärzte, Verwandte oder auch Politi-
ker – gleichsam stellvertretend für diese verlorene oder noch

nicht vorhandene Selbstverfügung eintreten und auf Grund des festgestellten Würdedefizits nun ihrerseits den ,,Freitod" verfügen. Sie werden sich gleichsam als Anwälte und Sachverwalter des nicht mehr lebenswerten Lebens oder auch der mangelnden Lebenswert-Erwartung eines Embryos verstehen und entsprechend handeln.

Führt die vermeintliche Selbstverfügung des Menschen so nicht in der Tat zur These vom ,,lebensunwerten Leben" samt allen daraus zu ziehenden Konsequenzen? Welche Euthanasie-Aspekte ergeben sich hier? Und teilt AMÉRY mit den Nazis nicht tatsächlich gewisse anthropologische Grundthesen, so sehr er deren rassische Herren-Ideologie und ihre brutalen Folgerungen persönlich auch verabscheut?

Die ernsthafteste Frage, die AMÉRY in diesem Zusammenhang stellt, ist die folgende:

Darf der Christ, wenn er in durchaus zu respektierender Weise die menschliche Selbstverfügung ablehnt, diese seine Verweigerung nun auch für jeden Nicht-Christen verbindlich machen und den Freitod ganz allgemein als zu verabscheuenden Selbst-,,Mord" denunzieren? (Diese angebliche Überschreitung christlicher Kompetenz wirft AMÉRY dem gläubigen Philosophen PAUL LUDWIG LANDSBERG vor.)

Wenn man der Überzeugung ist – und ich hege sie –, daß mit dem christlichen Glaubenssatz, der Mensch gehöre nicht sich selbst, zugleich eine Würde-Proklamation erfolgt, die menschliches Leben unter ein Tabu stellt und es vor grauenerregenden Folgerungen schützt, so wird man kaum anders können, als sich für jenen christlichen Grundsatz zu entscheiden. Der christliche Humanismus enthält ein Wissen um den Menschen, das auch dann vertreten werden und in Kraft bleiben muß, wenn man seine theologischen Voraussetzungen nicht mehr teilt oder sie vergessen hat[29].

Man kann das freilich nicht sagen, ohne sofort hinzuzufügen: Wenn der motorische Antrieb des abendländischen Humanismus, wenn das im Glauben zu hörende Ja Gottes zum Menschen kein lebendiges Element unseres Bewußtseins mehr ist, werden die in Gang gesetzten Schwungräder sich zunehmend verlangsamen, und wir werden in das berüchtigte Gefälle geraten – der Gedanke tauchte schon einmal auf –, das von der Divinität (der Bindung an Gott) über die emanzipierte Humanität zur Bestialität führt.

Daß es im übrigen auch Grenzfälle legitimer Selbsttötung gibt (etwa um einer Folterung und dem Verrat von Freunden zu entgehen)[30], sei AMÉRY durchaus zugestanden. An dem grundsätzlichen und entschiedenen Widerspruch zu seiner Selbstverfügungsthese ändert das indessen nichts.

Wenn die christlichen Kirchen dem Suizidanten gegenüber nachsichtiger geworden sind und die diffamierenden Selbstmordecken auf den Friedhöfen abgeschafft haben, dann hat das ganz gewiß andere Gründe, als AMÉRY sie wohl vermutet. Die Christenheit hat von der empirischen Seelenkunde ganz einfach gelernt, daß die weitaus überwiegende Zahl von Selbsttötungen unter dem Druck eines pathologischen Zwangs erfolgt – unter übermächtigen Depressionen oder andern Verzweiflungen –, und daß Menschen sich nicht deshalb zur Richtern aufwerfen dürfen. AMÉRY aber hat ja den *programmierten*, den *gewollten* und unserer Freiheit *verfügbaren* Akt der Selbsttötung vor Augen. Gegen dieses prometheische Programm ist der christliche Widerspruch niemals verstummt und wird auch in Zukunft nicht verstummen.

Das *Teilungsprinzip*, das wir in den verschiedenen anthropologischen Konzeptionen, soweit sie mit dem Todesverständnis zu tun haben, aufweisen wollten, ist also auch bei

AMÉRY erkennbar und steht in genauer Analogie zu dem Teilungsprinzip, das wir bei NIETZSCHE beobachteten: Bei AMÉRY ist der Mensch, insofern er Träger der humanen Essenz ist, streng geschieden von dem humanen Müll und Abfall, als welchen er sich ebenfalls erkennt, sobald er sein Lebens-Soll an Glück, Erfüllung und Leistung nicht mehr zu erreichen vermag. Sich dann „abzuschaffen", gilt ihm als Privileg seiner Freiheit.

Es geht aber nicht nur um die Freiheit, so Hand an sich zu legen, sondern zugleich und mehr noch um die Freiheit, die *Kriterien* zu bestimmen, nach denen diese Selbstverurteilung zu erfolgen hat. Was Glück ist oder Lebenserfüllung, was die Bestimmung des Menschen ausmacht, ist nicht empfangen und verordnet, sondern selbstmächtig von eben diesem Menschen verfügt. Es fällt unter die Kompetenz seiner Autonomie.

Hier scheint die Erraffung prometheischer Transzendenz (einer Schein-Transzendenz) an ein vorläufiges Ende gelangt zu sein.

Exkurs II zu NIETZSCHE: Das Problem der Euthanasie.

Bei der Besprechung des Suizid-Problems bei NIETZSCHE und AMÉRY stellten sich, wie ich schon andeutete, notwendige, Assoziationen zum Euthanasie-Problem ein.

Wenn der Mensch sich selbst erschafft, muß er nicht nur das Recht haben, sich auch *ab*zuschaffen, sondern er wird sich bei diesem Recht gelegentlich durch andere (durch Ärzte oder Angehörige) *vertreten* lassen müssen. Es kann ja sein, so sagten wir, daß er bewußtseinsgestört oder zu schwach und hilflos ist, um über sich selbst zu verfügen. Gerade dies könnte im Sinne AMÉRYS ein Zeichen dafür

sein, daß sein Leben überfällig ist und daß die Dignität des
vollmenschlichen Lebens dazu nötigt, daß *andere* dann die
Initiative ergreifen, um einen unwürdig gewordenen
Zustand oder auch eine aussichts- und sinnlos gewordene
Qual zu beenden.

Damit öffnet sich die These, daß der Mensch selbstmächtig über seinen Tod verfügen und ihm nicht nur als passives
Opfer ausgeliefert sein dürfe, auf das Problem der *Euthanasie* hin. Ich ergreife deshalb die Gelegenheit, um dieses
Problem hier in Gestalt eines Exkurses zu behandeln.

Wahrscheinlich ist das holländische Gerichtsurteil über
eine Ärztin, die ihrer 78jährigen, unheilbar kranken und
schwer leidenden Mutter durch eine Überdosis Morphium
den Tod gab, noch nicht vergessen; es erregte großes Aufse-
hen und hat in der Tat paradigmatische Bedeutung für unser
Problem. Die Richter begnügten sich mit einem nur ,,sym-
bolischen Urteil", das ihre Hilflosigkeit bezeugt: Man zollte
dem Buchstaben des Gesetzes, das die Tötung auf Verlangen verbietet, einen Minimaltribut. Gerade dieses betonte
Minimum aber macht offenbar, daß man nicht zu strafen
wagte, weil die Täterin, von schwersten inneren Konflikten
bedrängt, ja nicht kriminell gehandelt hatte, sondern subjektiv durch das Motiv helfender Liebe bestimmt war.
Konnte man mehr von den Hütern der Rechtsordnung
erwarten? Fällt ein solcher Konfliktfall nicht aus jedem
Rechtsschema heraus?

Im Fernsehen sah man Demonstranten mit allerhand Slogan-
Stellungnahmen zu dem Urteil. Unter den Protest-Plakaten habe
ich übrigens kein einziges gesehen, das sich gegen die Beugung des
Rechtes gewendet hätte, wohl aber solche, die den christlichen
Glauben verletzt sahen und von einer Versündigung gegen das
Gebot ,,Du sollst nicht töten!" sprachen. Wenn schon das Recht
schweigen und sein Haupt verhüllen muß oder sich doch nur
kleinlaut zu Wort melden kann: sollte dann nicht wenigstens von

dieser, von der christlichen Seite aus, eine Lösung des Konfliktes und dann auch ein legitimes Bekenntnis *gegen* diese Art Sterbehilfe möglich sein?

Es dient der Klarheit, wenn wir uns von vornherein von der Schockwirkung des Begriffes ,,Euthanasie'' frei machen. Dieses Wort ist durch die Geisteskrankenmorde des Dritten Reiches kompromittiert. Zwischen dem, was damals geschah (auch dem, was den Psychiatern HOCHE und BINDING bei der ersten Verwendung des Begriffs ,,Euthanasie'' vorschwebte), und erst recht dem, was die holländische Ärztin getan hat, liegen aber Welten.

Sie wollte zweifellos nicht aus ideologischen Gründen ,,lebensunwertes Leben'' beseitigen. Im Gegenteil: Sie konnte es nicht mit ansehen, daß ein ihr sehr teures, daß das äußerst ,,lebenswerte'' Leben ihrer Mutter sich in sinnlos gewordenen Qualen verzehrte. Die Nazis handelten aus einem ideologischen und ökonomischen Kalkül. Diese Ärztin aber tat den äußersten Schritt aus Mitleid und aus Liebe.

Ist jedoch eine Tat durch die bloße Reinheit ihrer Motive gerechtfertigt? Sollten nicht auch meine *subjektiven* Antriebe Kriterien unterworfen sein, die mich binden? Sind uns nicht Beispiele genug präsent, in denen man in bester Absicht das Falsche und später sich Rächende getan hat? Das ist die Frage, und sie drängt sofort auf das weitere Problem, ob es denn eine solche überpersönliche und schlechthin verbindliche Instanz gebe, die uns hier die nötigen Maßstäbe vermittelt.

Der vielzitierte *Hippokratische Eid,* der dem ärztlichen Handeln als verbindliche Richtschnur dienen soll, versagt uns dabei die erwünschte Auskunft. Der zuständige Abschnitt dieser Verpflichtungsformel lautet nämlich: ,,Ich werde niemandem eine todbringende Arznei geben. Auch

wenn ich darum gebeten werde, werde ich keinen Rat
solcher Art geben und insbesondere keiner Frau zur Abtrei-
bung helfen." Auch das *Motiv* für dieses Verfahren wird
genannt: ,,Die Vorschriften, die ich meinen Patienten gebe,
werden nach dem Maß meiner Fähigkeit und meines Urteils
über ihr Wohl und nicht für ihren Schaden sein."

Ist aber im Gegenüber dieser beiden Zitate nicht im
Grunde nur der *Konfliktfall* – mehr nicht! – umschrieben, in
dem wir uns hier befinden? Denn dieses Gegenüber stellt
uns doch vor die Frage, *was* denn dem Kranken nun zum
Schaden oder zum Wohle dienen könne. Was hier ,,Scha-
den" und was ,,Wohl" sei, bildet insofern selbst wieder ein
Problem.

Diese Frage gewinnt in der heutigen Situation der Medizin eine äußerste Zuspitzung:

Wenn die Medizin der Erhaltung und Gesundung
menschlichen Lebens dienen soll, dann kann dieser
Anspruch – wenigstens was die *Erhaltung* des Lebens anbelangt – heute gleichsam übererfüllt werden. Durch künstli-
che Beatmung und andere Maßnahmen ist es möglich, das
erlöschende Leben immer neu am Glimmen zu erhalten und
die Qual des Sterbens oder auch das bewußtlose, pflanzen-
hafte Dahindämmern mit Hilfe absurd gewordener ärztli-
cher Artistik (ich spreche hier mit Absicht nicht von
,,Kunst") zu verlängern.

Sind also angesichts des Standards unseres technischen
Vermögens nicht die alten Probleme der Euthanasie neu zu
durchdenken? Ist nicht auch hier die Frage unausweichlich –
sie ist uns durch Probleme der Atom-Technik und durch
das Vermögen der Gen-Manipulation längst vertraut –, ob
wir alles dürfen, was wir können? Ist es für den Arzt nicht
vielleicht nur leichter und auch risikoloser, wenn er sich

buchstäblich an sein ethisches Berufsgesetz hält und das
glimmende Leben immer neu am völligen Erlöschen hindert?

Wann also nimmt er (anders gesprochen) die größere
Schuld auf sich: wenn er dies tut – *oder* wenn er diese
gewaltsamen Konservierungsmaßnahmen abbricht und
etwa die Herz–Lungen-Maschine abstellt? Die Fragen sind
schwer und schrecklich.

Folgende grundsätzliche Überlegungen gilt es hier zu
durchdenken:

Erstens. Der Mensch hat nicht nur ein Recht auf sein
Leben, sondern auch auf seinen Tod. Der vermeintliche
Dienst am Menschen, der sein Leben bedingungslos meint
konservieren zu müssen, kann in einen Terror der Humanität umschlagen, wenn der Prozeß des Sterbens so in Raten
zerlegt und durch immer neue Raten ergänzt wird. Wem die
Stunde geschlagen hat, dessen Uhr sollte nicht immer neu
aufgezogen werden. Sonst könnte die ärztliche Lebenshilfe
sich unter der Hand in einen hybriden Machtanspruch
gegenüber dem Tod verwandeln.

Der alte Spruch ,,ultra posse nemo obligatur" (man kann
von niemandem mehr verlangen, als er kann) reicht nicht
mehr zu: Heute darf auch das Maß des Könnens nicht mehr
voll ausgeschöpft werden: Man *darf* von der modernen
Medizin nicht mehr alles verlangen, was sie kann.

Zweitens. Obwohl in all unseren Traditionen – bei HIPPO-
KRATES sowohl wie in der Bibel – klare Tötungsverbote in
Kraft sind, findet sich doch nirgends ein Gebot, verlöschen-
des Leben um jeden Preis zu verlängern. ,,Und wessen
Gewissen sagt: es *müsse* z. B. ein schmerzgeplagter Mann
mit einem inoperablen Krebs, der an einem Kreislaufversa-
gen stirbt, aus Prinzip an die Herz–Lungen-Maschine

gehängt werden, um so noch eine Stunde länger zu leben: Wer wird einen Arzt, der darauf verzichtet, einen Mörder nennen?" (R. KAUTZKY).

Drittens. Dieses Insistieren auf unbedingter Lebensverlängerung würde zudem in pragmatischer Hinsicht groteske Situationen erzeugen, deren Absurdität wider sie zeugt: Wenn alle Sterbenden an solche Maschinen gehängt würden, wäre fast das gesamte medizinische Personal dadurch absorbiert und fiele für das eigentliche ärztliche und pflegerische Handeln aus.

Viertens. Außerdem wird man ,,biologisches" von ,,menschlichem" Leben unterscheiden müssen: Wenn von der Pflicht des Arztes die Rede ist, Leben zu erhalten, kann damit nicht biologisches Leben schlechthin, sondern nur ,,menschliches" Leben gemeint sein. Um dieses ,,menschliche" Leben zu charakterisieren, bedarf es aber anderer Kriterien, als es diejenigen sind, die sich in den Aufzeichnungen der Apparate (in Elektrokardio- und Enkephalogrammen) manifestieren. Zum menschlichen Leben gehört wenigstens ein Spurenelement von *Selbstbewußtsein.* Nur auf Grund eines Selbstbewußtseins kann der Mensch ja ,,ethisch leiden", kann er aus seinem Leiden etwas ,,machen". Das ist der einzige Grund dafür, daß man sein biologisches Leben nicht unbegrenzt weitererhalten soll, auch wenn sein Selbstbewußtsein und damit seine ethische Leidensmöglichkeit irreversibel erloschen ist oder wenn er gar unterhalb der humanen Ebene nur noch als eine Art Organpräparat vegetiert.

In allen diesen Fällen auf gewaltsame Lebensverlängerung zu verzichten, bedeutet also nicht, die Würde des Menschen anzutasten. Im Gegenteil: Gerade dann, wenn wir diese Würde respektieren und wenn wir sie als Christen unter dem Patronat Gottes stehen sehen – das Wort von der

Gottebenbildlichkeit des Menschen enthält hier die zuständigen Aussagen –, werden wir den Spruch des Herrn über Tod
und Leben akzeptieren, daß die letzte Stunde eines Menschen geschlagen habe. Wir werden das, was wir im Namen
dieses Herrn zu tun meinen – nämlich dem gottgeschaffenen
Leben zu dienen –, nicht zu einer selbstmächtigen *Auflehnung*
wider diesen Spruch werden lassen. Das Wort von der
,,Orthothanasie", ,,dem richtigen Sterben", gefällt mir deshalb besser als das Wort ,,Euthanasie".

Das Nachdenken über den holländischen Richterspruch
hat uns damit zum Problem der Euthanasie überhaupt und
zur Neuformulierung dieses Problems geführt. Nur im
Horizont dieser sehr weitreichenden Fragestellung können
wir auch den speziellen Fall dieser Sterbehilfe besprechen.
Dabei wird es sofort offenkundig, daß die Überdosis an
Morphium, um die es sich hier handelt, in der Rubrik der
besprochenen Fälle kaum unterzubringen ist. Hier ging es
nicht um ein Sterben-Lassen, sondern um eine ,,Tötung auf
Verlangen". Es sträubt sich vieles in mir dagegen, das
verzweifelte und durch Liebe zur Mutter motivierte Handeln dieser Ärztin in kühler Distanz mit Hilfe einer solchen
Normen-Tafel zu beurteilen. Ich verstehe die Menschen
und Patienten nur zu gut, die sie kannten, schätzten und
ihrer Freude über den de-facto-Freispruch bewegten Ausdruck gaben. Ich verstehe auch den bedrängenden Imperativ, den man mit dem Wort zum Ausdruck brachte: ,,Töten
Sie mich, sonst sind Sie mein Mörder!" Kann man nicht in
der Tat ein Mörder sein, wenn man passiv zusieht, wie ein
Mensch sich weiter in seinen Qualen windet, obwohl sein
Leiden irreversibel dem Ende zuführt? Die Uhr will und
will nicht schlagen, der Zeiger scheint immer langsamer
dahinzukriechen. Aufhalten läßt er sich allerdings *nicht*

mehr. Warum sollte ich ihn dann aber nicht vorstellen und die kleine Distanz bis zur Zwölf überbrücken dürfen?

Nur wenn man sich dem furchtbaren Druck dieser Frage stellt und das Leiden und Mit-Leiden jener Ärztin solidarisch ein Stück weit übernimmt, hat man das Recht, jene Frage auch zu einer Infragestellung ihres Handelns werden zu lassen.

Unter dieser Voraussetzung meine ich nun dies sagen zu dürfen:

Es steckt eine tiefe Wahrheit in der Anweisung Pius' XII, die er auf einem Anästhesisten-Kongreß aussprach: ,,Wenn . . . die Verabreichung narkotischer Mittel von selbst zwei verschiedene Wirkungen hervorruft, einerseits die Linderung der Schmerzen und andererseits die Verkürzung der Lebensdauer, so ist sie erlaubt . . .'' Darin steckt negativ die Ablehnung aktiver Tötung, zugleich aber die Bejahung des Sterben-lassens, auch wenn dieses Sterben das Nebenprodukt schmerzlindernder Mittel ist.

Natürlich liegt die Frage nahe, ob es bei der Differenzierung zwischen Töten und Sterben-lassen nicht um sophistische Haarspaltereien gehe, ja noch schlimmer: ob jene Unterscheidung nicht bloß einer moralischen Salvierung des Arztes diene, der so in Stand gesetzt werde, ein Todesurteil auszusprechen bzw. zu vollstrecken, ohne die richterliche Verantwortung tragen zu müssen.

Ich möchte nicht leugnen, daß jene Differenzierung zu alledem mißbraucht werden *kann*. Es gibt überhaupt keine Normenkonstellation, die den Mißbrauch grundsätzlich auszuschließen vermöchte.

Im Grundsatz ist aber die Unterscheidung zwischen Sterben-lassen und aktiver Tötung zweifellos von Belang. Abgesehen von aller ethischer Theorie, deren Entfaltung hier zu weit führen würde, erfährt jene Unterscheidung ihre

Legitimation schon dann, wenn man sich die Folgen ihrer Nichtberücksichtigung klarmacht.

Wenn der Tötungswunsch des Patienten maßgeblich und verpflichtend wird: Wo sollte dann noch eine Grenze der Tötungsbereitschaft zu markieren sein?

So sagt K. BINDING, der große strafrechtliche Befürworter einer konsequenten Euthanasie, einmal: ,,Ganz unnötig scheint mir, daß das Verlangen nach dem Tode aus unerträglichen Schmerzen entspringt. Die schmerzlose Hoffnungslosigkeit verdient das gleiche Mitleid" (!)[31]. Worauf ihm FR. WALTER mit Recht entgegenhält: ,,Das eine Mal ist der Arzt, das andere Mal der Kranke und endlich die Krankheit hoffnungslos . . . Was soll entscheiden?"[32]

Hier gewinnt das Problem in der Tat seine äußerste Verdichtung.

Es scheint sich ein unaufhaltsames Gefälle der Entscheidungssituation zu ergeben, wenn als Kriterium für das Recht zur ,,Tötung auf Verlangen" nicht nur der immerhin objektiv registrierbare Schmerz, sondern auch der subjektive Zustand der Hoffnungslosigkeit wirksam wird. Wer hätte als Schwerstkranker denn noch nicht den offen geäußerten oder verschwiegenen Wunsch gehabt, daß seinem hoffnungslosen Zustande endlich ein Ende bereitet, und daß auch seiner Auseinandersetzung mit dem Leiden das schmerzvolle Reifen erspart werden möge?

Wohin kommen wir also, wenn wir einmal jene allzu schräge Ebene betreten? Steckt in der Ehrfurcht vor der Unantastbarkeit des Menschen, vor seiner Gottebenbildlichkeit nicht auch der Schutz vor den entsetzlichen Irrungen einer bindungslosen Rationalität, die sich ein hochmütiges Urteil anmaßt über das, was nach ihren Kriterien noch lebenswert ist oder nicht? Kommt es hier nicht *wieder* zu der Inanspruchnahme der besprochenen Pseudotranszendenz?

Der Weisheit letzter Schluß, wie ich ihn unsern christlichen Traditionen entnehme, scheint mir also der zu sein: Es ist uns verboten, dem Herrn über Tod und Leben durch ärztliche Artistik, die uns auch ,,rasend machen" kann, in den Arm zu fallen. Es ist uns aber ebenso verboten, göttlicher sein zu wollen als Gott und das Stundenglas zu zertrümmern, das er als Maß unserer Zeitlichkeit gesetzt hat.

Nach diesem Exkurs über die Euthanasie schwenke ich nun wieder ein in das unterbrochene Kapitel über die Teilungsoperationen am Menschen, die wir vor allem in der Anthropologie PLATONS beobachteten. Hier kommt es, wie wir sahen, zu Todüberwindungen mit Hilfe des Gedankens, daß der Mensch nur partiell, eben nur körperlich, sterbe, während seine eigentliche Substanz, seine Seele, ,,athánatos" (todlos) sei.

Ich wende mich nun einer neuen Gestalt dieser Ich-Teilung zu:

b) Die Teilung des Menschen in seine Eigenschaft als Individuum und als Repräsentant überindividueller Mächte

1. Verdeutlichung an der germanischen Religion

Wenn GRÖNBECH[33] recht hat, finden wir bei unsern Vorfahren ,,nicht die geringste Furcht vor dem Lebensende".

Wird nun als Grund dessen angeführt, das Leben sei ,,in seiner Realität so stark" gewesen, daß ,,der Tod ihm gegenüber einfach nicht zählte", so ist mir das unverständlich. Eher wäre der umgekehrte Begründungszusammenhang denkbar: daß der Intensität des Lebensgefühls ein ebenso

starkes Gefühl der Bedrohung durch den Tod entspräche.
Denn der Tod ist doch der Abbruch der Lebendigkeit. Und
daß gerade Menschen, die so von ihrer ,,Lebendigkeit'' her
leben, durch End-Angst bedroht sind, lehrt die alltägliche
Erfahrung und der Blick in die Erlebensstruktur der
Menschheit überhaupt:

WALTER F. OTTO weist bei der griechischen Religion
wohl mit Recht darauf hin, daß gerade durch das Erlebnis
des Göttlichen als der *Lebens*fülle schlechthin der Tod nicht
als gesetzmäßige, ,,natürliche'' Erscheinung dieses Lebens,
sondern als ein Fremdes, ja als Unnatur verstanden werde.
Gerade ,,das Lebendige empfindet den Tod als das Fremde-
ste und vermag nie zu glauben, daß er im Sinn und Plan des
Lebens selber liegen könnte''[34]. Es sei ein Trugschluß zu
meinen, der Geist der homerischen Religion ,,sei mit solcher Inbrunst dem Licht und dem Leben zugewandt, daß er
wie geblendet den Tod nicht mehr zu sehen vermöge''[35]
und ihn als das schlechthinnige und unvorstellbare Nichts
konzipiere. Vielmehr sei die Vorstellung des Hades als einer
neuen, schattenhaft dem Leben entgegengesetzten Existenzweise ein deutliches Zeichen dafür, wie der Tod nicht
einfach daseins-,,*los*'', sondern daseins-,,*entartet*'' ist. Die
Götter des Lebens stehen machtlos und preisgegeben der
tödlichen Moira gegenüber[36], die auch über sie und ihr
Götterleben als großer und letztlich triumphierender Widerspruch verfügt.

Auch HÖLDERLIN verkündet – man wird sagen dürfen:
gerade im Namen der Helle des griechischen Lebensglaubens – die Unbegreiflichkeit, die Lebens-Entgegensetzung
des persönlichen Todes: ,,. . . ich habe keinen Gedanken
für das Vergehen (wo unser Herz, das Beste in uns, das
Einzige, worauf zu hören noch der Mühe wert ist, mit allen
seinen Schmerzen um Bestand fleht) – der Gott, zu dem ich

betete als Kind, mag es mir verzeihen! – ich begreife den Tod nicht in seiner Welt."[37]

Von dieser Sicht des griechischen Lebens aus, das zum mindesten an *diesem* Punkt seines Selbstverständnisses in einer gewissen Analogie zum germanischen Lebensglauben zu sehen ist, glaube ich meine gegen Grönbech geltend gemachte These bestätigt zu sehen: daß mit der Intensität der Lebendigkeit und des Lebensglaubens die Fremdheit und der Unnatur-Charakter des Todes wächst[38].

Daß der Germane der alten Zeit gleichwohl keine Todes-angst in diesem Sinne kennt, scheint in einem andern Begründungszusammenhange zu stehen.

Der germanische Mensch versteht sich zunächst kaum als Individuum, sondern lebt mit einer uns heute kaum faßli-chen Ausschließlichkeit von der Sippe her, von ihrem Heil, ihrem Frieden, ihrer Ehre. So kann auch der individuelle Tod keine entscheidende Rolle spielen, weil der Held als sozusagen mythische *Realität* – und keineswegs nur im Sinne einer Unsterblichkeit des Namens, also einer Unsterb-lichkeit im *Gedächtnis* der Menschen – in Heil und Ehre der Sippe weiterlebt.

So bittet in der Vatsdoelasaga der junge Held Thorolf nach Empfang der tödlichen Wunde seinen Bruder, seinen Namen auf die Nachwelt zu übertragen: ,,Mein Name hat nur eine kurze Weile gelebt, also würde ich vergessen werden, sobald du verschwindest; aber ich sehe, daß du die Sippe vergrößern und ein großer Heilung werden wirst. Ich möchte, daß du einen Sohn Thorolf nennst, und alle die Heilseigenschaften, die *ich* gehabt habe, werde ich ihm geben; dann, glaube ich, wird mein Name leben, solange die Welt bewohnt ist." Wenn nun Thorstein, der Bruder, antwortet: ,,Das will ich dir gern versprechen; denn es wird zu unserer Ehre gereichen und gutes Heil wird deinem Namen folgen, solange er in unserer Sippe ist", so wird deutlich, daß es nicht einfach um ein Fortleben des Namens in unserm modernen, ,,säkularisierten"

Sinne geht, sondern darum, daß der Name nur ein Symbol für ein höchst konkretes Weiterleben in der Sippe repräsentiert[39].

So sind die Helden gänzlich damit zufrieden, ihr Leben in einem andern Mann ihrer Sippe erneut zu leben, und die Frage nach ihrer eigenen Identität kann einfach nicht die Masse der alten, auf überindividuelle Gliedschaft in der Sippe gerichteten Voraussetzungen durchdringen.

Das, was also die Eigentlichkeit des Menschen ausmacht, ist nicht seine individuelle Existenz, sondern das Leben bzw. das Fortleben in Heil und Ehre der Sippe, durch die er ,,vertreten'' wird.

Auch dazu findet sich die griechische Parallele, insofern das Kléos und die Dóxa (= Ruhm) eine gewisse Analogie in der Todesüberwindung zu dem gewinnen, was bei den Norden ,,Heil und Ehre'' der Sippe heißt. Der Erwerb des ,,Ruhmes'' gibt dem Manne die Möglichkeit, ,,den Tod als Tat in das Leben einzubeziehen''[40]. Der Tod wird also, auf unsern Gedanken hin formuliert, seines Charakters als des schlechthinnigen Endes entkleidet. Da der ,,Ruhm'' meist im Kampf um die Polis errungen, und dieser somit entscheidender Anteil am Gewinn der Unsterblichkeit zugebilligt wird, erscheint die Parallele zur germanischen ,,Heil-Ehre''-Wirklichkeit der Sippe noch prägnanter[41].

So ist jedenfalls die beherrschende germanische Idee der Unsterblichkeit zu verstehen: Der individuelle Träger der Sippe tritt im Tode zurück, und die Sippe – als jene Macht, die schon vorher durch ihn hindurch Trägerin von Heil und Ehre gewesen war – gibt diese heiligen Gewalten anderen ihrer Glieder zu Lehen. ,,Solange das Leben so unzertrennlich an eine Einheit (nämlich an die Einheit der Sippe) geknüpft ist, so daß das Individuum überhaupt nicht als Individuum existieren kann, fällt noch der Antrieb aus, der den Gedanken an eine persönliche Identität auslösen könnte" (GRÖNBECH).

Hier wird so sichtbar, *warum* der Tod als unwesentlich erlebt wird. Er tötet nur das Unwesentliche, das kaum oder noch gar nicht Bemerkte: nämlich den individuellen Träger der Sippenmächte, nicht aber jene Mächte selber. Ebensowenig, wie auf Grund dieser Voraussetzungen die Idee einer individuellen Inkarnation und Unsterblichkeit gedacht werden kann, kann auch der Gedanke des individuellen Todes gedacht werden. Das Individuum ist so ja noch gar nicht ,,da". Weil heute dagegen das Individuum einen ausgesprochenen Akzent bekommt, erhöht sich entsprechend auch die Problematik des Todes. Die vielfachen Erscheinungen des Verdrängens, des Verschweigens und der Tabuisierung des Todes, die in *unserer* Zeit zu bemerken sind, hängen deshalb sicher mit dem modernen Bewußtsein der Individualität (und auch der psychologischen, gesellschaftlichen und staatsrechtlichen Proklamation ihrer Rechte!) zusammen.

2. Die biblische Sicht der Ich-Ganzheit als Kontrast

Ehe wir das Gespräch mit der germanischen Religion und ihren neuzeitlichen, in aller Gebrochenheit doch bestehenden Entsprechungen (HEGEL/MARX) führen können, muß vorab ein entscheidendes Faktum geklärt werden: daß christlich gesehen der Mensch in einem ganz andern Sinne Person, Individuum, unvertretbar, einmalig ist, als es das germanische Existieren von der Sippe her deutlich macht, und daß diese Einmaligkeit und Unvertretbarkeit erst ins Bewußtsein tritt, wenn ich mich in der Relation zu Gott als ,,Einzelner" verstehen muß.

Die Kontroverse setzt schon bei den anthropologischen Voraussetzungen ein.

Daß der Tod (christlich gesehen) wie ein Blitz den Menschen *selbst* vernichtet, ohne daß die Sippe ein Blitzableiter sein könnte, wird nur unter *einer* Voraussetzung verständlich: daß der Mensch ein unvertretbares, nicht auf einen andern abschiebbares Selbstsein hat. Er – der Mensch – kann sich ja durch nichts vertreten lassen, z. B. nicht durch seinen „Reichtum". Deshalb sagt ihm Jesus: „Verkaufe alles, was du hast" (Mk. 10,21). Und der reiche Kornbauer muß von seinen vollen Scheunen, mit denen er sich wie mit einem Schutzwall umgeben hatte und in denen er „überdauern" wollte, *hinweg*sterben (Lk. 12,20). Der Mensch kann sich aber *auch* nicht durch seine Sippe vertreten lassen und sein Leben auf *sie* abwälzen. Deshalb spricht Gott zu Abraham (Gen. 12,1): „Gehe aus deinem Vaterhaus und aus deiner Freundschaft", und deshalb sagt Jesus seinen Jüngern, daß sie bereit sein müßten, ihren Vater und ihre Mutter um seinetwillen zu hassen (Lk. 14,26). Als Adam von Gott gerufen wird, merkt er plötzlich, daß er in seiner Schuld nicht vertretbar ist durch das Weib, „das du mir zugesellt hast" (Gen. 3,12). Und Eva merkt, daß sie in ihrer Schuld nicht vertretbar ist durch die Schlange, die da verführerisch sprach . . .

Der Mensch ist vor Gott allemal auf sich selbst und seine Identität fixiert. Es gibt eine Ich-Region, in der er absolut unvertretbar ist und wo er in grenzenloser Einsamkeit allein steht: wenn er nämlich von Gott bei seinem Namen, wenn er „Adam" gerufen worden ist[42].

In *dieser* Region muß er sterben. Und in *dieser* Region wird der Tod überhaupt ein unlösbares Problem. Denn hier ist er wirklich Vernichtung und nicht mehr bloße Umformung.

Das Problem des Todesernstes ist nichts anderes als das Problem des Ich-Ernstes, das heißt ein Problem, das sich dadurch ergibt, daß ich unvertretbar und auf mich und meine Identität festgelegt, daß ich also außerstande bin, die ,,Flügel der Morgenröte" zu nehmen (Ps. 139,9), um mich selbst zu verlassen und ein anderer oder ein anderes (Sippe, Idee) zu werden.

Die individuelle Existenz in ihrer Einmaligkeit ist insofern etwas total anderes als das Stadium der Verpuppung, aus der ich bei ihrer Auflösung erwache zur Schmetterlingsexistenz meiner überindividuellen Wertteilhabe. Wir werden noch sehen, wie die Bibel so *indirekt* den Ernst des Todes lehrt: nämlich in der Weise, daß sie in Gesetz und Evangelium den Ernst dessen beschwört, daß ich vor Gott ein unvertretbares Ich habe.

Ist die Todesangst, die allen Tröstungen und Deutungen zum Trotz bleibt, nicht ein anonymer Zeuge dafür, daß wir im Grunde doch etwas von jener Vernichtung wissen? Daß wir etwas vom Zugrundegehen des Ich wissen und daß höchstens ein Es bleibt: unsere Leistung oder unser Name oder die Gemeinschaft, die uns umfing, aber daß ,,ich" nicht mehr bin? *Das Geheimnis des Todes ist nichts anderes als das Geheimnis dieses Ich.*

Daß die biblischen Menschen den Tod als *den* Feind erleben, liegt daran, daß sie eben unter Gottes verhaftendem Wort ,,Ich" zu sich sagen mußten: ,, ,Ich' elender Mensch . . ." (Röm. 7,24); daß sie wußten: ich allein, ich – durch keinen andern vertretbar – bin gemeint, wenn Gott Gericht kündet und zur Entscheidung ruft, und daß in diesem Augenblick alles, aber auch alles von ihnen abfiel: Judesein und Griechesein, Vaterhaus, Freundschaft, Geld. Dies alles wurde ihnen im Augenblick solcher göttlichen Anrede deutlich als Mittel, mit deren Hilfe die Menschen ihr Selbstsein verlieren möchten, um sich zu sichern und der Bedrohung zu entrinnen. Dies alles diente ihnen als jenes

Gebüsch, hinter dem Adam sich versteckt (Gen. 3,8). Auch die positive Zusage: ,,Ich habe dich bei deinem Namen gerufen, du bist mein" (Jes. 43,1; 45,3 f.) richtet sich, wie wir noch sehen werden, im neutestamentlichen Denken auf den einzelnen und seine Identität.

Man verfehlt deshalb auch den springenden Punkt, wenn man die christliche Ansicht vom Schrecken des Todes außer in ihrer ,,Jenseits-Korruption" allein darin sieht, daß sie den Menschen in seiner Tod-Einsamkeit sehe, in der er alles zurücklassen müsse, in der er nackt und bloß die Welt zu verlassen habe, wie er sie auch nackt und bloß betreten hätte (1. Tim. 6,7). Diese negative Tatsache des ,,Alles-verlassen-Müssens" ist jedenfalls nicht die Pointe jener biblischen Aussage. Der Akzent liegt vielmehr darauf, daß durch das Dahintenlassen unseres Besitzes unser Selbst enthüllt wird, das hier vor dem Tode steht und sich nicht mehr in jenen Besitz verkriechen oder sich hinter ihm verstecken kann, sondern sich preisgeben muß als dasjenige, das nun zum Tode geführt wird, während das ,,Es", mit dem es sich behängte, fortbesteht. Schon der oft krisenbelastete Eintritt ins Rentenalter kann diese Zusammenhänge illustrieren, weil der Alternde sich hier vor die Frage gestellt sieht, ob sein Ich nicht in seinen Funktionen aufgegangen sei, und welches Selbst, welche Identität ihm noch bleibe, wenn die Funktionen erlöschen und das Versteck-Gebüsch niederge-brannt ist.

Erst wenn dieses unvertretbare Selbstsein des Menschen, dieses ,,Einzelner-sein vor Gott" (KIERKEGAARD) deutlich geworden ist, wird der Tod zum Verhängnis. Dies Ver-hängnis ist verhüllt, wenn der Mensch sich so person-, so ich-los versteht, wie es der Nordländer der alten Zeit etwa tat. Und die anthropologische Form dieser Person- und Ich-losigkeit, die wir erkennen wollten, besteht allemal in der

Teilung des Menschen in einen „über"-, das heißt zugleich „un"-persönlichen Ichteil, der unvergänglich ist, und in seine Eigenschaft als Individualität, die vergeht.

3. HEGELS Todesverständnis

Wenn es sich von hier aus nahelegt, auf HEGELS Unterscheidung von individueller Person und Überpersönlichem zu sprechen zu kommen, so muß ich eine gewisse Kenntnis von HEGELS Grundkonzeption voraussetzen. Ohne sie ist ja auch der Marxismus nicht verständlich, auf dessen Todesverständnis wir natürlich ebenfalls zu sprechen kommen müssen.

Zur Erinnerung an HEGELS systematischen Grundgedanken nur kurz dies:

Das eigentliche Subjekt des Weltgeschehens in Natur und Geschichte ist bei HEGEL der (überpersönliche) Weltgeist. Er verwirklicht sich in der unendlichen Fülle der Gestalten. Die Spuren dieser Weltvernunft sind schon in den Phänomenen der bewußtlosen Natur erkennbar (wie etwa die Naturgesetze zeigen). Aber auch und erst recht ist die *Geschichte* geisthaft und vernünftig, keinesfalls also eine Akkumulation von blinden Zufällen. Gerade in ihr verwirklichen sich die Emanationen des Weltgeistes, und sie tun das in sehr viel unmittelbarerer Form als in der Natur. Der unendliche Geist benutzt nämlich den endlichen Geist, benutzt zum Beispiel das menschliche Gehirn, um sich seiner bewußt zu werden.

Man kann also strenggenommen nicht sagen: „Ich denke", sondern: „Der Weltgeist ist es, der sich durch mich hindurchdenkt". Ich bin nur sein Instrument. Ich stelle ihm sozusagen mein endliches Bewußtsein als das Organ seiner Bewußtwerdung zur Verfügung.

Das wird besonders deutlich an den ,,weltgeschichtlichen
Individuen", den Wundermännern, den großen Staatslen-
kern und Revolutionären.

Bei ihnen möchte man noch am ehesten vermuten, daß
diese Männer, die Geschichte zu machen scheinen, auto-
nome Subjekte ihres Wollens und Planens seien. Aber
gerade das ist eben nicht so: Sie sind vielmehr in einem
privilegierten Sinne die Instrumente des Weltgeistes, der
durch sie hindurchwirkt und sie lediglich benutzt. Sie ersin-
nen große Konzepte der Weltgestaltung und der Weltveränderung – und ahnen dabei nicht, daß sie selber auf einem
Konzept *stehen*, daß sie also nur eine Programmnummer im
Konzept des Weltgeistes sind.

NAPOLEON etwa verfolgt bestimmte Ideen für die Umgestaltung Europas und frönt seinem subjektiven Willen zur
Macht. Während er aber so *seinen* Plan will und *seine* Leidenschaft befriedigt, benutzt der Weltgeist das Ingenium und
die Dynamik NAPOLEONS nur, um sein eigenes Weltpro-
gramm mit der instrumentalen Hilfe Bonapartes durchzusetzen. Der Weltgeist setzt ihn gleichsam nur als Figur in
seinem Schachspiel ein. Und die Figur selbst ahnt nicht,
welche Funktion im Ganzen des Spiels sie erfüllt. In diesem
Zusammenhang spricht HEGEL von der List der Vernunft,
einer Überlistung durch den Weltgeist also: Er wiegt das
Individuum (speziell das große, das ,,weltgeschichtliche"
Individuum) in der Illusion, seine eigenen Ziele verfolgen zu
können. Gerade um dieser Illusion willen *entfaltet* es ja seine
ganze geschichtliche Potenz und seine Leidenschaft. Das tut
ein Mensch doch immer nur dann, wenn er meint, daß es
um ,,seine" Sache ginge. Es gibt keine größere Leidenschaft
als die Leidenschaft der Selbstverwirklichung. Tatsächlich
aber ist dieses Individuum nur eine Marionette an den Fäden
des Weltgeistes.

Der Weltgeist hat bei seiner konzeptuellen Geschichtsge-
staltung immer das Große und Allgemeine im Sinn. Alles
Individuelle benutzt er nur als Bausteinchen im Gesamtmo-
saik, als ein vorübergehendes und dann überfällig werden-
des Durchgangsmittel.

So kennt die Geschichte als Selbstverwirklichung des
Geistes das Individuum nur als uneigentlichen Träger, nur
als Interims-Stufe. Als das ,,Besondere" kommt das Individuum innerhalb jener Selbstverwirklichung betont *hinter* die
Gattung zu stehen, die das Allgemeine darstellt und insofern
der Idee näher ist. Man kann geradezu sagen: Indem die
Gattung sich als das Allgemeine hervorbringen möchte und
das im Fluß der Generationen geschehen läßt, muß sie
ständig das Individuum zur bloßen Übergangsgröße degra-
dieren und insofern ,,töten". Die Begattung der Individuen,
kraft deren sie in die Gattung eingehen möchten, ist deshalb
auch der erste Schritt zu ihrer Selbstaufhebung, das heißt zu
ihrem Tode. ,,Die Gattung erhält sich nur durch den Untergang der Individuen, die im Prozesse der Begattung ihre
Bestimmung erfüllen, und insofern sie keine höhere haben,
damit dem Tode zugehen."[43] Es kann sogar heißen, die
ursprüngliche Unangemessenheit des Individuums zur All-
gemeinheit sei ,,seine *ursprüngliche Krankheit* und der *angebo-
rene Keim des Todes*"[44].

Der Tod bezieht sich also nicht auf die Sphäre der Idee als
des Eigentlichen des Lebens, sondern bezieht sich nur auf
die Individualität als ihre uneigentliche Durchgangsstufe.
Und auch hier wird man nicht sagen können, daß er Zerstörung sei, im Gegenteil: Er ist die schöpferische Selbstbefrei-
ung der Gattung bzw. der Idee aus ihrer individuellen
Gebundenheit und Entfremdung von sich selbst.

Entsprechend diesem Todesverständnis besteht die
Unsterblichkeit nicht in der Lebensverlängerung der indivi-

duellen Natur, sondern in dem, was sich durch diese Natur-
basis hindurch und trotz ihrer verwirklicht: nämlich im
Denken als einem für sich seienden Allgemeinen. Denn zu
diesem Denken gehört als Subjekt der Geist, der im
natürlichen Individuum ,,einhaust" – es also nur zum
Medium hat! –, und in dem dieses Individuum sich selbst
transzendiert. Es geschieht ja in diesem Denken nichts
Geringeres, als daß der absolute Geist sich im individuellen
Geiste denkt. Das Sterbensgeschick gründet deshalb in der
ontologischen Voraussetzung, daß die Idee, das Allgemeine, sich während jenes Durchgangsstadiums nicht angemessen ist, sondern sich der ihm fremden Individuation
hingegeben hat und diese nun ständig zu ihrer Verwirklichung – zur Verwirklichung der Idee – überwinden muß.

Das Sterben des Individuum ist folglich – wenn man das
so ausdrücken darf – kein *radikaler* Tod, schon aus dem
einfachen Grunde nicht, weil die Individualität keine radikale und bleibende Einmaligkeit, sondern ein bloßes Durch-
gangsstadium ist. Im Gegenteil ist das Sterben des Individuums gerade der Sieg der Gattung, so gewiß sie sich als das
Allgemeine der individuellen Fessel entringt. Insofern ist
dies Sterben der Sieg des Geistes, die eigentliche Selbstverwirklichung der Idee.

Der Tod ist so in der Tat keine radikale und insofern auch
keine schreckliche Tatsache: einfach deshalb nicht, weil er
zwar das Aufhören und das Nicht-sein bedeutet, aber doch
nur in *dem* Sinne, daß er einen Ich-Teil trifft, der eigentlich
schon von *vorneherein* nur ein Nicht-sein, ein entfremdetes
Sein, hatte und deshalb auch im strengen Sinne gar nicht
,,beendet", ,,getötet" werden kann. Dieser Ich-Teil ist die
Individualität. Das Eigentliche am Menschen, der Geist,
kann insofern nicht vom Tode betroffen sein; eher gilt das

Umgekehrte: der Geist kommt durch ihn zu sich selbst. *Der Tod widerspricht nicht der Bestimmung des Menschen, sondern er ermöglicht sie.* Der Tod ist sinnerfülltes Gesetz geworden, er ist als ,,Vergänglichkeit" das Pendant zur Unsterblichkeit; ja er ist recht eigentlich der Ermöglichungsgrund der Unsterblichkeit.

So wird auch im Gespräch mit dem Hegelschen Idealismus deutlich, daß das eigentliche Problem des Todes nur das abgewandelte Problem des ,,Menschen" überhaupt ist. Kann es aber – das ist die Frage – diese Aufteilung des Menschen in eine periphere und eine zentrale Ich-Zone, in Natur und Geist geben? Kann der Mensch seine konkrete Ich-Gestalt verlassen, ein ,,anderes" werden als er selbst, sich ,,über sich selbst erheben" (HEGEL) und von der Gattung ablösen lassen? Kann er es fertigbringen, die tödliche Kugel erst dann seine individuelle Hülle treffen zu lassen, wenn er sie gerade verlassen hat und in andere Gestalten übergewechselt ist – um diesen tödlichen Schuß gleichsam von außen zu sehen und sich nicht mehr von ihm getroffen zu fühlen?

Der Gedanke von der ewigen Gegenwart der Gattung, die nur das Individuum vergehen und in die Vergangenheit absinken läßt, ist vielleicht nirgends so tiefsinnig und visionär zum Ausdruck gekommen wie in SCHOPENHAUERS Abhandlung ,,Über den Tod und sein Verhältnis zur Unzerstörbarkeit unseres Lebens an sich"[45]:

,,So weilt alles nur einen Augenblick und eilt dem Tode zu. Die Pflanze und das Insekt sterben am Ende des Sommers, das Tier, der Mensch, nach wenig Jahren: der Tod mäht unermüdlich. Desungeachtet aber, ja, als ob dem ganz und gar nicht so wäre, ist jederzeit alles da und an Ort und Stelle, eben als wenn alles unvergänglich wäre. Jederzeit grünt und blüht die Pflanze, schwirrt das Insekt, steht Tier und Mensch in unverwüstlicher Jugend da, und die schon tausendmal genossenen Kirschen haben wir jeden Sommer wieder vor uns. Auch die Völker stehen da, als unsterbliche Individuen, wenn sie gleich bisweilen die Namen wechseln; sogar ist ihr Tun,

Treiben und Leiden allezeit dasselbe, wenngleich die Geschichte
stets etwas anderes zu erzählen vorgibt: denn diese ist wie das
Kaleidoskop, welches bei jeder Wendung eine neue Konfiguration
zeigt, während wir eigentlich immer dasselbe vor Augen haben.
     Was also drängt sich unwiderstehlicher auf als der Gedanke, daß
jenes Entstehen und Vergehen nicht das eigentliche Wesen der
Dinge treffe, sondern dieses davon unberührt bleibe, also unvergänglich sei, daher denn alles und jedes, was dasein *will*, wirklich
fortwährend und ohne Ende *da ist*.
     Demgemäß sind in jedem gegebenen Zeitpunkt alle Tierge-
schlechter, von der Mücke bis zum Elephanten, vollzählig beisammen. Sie haben sich bereits vieltausendmal erneuert und sind dabei
dieselben geblieben. Sie wissen nicht von andern ihresgleichen, die
vor ihnen gelebt oder nach ihnen leben werden: die Gattung ist es,
die allezeit lebt, und, im Bewußtsein der Unvergänglichkeit derselben und ihrer Identität mit ihr, sind die Individuen da und wohl-
gemut.
     Der Wille zum Leben erscheint sich in endloser Gegenwart; weil
diese die Form des Lebens der Gattung ist, welche daher nicht
altert, sondern immer jung bleibt.
     Der Tod ist für sie, was der Schlaf für das Individuum, oder was
für das Auge das Winken ist, an dessen Abwesenheit die indischen
Götter erkannt werden, wenn sie in Menschengestalt erscheinen.
Wie durch den Eintritt der Nacht die Welt verschwindet, dabei
jedoch keinen Augenblick zu sein aufhört; ebenso scheinbar vergeht
Mensch und Tier durch den Tod, und ebenso ungestört besteht
dabei ihr wahres Wesen fort."

4. Die Nachwirkung des Hegelschen Todesverständnisses im Marxismus

K. MARX hat, wie er selbst gesagt hat, die Hegelsche
Philosophie vom Kopf auf die Füße gestellt. Sie stand von
ihm aus gesehen insofern tatsächlich auf dem Kopf, als sie
sich auf die Idee des Weltgeistes gründete. Demgegenüber
sieht MARX in seiner dialektisch-materialistischen
Geschichtsauffassung bestimmte Realitäten, nämlich die

materialen (gesellschaftlichen, ökonomischen und produk-
tionsbedingenden) Gegebenheiten als die eigentlichen
Determinanten aller geschichtlichen Prozesse an. Wesentliche Dimensionen des Geistes wie etwa Kunst, Sittlichkeit
und Religion, jedoch keineswegs *nur* diese, stehen in funk-
tionaler Abhängigkeit von jenen materialen Grundgegeben-
heiten[46]. Trotz dieser Umstülpung des Hegelschen Systems
bleiben bei MARX aber auch in dieser gegenbildlichen Sicht
gewisse Strukturen des geschichtlichen Prozesses erhalten,
vor allem ihre dialektische Ausformung.

Was MARX von HEGEL inhaltlich übernimmt, ist vor
allem die entschiedene, fast ausschließliche Konzentration
des Blicks auf das überindividuell Allgemeine, auf die
Gesellschaft, und das entsprechende Desinteresse an der
Individualität.

Von hier aus kann man sich fast schon ausrechnen, welches Todesverständnis sich aus diesem Denkansatz ergeben
muß. Und man mag vermuten, daß es ganz ähnlich sein
wird wie bei HEGEL: daß nämlich der Blick auf das überindividuell Allgemeine dem Individualereignis des persönlichen Sterbens jedes spezifische Gewicht nimmt.

Ich sage: Man *kann* das vermuten. Schaut man aber nach,
um das Vermutete nun auch exakt zu verifizieren, sieht man
sich bald einer gewissen Verlegenheit überantwortet. Als
ich mich einschlägiger Lexika des Marxismus-Leninismus
bediente, stieß ich auf lauter Fehlanzeigen und stellte mir die
Frage: Bleibt meine Vermutung über die Irrelevanz des
marxistischen Todesverständnisses nun unbestätigt (*weil*
man nichts rechtes finden kann) – oder aber ist diese Fehlanzeige möglicherweise *selbst* schon eine gewisse Bestätigung?
Spricht es nicht Bände, daß man nichts oder kaum etwas
findet?

Natürlich gab ich mein Suchen trotzdem nicht auf. Soviel

ich bisher feststellen konnte, gibt es nur *eine* Stelle, in der
MARX sich grundsätzlich über sein Todesverständnis ausspricht[47], und zwar in seinem Essay über „Nationalökonomie und Philosophie". Dort heißt es: „Der Tod erscheint
als ein harter Sieg der Gattung über das Individuum und
ihrer Einheit (d. h. der Gattung) zu widersprechen; aber das
bestimmte Individuum ist nur ein *bestimmtes Gattungswesen*,
als solches sterblich."[48]

Das Individuum geht also (eben als Gattungswesen) sterbend über in die Gattung, es hat geradezu sein Wesen im
überindividuellen Kollektiv und kommt so im Tode gewissermaßen zu seiner Eigentlichkeit. Es streift ja sterbend die
entfremdende Hülle seiner Individualität ab und gibt das
auf, was immer noch die Sperrigkeit eines gewissen Sonder-
falles an sich trug. Als Individuum also ist der einzelne wie
bei HEGEL nur Durchgang und Übergang.

Hier scheint sich demzufolge jene Ich-Teilung anzudeu-
ten, die wir im außerchristlichen Bereich immer wieder
beobachteten und die sich (mit anderer Tendenz, aber in der
gleichen Struktur) bei den Unsterblichkeitslehren zeigt.

Gelegentlich kann sich der Blick auf diese überindividuelle
Dimension auch in massiv materialistischer Weise – also nicht nur in
der sehr viel sublimeren Form des *dialektischen* Materialismus –
aussprechen. So kann etwa FRIEDRICH ENGELS den Tod in Zusammenhang mit einem Bios-Verständnis bringen, gemäß dem das
Leben, auch das *menschliche* Leben, seinem Wesen nach ein ständiger Stoffwechselaustausch mit der umgebenden Natur ist. Für die
Bedeutung des Todes ist damit nach ENGELS gesagt: „Schon jetzt
gilt keine Physiologie für wissenschaftlich, die nicht den Tod als
wesentliches Moment des Lebens auffaßt . . ." Der Tod als „die
Negation des Lebens (ist) als wesentlich im Leben selbst enthalten,
so daß Leben stets gedacht wird mit Beziehung auf sein notwendiges Resultat, das stets im Keim in ihm liegt, den Tod . . . Wer dies
einmal verstanden, für den ist alles Gerede von der Unsterblichkeit
der Seele beseitigt. Der Tod ist entweder Auflösung des organi-

schen Körpsers, der nichts zurückläßt als die chemischen Bestand-
teile, die seine Substanz bildeten, oder er hinterläßt ein Lebensprinzip, mehr oder weniger Seele, das *alle* lebenden Organismen überdauert, nicht bloß den Menschen . . . Leben heißt (jedenfalls)
Sterben."[49]

Die als unwesentlich gedachte Individualität transformiert sich
also in den eigentlich *wesentlichen* Wirklichkeitsbereich: Sie verwandelt sich *entweder* in das Stoffliche selbst (in die Dimension der
Eiweißkörper, aus der sie sich für einen kurzen Lebensaugenblick
partikulär aussonderte, um sterbend in das Ganze zurückzukehren)
oder sie transformiert sich in das allgemeine seelenhafte ,,Lebens-
prinzip" *aller* Organismen, in dem das vorübergehend einzelne der
Erscheinung aufgehoben ist.

Wenn man nun auf diese Konzeption – die sublimere bei
Marx und die massive bei Engels – so reagieren würde, daß
man sagte, hier werde der Tod des Menschen ,,verdrängt",
dann kann man das jedenfalls nur so sagen, daß man zuvor
die *Prämisse* dessen feststellt: daß nämlich vor allem das
Individuum verdrängt, daß es im Namen der Gesellschaft
schlechterdings übersehen werde: ,,Erst wenn der wirkliche
individuelle Mensch . . . in seinem empirischen Leben, in
seiner individuellen Arbeit, in seinen individuellen Verhältnissen, *Gattungswesen* geworden ist, erst wenn der Mensch
seine ,forces propres' als *gesellschaftliche* Kraft . . . nicht
mehr von sich trennt, erst dann ist die menschliche Emanzipation vollbracht."[50]

Der Mensch ist also erst dann zu sich selbst gekommen
und hat zu seiner Identität gefunden, wenn er schon zu
Lebzeiten (nicht erst sterbend!) die Transformation ins Gattungswesen vollzieht und sich in seiner Individualität
zurücknimmt. Die extreme Verdeutlichung dessen finde ich
in Marxens Lehre von den ,,gesellschaftlichen Organen",
die dem Menschen zuwachsen sollen und die es zu einer
neuen Spontaneität kollektiven (nicht mehr bloß individuellen!) Reagierens kommen lassen[51].

Hier stellt sich die Frage, ob diese anthropologische Kon-
struktion nicht einfach deshalb scheitern müsse, weil sich
die Wirklichkeit und die in ihr beschlossene Wahrheit
gegenüber derart oktroyierten Schemata durchsetzen
werde, vereinfacht gesagt: ob das Leben sich nicht gegenüber derartigen Konstruktionen behauptet und das ideologische Prokrustes-Bett sprengt.

Denn allen Leugnungen zum Trotz ist und bleibt ja der
einzelne Mensch schließlich ein besonderes Individuum,
dem im Tode eine Welt erlischt und dem sich die von RILKE
aufgeworfene Frage nach dem großen und dem kleinen
Tode – sei es nun naiv oder reflexiv – stellen muß. Es mag ja,
meint L. KOLAKOWSKI, so sein, daß die Frage nach dem
Sinn des Lebens und damit auch des Todes so etwas wie
,,ein Luxus der Natur" sei. ,,Ist sie jedoch einmal aufge-
taucht, kann man sie nicht mehr zurückziehen, läßt sie sich
nie mehr vergessen."[52] ,,Daher kann der menschliche Tod
eben nicht reduziert werden auf eine bloß gattungshafte
Sterblichkeit. Er zerreißt vielmehr das allgemeine personale
Wesen des Menschen und seine besondere Persönlichkeit."[53] Er löst persönliche Bande der Liebe und Freundschaft auf; er läßt das erlöschen, was die Individualität aus
sich gemacht hat. Er trennt den Lebenssinn von der Gesell-
schaftlichkeit und den nur funktionalen Zwecken, die sie
dem Individuum setzte. Alle ,,diese Eigenschaften können
ihren Träger nicht überleben, mögen sie noch so mühsam
errungen sein". ADAM SCHAFF hat im Hinblick darauf
einmal gesagt: ,,Jedes Individuum ist ein spezifischer
Mikrokosmos, und sein Tod ist das Ende einer gewissen
Welt."[54]

Der Marxismus kann sich nun kaum veranlaßt sehen,
solche Betrachtungen über die Individualität als eine Welt
im Kleinen anzustellen und entsprechend auch nicht dar-

über, wie diese Individualität die Welt widerspiegele. Ihm liegt nichts an diesem ,,Spiegeln"; es ist für seine Thematik nicht relevant. Alles aber liegt ihm daran, wie die Individualität sich dem Allgemeinen zur Verfügung stellt, ihm instrumental dient und kraft ihrer ,,gesellschaftlichen Organe" in es integriert ist. Nur dadurch wird sie ja zur Weltveränderung befähigt. Und genau diese ist nach dem berühmten Wort des Kommunistischen Manifestes doch der *Zweck* der marxistischen Philosophie[55].

Gerade deshalb müssen wir verstehen, wie merkwürdig hilflos – und deshalb wohl auch beiseiteschiebend – die marxistische Doktrin vor dem Phänomen ,,Tod" stehen muß: Der Tod als passives Widerfahrnis ist ja das Ende jeder Aktivität und damit auch jenes gestaltenden Weltbezuges, der für diese Philosophie allein thematischen Rang haben kann. Insofern ist der Tod hier gedanklich nicht unterzubringen, es sei denn als jenes Abstractum, das alles Spezifische der untergehenden Individualität leugnet: als der Sieg der Gattung über die Individualität.

Das mag K. Mehnert im Auge gehabt haben, wenn er in seinem Buche ,,Der Sowjetmensch"[56] meint, daß diese Ideologie außerstande sei, angesichts des Sterben-müssens irgendeine Hilfe zu gewähren. Das Sterben des einzelnen passe nicht in das forciert optimistische Weltbild. Man spreche deshalb über ihn so wenig wie möglich. (Entsprechend aussichtslos ist es – ich erwähnte das zu Anfang – in der offiziellen Sowjetliteratur explizite Aussagen über den Tod zu finden.) Allenfalls, so meint Mehnert, sei noch der Heldentod zur Erörterung freigegeben, denn er sei ja *die* Form des Todes, die noch eine Art actio darstellt und die, wie wir hinzufügen können, den Sieg der Gattung bzw. des

sie repräsentierenden ideologischen Systems noch tathaft
vollzieht.

Bezeichnend für diese Nötigung, den Tod wegzuretou-
chieren, sind Äußerungen auf einem sowjetisch-italieni-
schen Dichtertreffen, von dem H. F. Steiner berichtet.
Hier konnte sich folgender Dialog entspinnen:[56a]
Ein italienischer Teilnehmer sagt: ,,Die sowjetische Literatur übersieht in ihrem Optimismus das Problem des
Todes." – Antwort: ,,Ja, wirklich, an den Tod denken wir
sehr wenig – und das schon allein ist eine philosophische
Einstellung. (Das heißt: die Philosophie kann sich nur des
Argumentes bedienen, daß der Tod kein legitimer Gegenstand der Reflexion sei, daß er also übergangen werden
müsse.) Wir haben gelernt, den Tod absolut zu ignorieren,
weil wir viel an das Leben denken." Im Namen unserer
actio also löschen wir die passio aus unserm Bewußtsein.

Gelegentlich findet man bei Randsiedlern der marxistischen Szene, bei ihren Kritikern oder Dissidenten, ein
Unbehagen über diese Verdrängungsvorgänge. Hier macht
sich dann der character indelebilis der Individualität geltend
und bringt damit das Todesproblem, das durch die Verleug-
nung der Individualität eliminiert wurde, erneut aufs Tapet.
Für die Art, wie dieses Problem aus der Tiefe seiner Verbannung wieder nach oben drängt, ist L. Kolakowski in seiner
lebensgeschichtlichen Auseinandersetzung mit dem Marxismus charakteristisch.

In seinem Werk ,,Der Mensch ohne Alternative. Von der
Möglichkeit und Unmöglichkeit, ein Marxist zu sein"
(1960) findet sich ein noch gärender Konflikt, der sein
Todesverständnis in unausgeglichene und wohl auch unaus-
gleichbare Widersprüche versetzt. Es dürfte sich hier um das
allmähliche Bewußtwerden von Antinomien handeln, wie

sie zwischen ideologischen Konstruktionen und der elementaren Durchsetzungskraft des Lebens selbst aufzubrechen pflegen.

KOLAKOWSKI unterscheidet zunächst zwischen der Furcht vor dem ,,konkreten" und der Angst vor dem ,,abstrakten Tod". Die Furcht vor dem konkreten Tod ist im gefüllten Sinne des Wortes ,,natürlich". Es geht bei ihr um ein ,,auch in der Tierwelt wirkendes instinktives Orientierungssystem, das dem Schutz vor der Gefahr dient"[57]. Insofern handelt es sich nicht um eine menschliche Besonderheit. Diese macht sich erst in der Angst vor dem *abstrakten* Tod geltend, denn solche Art Angst ist ,,mit einer in der Natur unbekannten Empörung gegen das Unvermeidliche" verbunden. Bei der Frage, wie es zu dieser spezifisch humanen Empörung komme, stößt KOLAKOWSKI nun auf das Faktum der Individualität: Die Angst vor dem abstrakten Tod ist nichts anderes als ,,die Furcht des einzelnen, das Bewußtsein seiner selbst zu verlieren". Dieses Bewußtsein – KOLAKOWSKI beruft sich hier auf BERGSON – ist ,,identisch mit der Summe der Erinnerungen an alle bisherigen Erlebnisse", wie sie im Gedächtnis als der bewußt gewordenen Vergangenheit bewahrt sind. ,,Daher ist die Furcht vor dem Tode die Furcht vor dem Verlust der Vergangenheit." Es geht hierbei genauer um die Furcht, ,,die Kontinuität mit dem ganzen bisherigen Leben (zu) verlieren, also völlig vernichtet zu werden". Es handelt sich so um den ,,geistigen Tod, den Verlust des Gefühls der Persönlichkeit"[58].

Hier scheint der Phobos des Sterben-müssens noch ausgesprochen mit dem Verlust individuellen Person-seins zusammenzuhängen und insofern mit einer Größe, die in der marxistischen Doktrin zu einer quantité négligeable reduziert wird. Kaum aber, daß KOLAKOWSKI dieser Größe neu Einlaß in sein Denken gewährt und sie einen Augenblick

eindrucksvoll porträtiert hat, sucht er den so elementar
hereindrängenden Gast wieder hinauszuweisen: Die Angst
vor dem abstrakten Tod gründet nämlich, so meint er[59], in
einem ,,Gefühl der Sinnlosigkeit des Lebens". Das Sinn-
und Sinnlosigkeitserlebnis aber deutet nicht etwa auf ein
Verhältnis   der   Individualität   zu   ihrem   letzten
Daseinsgrunde – wie das in einer religiösen oder metaphysischen Anthropologie ist –, sondern es hängt mit einem
gebrochenen Verhältnis des Individuums zu seiner gesellschaftlichen Umwelt zusammen. Das Erlebnis der Sinnlosigkeit, das jene Angst vor dem abstrakten Tode hervorruft
(und nicht etwa – umgekehrt – durch diese Angst erzeugt
wird), ist nämlich ,,ein Produkt der Entfremdung des einzelnen von der geschichtlichen Wirklichkeit der Menschheit, die Folge eines Unbehagens gegenüber der Außen-
welt". Das Gefühl der Sinnlosigkeit des Lebens ist so ,,das
Bewußtsein des Individuums, seinem äußeren (d. h. seinem
gesellschaftlichen [Verf.]) Dasein entfremdet zu sein".
Gerade dadurch, daß es seine Kontinuität mit der Gesellschaft außer acht läßt, ist das Individuum gezwungen, den
Lebenssinn in seinem eigenen, eben individuellen Dasein
suchen zu müssen und sich damit, wie wir hinzufügen
dürfen, als in sich geschlossene Monade oder Entelechie zu
verstehen. Das Wissen um den Tod macht aber diesen
Rückzug in die Ich-Immananz unmöglich, denn ,,eine endliche Dauer des individuellen Bewußtseins, das (nur) auf
sich selbst beschränkt und gerichtet ist, kann ihm nicht das
Gefühl eines Sinnes geben". Ein Sinnerlebnis kann sich für
das endliche Dasein nur dann einstellen, ,,wenn es in aktiver
Koexistenz mit der Welt steht, die dieses Bewußtsein wirklich und unabhängig vom Willen des einzelnen determi-
niert".

In diesem zweiten Gedankenschritt scheint KOLAKOWSKI

so das Bild der Individualität wieder von der Tafel zu
wischen und in eine marxistische Anthropologie zurückzu-
schwenken, für die das Individuum nur insoweit einen
Lebens- und damit auch einen Todes-Sinn hat, als es sich in
den – wiederum ideologisch konzipierten – Geschichts- und
Gesellschaftszusammenhang integriert und aktiv an der
Humanisierung dieses Zusammenhangs mitwirkt. Man
könne sich ja, so KOLAKOWSKI, kaum eine umfassendere
und wichtigere Aufgabe vorstellen als die, ,,Bedingungen
für ein soziales Leben zu schaffen, das seinen Mitschöpfern
einen wirklichen und von Selbstbetrug freien Lebenssinn
bietet". Hier droht ein Todesverständnis, nach dem sich im
Sterben der Sieg der Gattung über das Individuum ergibt,
aufs neue mächtig zu werden.

Dennoch bleibt es in KOLAKOWSKIS Denkgeschichte
offensichtlich *nicht* bei diesem ungelösten Konflikt zwischen
individueller und überindividueller Sinnbestimmtheit des
menschlichen Sterbens. In einem späteren, mit FRANÇOIS
BONDY geführten Interview[60] spricht er davon, daß ihm
jener marxistische Satz vom Tod als dem Sieg der Gattung
über das Individuum ,,nicht zugänglich" sei; ,,ich spüre . . .
darin (vielmehr) die frivole Idee, daß es den Tod eigentlich
nicht gibt". Und wieder sieht er sich so auf den rocher de
bronze des individuellen Daseins zurückgeworfen, in dem
es um ,,Jugend, Reife und Alter, um die Geschlechter, um
das Phänomen des Todes oder der Liebe geht". Und gerade
diese Phänomene seien ,,Gegebenheiten, welche die
Geschichte (zwar) beeinflussen, die aber nicht aus der
Geschichte selber abzuleiten sind", die also zum Specificum
einer *unableitbaren* Individualität gehören.

In einem *noch* späteren Interview[61] treibt KOLAKOWSKI
diese Selbstkritik seiner marxistischen Existenz weiter vor:
Jetzt sieht er in der marxistischen These, durch Gestaltung

geschichtlicher Strukturen so etwas wie humane Selbstverwirklichung zu schaffen (also den Sieg der Gattung über das
Individuum gewissermaßen zu rechtfertigen!) und von da
her einen Lebens- und Todes-Sinn zu gewinnen, eine
prometheische Hybris, ,,die Ablehnung aller Grenzen, die
der menschlichen Vervollkommnung gesetzt sind. Alles ist
menschlich geschaffen, alles ist historisch geworden, nichts
ist gleichsam fertig vorgefunden". Diese Illusion gründe
wohl darin, daß man nichts von der ,,Erbsünde", nichts
von jener Hypothek alles Menschlichen wisse, die seine
Vollendbarkeit radikal in Frage stellt. So empfindet er
gerade das, was ihm ,,im Marxismus einmal besonders
attraktiv . . ." erschien, im nachhinein als ,,besonders
gefährlich". Es gehe hier um ein Programm der ,,Selbster-
lösung", das das Lebens- und Todesverständnis radikal
destruieren müsse. Hier habe das Christentum mit seinem
Widerspruch gegen alle Selbsterlösung Entscheidendes
bewahrt (auch wenn nun inmitten seiner eigenen Region
durch Verharmlosung des Bösen neue Kräfte der Selbstzer-
störung am Werke seien).

Vielleicht darf abschließend – und gerade im Anschluß an
die Überlegungen KOLAKOWSKIS – bemerkt werden, daß die
marxistische Philosophie, die den einzelnen von seiner
Eigenschaft als Gattungswesen absorbiert sieht, kein Trost
für Sterbende sei. Als persönliche Äußerung mag ein Hinweis gestattet sein, den ich nicht ,,erbaulich" aufzufassen
bitte: Beim Besuch eines Sterbenden, der die letzten Jahre in
intensiver freund-feindlicher Auseinandersetzung mit mar-
xistischem Gedankengut hingebracht hatte, sagte er mir
einen Tag vor seinem Ende: ,,Wie weit liegt das alles jetzt
hinter mir, wo es um ,meinen' Tod geht! Die Brücken sind
abgebrochen. Diese Stimme erreicht mich nicht mehr."

*c) Die Teilung des Menschen in seine Eigenschaft als persönliches Ich und als Gleichnisgestalt kosmischen Lebens (*GOETHES *„Faust")*

1. Voraussetzungen: „Tätigkeit" und „Weiterschreiten" als Lebenserfüllung

Während die Ich-Teilung bei PLATON, HEGEL und MARX – um nur einige der von uns herausgegriffenen Modelle zu zitieren – leicht zu erkennen war, bedarf es eines genaueren Zusehens, um sie bei GOETHE auszumachen. Die Schwierigkeit liegt vor allem daran, daß für GOETHE der sinngebende Gedanke der *Tätigkeit*, der vita activa, im Zentrum des Blickfeldes steht. „Tätig zu sein ist des Menschen erste Bestimmung", kann es in Wilhelm Meisters Lehrjahren heißen. Insofern muß das Interesse an einem die Tätigkeit überdauernden Ich-Kern, der dem konkreten „Immer strebenden Bemüh'n" entnommen wäre, zurücktreten. Solches Interesse könnte nur spekulativer Art sein. Es wäre dann selbst aber nicht mehr tätig und deshalb steril. Das wird bei GOETHE auch und gerade am *Entelechie*-Gedanken klar, in dessen Rahmen das Unsterblichkeitsproblem immer wieder auftaucht. Der Scopus aller Gedanken ist auch hier die Tätigkeit, in der das Leben sich aus seiner organischen Mitte heraus äußert, in der es sich verströmt und somit manifest wird. Schon deshalb kann und darf das Leben sich nicht in tätigkeitslosen „faulen" Spekulationen über ein Fortleben verzehren – es sei denn, wir stellten uns den Zustand nach dem Tode, nach unserer Rückkehr in den „Äther", als weiterwirkende Tätigkeit unserer Entelechie vor[62]. Jede andere Beschäftigung mit Unsterblichkeitsideen sei nur „für vornehme Stände und besonders für Frauenzimmer, die nichts zu tun haben"[63].

Um an GOETHES Fragestellung heranzukommen, analysieren wir zunächst die Szene über den Tod Fausts, der
durch den unmittelbaren Zusammenhang mit seinem ,,tä-
tigen Leben'' den geringsten Ballast an Spekulation trägt
und gleichsam reine Verkündigung ist. Danach ziehen wir
den Entelechie- und Monadengedanken GOETHES zur Interpretation heran.

In keiner Seinsgestalt findet der strebende Faust die Verwirklichung des Unbedingten, des Absoluten, das er sucht:
weder in der Theologie noch in der Medizin noch in einer
anderen Wissenschaft noch sonstwo. Keine konkrete Gestalt
gibt jenes Letzte heraus, ,,das die Welt im Innersten zusammenhält''. Faust ist, in der akademischen Vulgärsprache von
heute formuliert, kein ,,Fachidiot'', der das Partikuläre seines Blickfeldes für das Ganze hielte. Das Buch der Magie
erschließt ihm wohl zeichenhaft,

> wie alles sich zum Ganzen webt,
> eins in dem andern wirkt und lebt!
> Wie Himmelskräfte auf und nieder steigen
> und sich die gold'nen Eimer reichen.

Doch ist es eben nur ein ,,Schauspiel'' und läßt ihn
verschmachten mitten im Anblick des Zeichens. Er findet
jenes Letzte, Sinngebende nur im Eilen von Gestalt zu
Gestalt, die als einzelne – sofern sie isoliert werden und nicht
über sich hinaus auf die Fülle aller andern verweisen – keine
haltende Befriedigung, keine ,,Ewigkeit'' zu gewähren vermögen: ,,Im *Weiterschreiten* find't er Qual und Glück, / Er!
Unbefriedigt jeden Augenblick.'' Der Friede einer Befriedigung liegt nicht im Angekommen-sein an einem Ziel und
damit in einem Zustand, sondern im Akt des Suchens und
in der dynamischen Hinbewegung auf Ziele.

,,*Schuld*'' entsteht auf diesem Wege des Weiterschreitens

notwendig nun in *dem* Augenblick, wo eine jener unendlich
vielen Gestalten, die Faust durchstürmen, durchkosten und
wieder verlassen muß (um in ihnen allen jene Mitte des
Lebens zu fassen), ein lebendiger Mensch in seiner Einmaligkeit ist, das heißt, wo *Gretchen* seinen Weg kreuzt.

Hier muß er einen lebendigen, an ihn glaubenden *Menschen* wieder verlassen, weil auch er nicht Träger und Inkarnation des hintergründigen Lebens-Sinns ist, so daß er das
Weiterschreiten zu beschließen vermöchte, sondern weil
auch dieser Mensch nur ein „Exemplar" jenes Ewig-Weib-
lichen ist, das ihn in seiner Idee, aber nicht kraft seiner
individuellen Ausformung in Gretchen hinanzieht. So muß
ihn auch hier der Weg weitertreiben von Gestalt zu Gestalt
und sich zur endlosen Straße erweitern: Faust muß „weiter
schreiten". Der Eros kann sich nicht in einem einzigen
Gegenüber, in einem einzigen Partner verströmen. Auf dem
Wege zur Selbstvollendung und zur vollen Entfaltung der
eigenen Entelechie können alle menschlichen Partnerschaf-
ten nur Durchgangsstadien bilden und also nur instrumen-
tale Bedeutung haben (genau wie die Fakultäten, die er
ebenfalls durchstürmen mußte). Mein „Weg" ist der
Zweck, und alle, die ihn mir als Begleiter gehen helfen,
können nur den Rang eines Mittels und damit eines bloß
interimistischen Begleiters haben.

Drastischer noch als bei GOETHE – und sehr viel weniger beachtet!
– zeigt sich dieser sublime Egoismus, der dem andern nur einen
Mittel-zum-Zweck-Rang zuerkennt, bei WILHELM V. HUMBOLDT.
Hier gewinnt alles, von der Berufstätigkeit bis zur mitmenschlichen
Kommunikation, nur Bedeutung als instrumentales Mittel der
Selbstverwirklichung: „. . . ich tue nie etwas um des Werkes wil-
len, das unmittelbar und außer mir, immer nur um der Energie
willen, die mittelbar und in mir bleibt."[64] „Ich habe mir nun
einmal jetzt vorgenommen, allein mir zu leben, wie impertinent die
Leute das auch finden mögen . . . Möchten sie nur einmal anfan-

gen, alle bloß sich selbst leben zu wollen!"[65] Entsprechend stellt
sich dann für HUMBOLDT das ,,Gretchen"-Problem so, daß die
Lebensgefährtin als Partnerin kein spezifisches Eigengewicht haben
kann, sondern in der Entbindungsfunktion für die eigene Entelechie aufgehen muß: Es kann bei der Liebe nicht auf ,,glücklich
machen" ankommen. Denn ,,diese Liebe besteht darin, daß das
Weib ganz aufgehe in dem Mann und gar keine Selbständigkeit
habe als seinen Willen, keinen Gedanken, als den er verlangt, keine
Empfindung, als die sich ihm unterwirft; und daß er vollkommen
frei und selbstkräftig bleibt und sie ansehe als einen Teil von sich,
als bestimmt für ihn und in ihm zu leben"[66].

Das also steht fest: Den Sinn seines Lebens, die Ent-
schleierung jenes innersten Bandes findet Faust nicht in
einer einzelnen Gestalt: weder in einer philosophischen
Wahrheit, die ihm Frieden gäbe, noch in irgendeiner endlichen Größe. Die Einzelgestalten sind lediglich Gleichnisse
des Ganzen, die nur in der unendlichen Fülle ihrer Begegnungen jenes innerste Band erahnen lassen[67].

Wenn nun der Sinn des Ganzen nicht durch die Absolut-
setzung einer einzelnen Lebensgestalt zu gewinnen ist, so
bedeutet das durchaus keine Diskreditierung des Diesseits.
Faust lebt nicht etwa in einem Jenseits des Lebens, während
das Leben selber entgöttert wäre und nur staubiger An-
marschweg sein könnte auf ein Telos hin, das jenseits seiner
läge. Selbst der alternde Faust, der ,,begehrt" und ,,voll-
bracht" und abermals ,,gewünscht" hat, der die erste Wegstrecke seiner Erdenzeit ,,durchstürmte" und nun in weiser
Bedächtigkeit als Greis seinen Weg beschließt – selbst dieser
alte Faust lehnt jenen Notausgang ins Jenseits und damit die
Verunglimpfung des diesseitigen Lebens ab:

> Nach drüben ist die Aussicht uns verrannt;
> Tor! wer dorthin die Augen blinzelnd richtet,
> Sich über Wolken seinesgleichen dichtet!

Und mit der Glut seiner ersten Tage, die früher einmal himmelstürmende *Forderungen* an das Leben richteten und die nun das erfahrungsschwere *Fazit* des Lebens ziehen, bekennt er sich noch einmal zur Qual und zum Glück des Weiterschreitens, zum Schreiten als *Akt* gleichsam und nicht zum Ankommen an einem Ziel. So ist er ganz auf *dieses* Leben geworfen, in dem sich das Schreiten vollzieht und das die Fülle der Gestalten birgt, an denen die Kampfbahn vorüberführt.

Mit dieser immanenten Teleologie des Lebens, die als makrokosmisches Gesetz ganz dem entspricht, was für den Mikrokosmos GOETHES Entelechie ist, taucht aber nun die Frage des *Todes* auf.

2. Der Tod als Ende des ,,Weiterschreitens" und seine Aufhebung im Gleichnis des Lebens

Die in sich ruhende Endlichkeit weist zur Erschließung ihres Sinngehaltes in sich hinein. Sie tut das sozusagen in *zentripetaler* Richtung – wie ein Organismus, der sich von seiner Mitte her organisiert. Der Tod könnte nun, so wird man vermuten dürfen, insofern eine Krise dieser zentripetalen Sinn-Richtung bedeuten, als er jedenfalls der individuellen Teilhabe an sinnhaftem Leben ein Ende setzt. Der Tod scheint daran zu erinnern, daß das Phänomen des Lebens nicht nur durch die Zeitlosigkeit der ewig zentripetalen Bewegung bestimmt ist, sondern daß es in *einer* Beziehung auch auf der ,,geraden" Zeitstrecke verläuft, die einmal an ihr Ende kommt. Fausts Erdentag hat jedenfalls *auch diese* Dimension: Er ist der zu Ende gehenden, auf den Tod hin entworfenen Zeit unterstellt.

Wie sieht nun der Tod aus, wenn er Abschied von jenem Wandern ist, das als solches ewig sein mag wie das ,,Immer-

strebende-Bemüh'n", das aber doch die Seinen aus dem
Dienste entläßt, wenn die Stunde gekommen ist? Hat Faust
einen Ort, an den er danach ginge und der ihm ferneres
Leben gäbe? ,,Nach drüben ist die Aussicht uns ver-
rannt . . ."

> ,,Die Zeit wird Herr, der Greis hier liegt im Sand.
> Die Uhr steht still – . . .
> Steht still! Sie schweigt wie Mitternacht.
> Der Zeiger fällt."

So sieht Mephistopheles die Zäsur des Todes.

Welchen Sinn hat es nun, wenn so inmitten der Zirkelbe-
wegung plötzlich die lineare Zeitstrecke auftaucht, kennt-
lich an ihrem Ende?

Auf dem Zifferblatt der Uhr dreht sich der Zeiger im
Kreis. Die zyklische Bewegung ist potentiell unendlich. Die
Uhr selbst aber steht auf der linearen Zeitstrecke. Ihr Gang
hat ein Ende. Auch für sie gibt es den Stillstand der Mitter-
nacht.

Sollte damit das faustische Wandern und Suchen nicht
verurteilt sein, wenn jener Endpunkt nicht einkalkuliert war
(sei es als Störung, sei es als Fremdkörper, sei es als Telos),
wenn er also *nicht* zur Diskussion gestanden hat? Hat Faust
nicht die Bitte des Psalmisten unter den Tisch fallenlassen:
Gott möge ihn bedenken lehren, daß sein Leben ein Ziel
habe (jene Bitte, die uns aus BRAHMS ,,Requiem" so vertraut ist)? Ist Faust nicht *ohne* dies Wissen der bloße Wanderer ins Nirgendwo – gleichsam der Wanderer ,,an sich", der
kein Ziel hat und auch gar nicht ankommen will – wie einer,
der Gott sucht und der nun, ohne ihn wirklich finden zu
wollen, am Akt des Suchens Genüge findet und vielleicht
mit ihm kokettiert: ,,Ich, der Gottsucher" –? Sollte er weni-

ger ein Wanderer als ein Abenteurer sein, der im Unver-
bindlichen schweift?

Jedenfalls kommt es nun tatsächlich dahin, daß Faust von
diesem Gedanken des Todesendes befallen wird, und daß
das Menetekel der auf den Tod hin entworfenen Zeitstrecke
an der Grenzmauer des Lebens sichtbar wird. Aber dies
Menetekel hat nicht den Glanz der Wahrheit, der ihn blen-
dete und überwältigen müßte, sondern es hat den fahlen
Schein des Gespenstischen und den Klang eines unwirklichen Schrecktraum-Geflüsters. Denn alle jene Argumente
tauchen auf im Munde der vier gespenstischen alten Weiber
,,Mangel", ,,Sorge", ,,Schuld" und ,,Not", jener Traum-
gespinste, in die ihn die dunklen Mächte verwickeln. *Oder*
sie tauchen auf im Munde des Mephistopheles, der zwar im
Unterschied zu jenen eine Realität ist, dessen Herrschaft
aber bei Fausts Ende gebrochen wird. ,,*Der Tod als Ende*" –
das ist die These von Gespenstern oder die Parole des Teufels;
darauf muß es hinauslaufen.

So klingt die Erinnerung an das Ende, die Erinnerung an
die nun brutal ,,ankommende" Zeitstrecke, mitten in der
Kreisbewegung dieses sich rundenden Lebens auf:

> Es ziehen die Wolken, es schwinden die Sterne!
> Dahinten, dahinten! Von ferne, von ferne,
> da kommt er, der Bruder, da kommt er, der – Tod.

Doch diese Vision der Strecke versinkt vor dem Triumph
des sterbenden Faust, der zu diesem letzten Augenblicke
sagen kann: ,,Verweile doch, du bist so schön!", für den
also der ,,End"-Punkt gleichsam aufgehoben und zu einem
ewigen Präsens werden soll, zu einem Präsens, in dem die
ganze Runde der durchkämpften Bahn und aller künftigen

Lebensbahnen wie in der Tiefe eines Spiegels ruht: ,,Alles
Reale geläutert, symbolisch sich auflösend."[68]

Denn dieser ,,End"-Punkt, diese Todesstunde ist für
Faust zugleich der Augenblick, in dem als Gleichnis des
Lebens und der Tätigkeit sich der Küstendamm wider die
bedrohende See vor seinen Augen erhebt, jener Damm, der
die Küstenbewohner zwingen wird, sich im Kampfe gegen
das feindliche Element Freiheit und Leben täglich neu zu
erobern, jener Damm, der gleichsam die erneute Realisation
der kämpferischen Lebensbahn ist, von der Faust in diesem
Augenblick abtreten muß. Und im Blick auf diese von ihm
errichtete Bahn kommt es zu seinem Triumphgesang:

> Es kann die Spur von meinen Erdentagen
> nicht in Äonen untergeh'n.

Warum geht diese Spur nicht unter? Woher rührt dieser
Triumph über den Tod? Faust spricht nicht davon, daß er
selber fortlebe über seinen Tod hinweg, sondern daß nur
eben diese ,,Spur" unverloschen bleiben würde. Wieso?

Ich habe das Entscheidende bereits angedeutet, wenn ich
auf den Küstendamm und das neu gewonnene Land ver-
wies, das Fausts Genius dem Meere abgerungen hat. Faust
lebt in einer freilich noch genauer zu beschreibenden und
sehr speziellen Weise in seinem Werke fort; er ist unsterblich
nicht in sich selber, aber in seinen Taten, die von ihm
zeugen. Nicht ,,Er" lebt fort, sondern ein ,,Es", das ihm
seine Existenz verdankt.

Doch das alleine genügt nicht, um Fausts Todesüberwindung zu verstehen. Sie hat noch eine tiefere Pointe. Denn
dem *,,Werke"* gegenüber, das ihn preisen wird, müßte man
ja im Grunde den gleichen Einwand der ,,Zeitstrecke"
erheben, die sich einmal auch an *diesem* Werk vollenden und
einen endgültigen Schlußpunkt setzen wird. Auch von ihm

wird es einmal heißen: Die Zeit wird Herr. „Einst wird
kommen der Tag, da das heilige Ilion hinsinkt." Auch der
Küstendamm wird – wenigstens in der Gestalt, die den
schöpferischen Händen Faustens entsprang – einmal vergehen, vermutlich sogar *bald* vergehen und neu errichtet werden müssen.

Mit diesem Bedenken kommen wir dem entscheidenden Moment der faustschen Unsterblichkeitsidee schon
näher: Genau diese Tatsache, daß der Damm vergänglich ist
und daß der geschützte Landbezirk immer neu „erobert"
werden muß, *sichert* gerade Fausts Unsterblichkeit. Denn
damit wird der Damm zum Bild des vergehenden und im
Kampfe stets neu zu gewinnenden Lebens. Vergänglichkeit
und Unsterblichkeit sind als die konstituierenden Takte des
Lebensrhythmus paradox miteinander verbunden. So ist
also der dynamische Akt der Eroberung – und nicht etwa das
Fleckchen Neuland (als Ergebnis dieses Aktes) – die eigentliche Repräsentation des Unvergänglichen. Und deshalb ist
jene Landgewinnung, insoweit sie statisches Ergebnis ist,
ebensowenig Selbstzweck wie die Philosophie oder wie
Gretchen. Allein der Akt der Eroberung *selbst* ist das eigentliche Ziel: „Nur der verdient sich Freiheit wie das Leben,
der täglich sie erobern muß."

An diesem Punkt der Analyse wird nun erkennbar, wie
Faust mit dem Tode fertig wird.

Aus einem doppelten Grunde kann seine Spur nicht
untergehen: Einmal weil sein Leben als Kampf, als Suchen
und Wandern ein Gleichnis des Lebens selber ist, wie es
immerdar fortbesteht. Ferner deshalb nicht, weil das Werk
des Faust als ständig neu zu Eroberndes *denselben* Gleichnis-
charakter besitzt und deshalb nicht als ein von seiner Persönlichkeit zu distanzierender, ablösbarer Niederschlag zu

verstehen ist. Es ist nur eine neue Spiegelung seiner Persönlichkeit, wie diese auch ihrerseits nur eine Spiegelung des
Lebens war. Alles dies sind lediglich Abwandlungen des
gleichen Urphänomens, in dem sie wesen, für das sie
Gleichnis sind, in dem ihre individuelle Erscheinung im
hegelschen Sinne ,,aufgehoben" ist. Überall da, wo dieses
Urphänomen zur Erscheinung drängt, überall, wo Leben
als Kampf, Suchen, Immer-strebendes-Bemühen, ,,Tätig-
keit" sich vollzieht, wird der ewige Wanderer Faust in ihm
leben und neu inkarniert sein. Das Leben selbst ist das
unsterbliche Monument dieser als Paradigma und Gleichnis
allen Lebens gelebten Erdentage des Faust. Er wird in
diesem Leben weiterwesen und sein Leben erhalten. Er wird
im Sinne des vielfachen Klanges, den das Wort besitzt, darin
,,aufgehoben" sein.

Und wenn die seligen Geister am Schluß das Unsterbliche
Faustens entführen, dann heißt das nicht, daß nun die Pforte
zu einer Transzendenz aufgerissen würde (die es im goetheschen Sinne gar nicht gibt), sondern dann heißt dies, daß
eine symbolische Geste vollzogen wird, durch welche die
Geltung dieses faustischen Lebens, sein ,,Aufgehobensein",
eine gleichsam transzendente Bestätigung erfährt.

Ein eindrücklicher Hinweis auf diese immanente Abrun-
dung des Faustdramas dürfte es sein, daß in späteren Ausga-
ben zwar davon die Rede ist, daß die Engel Fausts ,,Un-
sterbliches" tragen, daß ursprünglich aber statt dessen von
seiner ,,Entelechie" die Rede war, die von ihnen hinwegge-
führt wurde. Diese Entelechie[69] ist aber nichts anderes als
die immanente Teleologie des Lebens selber, das die
Unsterblichkeit des aus seiner Immanenz lebenden und sich
ewig fortzeugenden Organismus besitzt. Die Entelechie
Fausts ist dabei nur das mikrokosmische Gleichnis des
makrokosmischen Lebens schlechthin: Gleichnis nicht im

Sinne bloß ,,geltender", zeitloser Parallelität, sondern im
Sinne der magisch realen Teilhabe, wie sie die orphischen
Urworte schildern, wenn sie die in sich gerundete Teleolo-
gie des Einzellebens, das sich nicht ,,entfliehen" kann, in
Beziehung bringen zur makrokosmischen Gesetzmäßigkeit
der Sonnen- und Planetenbahn:

> Wie an dem Tag, der dich der Welt verliehen,
> Die Sonne stand zum Gruße der Planeten,
> Bist alsobald und fort und fort gediehen
> Nach dem Gesetz, wonach du angetreten.
> *So* mußt du sein, *dir* kannst du nicht entfliehen,
> So sagten schon Sibyllen, so Propheten;
> Und keine Zeit und keine Macht zerstückelt,
> Geprägte Form, die lebend sich entwickelt.

Der Mensch ist so in das Universum mit Sonne, Mond
und Sternen eingefügt. Er ist als Mikrokosmos Abbild und
Gleichnis der Welt im Großen und damit auch ein Symbol
ihrer Gesetzmäßigkeit.

Die ,,mythische" Bestätigung durch den Chor der Engel
stellt deshalb den inneren Sinn der erbetenen Verzeihung
dar und nicht etwa die vergebende Aufnahme Fausts in eine
jenseitige Sphäre, die dem Dualismus entnommen wäre und
nur noch ein gegensatzloses, eschatologisches ,,Gut" ent-
hielte. Wenn die ,,Engel, schwebend in der höheren Atmo-
sphäre" von ,,Faustens Unsterblichem" bekennen: ,,Geret-
tet ist das edle Glied der Geisterwelt vom Bösen", so kann
das in diesem Zusammenhang allein heißen, daß jenes Böse
den Faust nicht zu halten vermöchte, so gewiß Mephistopheles in seinem Leben nur teleologischen Sinn besaß und
ihm ein Mittel jenes auf Vollendung drängenden Eros werden mußte[70]. Je jenseitiger der ,,Faust" am Schluß klingt
(einfach schon durch Szenerie und verklärte Gestalten), um
so diesseitiger ist er, um so markanter wird sein Bekenntnis

zu der immanenten Teleologie der sich rundenden und in immer neuen Kreisen sich wiederholenden Lebensbahn. Was Faust als schließliche Verklärung zuteil wird, das ist nach dem Gesang der „seligen Knaben" nur die Befreiung aus dem Zustande der Verpuppung, eine letzte Entfaltung der Entelechie, die ihn als „schön und groß von heiligem Leben" erscheinen läßt.

3. Die Manifestation des Teilungsgesetzes

Das ist also die Unsterblichkeit Faustens: er lebt fort im Leben schlechthin, dessen Gleichnis er in Person und Werk ist. Nur darum ist der Tod „der höchste Augenblick", in dem sich der Sinn dieses Lebens zusammendrängt, so gewiß er Erfüllung und Übergang ist. Seine individuelle Hülle fällt – gewiß; aber in dieser war er nur Durchgangspunkt, wie eine Generation nur Übergang der unendlichen Geschlechterkette ist, die durch sie und ihren individuellen Träger hindurch ihr Leben hat.

Damit wird wieder der *Kunstgriff der Ich-Teilung* sichtbar, auf deren scharfe Erfassung uns alles ankommen sollte: Es geht um die Teilung in den uneigentlichen Ich-Teil, den man meint, wenn es um das Individuum Faust geht, und in den andern Ich-Teil, an den man denkt, wenn es sich um sein „Unsterbliches", um seine Entelechie handelt, wenn also Faust als Repräsentant des Lebens selber ins Blickfeld rückt. Nur dadurch, daß für Faust jene Individualität nur eine symbolische Hülle bedeutet, ist seine Unsterblichkeit möglich. Faust ist in der Einmaligkeit, in der Einsamkeit seines Ichs nicht wichtig genug, als daß dessen Zerstörung belangvoll sein könnte: Belang hat nur seine Repräsentation des Lebensgeschehens. Für Faust herrscht die zyklische Zeit der ewigen Wiederkehr, die Zeit des in Sterben und Werden

sich entwickelnden Lebens, das keinen ,,Tod" im endgültigen Sinne kennt.

Die ernst genommene Personhaftigkeit des Menschen
dagegen *kennt* diesen Tod: ihre Zeit ist die gerichtete und
begrenzte Strecke, die gekennzeichnet ist durch die Mal-
steine der Schuld. Und diese Schuld kann man nicht – die
Strecke zurücklaufend – tilgen, weil die durchlebte Zeit nicht
wiederholbar ist und die Vergangenheit so als ewiges Präsens vor den Augen Gottes stehenbleibt.

Darum gibt es für Faust keine Ewigkeit, in der sich
irgendein Gott nach diesem einmaligen Faust mit den einmaligen Hypotheken seiner einmal durchlaufenen, unwie-
derholbaren Zeitstrecke erkundigen könnte. Dieser ,,ein-
malige" Faust existiert nicht. Auch seine Schuld ist nicht als
,,einmalig" und stehenbleibend fixierbar. Vielmehr ist sie
selber ein Takt in jenem Lebensrhythmus, den er repräsentiert. Sie gehört nicht etwa dem Faust, sondern sie gehört
diesem *Rhythmus* ontologisch zu. Es gibt überhaupt keine
Ewigkeit, an deren Gestade die Zeitstrecke dieses ,,einmali-
gen" Faust aufstoßen müßte, sondern *Ewigkeit ist nur die*
fluktuierende Zeit, in der das unendliche Streben stattfindet. Die
Verzeihung der Ewigkeit ist deshalb auch nicht das gnaden-
volle Dennoch Gottes zu der schuldbeladen ankommenden
Zeitstrecke des Menschen; sondern die Verzeihung liegt in
dem ,,büßenden Gewinnen", das die Bestätigung des
unendlichen Strebens ist. (So sagt es der Chor der Büße-
rinnen.)

An dieser Stelle wird trotz aller biblischen Bilder der
ganze Abstand zu dem deutlich, was die Bibel ,,Ewigkeit"
nennt. Hier bedeutet ,,Ewigkeit" nicht, daß es immer so
weitergeht, sondern daß einmal *Schluß* ist (Schluß der Zeitstrecke!), und daß die Ewigkeit auf uns ,,zu"-kommt. Und
die Ewigkeit kommt auf uns zu als Gericht, in dem Gott

unser Selbst findet; denn er hat uns „bei unsern Namen
gerufen", und nun kann er uns und können wir uns in
Ewigkeit nicht mehr verlieren, nicht mehr verstecken . . .

Von hier aus gesehen wird Faust zum Repräsentanten
eines ungeheuren Versteckens: er versteckt sein Selbst,
indem er es im Lebensrhythmus auflöst, indem er die
gefährliche, entgegenkommende und umfangende Ewigkeit
im Zyklus vernichtet: Sie wird zu jener immanenten „Un-
Endlichkeit"[71], wie sie die Kreisperipherie besitzt: Die
ewige In-sich-selbst-Rückkehr des Lebens in Sterben und
Werden, in „Genießen" und „Verschmachten nach
Begierde", im Drang nach „den Gefilden hoher Ahnen"
und im Gefesselt-sein an „der Erde Wust", im Bund mit
Mephistopheles und im Reiferwerden auch *daran*. Nur so
gewinnt Faust seine Unsterblichkeit, daß sein Selbst „entführt" wird, oder anders ausgedrückt: daß es umgedeutet
wird in die mikrokosmische Spiegelung des Lebensgesetzes,
und daß der Tod dann zum Einswerden mit jener Realität
führt, die sich vorher im Spiegel abgebildet hatte.

Faust wird unsterblich, indem er personlos wird: Seine Eigentlichkeit liegt so tatsächlich nicht in seinem individuellen
Person-sein – dessen Sterben daher auch keinen entscheidenden Einschnitt bedeutet –, sondern in der Teilhabe am
makrokosmischen Mysterium des kämpferischen Lebensgesetzes, dessen Abbild sein Leben, seine individuelle Entelechie war.

Die darin sich manifestierende Ich-Teilung wird so konsequent durchgeführt, daß man deutlich den jeweils zugehörigen Zeitbegriff ausmachen kann: den Zeitbegriff der
individuellen Lebens-„Strecke", der als der uneigentliche
und letztlich nicht geltende vom Zeitbegriff des „Zyklus"
verschlungen wird: von jenem „Zyklus", der als Inbegriff

der GOETHEschen ,,Ewigkeit" (Unendlichkeit) das Drama
beschließt.

Die Ich-Teilung ist deshalb schwieriger zu bemerken als sonst,
weil sie nicht etagenförmig ist wie etwa in PLATONS Anthropologie, wo es ein höheres und ein niederes Ich (Seele-Leib) gibt,
sondern weil für GOETHE der Mensch eine untrennbare Ganzheit,
eben eine Entelechie ist. Die Teilung wird sichtbar nur insofern, als
man diesen ganzheitlichen Menschen (diesen ,,totus homo") unter
zwei verschiedenen Gesichtspunkten ansehen kann: einmal in seiner
Eigenschaft als individueller Durchgangspunkt mit seiner vergehenden und unwesentlichen Einmaligkeit und dann in seiner Eigenschaft als Träger des makrokosmischen Lebensgesetzes. Es ist aber
jeweils derselbe Mensch, den man unter diesen Gesichtspunkten
sieht. Entsprechend sind auch Tod und Unsterblichkeit ,,Gesichts-
punkte", unter denen der Menschen betrachtet wird.

4. Das Todeswissen des Mephistopheles

Den Gedanken, daß Faust trotz allem sterblich sei und
zugrunde gehe, faßt bei GOETHE schauerlicherweise nur der
Teufel. Wie sonst, so ist es auch hier mit dem Gegenüber
der beiden Gestalten Faust und Mephistopheles: In ihnen
spiegelt sich die gleiche Wirklichkeit; aber sie sieht jeweils
völlig anders aus, weil der Spiegel anders ist; es ist ein
Unterschied wie zwischen konvex und konkav. So lassen
sich auch bei Mephistopheles genau die beiden Zeitbilder
verfolgen – das zyklische Bild und das Streckenbild –, die wir
bei Faust unterscheiden mußten. Aber ihre Rangordnung ist
umgekehrt und ihr Sinn ist anders geworden:

Zunächst ist der Tod Fausts für Mephistopheles unbedingtes *Ende*: Er ist Endpunkt der gerichteten und unumkehrbaren Lebensstrecke:

> Die Zeit wird Herr, der Greis hier liegt im Sand.
> Die Uhr steht still –.

Indessen erhebt sich für Mephistopheles nun ebenfalls die
Frage oder besser: die Fratze jener Frage, ob denn nun dieses
Ende, dieses ,,Vorbei" nicht aufzuheben sei in dem weiter-
gehenden kämpferischen Lebensgesetz, dessen mikrokosmische Verkörperung Faustens Existenz doch gewesen ist.
In der Tat ist auch für Mephistopheles dieser Gedanke
vollziehbar: Aber dieses Aufgehoben-sein ist für Mephistopheles eben nicht der Weg zur Unsterblichkeit, sondern eine
zynische *Parodie* auf die Unsterblichkeit: es ist der Sturz ins
,,Ewig-Leere", in die ewige Kreiselbewegung des Nichts.

Denn welchen Sinn – das ist der Tenor der mephistopheli-
schen Frage – kann ein Immer-strebendes-Bemühen haben,
wenn es beim bloßen Akt der Bemühung bleibt, wenn also
die erreichten Ziele nur den Sinn haben, Übergänge zu
neuen kämpferischen Phasen zu sein: Der Kampf als Selbstzweck ist sinnlos; er ist der Zyklus der ewigen Leere. So
sagt Mephistopheles angesichts des sterbenden Faust:

> Vorbei und reines Nichts, vollkommnes Einerlei!
> Was soll uns denn das ew'ge Schaffen!
> Geschaffenes zu nichts hinwegzuraffen!
> Da ist's vorbei! Was ist daran zu lesen?
> Es ist so gut, als wär' es nicht gewesen,
> Und treibt sich doch im Kreis, als wenn es wäre.
> *Ich liebte mir dafür das Ewig-Leere.*

So gibt die zyklische Zeit, die ,,im Kreis sich treibende"
Zeit, keine Ewigkeit aus sich heraus; sie ist das Nichts. Das
vermeintliche ,,Fortschreiten" war in Wirklichkeit eine
Karussellfahrt. Bleibendes könnte nur so zustande kommen, daß *innerhalb* jener Streckenzeit etwas Ewiges geschaffen würde. Doch da ,,fällt der Zeiger . . ."; da ist es aus.

Das ist die andere, die mephistophelische Sicht der Menschenwirklichkeit, die den Weg Faustens bis zuletzt begleitet. Mephistopheles ist das große Fragezeichen, das GOETHE

an den Rand seiner Lebenskonzeption schreibt. Es ist eine letzte Infragestellung, die GOETHE nicht loswird. Todesende oder „tiefe, tiefe Ewigkeit" als Überwindung des Todes sind Formen, in denen man die Menschenwirklichkeit sehen kann – sehen *muß*, je nach dem, ob wir mit den Augen Fausts oder denen des Mephistopheles auf sie blicken.

Erst hinter dem „Zuletzt", erst hinter dem „gefallenen Zeiger" der Todesszene beginnt die Befreiung von Mephistopheles, setzt der erlösende Lobgesang der himmlischen Chöre über dem vollendeten Faust ein.

Dies Letzte ist GOETHES eigene Stellungnahme, ist die Überhöhung und Transzendierung eines hienieden unauflöslichen Dualismus, eine Transzendierung, welche die Gestalt eines Deus ex machina besitzt, den die Dichter beschwören, um wagend eine Entscheidung zu setzen, die das Dasein diesseits des Todes nicht gewährt, jedenfalls nicht aufgrund einer verfügbaren Erkenntnis. *Deshalb* ist Mephistopheles die bleibende Anfechtung des Faust. Auch denen, die die Schlußverklärung hören, bleibt die Frage gestellt, wer wohl die tiefere Ahnung von der Ewigkeit habe: Faust, der sie in der zyklischen Unsterblichkeit seines Überpersönlichen zu sehen meint, oder Mephistopheles, der zum mindesten den Schatten einer Ewigkeit erkennt, wenn er den Zeiger fallen sieht und wenn ihm die Nichtigkeit jenes Endlichen vor Augen steht, das kreiselhaft stets in sich selbst zurückkehrt. (Er ist zwar Teufel genug, um nicht die Ursache jener Nichtigkeit zu sehen und darum auch hier – im Augenblick seiner höchsten Wahrheit – im Geiste des Verneinens, der bloßen Negation, verharren zu müssen.)

So wird gerade in dem, was Mephistopheles schaudernd

erfährt, ein Fünklein biblischen Ewigkeits-Wissens deutlich. Denn die Ewigkeit ist nach biblischer Sicht – wie ich bereits sagte – nicht so da, daß es „immer so weitergeht", sondern so, daß die Zeit zu Ende geht und die Ewigkeit auf uns zukommt. Die Ewigkeit ist da als Gericht. Sie ist Gericht über die Zeit, die nun unweigerlich und unwiederholbar zu Ende ist, auch als makrokosmische Zeit, als das Behältnis der überpersönlichen Mächte, in die ich meine sterbend übergehen zu können: Denn „Sonne und Mond werden ihren Schein verlieren, und die Sterne werden vom Himmel stürzen", und das Ende der Welt wird das Weltengrab sein, in dem sie als Welt „zu Ende" ist (Matthäus-Evangelium Kap. 24).

Das einzige Licht, das hier scheint, ist das Licht der Auferstehung, das Licht vom Jenseits des Grabes, das Licht von der andern Seite jenes „Endes". Von diesem Abbruch der Menschenexistenz weiß der Teufel Mephistopheles mehr als Faust – und „zittert" (vgl. Jakobus-Brief 2,19).

Anhang: GOETHES Entelechie-Gedanke

Die Unsterblichkeitsidee GOETHES bedarf zu ihrer Vervollständigung noch eines kurzen Hinweises auf seine Lehre von der „Entelechie". Diese Lehre habe ich bereits angedeutet dadurch, daß in Fausts Vollendungsszene sein unsterblicher Ich-Teil ursprünglich mit „Entelechie" bezeichnet war. Freilich sind die spärlichen Hinweise GOETHES auf eine mit der Entelechie zusammenhängende Unsterblichkeit mit großer Vorsicht hinzunehmen. Es handelt sich bei diesen Hinweisen keineswegs um so etwas wie ein „Dogma" von der Unsterblichkeit, sondern um höchst tastende, mehr spekulative und stets nur beiläufige Gelegenheitsbemerkungen. Zudem beschränken sie sich fast ausschließlich auf die Argumentationsweise einer bloßen via negationis: so etwa, wenn GOETHE am 19. Oktober 1823 sich zu Kanzler VON MÜLLER äußert, daß es „einem denkenden Wesen durchaus unmöglich" sei, „sich ein Nicht-sein, ein Aufhören des Denkens und Lebens zu denken".

Sofort aber schließt er im gleichen Gespräch die Warnung an, diese Gewißheit keinesfalls ,,dogmatisch" begründen und ,,philisterhaft ausstaffieren" zu wollen. Ganz entsprechend fällt in den Gesprächen mit ECKERMANN der schon zitierte ironische Satz, die Beschäftigung mit Unsterblichkeitsideen sei für vornehme Stände und besonders für Frauenzimmer, die nichts zu tun haben, während der tüchtige Mensch der strebenden Tätigkeit auf *dieser* Welt genug zu tun habe.

Wie knüpft nun die so vorsichtig eingeführte Unsterblichkeitsidee an den Entelechie-Begriff an?

Zunächst durchaus so (wenn wir die klassische Unterhaltung GOETHEs mit FALK am 25. Januar 1813, dem Begräbnistage WIELANDS, zugrunde legen dürfen), daß eine ,,Rangordnung der letzten Urbestandsteile" der Persönlichkeit angenommen wird, deren innerster den Keim, den monadenhaften Ich-Kern enthält, und der darum wohl in Analogie zu GOETHES ,,Urphänomen" gedacht ist. Dieser Ich-Kern hat den Charakter der teleologischen In-sich-Abgeschlossenheit im Sinne der aristotelischen Entelechie und bildet zugleich den unzerstörbaren Bestandteil des Ichs.

Im Hinblick auf die im ,,Faust" entwickelte Anthropologie ist diese unsterbliche Monas in mehrfacher Richtung bemerkenswert:

1. Die unsterbliche Monade bildet einen Ich-Bestand, auf den GOETHE wiederum aufgrund jener Ich-Teilung stößt, die wir allen Unsterblichkeitslehren zugrunde liegen sahen: der Teilung in einen wesentlichen entelechiehaften Person-Kern, der unsterblich ist, und in die unwesentlichen Randgebiete, die vergehen.

Gerade angesichts von WIELANDs Tod wird das deutlich, wenn GOETHE in aller Ausdrücklichkeit fragt: ,,Wieviel aber oder wie wenig von dieser Persönlichkeit übrigens verdient, daß es fortdauere, ist eine Frage und ein Punkt, die wir Gott überlassen müssen."[72] Es geht innerhalb der Persönlichkeit eben um Wertstufen von verschiedenem Rang.

2. Der unsterbliche Ich-Teil, die Monade oder Entelechie, ist in ihrer teleologischen Struktur selber ein mikrokosmisches Abbild des Gesamtlebens, erinnert also an die von uns herausgearbeitete Gleichnisgestalt des faustischen Lebens gegenüber den kämpferischen Grundgesetzen des überpersönlichen Allebens. Die Entelechie ist gleichsam der kosmische Ich-Teil, dessen Unsterblichkeit identisch ist mit der Unsterblichkeit des überdauernden und sich

ewig erneuernden Kosmos. In diesem Sinne sagt GOETHE im gleichen Gespräch: ,,Das Werden der Schöpfung ist ihnen (= den Monaden) anvertraut. Gerufen oder ungerufen, sie kommen von selbst auf allen Wegen, von allen Bergen, aus allen Meeren, von allen Sternen; wer mag sie aufhalten?" – Die gleiche Analogie zwischen Entelechie und Kosmos kommt in den Makariekapiteln von ,,Wilhelm Meister" zum Ausdruck, als Wilhelm unter dem Sternenhimmel ergriffen sagt: ,,Wie kann sich der Mensch gegen das Unendliche stellen, als wenn er alle geistigen Kräfte, die nach vielen Seiten hingezogen werden, in seinem Innersten, Tiefsten versammelt, wenn er sich fragt: ,Darfst du dich in der Mitte dieser ewig lebendigen Ordnung auch nur denken, sobald sich nicht gleichfalls in dir ein beharrlich Bewegtes um einen reinen Mittelpunkt kreisend hervortut?' "[73]

Im Sinne dieser ewigen Teilhabe am Kosmos, dieser ewigen Identität mit sich selbst, ist wohl auch der Gedanke der ewigen Wiederkehr zu verstehen, mit dem GOETHE das Gespräch mit FALK beschließt: ,,Ich bin gewiß, wie Sie mich hier sehen, schon tausendmal dagewesen und hoffe, wohl noch tausendmal wiederzukommen." – Diese Wiederkehr taucht bereits früher in einer Notiz der Italienischen Reise auf[74] und steht wohl auch im Hintergrund des zu ECKERMANN[75] geäußerten Wortes: ,,Jede Entelechie ist ein Stück Ewigkeit, und die paar Jahre, die sie mit dem irdischen Körper verbunden ist, machen sie nicht alt."

Was stirbt, ist also nur das individuelle Gefäß jenes kosmischen Gehaltes ,,Entelechie", der als ewiger, wenn auch in ewigem Gestaltwandel begriffener Gehalt erhalten bleibt. Das kann gelegentlich in fast platonisch klingenden Äußerungen gesagt werden, so in den ,,Bekenntnissen einer schönen Seele"[76]: ,,Der Körper wird wie ein Kleid zerreißen, aber Ich, das wohlbekannte Ich, Ich bin."

3. Damit ist bereits gesagt, *daß es hier nicht um ein persönliches Weiterleben geht, also nicht um Erhaltung der Person in ihrer individuellen und kontingenten Einmaligkeit*[77].

Diese ,,Unpersönlichkeit" geht – neben allem bereits Erwähnten – auch hervor aus den Bildern der Verwandlungen, die GOETHE gelegentlich zeichnet, so wenn er die Möglichkeit ernsthaft ins Auge faßt, daß er ,,einst diesem WIELAND als einem Stern erster Größe nach Jahrtausenden" wieder begegnen würde und ,,Zeuge davon wäre, wie er mit seinem lieblichen Lichte alles, was ihm irgend nahe käme, erquickte und aufheiterte"[78]. Das sind Gedanken, die im Gefolge von LEIBNIZ-SPINOZA ganz ähnlich auch bei LESSING auftauchen können[79]. Zugleich kommt in jenem Wort der Charakter der Entelechie als des kosmischen Bestandteils am Menschen zum Ausdruck.

Jedenfalls tritt keinerlei Zusammenhang der Unsterblichkeit mit dem sittlichen Persongedanken in Erscheinung. Auch der Begriff der *,,Tätigkeit"*, die nur als unbegrenzt und über den Tod hinausdauernd gedacht werden kann[80] und insofern eine wesentliche Wurzel des GOETHEschen Unsterblichkeitsgedankens bedeutet, ist nicht Tätigkeit im Sinne sittlicher Anstrengung – höchstens in dem Sinne, daß das Sittliche eine der möglichen *Formen* sein kann, in denen sich jene Tätigkeit vollzieht. Die Tätigkeit selbst aber ist meta-ethisch; sie ist eine Uräußerung des Lebens selber, die GOETHE am prägnantesten mit der ,,rotierenden Bewegung der Monas um sich selbst, welche weder Rast noch Ruhe kennt", wiedergibt[81].

In gleichem Sinne ist die Liebe, die ,,von oben" an Faust teilnimmt und den Geliebten der Vollendung teilhaftig macht, wohl ein Teil jenes teleologischen Eros der Entelechie, den Eryximachos, der Arzt, in PLATONS ,,Symposion" als die kosmische Grundkraft charakterisiert, welche die Welt (ganz im GOETHEschen Sinne) ,,im Innersten zusammenhält".

Gerade von hier aus wird das (unter biblischem Aspekt) ,,Unpersönliche" der Fortexistenz deutlich: Denn sie entbehrt jener Einmaligkeit und Unvertauschbarkeit, also jener Identität mit sich selbst, die sich *einmal* im Gerichte Gottes ergibt, das ,,mich" meint, indem es mich von allem und von allen isoliert, worauf ich meine Schuld abwälzen und mit dem ich mich vertauschen könnte; und die sich *weiter* unter der Gnade ergibt, die wiederum ,,mich" meint und mir einen Namen gibt, bei dem sie mich ruft. Die ,,hohe Seelenkraft" im Sinne GOETHES, die Entelechie, ist überpersönlicher kosmischer Bestand, der seine Gestalten wechselt, und den die Engel – wie bei Fausts Vollendung – entführen, um ihm eine andere Gestalt des Gleichnisses zu geben, in der sich das Geheimnis des kämpferischen, strebenden und ,,rotierenden" Lebens auf neue und andere und doch immer gleiche Art spiegeln wird.

Die Eigentlichkeit des Menschen ist hier nicht sein Selbst in jener kontingenten Einmaligkeit, sondern ist die Transparenz des Selbst für das sinnhafte kämpferische Leben – genau wie die Eigentlichkeit der individuellen Pflanze in der Transparenz für die Urpflanze liegt[82].

4. Kapitel

Das biblische Todesverständnis

a) Ausblick auf den personalen Charakter
des menschlichen Sterbens

Unsere bisherigen Überlegungen haben in immer neuen
Anläufen letztlich nur ein einziges Problem umkreist: die
Frage, wie sich menschliches Sterben von einem nur anima-
lisch-biologischen Verenden unterscheide. Das, was am
Sterben des Menschen *nicht* in der Natur- und Bios-Dimen-
sion aufgeht, ist zugleich das, was im *ganzen* Bereich
menschlicher Existenz diese Dimension transzendiert. Wir
bezeichneten dieses Transzendierende als die Personhaftigkeit des Menschen, das heißt als dasjenige Moment seiner
Existenz, kraft dessen er den ihn durchwirkenden Abläufen
der Natur nicht nur als Objekt gegenübersteht, sondern sich
als Subjekt ergreifen und in seinem wie immer zu verstehen-
den Sein-sollen verwirklichen muß.

Damit haben wir im allgemeinen anthropologischen
Bereich das biblische, insbesondere das neutestamentliche
Verständnis des menschlichen Todes vorbereitet, so gewiß
dieses sich – wie noch gezeigt werden soll – ausgesprochen
innerhalb der Dimension des Personhaften bewegt. Vorgreifend auf das, was zu diesem biblischen Verständnis zu
sagen ist, darf ich hier bereits zwei Paradigmen erwähnen,

in denen der personhafte Charakter des menschlichen Todes exemplarisch erscheint:

Einmal weist der paulinische Satz, daß der Tod ,,der Sünde Sold" (Römer 6,23) sei und daß sich in ihm ein Gerichtsverhängnis vollziehe, auf einen Faktor hin, der die nur naturhaften Prozesse bei der Beendigung des Lebens übersteigt, der – wie immer das zu interpretieren sein wird – mit Schuld und Strafe und darum mit einem personhaft verstandenen Ich zu tun hat.

Ferner stellt sich bereits im Alten Testament die Person-haftigkeit des Sterbens zumindest als *Problem*, wenn hier der Tod durchaus nicht nur als das Ende der Lebensfunktionen, sondern (gerade in den früheren Schichten) als eine Größe verstanden wird, die zwischen Gott und den Menschen tritt und beide voneinander scheidet. So ist in Psalm 90 von der ira Dei die Rede, unter der alle unsere Tage dahinfahren: ,,Dein Zorn macht es, daß wir so vergehen, und dein Grimm, daß wir so plötzlich dahinmüssen" (90,7 ff.). Der Tod setzt unter die Trennung von Gott, die wir lebend vollzogen haben, sozusagen nur das Siegel; er bestätigt sie.

Das wird durch die alte Scheol-Vorstellung noch radikali-siert, weil das Totenreich nicht nur Abgeschiedenheit vom Leben, sondern zugleich von Gott ist, denn ,,im Tode gedenkt man deiner nicht" (Ps. 6,6). ,,Ich liege (dann) unter den Toten verlassen, . . . deren du nicht mehr gedenkst und die von deiner Hand geschieden sind" (Ps. 88,6). Vom Gedenken Gottes ausgelöscht zu sein, bedeutet eine sozusa-gen endgültige Anheimgabe an jenes Nichtige, dem ich mich lebend schon verschrieb, wenn ich Gottes nicht ge-dachte.

Indem menschliches Leben so nicht nur als Bios, sondern als Leben mit Gott verstanden wird – so daß es dann auch ein Weg-sterben von Gott gibt –, kündigt sich hier das genannte personhafte Moment im Verständnis des Sterbens an. Es wird dann bis ins Neue Testament hinein in immer neuen Formen variiert: Die erste Entfaltungsstufe, so läßt sich vielleicht sagen, ist der im Sterben sich begebende *Verlust* meiner Identität: eben jener Ausschluß vom Leben mit Gott. Die letzte, im Neuen Bund sich eröffnende Entfaltungsstufe ist die *Bewahrung* dieser meiner Identität über den Tod hinaus: Im Auferstehungsleben bleibt der Name erhalten, bei dem ich gerufen bin; ich bleibe in der Gemeinschaft des Auferstandenen.

Wie wir schon gesehen haben, ist die Teilung zwischen dem Vergehenden und dem im Auferstehungsleben Erhaltenen nicht so zu vollziehen, daß im platonischen Sinne das Vergängliche dem Leibe, das Unvergängliche aber der Seele zukäme. Im Unterschiede zu PLATON drücken alle diese Begriffe bei Paulus keine Teilbereiche des Menschen aus, die in einem hierarchischen Verhältnis zueinander stünden, so daß etwa dem Fleische (sarx) der inferiore, der Seele (psyché) aber der höhere Ich-Teil zugeordnet wäre. Vielmehr meinen die Begriffe Fleisch, Leib und Seele jeweils den *ganzen* Menschen und heben nur eine jeweils andere *Beziehung* hervor, unter der dieser ganze Mensch gesehen wird[1]. In diesem Sinne meint ,,Seele" im neutestamentlichen Sprachgebrauch nicht den unsterblichen Ich-Bereich wie bei PLATON, sondern bezeichnet in der Regel nur die Lebendigkeit im physischen Sinne. –

Gleichwohl läßt sich – trotz der Nähe zu einem möglichen platonischen Mißverständnis – der Begriff psyché nicht *nur* als jene Lebendigkeit verstehen. Er kann auch dasjenige am Menschen bezeichnen, das für den Tod unangreifbar ist oder besser: zu diesem Unangreifbaren *gemacht* wird. So kann LUTHER etwa von der anima incorruptibilis (von der unzerstörbaren Seele) sprechen[2]. Doch ist hier eine gegenüber PLATON entscheidende Differenz zu beachten: Der Begriff ,,Seele" kann nämlich in diesem Sinne gebraucht werden – und ist dann auch theologisch unverzichtbar! –, wenn man vom leiblichen Tod sprechen muß und gleichzeitig sagen möchte, daß die einmal mit uns begonnene Geschichte Gottes im Tode nicht abreißt. ,,Seele" wäre dann aber nicht mehr die Chiffre für eine Substanz, der konstitutiv Unsterblichkeitsqualität eignete, sondern

,,Seele" wäre eine Umschreibung für diese unsere Partnerschaft in
der Geschichte mit Gott. Sie bezeichnete den Pol ,,Ich" in der
Gemeinschaft mit dem ,,Du" Gottes und bliebe so im Rahmen
einer *relationalen* Bestimmung. Das, was den Tod überstehen läßt,
wäre damit nicht eine substanzielle Größe auf seiten des Menschen,
sondern die Treue Gottes in seiner Partnerschaft mit uns. Mit dem
so verstandenen Seelenbegriff beträten wir also eine von PLATON
radikal unterschiedene Ebene[3].

b) Tod und Todüberwindung im Verständnis des Alten Testaments[4]

Wer im alten, vorchristlichen Bunde sein Leben und die
Zahl seiner Lebenstage erfüllt hat, stirbt ,,alt und lebenssatt". Der Tod ist hier der Schlußpunkt eines erfüllten
Lebens. So sagt die Priesterschrift von Abraham, er sei in
gutem Greisenalter gestorben, alt und satt an Tagen (Gen.
25,8). Auch Isaak, David und Hiob sterben so ,,lebens-
satt"[5]. Der Tod erscheint hier weniger als Verhängnis denn
als Geschenk und Erfüllung[6] – und darin wieder wie ein
selbstverständliches Lebensgesetz, das ,,noch" nicht dazu
auffordern kann, es mit Fragen und Infragestellungen
reflektierend zu umkreisen. Daß die Menschen ihre Tage
beschließen müssen oder auch dürfen, wird in diesem Sinne
genauso als Lebensordnung hingenommen wie die
geschlechtliche Vereinigung. Beides kann sogar durch die
gleiche Bezeichnung umschrieben werden: ,,den Weg nach
aller Welt Weise gehen"[7].

Man hat dieses altisraelitische Stadium einer gewissen
Problemlosigkeit des Todes soziologisch erklärt: Die Noma-
denvölker hätten kein religiöses Verhältnis zum Tode entwickelt, weil sie sich ständig von ihren Grabstätten entfer-
nen, und ihnen damit die Symbole des Memento-mori
fehlen[8]. Demgegenüber fallen allerdings die ausgiebigen

zeremoniellen Trauerzeiten auf[9]. Näherliegend ist es wohl, das selbstverständliche und „problemlose" Innestehen in der Lebensgesetzlichkeit von Geboren-werden und Sterben dadurch zu erklären, daß vor der Königszeit das Leben des einzelnen noch in keiner Weise von dem Leben der Volksgemeinschaft emanzipiert war. Vor dem Erwachen des Individualitätsbewußtseins aber fehlt noch der Stachel, der die Fraglichkeit, den Schrecken und das Rätsel eines Endes der „Person" hervortreibt. Hier gibt es noch so etwas wie die Geborgenheit im Gedenken der Sippe, wie die „mnemosynische Unsterblichkeit" also. Als Thekoa sich weigert, ihren Sohn als Brudermörder an die Sippe auszuliefern, ist ihr Argument dabei höchst charakteristisch: Sie tritt nämlich den Leuten, die ihn ausgeliefert haben wollen, mit den Worten entgegen: „So wollen sie auch noch den Erben vertilgen und den Funken auslöschen, der mir gegeben ist, so daß meinem Mann kein Name und kein Nachkomme auf der Erde bleibt."[10]

Die eigentliche Problematisierung des Sterbens tritt erst in späteren Stadien auf, vor allem im Rahmen der Weisheitsliteratur, die vornehmlich die Lebensfragen des Individuums in sich bewegt und deshalb eine gewisse *Emanzipation* des Einzelmenschen voraussetzt. Hier erscheint der Tod dann als herrische Grenzsetzung gegenüber jenen Lebensbeziehungen, die Gott selbst doch gestiftet hat[11]. Im Hiobbuch wird er „der König des Schreckens" genannt (18,14). Er kann diesen Schrecken bis ins hohe Alter behalten, wenn etwa dem Jakob davor graut, daß seine „grauen Haare mit Herzeleid hinunter zu den Toten" gebracht werden (Gen. 42,38). Hier kann es dann zu Bildern der Resignation kommen, die das Sterben mit dem verrinnenden Wasser vergleichen, das über die Erde ausgegossen wird und das man nicht mehr einsammeln kann (2. Sam. 14,14; Hiob 14,10 ff.).

Obwohl es sich dabei um ein Naturbild handelt, bleibt doch
etwas angedeutet, das über die Natur hinausweist und das
für die erwachte Individualität den eigentlichen Schrecken
ausmacht: daß nämlich ein ,,einmaliges" Leben unwieder-
bringlich dahin ist[12].

Die ,,Domäne des Todes"[13] ist aber nicht nur auf das
Ende des Lebens begrenzt, sie ragt vielmehr tief in das Leben
selbst hinein. Krankheit, Schwachheit, Gefangenschaft,
Bedrängnis vor dem Feind sind gleichsam schon ein vor-
weggenommener Tod, ein ,,relatives Totsein". So werden,
meint VON RAD, viele Aussagen der Psalmen verständlich,
in denen die Beter bekennen, ,,schon im Tod, in der Scheol
gewesen, aber von Jahwe ,herausgezogen' worden zu sein".

Die dunkelste Gestalt des irreversiblen Zu-Ende-Seins
findet sich im Bilde der *Scheol*, vor allem in früheren
Vorstellungen, die noch nichts von der Scheol-Mächtigkeit
Jahwes wissen. L. KÖHLER gesteht der Scheol nur eine sehr
bedingte Ähnlichkeit mit dem griechischen Hades zu, in
dem das Profil der lebenden Einzelpersonen wenigstens
schattenhaft noch erhalten ist und erkennbar bleibt. Die
Scheol dagegen ist das ,,Nicht-Land, das Un-Land, der
Bereich, der nicht ist. Dorthin kommen die Toten"[14]. Das
Nicht-sein der Verstorbenen ist hier weniger ein substan-
zielles Aufhören ihrer Lebendigkeit – obwohl das selbstverständlich eingeschlossen ist – als ein Nicht-mehr-Bestehen
der *Gottesbeziehung*. Denn diese war es ja, die das Sein der
Lebenden ausmachte, so gewiß ihr Leben ein Sein-im-
Bezuge war. In der Scheol aber ,,gedenkt man deiner nicht;
wer wird im Unlande dich preisen?" (Ps. 6,6; vgl. Jes.
28,18 f.; Ps. 115,17 u. a.).

Das Schauerlichste ist hierbei, daß nicht nur die *Toten*
aufgehört haben, Jahwes zu gedenken, sondern daß auch das
Umgekehrte gilt: *Gottes* Gedenken reicht ebenfalls nicht

mehr bis zu denen, die in die Nichtigkeit des Unlandes verstoßen sind:

> Ich liege unter den Toten verlassen,
> wie die Erschlagenen, die im Grabe liegen,
> derer du nicht mehr gedenkst
> und die von deiner Hand abgeschnitten sind (Ps. 88,6).

Da das Leben für das Alte Testament ein Leben für, mit und unter Gott, da es ein Leben „im Verhältnis" ist, bedeutet die Nichtigkeit des Todes die totale Verhältnislosigkeit[15]. Sie ist Ausschluß vom Gottesdienst und auch von der Geschichte, in der Gott sich durch seine Führungen bezeugt. Wer dieses völlige Ende übersähe und darauf vertrauen wollte, daß es immer so weitergeht, wäre töricht in seiner Sicherheit. Darum betet der Psalmist: „Lehre uns bedenken, daß wir sterben müssen, damit wir ein weises Herz gewinnen" (Ps. 90,12; vgl. Ps. 39,5–7).

Mit diesem Verständnis des Todes gerät nun der alttestamentliche Gottesgedanke in einen theologischen Konflikt, der nicht ungelöst stehenbleiben kann:

Der *eine* Gedanken-Kontrahent in diesem Konflikt ist die Feststellung, daß im Tode als dem eigentlichen, dem „letzten" Feind (vgl. 1.Kor. 15,26) jede Nähe und Gewißheit Gottes absolut abgebrochen ist. Insofern steht der Mensch – wir dürfen hier hinzufügen: der Mensch in seiner Individualität – einsam inmitten der Natur:

> Denn ein Baum hat (immerhin) Hoffnung,
> auch wenn er abgehauen ist;
> er kann wieder ausschlagen,
> und seine Schößlinge bleiben nicht aus . . .
> Stirbt aber ein Mann, so ist er dahin;
> kommt ein Mensch um – wo ist er? – (Hiob 14,7–10)

Das Erlöschen menschlichen Daseins im Unland des Todes ist so irreversibel. Die Machtsphäre Gottes scheint an

der Grenze der Scheol zu enden; es gibt keine Rückkehr in
seine Hand.

Andererseits aber – und das erzeugt den Konflikt – spricht
nichts dafür, daß es im Alten Testament so etwas wie einen
Dualismus gäbe, der dem Tode eine eigene Mächtigkeit
zuerkennte und ihn so zu einer Art dämonischen Gegenpols
zu Jahwe werden ließe[16]. Dann aber könnte es sich nur um
einen Konflikt in dem einen Gott selbst handeln. Da Gott
jedoch nicht im Streite mit sich selbst liegen kann, bleibt nur
der Ausweg – den Hiob denn auch geht –, daß es hier um
einen Konflikt zwischen unserm Gottes-,,Bild" und dem
wahren und wirklichen Gott gehen müsse. In der Tat ringt
sich Hiob zu der Gewißheit durch, daß hinter dem, was ihm
in Gott als feindlicher Wille, als Ungerechtigkeit und als
Macht der Preisgabe an den Tod erscheint (wirklich nur
,,erscheint"!), in Wahrheit ein anderer Gott stehen müsse:
ein Gott, der sonst doch die Sünde vergab (7,10 f.), der sich
von dem, was er selbst geschaffen und bereitet hat, nicht
abwenden konnte (10,8 f.), der ein ,,Zeuge im Himmel",
ein ,,Fürsprecher in der Höhe" und ein ,,Bürge" der Ver-
spotteten war und ist (16,19; 17,3), kurz jemand, an den
Hiob sich zu wenden wagen darf, wenn ,,der Geist zerbro-
chen, die Lebenstage ausgelöscht sind und das Grab da ist"
(17,1).

So wendet sich Hiob und wenden die Beter sich (z. B. Ps.
36,8–10; 88,3.14 f.) an Gott als ,,die Quelle des Lebens", an
den Gott, der aus dem gottfernen Gefängnis der Scheol
befreien und die verlorene Lebensgemeinschaft mit sich
wiederherstellen kann. Die beherrschende Thematik des
Hiob-Buches wird damit die Frage, wer 'das letzte Wort
habe: der Gott, der sich dem Unland des Todes entzieht,
oder aber der Gott, dessen Regiment auch *hier* in Kraft
bleibt und von dem das Wort der Amos-Vision gilt: ,,Wenn

sie sich auch unten bei den Toten vergrüben, soll sie doch meine Hand von dort holen" (Amos 9,2). Welcher Gott ist der eigentliche und wahre Gott: der, welcher im Zorn das Werk seiner Hände wieder zertrümmert und ins Nichts verstößt, *oder* der, in dem Liebe und gnädiges Erbarmen mit seinem Geschöpfe leben, und der die ira Dei durch die Allmacht seiner Liebe überwindet? *Das* wird die entscheidende Frage. Sie erwächst aus dem betenden Ringen Hiobs mit Gott.

So äußert Hiob zunächst nur als Bitte und Hoffnung, daß Gott ihn ,,im Totenreich verwahren und ihn verbergen, gleichsam in ,Schutzhaft' nehmen wolle (WEISER), bis sein Zorn sich legt", bis er wieder seiner gedenkt (14,13) und sich als sein Fürsprecher bewährt (16,18–17,9). Dann aber wird es ihm zunehmend zur *Gewißheit*, daß sein ,,Erlöser lebt" und sich ,,als der letzte über dem Staube erheben wird" (19,25). Hier zeigen sich erste Spuren einer Auferstehungshoffnung (vgl. Daniel 12,2), auch wenn nicht zu übersehen ist, daß diese Vorschattungen noch qualitativ verschieden sind von dem ganz anders begründeten Auferstehungsglauben des Neuen Testaments. Das im Alten Testament waltende Diesseitsbewußtsein ist und bleibt äußerst reserviert gegenüber allem Jenseitsglauben. Der Gedanke der Todüberwindung bleibt vielmehr auf zwei Gewißheiten begrenzt:

Erstens auf die Überzeugung, daß Jahwe als Gott der einzige ist und seine Macht nicht in dualistischer Manier mit Gegen-Göttern und Mächten – auch nicht denen der Totenwelt – teilt. Das aber impliziert die Erkenntnis, daß sein Machtbereich nicht an den Pforten der Unterwelt endet, sondern daß er auch *ihrer* mächtig ist. Diese Reichweite Jahwes gilt nicht nur gegenüber denen, die die Scheol als

Zufluchtsort aufsuchen, um sich vor Gottes Angesicht zu verbergen (Ps. 139,8; Amos 9,2), sondern seine Scheol-mächtigkeit bewährt sich vor allem gegenüber den Seinen: denn ,,Jahwe macht tot und lebendig, er stürzt in die Scheol und führt wieder herauf" (1.Samuel 2,6).

Zweitens: Wenn Jahwe der Totenwelt mächtig ist, die Seinen dort verwahrt und sie so in seiner Hand bleiben läßt, dann erwächst daraus die Gewißheit, daß die einmal eröff-nete Geschichte Gottes mit dem menschlichen Ich im Tode weitergeht und daß die einmal gestiftete Gemeinschaft unverbrüchlich ist – ganz gleich, ob die Verstorbenen in der Scheol unter dem Patronat (oder auch dem Gericht!) Gottes bleiben, oder ob Gott sie, wie in den Auferstehungsahnun-gen, von dort wieder heraufführt. Der Mensch bleibt also vor Gott ein Ich, und die Gemeinschaft mit Gott ist das, worin seine Identität geborgen ist.

Der entscheidende Einschnitt gegenüber dem nur mne-mosynischen Fortleben im Gedenken der Nachkommen, wie es in älteren Zeiten galt, dürfte also *so* zu charakterisie-ren sein:

Gegenüber der Lebens- und Todes-Skepsis der Weisheit und auch angesichts der radikalen Nichtigkeit des erstorbe-nen Lebens, das ins Unland der Scheol verbannt ist, konnte der Gedanke an das Weiterleben in der Erinnerung späterer Geschlechter keinen Trost mehr bedeuten. Das erwachte Bewußtsein der Individualität vermochte hier nur ein end-gültiges, ein irreversibles Erlöschen zu erblicken. Von einem Fortleben des Namens als der Signatur der individu-ellen Person konnte nunmehr allein *dann* die Rede sein, wenn dieser Name dem Gedenken Jahwes selbst anvertraut war. Dann und nur dann eröffneten sich Perspektiven eines Weiterlebens über den Tod hinaus, so gewiß man der Treue

Gottes vertrauen und zugleich damit rechnen konnte, daß er als der Einzige auch der Totenwelt mächtig bleibe:

> Wenn auch mein Fleisch und mein Herz hinschwinden,
> ist doch Gott mein Anteil auf immer (Ps. 73,26).

Das also, was den Tod ,,überleben" läßt, ist keine substanzielle Seelenqualität, sondern die *Gabe der Gottesgemeinschaft*. Sie ist es, die einen unzerstörbaren Charakter (einen character indelebilis) hat. Der einmal begonnene Dialog Gottes mit dem Menschen kann nicht unterbrochen werden. (Auf diesen theologischen Grundgedanken werden wir auch im Neuen Testament und in späteren Reflexionen immer wieder stoßen.)

In diesem Sinne dürfte es durchaus erlaubt sein, die Unzerstörbarkeit auch auf die ,,Person" des Menschen zu beziehen – so lange jedenfalls, wie der Gedanke festgehalten wird, daß Person nicht als Entelechie und Monade, sondern als ein ,,Verhältnis" zu begreifen sei. So deutet sich hier abermals die ,,fremde Würde" des Menschen an. Er hat seinen todüberdauernden Bestand nicht in dem, was er ,,ist", sondern er hat ihn in der Zuwendung Gottes[17]. Hier deutet sich dann auch die Linie an, die sich zwischen diesem Weiterleben des Menschen über den Tod hinaus und dem neutestamentlichen Auferstehungsglauben durchhält.

Wir sehen also, daß die Bibel keine konstant gleichbleibende Botschaft über den Tod und seine Überwindung hat. Wir bemerken vielmehr einen vielstimmigen Chor, innerhalb dessen sowohl die Endgültigkeit des Todesendes mit seiner Resignation vertreten ist wie auch Triumphstimmen über Jahwes Scheol-Herrschaft und sogar Andeutungen eines Auferstehungsglaubens laut werden, der dann im Neuen Testament seine Vollendung findet.

Das Bild vom Chor ist aber nicht sehr genau, weil die hier lautwerdenden Stimmen nicht oder kaum zugleich erklingen, sondern sich nacheinander erheben. Es geht hier um einen geschichtlichen Prozeß, in dem sich die Botschaft der Todüberwindung allmählich auf das Neue Testament hin zu entfalten beginnt.

Wesentlich ist bei dieser Feststellung allerdings, daß man hier nicht von einer „Evolution" reden kann, die von ihren immanenten Triebkräften vorangetragen würde. Wir verstehen die Pointe jenes Prozesses vielmehr nur dann, wenn wir uns klarmachen: Hier geht es um eine Geschichte mit und unter Gott, um eine dialogische Geschichte gewissermaßen. Israel lernt erst allmählich, was es heißt, Partner in einem Bunde mit Jahwe zu sein, und daß das, was es die Treue Jahwes nennt – die Bundestreue also – keine zeitlichen Grenzen besitzt und darum auch nicht aufhören kann, wenn wir aus dieser Zeitlichkeit abberufen werden.

Die wachsende Gewißheit der Todüberwindung ist insofern keine „eigengesetzliche" Entfaltung, sondern die zunehmende Entdeckung eines Mysteriums, das von Anfang an in der Partnerschaft mit dem Bundesgott angelegt ist. Es wird sozusagen aus seinem Inkubationszustand nur befreit und zunehmend virulent.

Hierbei ist wesentlich, *wodurch* diese Befreiung erfolgt. Sie begibt sich wiederum nicht durch einen Prozeß, der nur auf größere kognitive Klarheit drängte und die bisher verborgenen Implikamente des Glaubens an die Todüberwindung lediglich „explizierte". Nein: Was schließlich den Glauben an die Auferstehung der Toten erweckt, ist ein radikal Neues; es ist nicht nur ein kognitives, sondern ein ontisches Faktum, das nicht „entsteht", sondern als Tat Gottes neu *gesetzt* wird: Es geht um die Erweckung des

,,Erstlings unter den Entschlafenen'' (1.Kor. 15,20); es geht um das Auferstehungsgeschehen am Dritten Tag. *Dieser Dritte Tag ist also nicht das ,,Ergebnis'' – sozusagen das logische Resultat – des im Alten Bunde angelegten Heilsgeschehens;* sonst könnte es ja keinen Dualismus zwischen Judentum und Christentum mehr geben! *Vielmehr ist er selbst ein weiterer entscheidender Akt dieses Heilsgeschehens.* Man könnte es so ausdrücken: Dieser Akt erschöpft sich nicht darin, daß die bisher gleichsam gehaltenen Augen nunmehr geöffnet würden[18], sondern daß ihnen zugleich ein neues Faktum dargeboten wird, das alles bisher Geschehene von Gott her überholt.

c) Neutestamentliche und gesamtbiblische Linien im Todesverständnis

1. Die biblische Bitte um ein ,,offen gehaltenes'' Todeswissen

Um zunächst gewisse durchgängige Linien im biblischen Verständnis der Endlichkeit des Menschen und seiner Todverfallenheit zu entdecken, setzen wir noch einmal mit der Frage ein, was mit der Bitte des Psalmisten um das Todeswissen gemeint sei, und welche Bedeutung oder Bedeutungsvariante dieser Bitte im Neuen Testament zugewiesen werde.

Stofflich können wir uns mit zwei Andeutungen begnügen, die beliebig zu vermehren sind: In Psalm 90,12 bittet der Psalmist um Vergegenwärtigung dieses Todeswissens. Gott möge ihn davor bewahren – wie wir heute sagen würden –, dieses Wissen zu ,,verdrängen'': ,,Tue mir kund, Jahwe, mein Ende, das Maß meiner Tage, daß wir Weisheit

(in unser Herz) einbringen." Entsprechendes meint Psalm
39,5–7: „Tue mir kund, Jahwe, mein Ende, das Maß
meiner Tage, was es sei, daß ich erkenne, wie hinfällig ich
bin. Nur als ein Schattenbild wandelt der Mensch; nur um
einen Hauch machen sie so viel Lärm. Man häuft (Schätze)
auf und weiß nicht, wer es zusammenraffen wird."

Mehrere Gründe sind es, die dem Beter dieses offen
gehaltene Todeswissen wichtig machen:

Erstens geht es um die im Tode kundwerdende *Welt*beziehung: um die Eitelkeit der Dinge, die die Welt zu bieten hat.

Wenn ich um die Endlichkeit meines Lebens weiß, kann
ich nicht mehr ungebrochen von den „Dingen" her leben.
Ich kann nicht mehr sicher sein, indem ich mich auf sie
verlasse. Denn wie der Tod alle Verhältnisse beendet, so
bricht er in besonders flagranter Weise das Verhältnis zu den
„Dingen" ab, auch wenn mir das unfaßlich und einigerma-
ßen untröstlich zu wissen ist, und ich deshalb mit großem
Lärm und intensiver Selbstbetäubung darüber hinwegzugehen versuche.

Natürlich ist bei diesen „Dingen" vornehmlich an den
Mammon gedacht als den Repräsentanten jener Da-
seinsmächte, mit deren Hilfe ich mich sichere und Frist zu
gewinnen suche. Diese Sicherung ist so eitel, daß der
Fromme aufgrund seines *ewigen* Verlasses deren Zerbruch
gelassen und vertrauend ins Auge fassen kann. Es braucht
ihn auch nicht mehr zu härmen, wenn er seinen gottlosen
Widersacher reich und scheinbar gelassen daherkommen
sieht, „denn bei seinem Tode kann er nichts mitnehmen,
nicht fährt ihm seine Herrlichkeit nach" (Ps. 49,17 f.; vgl.
Lk. 12,16 ff.). Wie wir nichts in die Welt gebracht haben, so
nehmen wir auch nichts mit (1. Tim. 6,7). Wir „bestehen"
also nicht in diesen Attributen, diesen gleichsam künstlichen

und sekundären Füllungen unserer Existenz. Denn diese
haben ja gerade *keinen* Bestand, sondern verlassen uns beim
Sterben. Wir „bestehen" vielmehr in einem Selbst, das
jenseits ihrer und ablösbar von ihnen existiert. Der Glaubende ist das subjectum dessen, was er als „Gottseligkeit"
(eusébeia) und „Selbstgenügsamkeit" (autarkeía) in sich
vollzieht (1.Tim. 6,6); und in *dieser* Dimension ist er dem
Bleibenden verbunden. Eben damit aber ist dieses Selbst
zugleich das *objectum* jener Geschichte, die Gott mit uns
eingegangen ist und die er auch im Tode nicht abbrechen
läßt[19].

Nicht als ob *wir* nicht abgebrochen würden im Tode
(doch, wir werden abgebrochen!). Nicht als ob *wir* unsterblich wären (nein, wir müssen sterben!). Nicht als ob wir
mehr hätten als jenes „Haus, nicht mit Händen gemacht, das
ewig ist in den Himmeln" (2.Kor. 5,1). Doch hält Gott eben
unsere „Behausung von den Himmeln her" für uns bereit.
Er hält sie allem uns umfangenden – und nun auch *wirklich*
umfangenden – Tod zum Trotz bereit.

Paulus sagt nicht – wir sprachen darüber –, daß Gott uns
eine unsterbliche Substanz gegeben habe, die das Todesver-
hängnis sieghaft durchbräche. Es gibt keinen rettenden Pfad
an ihm vorbei (vgl. auch Joh.12,24). Doch als Pfand dessen,
daß auf der andern Seite des großen Abbruchs Gott weiter-
hin der Herr ist und seine Geschichte mit uns nicht abbrechen läßt, daß er uns ein Gott des Lebens und der Auferweckung, daß er ein creator ex nihilo bleibt: als Pfand
solcher Hoffnung hat er uns den *Geist* gegeben (2.Kor.5,5).
Dieser Geist ist wiederum nicht der unsterbliche Menschen-
geist oder der göttliche, in seinem Glühen nicht erlöschende
Funke, sondern er ist der Geist Gottes selber, der in *seiner*
Verfügung bleibt, und demgegenüber wir immer die Bittenden und Anbetenden und also *die* bleiben, die in Distanz

verharren und sich nicht selber in jenem Geiste verehren
können. Es bleibt bei der Haltung der Bittenden: Veni
creator spiritus.

Zweitens geht es um die im Tod kundwerdende *Gottes*beziehung:
Die biblische Feststellung, wir müßten im Tode alles
zurücklassen, worauf wir uns hienieden verlassen haben, ist
also nicht etwa im Namen des Skeptizismus oder einer
Annullierung aller Lebenswerte getroffen. Das wäre nur
dann der Fall, wenn es bei dem negativen Teil der Feststellung bliebe: ,,Es ist alles aus.‟ Das Ziel jener beschwörenden Mahnungen ist aber etwas eminent Positives: statt der
Annullierung aller Werte zur richtigen, ,,vor Gott‟ vollzogenen *Rangordnung* der Werte durchzufinden. Das wird
gerade in der Auseinandersetzung Jesu mit den reichen,
mammonhörigen Menschen deutlich. Wir haben uns das
bereits an der Geschichte vom Reichen Kornbauern verdeutlicht (Lk.12,16 ff.)[20]: Er ist im Tode verlassen, weil er
seinen vollen Scheunen vertraute und über dem Reichtum
an Dingen jenes Reich-sein in Gott vergaß, das ihm im
Tode treu geblieben und nicht von Motten und Rost zer-
fressen worden wäre (Mt.6,19 f.).
Wer diesen Reichtum in Gott versäumt, verliert im Tode
nicht nur die Schätze, sondern vor allem sein Selbst, das er
in diese Schätze investierte und in ihnen aufgehen ließ. So
verschätzte sich der Kornbauer in der eigentlichen Rangordnung der Werte und vergaß, sich der Geschichte mit Gott zu
erschließen, in die mit seinem Selbst aufgenommen zu
werden ihm doch angeboten war. Das ,,Reich-in-Gott‟
heißt ja nichts anderes als reich-sein an Hoffnung auf jenes
,,Gemeinwesen in den Himmeln (políteuma), in dem wir
Bürgerrecht haben‟ (Phil.3,20); es heißt, schon jetzt in

Verbindung zu stehen mit dem Herrn, der dem Tode seine Beute nicht lassen wird, weil er der Herr des *Lebens* ist. Nur insoweit wir an dieser Geschichte Gottes teilnehmen, haben wir ein Selbst, das (zwar nicht den Tod „überdauert", das aber) ein Glied an jenem Haupte ist, das als Haupt des Auferstandenen über die Nacht des Sterbens hinausragt und die Seinen nicht läßt.

Hier tritt in besonderer Deutlichkeit hervor, wie qualitativ anders die Todüberwindung gesehen wird als bei dem platonischen Dualismus Körper und Seele. (Schon daß psyché in dieser Perikope kaum mit „Seele", sondern mit eben jener physischen Lebendigkeit zu übersetzen ist, aus der der reiche Mann in der kommenden Nacht herausgerufen wird, zeigt den ganzen Abstand). – Trotzdem scheinen theologische Aussagen nicht ohne die Verwendung des Wortes „Seele" auskommen zu können. Auch LUTHER, der den anti-platonischen Gedanken der Todüberwindung sehr entschieden festgehalten hat (wir deuteten das bereits an und kommen später noch einmal darauf zurück), spricht in seinem Römerbriefkommentar und gelegentlich auch in den Tischreden von der anima incorruptibilis (= der unzerstörbaren Seele), die hier zweifellos für ihn eine vom Körper unterschiedene Größe bedeutet[21]. Allerdings wird man bei dem Begriff incorruptibilis stets die ex-zentrische, von der bleibenden Gemeinschaft mit Gott ausgehende Bestimmtheit im Auge behalten müssen. Und wer möchte wohl, darf ich nebenbei noch fragen, MARTIN SCHALLINGs Schlußchoral in der BACHschen Johannes-Passion missen: „Ach Herr, laß dein lieb Engelein / am letzten End' die Seele mein / in Abrahams Schoß tragen" –? „Seele" in der Art, wie LUTHER den Begriff verwendet, und wie er auch in jenem Choralvers gemeint ist, ist zweifellos als der Inbegriff des Menschen zu verstehen, insofern er durch das Wort Gottes in eine unverbrüchliche Gemeinschaft mit Gott berufen ist und in ihr Bergung findet. Vielleicht darf ich so formulieren: Der Begriff „Seele" bleibt tatsächlich unverzichtbar, wenn man vom leiblichen Tode sprechen muß und gleichzeitig zum Ausdruck bringen möchte, daß die einmal mit uns begonnene Geschichte Gottes im Tode nicht abreißt. „Seele" wäre dann eine Chiffre für unsere Partnerschaft in dieser Geschichte[22].

Daß der Reiche Kornbauer dieses ,,Selbst" – wir können im Hinblick auf unsere frühere Terminologie auch ruhig sagen: diese seine ,,Person" – nicht erst im Tode verliert, sondern daß er sie schon bei Lebzeiten und mitten im satten Besitz seiner gefüllten Scheunen verloren hat, daß er auch hier schon als personloser Schatten ohne eigentliche Existenz und schon im Gerichte befindlich (Joh.3,19) herumgeistert, ist allzu offenkundig, so sehr es auch den Blicken der Menschen entzogen ist. Denn diese Blicke pflegen wohl auf das *Ansehen* der Person, nicht aber auf die Person *selber* gerichtet zu sein (Mt. 22,16; Joh. 7,24; Röm. 2,11; Gal. 2,6; 1.Petr. 1,17).

Es geht also beim Reichen Kornbauern keineswegs nur um die Frage des Jenseits, zu dem der Tod den Übergang bildet. Sondern es geht zugleich um sein personlos gewordenes, ausgehöhltes Diesseits, dessen Ausgang der Tod ist. Der Tod macht nur das Schicksal eines Lebens offenkundig, das ,,gestorben war, ob es gleich lebte".

Von hier aus wird ganz deutlich, daß die Todesbotschaft nicht Teil einer skeptischen, relativierenden, negativen Weltanschauung ist, sondern daß sie alle Werte nach ihrem obersten Kriterium, wir können auch sagen: nach dem einzigen Kriterium ,,umwertet".

Darum ist es eigentlich falsch oder wenigstens unscharf, wenn wir nur davon sprechen, daß der Tod das Ende unseres Reichtums, unserer Habe, unserer Lebensinhalte sei. Das ist gar nicht der entscheidende Scopus der Schrift. Der Reichtum als solcher interessiert gar nicht. Er ist ein Sachwert und in gewisser Weise auch Ausdruck der Ordnung (etwa der Eigentumsordnung), der wir uns keineswegs zu entschlagen brauchen, sondern in der wir stehen dürfen, wenn auch in den Grenzen des ,,Haben-als-hätteman-nicht" (1.Kor. 7,29). Der *Tod ist biblisch nicht wichtig,*

insofern er das Ende von Sachwerten ist, sondern insofern er das
Ende unserer Götter ist, zu denen wir jene Sachwerte erhoben
haben, insofern also jene Schätze anstelle des ,,Reich-seins-
in-Gott" getreten sind. Nicht die Schätze als solche sind im
Zusammenhang mit der Todeswirklichkeit relevant, es geht
vielmehr um den Stellenwert, den sie gewonnen haben
bzw. um den Thron, den sie usurpierten und auf dem sie zu
,,andern Göttern geworden sind neben Ihm". Der Verlust
der Schätze als Sachwerte ist gewiß ein *psychologisches* Problem, wie es HOCHE ausgezeichnet formulierte. Das *theologische* Problem aber entsteht erst dort, wo wir ,,das Ende
der Schätze als unserer Götter", das heißt als der illegalen
Konkurrenten Gottes erfahren. Zu Göttern werden die
Schätze dadurch, daß wir sie ,,haben, als hätten wir endgültig".

Es kommt also alles darauf an, daß wir bei der im Tod
gegebenen Trennung von unsern Schätzen nicht auf die
,,Schätze" blicken – die sind nur für Motten und Rost, im
übrigen aber weder für Gott noch den Menschen von
Gewicht –. Vielmehr kommt alles darauf an, daß wir das
Verhältnis ins Auge fassen, das wir zu jenen Schätzen besitzen oder, nun ganz scharf auf unser Problem hin formuliert:
daß wir die personale Beziehung ins Auge fassen, in die wir
durch jene Schätze versetzt werden, nämlich entweder die
personale Beziehung zu ihnen als Göttern oder die personale
Beziehung zu unserm *wirklichen* Herrn, unter dessen Augen
wir sie haben, als hätten wir sie nicht.

Deswegen spricht die Bibel eigentlich nie vom Reichtum
als solchem, sondern immer von den reichen *Menschen*, das
heißt, von denen, die durch den Reichtum schlechthin
charakterisiert sind, weil sie von ihm her leben und gleichsam von ihm ,,gehabt" werden, weil er eben ihr Gott

geworden ist. Wenn LUTHER davon spricht, daß Gott uns
niemals ,,an sich" angehe, sondern immer nur in seinem
,,quoad-me" (= in seiner Bezogenheit auf mich), dann läßt
sich das gleiche auch von unsern Schätzen und unserm
Lebensinhalt sagen: Sie sind theologisch nicht als Sachwerte
relevant, sondern in diesem ihrem ,,quoad-me" bedeutsam.
Diese Bedeutung aber, die sie so für mich haben,
umschreibt nichts anderes als die personale Beziehung, in
die ich mich durch sie versetzen lasse. Sie ist es, die die Frage
auslöst, ob ich in ihnen Gott gehöre oder dem Mammon.
(Es ist übrigens selbstverständlich, daß ich statt Mammon
auch *ideelle* Werte nehmen kann. Sie können in der Rangordnung der Werte natürlich ebenfalls an einer falschen
Stelle untergebracht, sie können verabsolutiert werden und
mich deshalb im Leben und Sterben personlos machen: Wir
brauchen nur an die Werte ,,Geist" oder ,,Klasse" oder auch
,,Gesundheit" zu denken, um diese Konsequenzen zu überblicken.)

Wir halten also folgendes fest, um unsern Gedankengang
von jedem skeptizistischen oder negativierenden Mißverständnis freizuhalten:
*Die Todesgrenze ist wichtig, insofern sie die Grenze des
trügerischen Machtbereichs unserer Götter ist.* Und gleichzeitig
ist sie ein Hinweis auf den Herrn, der uns an jener Grenze
erwartet und auf den wir gerüstet sein müßten. Die Todesgrenze markiert also unsere personale Existenz.

Aber wie steht es nun mit jenem Herrn, der uns an der
Todesgrenze erwartet? Auf diese Beziehung müssen wir
nunmehr genauer achten, nachdem wir vorher von den
falschen Göttern gesprochen haben, deren Ende der Tod ist.
Psalm 90 lehrt uns die Bitte um deutliches Todeswissen,

„auf daß wir ein weises Herz gewinnen". Diese Weisheit besteht nach Vers 7 f. in dem Wissen, daß wir vergehen um des Zornes Gottes willen[23] und uns so in derjenigen Beziehung zu Gott erkennen, in der wir de facto stehen, daß wir folglich nicht sicher werden, uns nicht überschätzen und gegen Träume von einem ewigen Leben, das wir substantiell in uns trügen, gefeit sind. Dies zu wissen ist Weisheit, weil es Desillusionierung und Entsicherung bedeutet und uns den nötigen und dringend gebrauchten Realismus beibringt: nämlich das Rechnen *mit* und das Messen aller Dinge *an* dem „einzigen" Wert.

Nun ist es allerdings wichtig zu sehen, daß dieser „einzige" Wert nicht eine zeitlose Größe ist – ein summum bonum etwa –, ja nicht einmal Gott „an sich"; als ob der uns überhaupt etwas anginge! Dieser einzige Wert besteht vielmehr in einer ganz konkreten Beziehung *zu* und in einer Begegnung *mit* diesem Gott, also in einem personalen Akt, in einem „Ereignis".Dieses Ereignis ist die Selbsterschließung Gottes in Gericht und Gnade, durch die er sich als *meinen* Herrn kund gibt. – Ein *Ereignis* ist so der eigentliche Wertmaßstab. (Um so persönliche, un-„sachliche" Angelegenheiten geht es hier!) Deshalb ist auch der Begriff „Wert" nicht genau angemessen, weil er im Sprachgebrauch allzusehr mit Zeitlosigkeit belastet ist. Wir gebrauchten ihn nur vorübergehend zur Hinführung. Von jetzt an lassen wir ihn fallen.

Dieses personale Ereignis, das im Tode kund wird und seinen Schatten über alle unser Leben erfüllenden Bereiche wirft, bezeichnet der Psalm als Gericht, als „Zorn" Gottes.

Zorn Gottes bedeutet im biblischen Sprachgebrauch die Reaktion der göttlichen Heiligkeit gegen die Absonderung des Menschen, gegen seine „Sünde" also.

Der Tod als der exponierteste Ort, an dem jene ira Dei erfahren wird, bedeutet also: Das menschliche Leben kann nicht vor Gott bestehen. *Das menschliche Leben ist nicht das ewige Leben Gottes.*

,,Wir müssen dahin", das heißt: Wir sind in betonter Weise Staub, aus dem wir gemacht sind und zu dem wir wieder werden. Für die Gedankenwelt der Psalmen (Ps. 103,14; 104,29 u. a.) ist aber ,,Staub" nicht einfach Symbol für jene Vergänglichkeit, der auch die Blumen und das Gras unterliegen. Gewiß, auch dieses Vergehen ist ebenso wie das Werden nur von Gott her zu begreifen: ,,Entsendest du deinen Odem, so werden sie geschaffen" und umgekehrt: ,,Nimmst du weg ihren Odem, so verscheiden sie und kehren zum Staube zurück" (Ps. 104,29 f.).

Auch die Blumen und das Gras und alle außermenschlichen Kreaturen haben niemals eine in sich ruhende Endlichkeit, die ihnen autarkes Leben gäbe. Auch *ihr* Werden und Vergehen, auch *ihr* Tod ist also von Gott gewirkt. Doch die Blumen und das Gras, die Walfische und die Berge wissen nichts davon, daß sie so auf Gott bezogen wird. *Nur der Mensch weiß es,* nur er ragt in einsamem Todeswissen über das Kreaturenreich empor und hat so eine andere, sozusagen potenzierte Gestalt der Vergänglichkeit. *Nur er muß darum die Frage stellen, in welchem Sinne Gottes Handeln in seinem Sterben wirksam wird.*

Schon dadurch, daß er diese Frage stellen kann, nein, daß er sie stellen *muß*, wird deutlich, daß sein, des Menschen, Zu-Staub-werden etwas qualitativ anderes ist als das bloß physische Zu-Staub-werden der bloß physischen Wesen. Es wird deutlich, daß ihm hier etwas widerfährt, demgegenüber er die Frage des ,,Warum" stellen muß, weil es eben nicht mehr um eine selbstverständliche und fraglose Gesetzmäßigkeit geht. Es wird ihm klar, daß sich hier eine Ent-

scheidung wider ihn vollzieht, mit der er sich auseinander-
setzen muß.

Worin besteht diese Entscheidung, dieses Moment also,
das alles nur physisch-Gesetzmäßige übersteigt? – Wir kehren damit aus einer anderen Richtung zu der schon im
phänomenologischen Teil aufgetauchten Problemstellung
zurück, warum das Sterben des Menschen nicht in biologischer Gesetzmäßigkeit aufgehe.

2. Die ira Dei als Geheimnis der im Sterben kundwerdenden Gottesbeziehung

Der Tod als „der Sünde Sold" (Röm. 6,23)

Wir lassen die großen Gedanken des 90. Psalms zunächst
ganz für sich selber sprechen:

Vom Menschen her gesehen gründet das ihm zuerteilte
Todeslos in seiner *Schuld*. Von Gott her gesehen aber heißt
die wider ihn gefällte Todesentscheidung *Zorn*.

Beides – Schuld und Zorn – müssen wir zusammensehen.
Die theologische Frage besteht hier darin, warum und wieso
dieses Beides gerade im *Sterbensgeschick* des Menschen zum
Ausdruck kommen soll.

Durch die Orthodoxie älterer und auch neuerer Zeit sind
wir genügend gewarnt, um uns vor der kurzschlüssigen und
versimpelnden Feststellung zu hüten, der Tod sei eben
Strafe – punktum; und vielleicht noch hinzuzusetzen: er
werde wohl deshalb als solche Zuchtrute ausgesucht sein,
weil er dem Menschen besonders schwerfällt; er sei noch
eine viel härtere Knute als jene andere, daß die Kinder nur
unter Schmerzen geboren werden und daß der Acker nur
unter Schweiß und Tränen seine Frucht ernten läßt. Durch
ein derart im Entscheidenden abbrechendes Denken, mit

dem wir uns – sehr zu Recht – nur das Verdikt des Doktrinä-
ren zuziehen könnten, verfielen wir wieder jener falschen
und schon gegeißelten Kausalmacherei, die viel besser und
viel glaubwürdiger von der Naturwissenschaft abgelöst
wird.

Darum also die Kardinalfrage, an die wir uns jetzt von
allen Seiten herangearbeitet haben; warum und wieso das
Schuld- und Zornesverhängnis gerade im *Sterben* des Menschen zum Ausdruck komme. Nur *der* erfaßt das Geheimnis, der sich zunächst einmal darüber *wundert*.
In den ersten Versen von Psalm 90 heißt es:

> Herr, du bist unsre Zuflucht für und für.
> Ehe die Berge geboren wurden
> und Erde und Welt erschaffen wurden,
> bist du, Gott, von Ewigkeit zu Ewigkeit.
> Du lässest den Menschen zum Staub zurückkehren
> und sprichst: kehret zurück, Menschenkinder!
> Denn tausend Jahre sind in deinen Augen
> wie der Tag von gestern (wenn er vorbeiging) und wie eine
> Nachtwache.
> (Du säst sie jahraus, jahrein),
> sie sind wie das Gras, das nachwächst:
> Am Morgen blüht es auf, wächst nach,
> am Abend welkt es und verdorrt.

Wenn wir diese gewaltigen Eingangsverse für sich nehmen, ahnen wir *auch* schon etwas von Tod und Vergehen.
Aber mehr in dem Sinne, daß eben das Meer der Zeit am
Strande der Ewigkeit zerstiebt, daß es an dem zurückbran-
det, vor dem tausend Jahre sind wie ein Tag. Man hat das
Empfinden, als ob das Meer der Zeit von allen Seiten durch
den Strand der Ewigkeit eingefaßt und umgeben sei und nur
ein kleines Wogen innerhalb ihrer bedeute[24]. Sieht man den
Tod des Menschen nur im Lichte dieser ersten für sich

genommenen (dann jedoch fälschlich isolierten) Verse, dann scheint er erklärt werden zu können mit dem ökonomisch-dynamischen Kräfteverhältnis zwischen Zeit und Ewigkeit. Der Tod ist dann einfach der Repräsentant der menschlichen Endlichkeit gegenüber der Unendlichkeit Gottes.

Nun aber ist äußerst gravierend, daß es nicht bei diesem „quantitativen" Unterschied zwischen Gott und Mensch bleibt, sondern daß eine qualitative Kategorie, nämlich „Schuld" und „Zorn", eingeführt wird, um die Inadäquat-heit von Gott und Mensch zu beschreiben: „Das macht dein Zorn, daß wir so vergehen . . ." *Es handelt sich letztlich nicht um den quantitativen Abstand von zwei Größen, sondern um den qualitativen Bruch zwischen zwei Personen.* Insofern geht es nicht um den Ausdruck einer verschiedenen Größenord-nung, sondern um ein Gericht. Der Tod wird nicht als Repräsentant des *Abstandes*, sondern als Repräsentant des *Gerichtes* sichtbar. Er sitzt sozusagen auf der Bruchstelle der gottmenschlichen Gemeinschaft. Es kommt zunächst darauf an, diesen so überaus merkwürdigen Tatbestand klar her-auszustellen, ehe wir ihn dann zu verstehen suchen.

Natürlich ist der Tod *auch* Repräsentant der quantitativen Endlichkeit. Aber es ist wichtig zu sehen, wie diese Endlich-keit und ihre dynamisch-ökonomische Inadäquatheit zu Gottes Ewigkeit immer durchdrungen und gefärbt ist von dem Abstand des Sünders zu Gottes Heiligkeit, vom Wissen also um das Gericht. Es handelt sich, negativ ausgedrückt, um alles andere als das Abstandsgefühl gegenüber einem Ideal, von dem mich noch ein („quantitativ") weiter Weg trennt und angesichts dessen ich einen („quantitativ") unendlichen Progressus über die Todeseinschränkung hin-aus postulieren müßte[25]. Sondern es handelt sich um das Sich-sündig-, Sich-gesondert-Wissen gegenüber Gottes Person, so daß das quantitative Abstandsgefühl nur sekundäre und abgeleitete Bedeutung hat. Es handelt sich um ein durchaus *personales* Phänomen.

Charakteristisch dafür ist das Petrusbekenntnis angesichts des wunderbaren Fischzuges: ,,Herr, gehe von mir hinaus, ich bin ein sündiger Mensch"! (Lk. 5,8). Dieses Bekenntnis ist deshalb so vielsagend, weil das hier geschehende Wunder zunächst jenseits aller personalen Bezüge zu liegen scheint: Denn als ,,dynamischer" Krafterweis Christi scheint es die Allmacht und Allwissenheit Gottes gegen die unwissende Hilflosigkeit und Ohnmacht des begrenzten Menschen aus-zuspielen. Man muß jedoch darauf achten, wie dieser dyna-misch-ökonomische Abstand von Gott und Mensch von Petrus sofort ins Personale gewendet und gleichsam in eine andere Tonart transponiert wird: Er versteht sich nicht als ,,kleinen Wicht" angesichts der Größe solcher Vollmacht und nicht als ,,Atom" angesichts der göttlichen Weltbeherr-schung, wie es auf der Ebene des Nur-Dynamischen doch sein müßte. Sondern *sein ,,kleiner-Wicht-sein" und sein ,,Atom-sein" ist nur der auf die Ebene quantitativer Maßverhält-nisse geworfene Schatten der eigentlichen Wirklichkeit, nämlich seines Seins als Sünder,* der Schatten also des personalen Bruchs, der hier in Erscheinung tritt. Beides hängt immer zusammen, so wie ein Körper mit seinem Schatten zusam-menhängt. Deshalb hängen auch auf der göttlichen Seite Wunder und Sündenvergebung innerlich zusammen (Mk. 2,1 ff.). Die Krafttat des Wunders ist nur der maß-stäbliche ,,Ausdruck" des Vergebungsgeschehens, also der Wiederherstellung einer zerbrochenen Persongemeinschaft.

Das gleiche Phänomen wie bei Petrus zeigt sich in dem philologisch so oft bestrittenen und sachlich dennoch so überaus echten Schlußvers des 104. Psalms: Dieser Psalm scheint ein einziger Lobgesang auf die dynamische Überle-genheit Gottes gegenüber der Welt und auf den quantitativen Abstand des Schöpfers vom Geschöpf zu sein. Doch gerade angesichts dieses Abstandes schließt er (scheinbar unvermittelt, aber doch nur für *den* unvermittelt, der das Dynamische selbstzwecklich und nicht als Schatten des personalen Gott-Mensch-Schicksals versteht): ,,Möchten die Sünder verschwinden von der Erde und die Gottlosen nicht mehr sein." Es ist die genaue Parallele zu dem Petrus-erlebnis, geradezu so etwas wie dessen Vorschattung.

Wir fassen zusammen: So gewiß der Tod an der Bruch-stelle der gottmenschlichen Gemeinschaft sichtbar wird, ist er weder Ausdruck des bloß quantitativ dynamischen Abstandes zwischen Zeit und Ewigkeit, noch ist er erst recht durch die Eigengesetzlichkeit des Bios charakterisiert, der eben an Aufbau und Untergang und damit *wiederum* an ein quantitatives Lebensmaß gebunden ist. Vielmehr ist er durch seine personale Beziehung bestimmt: durch die Absonderung des Menschen aus der göttlichen Lebensge-meinschaft.

Die personale Beziehung, in die wir den Tod des Men-schen eingebettet sahen, besagt: Es ist kein bloß naturge-setzliches ,,Muß", das mir widerfährt, wenn meine letzte Stunde kommt, und also keine Gesetzmäßigkeit, der gegen-über ich bloßes *Objekt* wäre; sondern der Tod ist ein Ereig-nis, das ich *verwirkt* habe, demgegenüber ich *Subjekt* bin und das ich in Freiheit – das heißt eben als verantwortliche Person – herbeizwang.

Die ira Dei, kraft deren wir so vergehen, ist kein fatalisti-sches Verhängnis und kein bloßer ,,Strand der Ewigkeit", sondern Gottes Reaktion auf unsere Aktion, die wir als Person verantwortlich unternommen haben.

Oder noch anders formuliert: Personale Beziehung heißt: Ich muß Gott recht geben, wenn mir das geschieht. Gott will mir hiermit etwas *sagen*. Er reagiert im Sterben auf mich, und also steckt in diesem Sterben eine Botschaft. Ich sehe Hand und Wort Gottes auf mich zielen[26].

Damit haben wir den Punkt gefunden, auf dessen richtige Erfassung alles ankommt. Wir müssen nämlich zeigen, wie sich in und hinter dem uns quantitativ begrenzenden Sterben die personale Beziehung von ,,Schuld" und ,,Zorn" auswirkt.

3. Der Tod als Repräsentant der Grenze

Ich umschreibe die Antwort auf die hier gestellte Frage in zwei antithetisch aufeinander abgestimmten Sätzen:

1. *Der Tod ist der Repräsentant der Grenze,* der Repräsentant dessen also, daß ,,unser Leben ein Ziel hat und wir davon müssen".

2. *Der Mensch im Widerspruch* – das heißt also: der konkrete, der von Gott gesonderte und ihm entfremdete, der ,,ausgebrochene" Mensch – *ist der Repräsentant der grundsätzlichen Grenzverletzung*.

Sünde wird biblisch stets als Grenzverletzung beschrieben. Sie besteht darin, daß der Mensch ,,sein will wie Gott" (Genesis 3,5), daß ,,Adam geworden ist wie unsereiner" (Gen. 3,22) und daß er sich – wie im babylonischen Turmbau – in die Sphäre Gottes erhebt (Gen. 11). Sünde (,,Sonderung") ist so niemals ein reines Negativum und eine bloße Lossage. Sondern die Lossage vollzieht sich sozusagen *implizit* damit, daß der Mensch nicht mehr Mensch, sondern *Gott* sein will, daß *er* und nicht Gott das Maß aller Dinge und Gottes selber sein will. Der Götzendienst ist deshalb nach Paulus (Röm. 1,18 ff.) die eigentlich repräsentative

Erscheinung dieses Strebens, die letzte Wirklichkeit nach dem Bilde des Menschen zu formen und ihn zum Maßstab aller Dinge und Werte zu machen. Das gleiche gilt (wir sahen das bereits) von der ins Unpersönliche übertragenen, sachlich aber gleichwohl unveränderten Tendenz des Götzendienstes, wie sie etwa im Ideen- und Ideologien-, im Lust- oder Mammonsdienste zum Ausdruck kommt. Die Verschiedenheit der jeweiligen Gottesbilder rührt nur von der Verschiedenheit der menschlichen Typen her, die Gott nach ihrem Bilde formen. Dabei ist es gleichgültig, ob hierbei die Vokabel „Gott" *ausgesprochen* oder – wie in den meisten Fällen – *nicht* ausgesprochen wird.

Wenn wir beides so einander gegenüberstellen: den Tod als Grenze und den Menschen als Grenzen-losen, tritt der *personale* Charakter des Todes in und hinter allem Biologischen und Dynamischen markant zutage: Er muß selbigen Tages über den Menschen kommen, wo er von der verbotenen, jenseits seiner Grenze hängenden Frucht ißt: *Dem Grenzenlosen wird seine Grenze vorgehalten.*

Die erste Grenze – die Grenze nämlich zwischen Gott und Mensch –, deren Respektierung der Freiheit seines Gehorsams überlassen war, hat er frevelhaft in eben dieser Freiheit überschritten. So wird ihm die zweite Grenze entgegengehalten, die unübersteiglich ist und eine nicht übersehbare Scheide zwischen dem vergehenden Menschen und dem ewigen Gott bedeutet. Diese Grenze ist der *Tod*. Dem zur Lebensgemeinschaft mit Gott Berufenen, doch nun *selbst* sein Leben Ergreifenden wird demonstriert, daß dieses Leben gerade der Tod ist, daß es in sich selber versinken muß.

Wir können das Gefälle zwischen Schöpfung und Sündenfall auch so umschreiben:

Die „Gott*ebenbildlichkeit*" des von Gott Geschaffenen[27] ist das Leben-dürfen mit Gott, ist so etwas wie Tod-losigkeit[28]. Die erraffte „*Gottebenbürtigkeit*" dagegen, die dieses Leben-dürfen noch übersteigern wollte und aus der Bindung in die Selbständigkeit strebt, führt gerade zum *Tod*, ja sie *ist* der Tod: „Der Tod ist der Sünde Sold."[29]

Insofern besteht der Schrecken des Todes nicht nur darin, daß er Ende ist oder Grenze im quantitativ zeitlichen Sinne, sondern daß *der Tod die Grenze des von Haus aus Grenzenlosen ist*. Oder noch schärfer: *daß im Tode der Widerspruch des allein ewigen Gottes gegen den sich zur Grenzenlosigkeit erhebenden endlichen Menschen aufklingt.*

Das ist der Charakter des Todes, wie er coram Deo sichtbar wird. Man darf ihn also auch hier wieder nicht als biologisches Phänomen isolieren, sondern muß ihn von der Geschichte zwischen dem Ich des Menschen und dem Du Gottes her verstehen, in deren Rahmen er steht. Man wird den Tod so, wie ich früher sagte, aus einem *Natur*faktum in ein *Geschichts*faktum verwandelt sehen.

Diese grundlegende theologische Erkenntnis verdeutliche ich noch durch einige weitere und zugleich erweiternde Sätze:

Der Tod ist nicht dadurch charakterisiert, *daß* er Grenze ist, sondern vielmehr durch den, *der* hier begrenzt wird: nämlich durch den Grenzenlosen, sich von seiner Gottebenbildlichkeit zur Gottebenbürtigkeit erhebenden Menschen; und ferner durch den, der die Begrenzung widerfahren *läßt:* den allein Heiligen, der keine andern Götter neben sich duldet.

Wir können diese Erkenntnis geradezu als Lehrsatz so formulieren:

Der Tod im biblischen Sinne ist nicht der Tod des Menschen, insofern er Säugetier ist, sondern der Tod des Menschen, insofern er Gott sein will und insofern er erfahren soll, daß er nur Mensch ist.

Da er aber beides – Säugetier und Personträger der Hybris – gleichsam in Personalunion ist, hat der Tod ,,auch" seine biologische Seite. Doch dieses biologische Ende, das ,,im" Tode steckt, ist nicht das Eigentliche; genausowenig wie die Tatsache, daß der Mensch ein Säugetier ist, das Eigentliche seines Menschentums ausmacht, sondern nur die physische Basis dieses Eigentlichen bildet. Das Eigentliche des Menschen ist sein Person-sein; *das Eigentliche des Todes ist der* im *Medium des Biologischen sich vollziehende Widerspruch zur Person des Menschen, welche die Grenzenlosigkeit ist*[30].

Diese Doppelseitigkeit des Menschen (Person- und Biossein) kommt auch zum Ausdruck in der *Verfluchung* des Menschen, die den Todesbann auf ihn legt (Gen. 3,19). Es heißt dort, der Mensch müsse nun im Schweiße seines Angesichts sein Brot essen und noch dies und jenes erleiden, bis er wieder zu jener Erde werde, von der er genommen sei. Und dann folgt die Begründung: Denn du *bist* Erde und sollst zu Erde werden.

,,*Du bist Erde*" – darin steckt beides. Es bedeutet einmal: Du bist ein Stück Natur und teilst das Vergänglichkeitsgeschick deiner Mitgeschöpfe. Zum andern aber heißt es: Du gehörst auf jene Erde, gehörst in jenes Unten und Unter-Gott, über das du dich erhoben hast und im Turmbau zu Babel als einem weiteren Glied in der langen Kette deiner Empörungen weiter erheben wirst.

,,*Und sollst zu Erde werden*", das besagt: Indem dein Tod dieses Zu-Erde-werden ist, bleibt er eine *Anamnesis* daran, daß du hinter die durchbrochene Schranke zurückgewiesen wirst. Dein Tod ist also Bestätigung dessen, daß du auf die *Erde* gehörst und *nicht* in den Himmel, den du erraffen wolltest.

Deshalb tut es wehe, zum Staub zurückkehren zu müssen, weil darin jene Erinnerung an den Fall und die göttliche Reaktion darauf zum Ausdruck kommt. Deshalb sagt Paulus 1.Kor. 15,56: ,,Der Stachel des Todes ist die Sünde." Das heißt von der soeben gewonnenen Erkenntnis aus: Das, was wehe tut am Tod, nämlich jene Anamnesis, jene Reaktion Gottes – das ist eben dieser Hintergrund der Sünde. Die Sünde gibt dem Tode ein Recht auf mich. Sie ist sein Brückenkopf in meinem Person-Revier.

Zugleich wird noch ein anderes sichtbar: wie nämlich das biologische und das personale Geschehen unscheidbar ineinander liegen.

,,Zu Erde werden" heißt ja beides: es heißt nicht nur, in die Zone der Begrenzung zurückgeworfen werden, sondern heißt zugleich auch: physisch ,,zu Staub werden", ,,verwesen". Das, was den *lebenden* Menschen bestimmt, nämlich seine personhaft-biologische Doppelseitigkeit, bestimmt auch sein *Ende*. Beides will in beiden Fällen immer zusammen gesehen werden.

Der etwaige Einwand: Soll also das biologische Sterben, die Entwässerung der Zellen und die Auflösung des Organismus in Abhängigkeit gebracht werden von jenem Vorgang? Wäre also ohne diesen Vorgang der biologische Prozeß anders? Und wie könnte das denkbar sein?! – dieser Einwand fragt und behauptet in einer falschen Richtung. Denn er führt wiederum jene unangemessene Kausalbeziehung ein, die wir in der Orthodoxie des 17. Jahrhunderts fatalerweise feststellen mußten: indem er einen physischen Tatbestand aus seiner biologischen Eigengesetzlichkeit loslöst und in kausale Abhängigkeit von einem metaphysischen Faktum bringt.

Die Berichte von Schöpfung und Sündenfall wollen aber gar nicht eine Historie erzählen und die Welt mit ihrem Fall von einer prima causa „ableiten". Es geht im Urstand und in der Sündenfallgeschichte nicht um (wenn auch nur theoretisch) datierbare und chronologisch unterzubringende Anfangsepochen der Menschheit. Jene Berichte wollen vielmehr *unsere* Lage beschreiben und den Glauben auslegen, daß „*mich* Gott geschaffen" habe, daß also nicht die res mundi, sondern *mea* res agitur. Ich habe *mich* als den zu verstehen, der aus den Schöpferhänden Gottes kommt und sich ihm schuldig ist, ich habe *mich* als den zu verstehen, der – am „exemplar"[31], am Prototyp Adam demonstriert – aus diesem Schöpfungsleben und seinem Unter-Gott-Sein ausbricht. Schöpfung und Sündenfall liegen sozusagen wie ein Horizont um diese meine Existenz herum und zielen von allen Seiten auf *mich*. Wollte man die theologische Intention jener Berichte graphisch darstellen, so dürften sie nicht als erste Spannen einer Zeitstrecke charakterisiert werden, die historisch der jetzt im 20. Jahrhundert von mir durchlebten Strecke „vorausgehen", so daß sie außerhalb meiner Existenz in unvordenklichen Zeiträumen stattgefunden hätten. Sondern sie müßten dargestellt werden als ein Kreis, der um mich herumgelegt ist, der „meine" Personwelt als Horizont umschließt und dessen Radien auf mich weisen.

Von da aus verbietet sich die Richtung, in welcher der obige Einwand fragte. Ich kann das *Personhafte* an mir und das *Biologische* an mir nicht kausal scheiden, wie man an einer gegenständlich fixierbaren Größe ihre Verursachung und ihr Wirkung-sein unterscheidet. Ich stehe mir selbst nicht in diesem Sinne gegenüber. Vielmehr erlebe ich als ungegenständliches Subjekt meiner Verantwortung das unscheidbare Ineinander von Person und Bios an mir oder – auf die idealistische Ebene übertragen und damit allerdings schon modifiziert – das unscheidbare Ineinander von Kausalität und Freiheit, von mundus sensibilis und intelligibilis.

KANT hat auf jener Ebene des Idealistischen einen ähnlichen
Tatbestand beschrieben, wenn er sagt, daß für die gegenständliche Betrachtung das Geheimnis der Person ganz
unfaßbar wird – eben weil man in einer falschen Richtung
auf es zugeht –: Für die gegenständliche Betrachtung muß
ich schlechthin alles der Kategorie der Kausalität unterworfen sehen und kann infolgedessen das Phänomen der Freiheit, damit aber auch das Phänomen der Verantwortlich-
keit, gar nicht zu Gesicht bekommen. Dieses Phänomen
erfahre ich nur ungegenständlich, so nämlich, daß ,,ich" vor
sittlichen Entscheidungen stehe. Da erfahre ich dann – aller
kausalen Ableitbarkeit der Dinge, die nicht ,,Ich" sind, zum
Trotz –, daß ich frei bin, das heißt, daß ich in meinem mir
aufgegebenen Handeln nicht bewirkt, sondern erste Ursache bin.

Ich stelle mich also auf eine illegale und unangemessene
Ebene (nämlich auf die Ebene des gegenständlichen, von
mir absehenden Denkens), wenn ich mein Person-sein und
mein Bios-sein in kausale Abhängigkeit voneinander bringen will oder wenn ich die personhafte und die biologische
Erscheinungsseite meines Todes nicht zwei Seiten derselben
Sache sein lasse, sondern sie auseinandernehme und voneinander ableite. Deshalb gebrauchten wir die am passendsten
scheinende Formulierung, daß sich ,,im Medium" des biologischen Sterbens ein personhafter, auf die Gott-Mensch-
Beziehung deutender Akt vollziehe: eben die Begrenzung
des Grenzenlosen. Wir können und sollen hinter diese Verbindung nicht zurückfragen, weil wir es nur auf Kosten
unserer persönlichen Betroffenheit, ja auf Kosten des Personhaften überhaupt könnten. Wir können und sollen
ebensowenig dahinter zurückfragen, wie wir am Ernte-
dankfest fragen, ,,was" nun an der Ernte *Gott* und ,,was"
dem *Bauern* zu verdanken sei: Die Bauernarbeit ist auch hier

ein Medium, in dem sich – untrennbar davon – die Segnung Gottes vollzieht: ,,Es geht durch unsre Hände, kömmt aber her von Gott."[32] Genauso geht unser Sterben ,,durch die Hände" des Bios, ,,kömmt aber her von Gott".

Gewiß: wir sterben biologisch denselben Tod wie die Tiere, und doch ist er ,,für uns" etwas ganz anderes, weil *wir* eben andere sind[33]. Und wenn wir schon einmal, aber nur zur Illustration, einen Tod des Menschen jenseits der ira Dei, jenseits des in ihm waltenden Person-Verhängnisses annehmen, so wäre er eben tatsächlich etwas ganz anderes, so wäre er nur ,,ein Schlaf" (LUTHER).

4. Exkurs: Der menschliche Tod bei LUTHER

Wenn wir so den personhaften Charakter des menschlichen Sterbens herausarbeiteten, wissen wir uns in wesentlicher Übereinstimmung mit den entscheidenden Gedanken LUTHERS zum Problem. Diese Gedanken seien in ihren parallelen Zügen kurz herausgestellt. Sie treten besonders deutlich hervor in der Auslegung des 90. Psalms, aber auch in der von Genesis 3.

LUTHER sieht, unter der Decke einer andern Terminologie natürlich, den Unterschied zwischen der personhaften und der physischen Seite des Sterbens sehr genau. Er arbeitet den Unterschied beider so heraus, daß er die physische Seite an den Tieren und die personhafte an dem klarmacht, was beim Menschen das tierische ,,Verenden" transzendiert.

Es sind vor allem drei Gesichtspunkte, unter denen dieser Unterschied herausgearbeitet wird:

1. Die Natürlichkeit des tierischen Verendens und die Unnatur des menschlichen Sterbens.

2. Die Immer-Gegenwärtigkeit des menschlichen Sterbens in dem unser ganzes Leben begleitenden Todeswissen.
3. Die Unerlaubtheit der Todesverachtung[34].

1. *Die Natürlichkeit des tierischen Verendens und die Unnatur des menschlichen Sterbens.* Ein wichtiges Zitat LUTHERS, das wir im folgenden interpretieren, setzt mit der bezeichnenden Feststellung ein, daß ,,der Tod im Menschen" seine Besonderheit gegenüber dem tierischen Verenden habe. Man beachte die Prägnanz der Formulierung: Der Tod ,,im" Menschen. Es heißt nicht einfach: der Tod ,,*des*" Menschen, sondern der Tod, insofern er nun im Unterschied zu den Tieren den *Menschen* überfällt, der Tod, insofern er die Sphäre des Menschlichen betritt und dadurch (als jener gleiche biologische Tod der Tiere) eine Verwandlung erfährt: ,,Der Tod im Menschen ist ein unendlich größeres Unglück als der Tod der andern Lebewesen. Denn obgleich Pferde, Kühe und alle Tiere sterben, so sterben sie dennoch nicht unter dem Zorne Gottes. Vielmehr ist der Tod für sie ein gewisses zeitliches Ungemach (oder: Beschwernis), von Gott so geordnet; nicht etwa zur Strafe, sondern deshalb, weil es Gott so irgendwie gut erschien". (Den Terminus ,,zeitlich" dürfen wir so interpretieren, daß der Tod der Tiere nur auf ihre zeitlich begrenzte Lebenskurve Bezug hat, aber keine darüber hinausreichenden Bezüge anrührt[35].)

LUTHER kann auch sagen, daß der Tod der Tiere im Unterschied zu dem der Menschen sich in der Vollstrekkung eines bloßen ,,Naturgesetzes" erschöpfe[36].

Dabei ist LUTHER keineswegs so naturblind, daß er nicht um die Todesangst und den Todesschmerz der Kreatur wüßte und daß er also den Gegensatz zur Schwere menschlichen Sterbens nur durch eine verharmlosende Ignoranz

gegenüber dem tierischen Verenden gewänne: ,,Wenn du
ein Schwein schlachtest, zeigt es durch Geschrei sein Sträuben und seinen Schmerz. Und wenn ein Baum gefällt wird,
so stürzt er nicht ohne Rauschen und Krachen (gleichsam
das Wehgeschrei der pflanzlichen Kreatur). Wie könnte nun
die *menschliche* Natur den Gedanken an den Zorn Gottes (an
jenen Zorn also, der als besonderes Verhängnis hinter *ihrem*
Sterben steht) ohne Tränen, ohne Murren, ohne das äußerste Sträuben ertragen –?!"[37]

Damit ist die besondere Beziehung angedeutet, die den
menschlichen Tod soviel schmerzlicher macht als den krea-
türlich-tierischen, der doch ebenfalls seine Not hat. Er ist
qualitativ von diesem unterschieden durch die Gottesbeziehung, die in ihm kund wird:

,,Der Menschen-Tod aber ist (gegenüber dem tierischen
schlechthin) *unglücklich* und durch den Zorn wahrhaft
unendlich und ewig."[38] (Das Wort ,,ewig", auf den Tod
angewandt, hat keineswegs nur die Bedeutung eines auf die
Lebenszeit *folgenden* ewigen Höllentodes, eines Todes im
Jenseits also. Sondern der ewige Tod hat uns schon hier und
jetzt. In dieser Auslegung dürfte KARL STANGE recht haben:
,,Das Wort ,ewig' hat . . . nicht zeitliche Bedeutung im
Sinne des Gegensatzes zur zeitlichen Begrenzung des irdischen Lebens. Der Tod heißt vielmehr ,ewig', weil der in
ihm zum Ausdruck kommende Zorn Gottes durch nichts in
der Welt überwunden werden kann: es gibt nichts, was uns
vom Zorne Gottes befreien und ihn aufheben kann, deshalb
ist er ,ewig'."[39])

Der menschliche Tod ist also aus einem ganz bestimmten
Grunde unendlich und ewig: Der ,,Mensch" ist insofern
eine besondere Kreatur, als er mit dem Ziel geschaffen
ward, ,,im Gehorsam gegen das Wort zu leben und Gott
ebenbildlich zu sein. Denn er ist nicht geschaffen zum

Sterben, sondern der Tod ist als Strafe der Sünde einge-
setzt."[40] Diese Gottebenbildlichkeit kommt unter anderm
dadurch zum Ausdruck, daß der Mensch den Tod nicht
kannte und am ewigen Leben Gottes teil hatte: „Das ist
mein Bild in euch – spricht Gott zu Adam und Eva –, daß ihr
aufgrund seiner lebt wie Gott lebt. Wenn ihr aber sündigt,
verliert ihr dieses Bild und sterbt."[41]

Der Schrecken des menschlichen Todes besteht folglich
darin, daß er nicht nur Verlust des physischen Lebens,
sondern daß er Einbuße der Lebensgemeinschaft mit Gott
ist oder – mit unserm früheren Terminus – daß er nicht nur
quantitative Grenze, sondern qualitative Begrenzung ist: ein
personhaftes Schicksal zwischen Gott und Mensch.

Versucht man den Tod ohne dieses personhafte Schicksal,
also ohne die ira Dei zu denken, versucht man ihn sich
gleichsam urständlich oder animalisch vorzustellen, so wäre
der Tod nur ein Schlaf, wäre er eine Schlange, welcher der
Giftzahn herausgebrochen ist, wäre er „harmlos". Wie
nämlich eine tote Schlange das Aussehen der Schlange
behält, aber kein Gift mehr hat und nicht mehr schaden
kann, so wäre auch der Tod wahrhaftig tot, wenn er
abgesehen von jenem Schrecken (über die ira Dei) wäre.
Wahrhaftig: dieser Schreck ist sozusagen das Gift des
Todes[42].

Also: Der Tod wäre ohne seine personhafte Seite tatsächlich tot, er wäre ein Nichts; nun aber trägt er noch das
„Gift" der ira Dei; so ist er ein uns anblickendes Leben und
eine uns bannende Macht.

Wir können auch so sagen:
Je mehr einer sich über sein Person-sein klar ist, je ernster
er die Wirklichkeit Gottes nimmt, um so schwerer muß er
den Gedanken an den Tod nehmen. Es ist hier wie überall

im Christenglauben: Indem die Erlösung von der Angst, von der Schuld, von der Not geschenkt wird, indem wir ,,mit Christus auferstehen", müssen wir die Not, die Angst, die Schuld zugleich ernst nehmen und dem harten Realismus der Wahrheit standhalten werden. Der Christenglaube gibt nicht Trost aufgrund einer Verhüllung der dunklen Lebens- und Todeswahrheiten, sondern er gibt ihn trotz ihrer *Ent*hüllung.

Das ist nur möglich, weil vor dem Medusenhaupt des Schreckens das Haupt des Dornengekrönten sichtbar wird, auf dem die *uns* meinende Bedrohung ruht. Aller andere Trost ist durch Illusion erkauft; und die heidnische Kaltblütigkeit vor dem Tode rührt da her, daß die Heiden nur die biologische Maske, seinen naturgesetzlich-tierischen Teil sehen, daß aber die causa efficiens et finalis des Todes ihren Augen verborgen ist[43]. Sie sind sozusagen vertrauensselig und glücklich wie ein Kind, das die *wahre* Gefahr, in der es sich befindet, gar nicht bemerkt.

LUTHER weiß natürlich ebenso wie die heidnischen Denker, daß man dem *physischen* Tode mit Gelassenheit gegenübertreten kann: ,,Wenn man nur den körperlichen Tod im Auge zu behalten braucht, ja dann können wir mit dem Dichter (MARTIAL) sagen: ,Den letzten Tag sollst du weder wünschen noch fürchten'." – Doch dieser körperliche Tod, dem man mit kühler Gelassenheit ins Auge schauen kann, ist eben nicht der *eigentliche* Feind, sondern nur seine Vorhut. Und *dem* dürfte die Gelassenheit vergehen, der die wahre auf uns zukommende Macht sieht. Der physische Tod ist zeitlich; dem Zeitlichen aber sind wir niemals wehrlos preisgegeben, sind niemals im Sinne SCHLEIERMACHERS ,,schlechthin abhängig" von ihm, sondern können gegen es angehen, wenn auch nur mit der Härte und mit dem Heroismus unserer Gesinnung. Der im Medium des Biologischen

auf uns zukommende *personhafte* Charakter des Todes aber
ist *ewig*, das heißt, er ist mit Hilfe der zeitlichen Mittel einer
äußeren oder auch inneren (gesinnungsmäßigen) Anstrengung schlechthin irreparabel: Mit dem Zorne Gottes wird
kein Sterblicher fertig. Deshalb eben das Erschrecken des
Sterblichen, wenn er den Höchsten sagen hört: Hier sollen
sich legen deine stolzen Wellen (Hiob 38,11). ,,Wir aber" –
nämlich wir Christen, wir zum Wissen Gezwungenen,
denen die heidnische Illusion genommen ist –, ,,wir halten
den *ewigen* Tod aus: den Zorn Gottes, der von uns nicht
besiegt werden kann (wie der körperliche Tod)"[44].

2. *Das Todeswissen und der Gegenwartscharakter unseres
Sterbens.* Die grundsätzlich verschiedene Wertung, die dem
Tode von seiten der heidnischen Illusion und vom christlichen Realismus zuteil wird, wirkt sich auch auf die Bedeutung der Rolle aus, die der rückwärts geworfene Schatten
des Todes während unserer gesunden und lebendigen Tage
spielt. Man kann das so ausdrücken: Jene verschiedene
Wertung wirkt sich auf die Aktualität des Todes in unserm
Jetzt und Hier aus. Als Beispiel dafür bringt LUTHER immer
wieder die bei Heiden und Christen so völlig verschiedene
Intensität des Todeswissens:

Obwohl wir als natürliche Menschen durch Friedhöfe
und erlebte Todes-,,Fälle" immer wieder an das Sterben
erinnert werden, beziehen wir den Tod nicht auf ,,uns"[45].
Wenn wir ihn wirklich auf ,,uns" beziehen und ihn als
,,unsern" Tod bemerken, ist er meist schon da. Man merkt
den Tod erst wirklich (indem man ihn nämlich als *seinen*
Tod erkennt), wenn man gelebt *hat* und im Sterben liegt,
genau wie man den Schlaf erst merkt, wenn man erwacht[46].
Darum ist es kein Wunder, daß der natürliche Mensch
den Tod aus seinem Leben verdrängt und ihn insofern keine

Rolle spielen läßt. Er wird so zur bloßen Angelegenheit des
,,letzten Stündleins" und des von MARTIAL gemeinten summus dies. Er ist also – als bloß körperlicher Tod – für den
natürlichen und heidnischen Menschen etwas ganz Ähnliches wie für die Tiere, denen der Tod ebenfalls erst im
Augenblick seiner unmittelbaren Gegenwart etwas bedeutet[47].

Praktisch äußert sich diese Verbannung des Todes aus
dem Leben und seine Isolierung auf den summus dies so,
daß der Mensch von Natur lebt, als ob er überhaupt nicht
stürbe. Alle Bemühungen und Gedanken des Menschen
laufen darauf hinaus, so zu tun, ,,als ob sie immer leben
würden", und aus ,,ihrem Leben ein ewiges Leben zu
machen"[48].

So lebt der Mensch aus der trügerischen Scheinkraft eines
Als-ob und nicht aus der harten Wahrheit des wirklichen
Todes. Er schiebt immer zwischen sich und den Tod die
Isolierwand seiner angeblich noch zu bewältigenden
Lebensjahrzehnte – was von dieser falschen Basis nur konse-
quent ist, da der Tod ja erst als Endpunkt der Zeitstrecke
akut ist[49].

So zeigt sich die groteske Tatsache, daß der Mensch im
Verhältnis zu seinem Tod um Zeitpartikelchen, um küm-
merliche Jahrzehnte ringt – ,,Frist- und Zeitgewinn ist unser
Leben"! (SHAKESPEARE) – und darüber die Ewigkeit vergißt,
die ihn gerade im Hinblick auf den Tod von allen Seiten
umgibt und im Verhältnis zu der sein Leben gestört ist. Er
gleicht einem Manne – so können wir diese von LUTHER
angedeutete Situation illustrieren –, der in einer großen Krise
seines Vaterlandes ausschließlich auf die Sicherung seines
Privateigentums bedacht ist ohne jeden Sinn für ,,das Große
und Ganze", und der bei dieser kleinen Privatsorge obendrein vergißt, daß auch *sein* Eigentum verloren geht, wenn

das ,,Große und Ganze" fällt, daß er folglich *hier* mit seiner
Arbeit und seiner Kampfkraft einzusetzen hätte. Dieser
Mann hätte ebenfalls jeden Sinn für Maßstäbe und Propor-
tionen verloren – in ähnlich grotesker Weise wie jener natürliche Mensch, der um Jahre buhlt, wo es um die Ewigkeit
geht, der um Gleichmut gegenüber seinem bißchen mikro-
kosmischem Leib-Tod ringt, wo es doch um die makrokosmische Tatsache der Entzweiung mit Gott, um die unge-
heuerliche Tatsache der Begrenzung des Grenzenlosen geht.

Nur der Glaubende wird unter Furcht und Schrecken von
dieser Verzerrung der Perspektiven geheilt, nur für ihn
rückt der Tod aus seiner zeitlichen Isolierung auf den summus dies heraus und wird zu etwas, das dem ganzen Leben
seinen Stempel aufdrückt und es als von Gott Gesondertes,
von Gott hinter seine Grenze Zurückgeworfenes charakterisiert. So wird er zu einem praesens mors[50], zu einem *jetzt*
und *hier* aktuellen Tode: ,,Mitten wir im Leben sind mit
dem Tod umfangen."

Der zeitlich fixierbare Augenblick des physischen Todes-
Eintritts ist deshalb längst nicht so wichtig wie jene Furcht
und jener Schrecken, mit deren Hilfe ich mein gegenwärtiges Leben auf den Tod beziehe. Dieser Akt des Bezuges in
der Angst ist in einem viel eminenteren Sinne ,,mein Tod"
als der physische exitus. Denn in ihm weiß sich meine Seele
(das heißt hier: mein Ich) und nicht nur mein Leib vom
Tode angesprochen und auf ihn bezogen. In ihm ist also die
personhafte Dimension angerührt[51].

3. *Das Verbot der Todesverachtung.* Von da aus ist es nur
natürlich und konsequent, wenn LUTHER das heroisch-heid-
nische Ideal der *Todesverachtung* aufs schärfste bekämpft.
Denn Verachtung von etwas ist ja nur möglich, wenn ich
dieses Etwas degradiere und mich selbst darüber erhebe.

Beides geschieht denn auch in der Verachtung des Todes:
Sie ist Blasphemie und Hybris[52].

Das Schlimme daran ist, daß die Verachtung des Todes
im strengen Sinne ja gar nicht bedeutet (wie wir heute sagen
würden), jenen ,,Schweinehund der Todesangst" in sich
niederzuringen, den der physische Selbsterhaltungstrieb
immer wieder in uns erzeugt, sondern daß die Verachtung
des Todes ja Verachtung dessen ist, der ihn uns widerfahren
läßt, daß sie Verachtung des Todes als göttlicher Maßnahme
und somit ein Nicht-hören-Wollen auf *das* ist, was Gott uns
dadurch sagen will. So vollzieht sich die Todesverachtung
nur mit Hilfe einer Degradierung Gottes und einer Selbster-
hebung des Menschen über Gott. Das ist der bedrängende
Hintergrund der Todesverachtung. Und wo diese direkt
gegen Gott gewandte blasphemische Tendenz nicht vorliegt
– wie etwa bei EPIKUR –, da gründet die Todesverachtung
auf Ignoranz gegenüber der *wahren* Todesursache, da gründet sie folglich auf einer törichten Sicherheit (securitas), die
nur möglich ist, weil man die eigentliche Gefahr nicht
kennt: ,,Nicht nur die Heiden, auch die Mönche haben viel
disputiert über die Verachtung des Todes, eine üble Sache!
Denn die Menschen werden auf diese Weise entweder sicher
oder blasphemisch, indem sie die Furcht Gottes (der doch
den Tod will und wirkt!) ablegen und dadurch in eine
Bewegung *gegen* Gott hineingerissen werden, als ob Gott
sich als Tyrann aufspielte (als ein Tyrann nämlich, dem man
dann trotzen, gegen den man opponieren dürfte!) und als ob
er ohne Verstand diese unglückliche Kreatur dem Tode
aussetzte."[53]

Da jene Verachtung des Todes in der Regel weniger den
Charakter einer bewußten Opposition gegen Gott hat, als
vielmehr (wie bei EPIKUR) auf Ignoranz Gottes beruht, ist
diese Verachtung nicht nur objektiver Wahnsinn, sondern

auch subjektiv als heroischer Impuls entwertet, denn sie
bezieht sich nur auf den biologischen und damit den küm-
merlichsten Sektor des Todesgeschehens. So ist die Todesverachtung nur möglich aufgrund einer vorgetäuschten
Sicherheit, nicht aber aufgrund eines realistischen Standhal-
tens gegenüber der bedrohlichen Todes*wahrheit*. Dann aber
ist die Todesverachtung kein Kunststück mehr und keineswegs der Ausdruck einer echten Tapferkeit. Solche Tapferkeit wäre ja nur dann zuzubilligen, wenn sie von Angesicht
zu Angesicht mit der *wirklichen* Gefahr bewiesen würde:
,,Was ist denn schon dabei, wenn EPIKUR (der die Todesverachtung lehrt) stirbt, jener EPIKUR, der nicht nur nicht
weiß, daß ein Gott ist, sondern der auch das Verhängnis,
dem er ,standhält‘, überhaupt nicht kennt?!⁵⁴

Dieser Heroismus des Verachtenden beruht so nur auf
Ahnungslosigkeit, auf jener vermeintlichen Sicherheit des
Reiters über den Bodensee⁵⁵, die jäh zusammenbricht,
wenn der Mensch – rückschauend aus wirklichem Wissen –
sein harmlos durchlebtes Sein zum Tode durchschauen
muß⁵⁶.

Wir können LUTHERS Gedanken so zusammenfassen:
Der Tod soll nicht überwunden werden durch die Sicherheitsillusion der Ignoranz, noch durch die Degradierung
Gottes, über den ich mich in der Todesverachtung furchtlos
und frevlerisch erhebe. Er soll allein überwunden werden
durch die Anerkennung dessen, der ihn zugefügt hat, und
damit durch das Ja-sagen zu diesem Ratschluß der ira Dei.
Nur wenn ich das tue und die Wahrheit des Todes wahrhaben will, liefere ich mich ganz Gott aus. Und indem das
geschieht, gebe ich zu: ,,Es gibt keinen Kampf gegen dich,
es gibt auch keine Hilfe gegen deinen Zorn. Der einzige, der
mich vor dir retten kann, bist du selber. Das einzige, was

größer ist als dein Gericht, ist deine Gnade." Gott allein
kann die Wunden heilen, die er geschlagen hat[57]. Alles
andere ist Illusion und blindwütiger Trotz; alles andere muß
immer mit der irrigen Hypothese arbeiten, „als ob" es
etwas gäbe, das größer wäre als Gott und deshalb gegen ihn
angehen könnte; „als ob" zum Beispiel der verachtende
Mensch größer sei als Gott. Als wirklich vom Worte Gottes
zur Ordnung Gerufene, Angesprochene, Aufgeweckte sollen wir „die Hilfe nirgendwo anders her als von dem
erwarten, der uns die Bedrängnis (und vor allem den Tod)
zugefügt hat. ‚Denn nur der, welcher verwundet hat, wird
auch allein heilen.' Das nämlich ist der Ehrenname unseres
Gottes, daß er ‚tötet und lebendig macht, daß er in die Hölle
führt und wieder heraus'."[58] So kommt alles darauf an, daß
wir das „Gute und das Schlimme auf den einen und selben
Gott beziehen, und daß wir damit lernen, wie jenes
Schlimme (vor allem der Tod) überwunden werden
kann"[59].

LUTHER kommt im Anschluß an die Gedanken über die
Todesverachtung zu einer eindrücklichen Bestimmung des
Begriffs der „*Barbarei*", die festgehalten zu werden lohnt:
„Barbarei" – also Dummheit, Rohheit und Überheblichkeit
– ist für ihn keineswegs einfach der Gegensatz zu ästhetischer
Kultur und der mit ihr gegebenen Verfeinerung des Lebens-
stiles. Vielmehr geht die wirkliche Barbarei quer durch alle
kulturellen Entwicklungsstadien der Menschheit hindurch.
Sofern man an die Stellung zum Tode denkt, müßte man sie
zum Beispiel gerade in der verfeinerten Bildungswelt der
Hellenen sehen, „so gewiß sie eben mit Mißachtung und
Unkenntnis Gottes verwoben ist"[60], also mit jener Hybris
und jener Ahnungslosigkeit im Letzten, die sonst nur in
Verbindung mit kultureller Primitivität und mit der Plump-
heit formlosen Gebarens als „Barbarei" bezeichnet wird.

Es ist klar, was LUTHER im Hinblick auf seine erwähnte
Stellung zu EPIKUR damit meinte. Und es ist ebenso selbstverständlich, daß wir, die wir genauer zu wissen glauben,
,,wie fromm der Grieche war", diesen Vorwurf gegen die
Hellenen nur mitvollziehen können, wenn wir nicht nur an
die subjektive Gestalt ihrer Frömmigkeit denken – an die
übrigens LUTHER garnicht gedacht haben dürfte –, sondern
an das objektive Vorbeigehen an dem richtenden und
begnadenden Gott. Im Ernstnehmen dieses Gottes aber
vollzieht sich in der Tat eine Umwertung des Begriffes der
Barbarei: Wir werden diese als impietas und ignorantia Gott
gegenüber, als religio sine cultu et affectu nicht nur auf
primitiver Kulturstufe, sondern ebenso auf den geistigen
Gipfeln der Menschheit, mitten unter der Schale ästhetischer Kultur und verfeinerter Intellektualität, die von hier
aus eben nur ,,Schale" sind, finden. Und manchmal wird
das *Gegenteil* der Barbarei, nämlich letztes Wissen und letzte
Furcht und Ehrfurcht, gerade in den Reihen der Verachteten
und Unwerten zu finden sein, die als solche Verachteten
und Unwerten dann gerade von Gott erwählt sind
(1.Kor. 1,18 ff.; 2,1 ff.). Es ist ja eine Grundlehre des
Neuen Testaments, daß die Begabten und Großen zugleich
die am meisten Gefährdeten sind und daß der Gipfel des
Menschlichen keineswegs näher bei Gott ist, sondern (im
Sinne LUTHERS) noch eine barbarische Tiefe sein kann.

Wir können damit LUTHERS Lehre vom Tode, soweit sie
für unsern Gedankengang von Belang ist, auf folgende
Formel bringen:

1. Der menschliche Tod ist qualitativ anders als der der
Tiere, weil er nicht eine Ordnung ist wie bei diesen, sondern eine Unordnung, nämlich Folge des zerstörten Gottes-

verhältnisses, Zeichen des Ausbruchs aus dem Leben Gottes und drohendes Fanal der ira Dei.[61].

2. Indem der Tod ein Urteil Gottes über unser Leben ist, charakterisiert er nun auch das vorauslaufende Leben in seiner Gänze. Er ist nicht *Endpunkt* des Lebens, sondern *Charakter* des Lebens. Infolgedessen lebe ich nur dann in der Wahrheit, wenn ich im Todeswissen mein ganzes Leben auf das im Sterben kundwerdende Handeln Gottes beziehe.

3. Von da aus verbietet sich die Verachtung des Todes, wie sie sich entweder aus Trotz oder ignoranter Sicherheit ergibt. Ich darf mich nicht verachtend über den Tod und seinen Urheber erheben, sondern soll mich anerkennend *unter* ihn begeben. Nur so trage ich der Tatsache Rechnung, daß es einschließlich meiner selbst nichts Größeres gibt als Gott, nichts Größeres, aufgrund dessen ich die Hoffnung hegen dürfte, seinen Schlag und seine Strafe zu überwinden: Nur Gott selbst kann die Wunden heilen, die er geschlagen hat, nur die Liebe Gottes ist größer als sein Zorn[62].

d) Die Gerichtetheit der Zeitlinie und ihre Bewachung durch den Tod

1. Die Botschaft von der Todesgrenze in der Verkündigung

Wir haben bisher den personhaften Charakter des Todes im wesentlichen nach zwei Richtungen hin beschrieben:

Einmal, sofern in ihm unsere ,,Einsamkeit" gegenüber Dingen und Menschen sichtbar wird, die wir sterbend verlassen müssen, sofern der Tod also unsere Person in ihrer Ablösbarkeit von allem und allen sichtbar macht. – *Zweitens* wurde im Sterben unser Person-sein dadurch betroffen, daß Gott dem zur Grenzenlosigkeit sich Erhebenden seine

Grenze vorhält. Im Sterben begegnet uns Gottes Person, vornehmlich die ira Dei: Dadurch werden wir selber und wird unser Tod personhaft. LUTHERS Denken brachte den gleichen Gedanken in zahlreichen Wendungen.

Wir wollen diese zwei Richtungen, in denen wir die Personhaftigkeit des Sterbens entfalteten, nicht verlassen, ohne einen kurzen Blick zu werfen auf die Art, wie diese Lehre vom Tode zu predigen, an den Gräbern zu verkündigen und im weltanschaulichen Gespräch zu vertreten sei:

Man wird das jedenfalls nicht so tun können, daß man den personhaften Tod, die Begrenzung des Grenzenlosen also, einfach gegen die profanen Begriffe der Vergänglichkeit, gegen den Frühling-Herbst-Rhythmus alles Lebens und gegen die Vergleichgültigung der sterbenden Individualität ausspielt. Auf diese Weise würden nur zwei verschiedene Welten des Denkens aufgezeigt – aber eben nur „aufgezeigt" und im besten Falle gegeneinander abgegrenzt. Das kann jedoch nicht Aufgabe der Verkündigung sein. Das Verständnis des Todes als der „aus Zorn" uns gesetzten Grenze ist ebensowenig andemonstrierbar, wie etwa die Sünde andemonstrierbar ist. Und zwar einfach deshalb nicht, weil es sowohl beim Tod wie bei der Sünde nicht um für *sich* seiende Phänomene geht, die man gegenständlich betrachten könnte, so wie man Naturphänomene betrachten kann. Beide Phänomene sind nicht „selbst"-ständig und damit aus sich selbst verständlich, sondern sind *Relations*größen. Und die Größe, auf welche sie bezogen sind, ist *Gott*. Sünde heißt Sonderung „von" Gott; der Tod heißt: begrenzt werden „durch" Gott. Ohne dieses „von" und „durch" sind beide Phänomene nicht zu verstehen. Über beiden steht Gott als bestimmendes und gemeinsames Thema. Nur weil dieses Thema der Moderne aus den

Augen gekommen ist, ist ihr auch das Wesen des Todes aus den Augen gekommen. Ohne seine Relation auf Gott *kann* der Tod nicht als personhafte Größe beschrieben werden.

Darum ist auch über den Tod nur so zu predigen, daß dieser Herr gepredigt wird – dieser Herr, den wir ,,von Natur" immer wieder nicht *über* uns haben wollen. Die rechte Lehre vom Tod ergibt sich dann sozusagen nebenher, als bloße Ausstrahlung dieser Mitte der Botschaft. Die Verkündigung wird in einem falschen Sinne dogmatisch und – trotz scheinbarer Lehrkorrektheit – peripherisch, wenn wir allzu direkt den einzelnen Glaubenssatz gegen den entsprechenden Unglaubenssatz der ,,Draußenstehenden" ausspielen. Dies zu tun ist ja das falsche und verhängnisvolle Spiel der Apologetik[63]. Die Verkündigung muß sich gleichsam von den weit vorgetriebenen Glaubenswahrheiten der vordersten Front immer wieder auf ihre innere Widerstandslinie zurückziehen, auf die Mitte der Botschaft von dem uns richtenden und aufrichtenden, dem uns begrenzenden und dennoch in Christus heimholenden Herrn. Die übrigen Wahrheiten sind nur glaubwürdig als *mich* betreffende Wahrheiten (und nicht als nur dogmatische Setzungen), wenn und sofern sie immer wieder im Ausfall aus dieser inneren Widerstandslinie und also in wesentlicher Beziehung zu ihr ergriffen werden. Das ist nicht eine gewisse ,,Methode" der Verkündigung, sondern ein Stück ihres Sachgehaltes selber.

Dieser Sachgehalt und die durch ihn gegebene Methode kommt zu klassischem Ausdruck in Luthers Erklärung der Zehn Gebote. Wenn wir unser Bild von der inneren Widerstandslinie aufgreifen wollen, können wir so sagen:

Die Vorfeldwahrheiten, daß man nicht töten, ehebrechen, lügen solle, werden nicht auf dem Vorfeld selbst erörtert. Es wird zum Beispiel nicht demonstriert, wieso es hier um sittliche oder naturrechtliche Grundwahrheiten geht, deren Verletzung zu den und den Konsequenzen führen würde (was doch zweifellos *auch* wahr ist, wenn auch im Sinne der Vorfeld-Wahrheit). Sondern ihre Wahrheit wird von der inneren Widerstandslinie aus verfochten, vom Ersten Gebot her, also von der Relation zum Herrn des Gesetzes (zum auctor legis) *selbst* her. Die Wahrheit der Einzelgebote folgt allein daraus, daß wir Gott fürchten und lieben sollen. Und umgekehrt: Wenn wir Gott fürchten und lieben, wenn die „Mitte" in Ordnung ist, ergeben sich die Normen unseres Verhaltens und unserer Haltung „von selbst".

Bei der Predigt über den Tod ist es nicht anders. Gerade hier ist Gelegenheit, das genannte Prinzip der „inneren Widerstandslinie" zu bewähren, und zwar deshalb, weil der Tod eine von „Kirche" und „Welt", von der Christusbotschaft und dem säkularen Mythos gleichermaßen bedachte und angepeilte Größe ist, weil also die kirchliche Verkündigung vom Tode als eine „aktuelle" Botschaft in besonderer Weise angefochten ist und darum in ebenso besonderer Weise in Gefahr schwebt, sich auf eine Vorfelddiskussion über das Phänomen „Tod an sich" abdrängen zu lassen. Es geht nicht an, daß wir der These: „Der Tod ist eine Durchgangsform des Lebensrhythmus" die Antithese: „Der Tod ist eine Folge des Sündenfalles" entgegensetzen. *So* gesagt ist die dogmatische Korrektheit dieser Aussage dennoch Lüge, weil sie in einem falschen Feld und auf falscher Ebene vollzogen wird. Viele Zeichen des Kleinkampfes, der Broschürenliteratur und ähnliches deuten darauf hin, daß die kirchliche Verkündigung sich immer wieder auf diese falsche Ebene abdrängen läßt und die Beziehung zur „Mitte", zur „*inneren Linie*" aus dem Auge verliert.

Da diese Arbeit von einer zentralen Position aus in die alle

Zeiten und auch unsere Zeit durchwaltende Auseinandersetzung über die Frage des Todes eingreifen möchte, sollte die
Gelegenheit zu dieser homiletischen Anmerkung nicht versäumt werden.

Damit kehren wir zu dem unterbrochenen Gedankengang
zurück:

Sofern wir den menschlichen Tod personhaft verstehen,
gewinnen wir durch sein Ernstnehmen nicht nur eine neue
Beziehung zur *Welt*, der gegenüber wir die ,,Einsamen"
sind und von deren Göttern wir verlassen werden; sondern
wir gewinnen auch eine neue Beziehung zu Gott, der uns im
Sterben begrenzt. Durch beides zusammen aber wird endlich auch unsere Beziehung zur *Zeit* als unserer Lebenszeit
anders und neu. Darüber muß jetzt gesprochen werden.

2. Die Umgestaltung des Zeitbewußtseins angesichts der
Todesgrenze

Wir besinnen uns kurz auf das, was schon in den ersten
beiden Kapiteln behandelt wurde (hier vornehmlich als
phänomenologische Bestandaufnahme):

Unser Leben ist im ständigen Zulaufen auf seine Grenze,
man könnte auch sagen: es ist eine ständige Annäherung an
diese Grenze ohne einen einzigen Stillstand und ohne auch
nur vorübergehend *rück*läufige Bewegung (Ps. 39,5).

Die Uhr ist, wie schon angedeutet, ein schlechtes Symbol
dieser auf ihr Ende zueilenden Zeitstrecke. Die Bewegung
des Uhrzeigers beschreibt einen Kreis, der in seinen Anfang
zurückkehrt, um aufs neue zu beginnen. Die Stunde, die so
der Zeiger durchmißt, ist nicht die einmalig durchschrittene
Phase einer gerichteten Zeitstrecke, sondern ist unendlich

wiederholbar und immer wiederkehrend. Die Zeit, die von
der Uhr dargestellt wird, ist die zyklische, die gekrümmte
Zeit, wie sie LEOPOLD ZIEGLER als den Zeithintergrund des
,,Großen Jahres", der Welt-Zeit in den Mythen, aufgezeigt
hat[64]. Dieser Zeitbegriff herrscht also gerade in jenem geistigen Raum, in dem die Personhaftigkeit des Menschen
zurücktritt, in der er zum nicht-einmaligen, sondern wie-
derholbaren Exemplar der Gattung und zum Repräsentanten überpersönlicher Mächte wird.

Wir müssen uns deshalb vom Zeitsymbol der Uhr frei-
machen. Es ist sicher bezeichnend, daß der an die zyklische
Uhrzeit gebundene Mensch den Zeitfluß kaum je in *dem*
Augenblick wahrzunehmen pflegt, wo die Uhr schlägt,
sondern nur bei den entscheidenden Terminen seines
Lebens, beim Geburtstag vielleicht oder in der Silvesternacht. Hier wird aber die Botschaft des kreisenden Uhrzeigers zugleich als Betrug offenbar, weil zwar die Tagesstun-
den wiederkehren, aber das verflossene Jahr nicht mehr.
Hier kann es jäh offenbar werden – vielmals so erschreckend,
daß der ungetröstete Mensch zu betäubenden Mitteln des
Vergessens greift –, daß wir nicht auf einem Zeitkreis marschieren, auf dem es ,,immer so weitergeht", sondern auf
einer *Zeitstrecke*, die geradeaus auf ihr Ende zugeht. Die
zyklische Zeit ist die temporelle Form der Naturprozesse,
die sich nach dem Kreislauf und der immer neuen Wiederkehr der Jahreszeiten bildet.

> Gleichwie die Blätter im Walde, so sind die Geschlechter der
>   Menschen;
> Blätter verweht zur Erde der Wind nun, andere treibt dann
> Wieder der knospende Wald, wenn neu auflebet der Frühling.
> So auch der Menschen Geschlecht, dies wächst und jenes
>   verschwindet.
>   (HOMER)

Doch eben nur ,,dies" und ,,jenes" kehrt unter den Geschlechtern wieder, nicht derselbe Mensch. Der einzelne ist von der ewigen Wiederkehr ausgeschlossen. Auch ohne die spezielle Sinngebung, die der Individualität kraft ihrer dignitas aliena im Evangelium zuteil wird, kann die Unwiderruflichkeit dieses Ausgeschlossen-seins und dieses Verlustes auch von den Bewohnern der zyklischen Zeitlandschaft empfunden werden. Nicht nur die Sage von Orpheus und Eurydike zeigt das, auch CATULL kann diesen Schmerz des unerbittlichen Zu-Ende-Seins besingen und damit den Einbruch der linearen Zeit in den humanen Bereich andeuten:

Sonnen können untergehend ersterben und doch wiederkehren;
Wir aber, denen einmal das kurze Licht erstarb,
Haben nur eine einzige immerwährende Nacht des Verschlafens[65].

Im Zueilen auf das *biblisch* verstandene Ende der Zeitstrecke wird nun ein Doppeltes sichtbar, das mein Dasein aufs tiefste bestimmt:

Einmal: Ich nehme mich selbst immer mit. Ich bin und bleibe stets auch meine Vergangenheit, so gewiß ich niemals die Identität mit mir selbst aufgeben kann.

Und *ferner*: Ich kann mich niemals neusetzen und im Sinne der zyklischen Zeit ,,von vorne anfangen". Meine Zeitlinie ist vielmehr unumkehrbar, sie ist eindeutig gerichtet auf ihr Ende, ,,sie fähret schnell dahin, als flögen wir davon" (Psalm 90,10).

Das sind die beiden Aussagen, die sich von der Todeswirklichkeit her über unsere Zeit ergeben.

Beide Wahrheiten – die ja gegenseitig auf sich verweisen – werden offen gehalten und vor Verdrängung geschützt nur durch das Ernstnehmen des Herrn, von dem jene unumkehrbare Linie herkommt und auf den sie zueilt. Denn nur in der Beziehung zu ihm werde ich ja Person, das heißt einmalig, unvertretbar und für mich selbst verantwortlich (so gewiß ich eben dieses Selbst von ihm verliehen bekomme). Damit hängt es zusammen, daß ich meine Identität nicht aufgeben, daß ich mich also nicht von mir selber abschieben und auf etwas anderes abwälzen kann, um von vorne zu beginnen, sondern daß ich vor ihm stehen bleiben muß als einer, der bei seinem Namen – jenem signum der Identität! – gerufen ist und nun Gottes sein soll. Aus dieser Person-Existenz vor Gott ergibt sich dann die gerichtete Zeitstrecke meiner Lebensbahn. ,,Gerichtet" bedeutet hier beides (und dieser Doppelklang sollte hörbar gemacht werden): Zeitlich auf das Ende aus-gerichtet sein und im Gerichte stehen.

Man darf es also nicht andersherum sehen (das müssen wir betonen, um gegen alle Ansätze natürlicher Theologie gesichert zu sein): Ich kann nicht über zyklische und Strecken-Zeit spekulieren – etwa im Anschluß an die genannten Silvester-Erlebnisse – und von da zum Wissen um meine Einmaligkeit und Person-Existenz vor Gott aufsteigen. Alles natürliche Wissen um Gott ist ja ,,in Ungerechtigkeit niedergehalten" und wird, obwohl es da ist, vor seinem umstürzenden Ausbruch bewahrt, wird, wie wir sahen, ,,verdrängt"[66]. Insofern pflegt dann aus dem ,,Silvester-Erlebnis" und aus der aufsteigenden Ahnung von der gerichteten Lebensstrecke die ,,die Wahrheit niederhaltende" Illusion zu folgen: ,,Man lebt nur einmal" – ,,Nach uns die Sintflut" – ,,Lasset uns essen und trinken, denn morgen sind wir tot."

Wir sehen gerade an diesem Beispiel, wie der Gedanke der ,,Einmaligkeit" in dem von uns herausgearbeiteten Sinne gar nicht vom Menschen selber gefaßt werden *kann*. Dieser Gedanke bleibt vielmehr ein grotesk verzerrtes Fragment, das gerade zur umgekehrten Konsequenz führen kann wie die personhafte Einmaligkeit: nämlich zur *Dispensierung* von der Verantwortung: ,,Mit dem Tode ist alles aus." Es gibt eben keine, wenn auch nur formal gleiche ,,Einmalig- keit" für den Gottlosen und den von Gott angerufenen, von Gott bei seinem Namen gerufenen Menschen. Sie ist in beiden Fällen etwas qualitativ anderes. Im ersten Falle wird der Tod zum Prediger der Einmaligkeit in ihrer Eigenschaft als Sinnlosigkeit (,,mit dem Tode ist alles aus . . ."). Im andern Falle wird er zum Prediger des Kairos, der unwie- derholbaren Gnaden- und Ruf-Frist (,,Jetzt ist die ange- nehme – allerdings zu Ende gehende – Zeit"). Und zugleich wird der Tod zum Prediger dessen, daß Gottes Geschichte mit uns nicht aufhört, sondern daß wir im Machtbereich der Auferstehung und des Lebens stehen. Dies aber ist wie- derum nur verständlich aus der Person–Gemeinschaft mit Gott. Denn es ist ja nicht *unser* Leben und *unsere* Auferste- hungskraft, die den Tod sprengte, sondern es ist Gottes Geschichte, die mit uns, die wir in sie aufgenommen und in ihr Person geworden sind, *weitergeht.*

Die personhafte Einmaligkeit und die in ihr gegebene Gerichtet- heit unserer Zeitstrecke wird also nur unter der Bedingung vom Tode her sichtbar, daß dieser selbst als Ereignis unserer Geschichte mit Gott verstanden wird, das heißt, daß er nicht einfach formale Grenze, sondern personale Begrenzung ist.

3. Neue Abgrenzung gegen den mythischen Zeitcharakter

Ist in diesem Sinne die Gerichtetheit unserer Zeitstrecke klar, dann erkennen wir eine neue wichtige Beziehung zwischen Sünde und Tod. Wir erkennen nämlich, wieso der Tod ein Wächter über der Schuld unseres Lebens ist, wie er sie offen hält und an der Verdrängung hindert.

Die beiden Aussagen, die ich angesichts des Todes, des Zu-Ende-Gehens, über meine Zeit machen mußte, lauteten: 1. Ich nehme mich selbst immer mit; und 2. ich kann mich nie im Sinne der zyklischen Zeit neusetzen.

Beide Aussagen implizieren, daß ich meine Schuld nie zurücknehmen kann: In dem gleichen Augenblick, wo meine noch offene Zukunft Gegenwart und meine noch nicht gefällte Entscheidung zur vollzogenen Entscheidung wird, ist sie unrevidierbar. Ich als Person bin – pointiert gesagt – die Summe aller meiner Entscheidungen, auch der *gefällten* Entscheidungen. Ich bleibe es auch. Da wir unser Personsein aber streng von Gott und seinem Anruf her verstehen müssen, heißt das konkret: Vor Gott ist mein vergangenes Leben nicht versunken, sondern Gegenwart. Deshalb „steht meine Schuld immerdar vor mir" (Ps. 51,5), sie bleibt im Präsens, weil es die *gleiche* Strecke ist, auf der ich jetzt noch schreite. Darum auch die Bitte von Psalm 25: „Gedenke nicht der Sünden meiner Jugend", denn die Zeit, in der sie geschahen, ist nicht versunken, sondern ist die gleiche Zeit, die ich jetzt durchlebe. (Seelsorger und Seelenärzte wissen um die Konkretheit dieser Wahrheit.) Ich kann mir nicht entfliehen, ich kann die Bahn, auf der ich laufe und kann jene Zeitlinie nicht verlassen; ich bleibe mit mir identisch. Ich muß diese Bahn zu „Ende" gehen und mich zu der zwischen Ende und Beginn liegenden Phase als zu „mir" bekennen. „Ich bin meine Zeit" (RUDOLF HERMANN). Der Tod ist der unerbittlichste Wächter über dieser meiner unvertauschbaren Lebensbahn und der Nicht-Umkehrbarkeit meiner Zeitlinie[67] – natürlich immer nur unter der Voraussetzung, daß ich den Tod personhaft verstehe. Der Stachel dieser unumkehrbar und unvertauschbar laufenden Zeitlinie ist die Sünde.

Wir können hier eine wichtige weltanschauliche Beobachtung machen: Es ist nicht von ungefähr, daß folgende beiden Erscheinungen immer zusammen auftauchen und eine innere sachliche Verbundenheit offenbaren müssen:

Einmal taucht die Anschauung von der überindividuellen Sinngröße, in der meine personhafte Einmaligkeit aufgehoben wird und die mich unsterblich macht, *stets in Verbindung mit dem zyklischen Zeitbegriff auf.*

Auf der andern Seite ist es ebenfalls nicht von ungefähr, daß im biblischen Denken die unvertretbare, im Anruf zustande kommende Personhaftigkeit des Menschen mit der nicht umkehrbaren, streckenhaften Zeitlinie – und also mit dem Ernstnehmen von Tod und Endlichkeit – zusammenhängt. Dieser Zusammenhang könnte noch viel ausgiebiger nachgewiesen werden, als es unser umgrenzter Problembereich gestattet. Denn diese gerichtete Zeitlinie gilt nicht nur für das mikrokosmische Einzelleben, sondern zugleich für den Makrokosmos des Gesamt-Weltschicksals, das vom Jüngsten Tage und so wiederum vom Ende, von seinem Eschaton her bestimmt ist. Diese makrokosmische Zeitlinie wird ebenfalls vom Anruf des Wortes her manifest: Denn sie ist die Frist, in der Gottes Botschaft ausgerichtet wird, ist die ,,angenehme Zeit" und die Zeit der ,,Geduld". Das Wissen um Welt-Ende und Welt-Tod ist streng an diesem Anruf orientiert. Das Ende kommt, wenn die dem Ruf gesetzte Zeit zu Ende ist, wenn die Gegenrufe der Menschen und die damit verbundenen Wehen der Geschichte das gesetzte Maß erreicht haben. Das Ende in seiner Gestalt als Jüngstes Gericht ist dann selbst wieder nichts anderes als ein Fazit-Ziehen gegenüber dem Ruf und seiner Nachfolge, als die Ernte der Geschichte, in welcher die Spreu vom Weizen geschieden wird.

So wird unter dem eschatologischen Aspekt des Welt-Todes noch einmal die Gerichtetheit der Zeitlinie deutlich.

Gottes Ruf erklingt, und durch ihn wird auch die Welt als
etwas charakterisiert, das seine Zeit hat und an sein Ende
kommen muß: eine Art makrokosmischer Personhaftigkeit
unseres Äons. Damit hängt es weiter zusammen, daß der
Welt-Tod und sein Gericht sich immer wieder in gewissen
Antizipationen schon jetzt und hier vollziehen können, daß
bereits hier ein Stück Welt – etwa ein Volk oder eine
Landschaft – den Ruf vorbeigehen läßt und vorzeitig an sein
Ende kommt, gleichsam den Welt-Tod vorwegsterben
kann: so, wenn es den ,,Platzregen des Evangeliums'' vor-
überläßt und ungesegnet zurückbleibt. LUTHER hat sich
immer wieder zum Anwalt dieser apokalyptischen Gedanken gemacht, wobei ihm vor allem sein eigenes Volk,
Deutschland, als jenes Stück ,,Welt'' vorschwebte. JOHANN
WALTER hat in seinem gewaltigen Choral ,,Wach auf, wach
auf, du deutsches Land'' (1561) diesen Gedanken aufge-
griffen[68].

Der Tod, der persönliche und der Welt-Tod, ist der
unerbittliche Wächter über der Gerichtetheit der Zeitlinie,
die geradeswegs auf ihr Ende zuläuft. In der Geschichte
vom ,,Reichen Mann und armen Lazarus'' (Lukas
16,19–31)[69] wird diese vom Tod bewachte Einmaligkeit
unserer Lebensstrecke unüberhörbar deutlich gemacht. Und
ebenso unüberhörbar kommt zum Ausdruck, daß das Wissen um diese Einmaligkeit nicht durch bloße *Betrachtung* des
Todesendes zustande kommen kann, sondern daß es allein
im *Anruf* durch Gott und sein Wort entsteht: Hören die fünf
noch lebenden Brüder ,,Mose und die Propheten'' nicht,
stellen sie sich also dem Anruf gegenüber taub, dann nützt
es ihnen auch nichts, wenn einer von den Toten aufer-
stünde, anders gesagt: dann nützt ihnen keine noch so
handfeste Demonstration des Todes und dessen, was nach
ihm kommt.

Wächter über der Einmaligkeit unserer Zeitstrecke ist also nicht einfach der Tod als solcher, sondern nur der Tod, dessen Geheimnis ich im Anruf *vernommen habe, ja der als Grenze und Gericht selber dieser Anruf ist.*

e) Das Nicht-wissen um den Tod als „Sicherheit"

1. Sicherheit und Verdrängung

In einem zweiten Durchgang bedenken wir noch weitere, jetzt in neuem Licht erscheinende Phänomene, wie sie uns anfänglich schon begegneten, als wir die „alltäglichen" Todeserlebnisse registrierten.

Das Nicht-wissen um den Tod oder besser: das Vergessen-wollen des Todes heißt biblisch: meine Grenze nicht sehen wollen und sie schließlich wirklich übersehen. Aus diesem Übersehen entsteht die *Sicherheit*. Wenn der 39. Psalm bittet: „Herr, lehre doch mich, daß es ein Ende mit mir haben muß und mein Leben ein Ziel hat und ich davon muß", so ist diese Bitte gleichbedeutend damit, daß Gott mir doch die Sicherheit zerbrechen möge. Es ist ja die falsche und trügerische Sekurität jener Menschen, die daherwandeln „wie Schemen" und so „sicher leben", die gleichsam tanzen, essen, trinken und flirten wie die Passagiere der Titanic, ehe sie im nächsten Augenblick auf den Eisblock läuft.

Nun ist es wichtig zu sehen, daß die Sekurität sich selbst wieder aus der *Unruhe* heraus vollzieht: „. . . sie machen sich viel vergebliche Unruhe" –; „nur um einen Hauch, der doch verweht, machen sie so viel Lärm". Wie verhält sich beides zueinander: Unruhe und Sicherheit?

Die *Sicherheit* besteht darin, daß die Menschen sich von den Gütern und Werten dieser Welt her verstehen und sich

an ihren vermeintlichen Bestand klammern. Sie möchten
also von *dem* her bestimmt und gesichert sein, was sie als
vermeintlich ,,wertbeständig" sammeln (V. 7) oder – wie
der Sänger des 49. Psalms im Hinblick auf seine Verfolger
sagt: – das ist ihr Vertrauen, daß ,,ihre Häuser währten
immerdar, ihre Wohnungen blieben für und für; deren
Namen ganze Länder bestimmen. Dennoch kann ein
Mensch nicht bleiben in solchem Ansehen, sondern muß
davon wie ein Vieh. So ergeht's denen, die zu sich Vertrauen hegen; so enden, die an ihrem Gerede Gefallen
haben" (49,12 ff.). – Das innere Verhängnis jener Sicherheit
besteht also darin, daß sie auf das spezifisch Wert-Unbestän-
dige gegründet wird.

Eben deshalb ist die so erstrebte Sicherheit stets von
heimlicher Unruhe durchzogen (so widersprüchlich das im
ersten Augenblick auch zu sein scheint): Diese Unruhe
äußert sich in der immer neuen Wahl und Untermauerung
jener Lebensgüter, im zusätzlichen Gewinnen von ,,Geld",
,,Ehre" und ,,Macht", weil dieser Zusatz identisch zu sein
scheint mit einem erweiterten Gewinn an Sicherheit. Aber
so gewiß diese Unruhe immer von der Hoffnung beseelt ist,
daß ich durch den Erwerb jener Güter mein Leben befrie-
dige, ,,befrieden" kann, ist sie Unruhe auf dem Boden der
Sicherheit. Deswegen ist von dieser Perspektive her gesehen
auch die faustische Unruhe Sicherheit: Sie ist ein vermeintli-
ches Leben-können ohne Tod.

Nun muß man freilich im Auge behalten, daß es ,,Sicher-
heit" weder im objektiven noch im subjektiv psychologischen Sinne gibt. Darauf deutete schon die Unruhe hin, die
gerade deshalb, *weil* sie eben Unruhe ist und auch als solche
bestehen bleibt, Sicherheit erraffen möchte. Daß diese
Unruhe bleibt, liegt daran, daß es überhaupt kein wirkliches
Nicht-wissen um die Bedrohung durch das Todes-Ende

gibt. Das Neue Testament zeigt, daß es im Hinblick auf alle
göttlichen und damit unser Dasein bestimmenden Wahrheiten kein Nicht-wissen gibt, sondern nur ein *verdrängtes
Wissen*. Das klassische Beispiel dafür ist die Darstellung des
göttlichen Zornes über die Heiden und ihre Götzenanbe-
tung (Röm. 1,18 ff.), wie Paulus sie gibt. Diese schon
mehrfach von uns angezogene Stelle fassen wir nun genauer
ins Auge.

Es liegt hier nämlich ein ganz ähnlicher Tatbestand der
Sicherung vor wie beim Tode; nur daß sich die heidnische
Sicherung nicht auf die Bedrohung durch das Todesende,
sondern auf die Bedrohung durch Gott überhaupt bezieht:

Der Apostel sieht, wie die Menschen extra fidem zu
Menschen- und Tierbildern beten und wie sie deshalb letztlich in die Selbstanbetung versinken. Die theologische
Frage ist nun: Tun das die Nichtglaubenden, weil sie nichts
von dem wahren Gotte wissen – weil also entweder dieser
Gott zu verborgen ist oder aber die Heiden zu ,,unreligiös",
zu unempfänglich sind, um ihn zu gewahren – *oder* gehen sie
zu den falschen Göttern, weil sie sehr wohl etwas von Gott
wissen, aber dieses Wissen aus irgendeinem Grunde verdrängen und nicht wahrhaben ,,*wollen*"?

Im ersten Falle würde man die Heiden nicht verantwortlich machen können, weil eine mangelnde Erkenntnis-
funktion oder eine zu große Verborgenheit des Erkenntnis-
gegenstandes eben niemals Schuld sein kann. – Im zweiten
Falle, dem der ,,Verdrängung", dagegen müßte sehr wohl
von Schuld gesprochen werden, weil ein latenter Akt des
Protestes dieses angebliche Nicht-wissen erst zustande
kommen ließe.

Paulus betont in einer Eindeutigkeit, die nichts zu wünschen übrig läßt, daß der *letztere* Fall bei den Verleugnern
Gottes vorliege und daß eben deshalb die ira Dei gegen

jenen falschen, weil „gewollt" falschen Gottesdient ent-
brannt sei.

Wie kommt Paulus zu dieser Deutung des heidnischen
Gottesdienstes? (Wir legen die betreffenden Verse des
Römerbriefes aus, um das zu verstehen:)

Paulus erweist die Schuld der Heiden dadurch, daß er von
der deutlichen Erkennbarkeit Gottes „in seinen Werken"
spricht. Die ganze Schöpfung ist gleichsam eine Manifesta-
tion Gottes, in der man ihn mit Händen greifen und mit
Augen sehen kann. Die Schöpfung ist transparent für den
Schöpfer. Wenn das Sehen und Greifen sich trotzdem nicht
einstellt, kann es nicht daran liegen, daß *Gott* in einer
Finsternis wohnte, „da niemand zukommen kann", sondern daß umgekehrt das Herz der Menschen – also die
subjektive Seite in jenem Prozeß der cognitio Dei – „verfin-
stert" ist.

Wie diese Verfinsterung aussieht und entsteht, wird wiederum genau beschrieben, um das Mißverständnis auszu-
schalten, als gehe es hier um ein allgemeines dogmatisches
und indiskutierbares Urteil über die „Schlechtigkeit des
Menschen".

Diese Verfinsterung wird so erklärt:

Der Mensch erkennt zwar die Objektivation des Schöpfers in seiner Schöpfungswelt, aber „er hat Gott nicht
gepriesen und ihm gedankt". Mit anderen Worten: seine
Haltung Gott gegenüber ist falsch. Er will von ihm nicht
abhängig sein, will sich nicht in seiner Existenz als Geschöpf
verstehen. Warum er das nicht will, ist aus dem Gesamt-
kreis biblischen Denkens, in dem Paulus wurzelt, unschwer
zu erkennen. Er will es nicht, weil das „Geschöpf-sein"
bedeutet: *unter* Gott zu bleiben, die eigene Grenze zu sehen
und sich als ein Geschaffener Gott schuldig zu wissen. Er
will es nicht, um seine Existenz nicht als die eines Haushal-

teramtes verstehen zu müssen, das zur Rechenschaft verpflichtet ist. Er will es nicht, um der Verpflichtung entho-
ben zu sein, Gott zu gehorchen und ihn in Gericht und
Gnade „anzuerkennen".

Weil der Mensch das nicht will, sondern selbständig zu
sein begehrt, verliert er Gott aus dem Blick. Wo die falsche
Einstellung zu Gott vorliegt, bekommt er Gott gleichsam
gar nicht ins Visier. „Nur wer aus der Wahrheit *ist*" – das
heißt: wer mit seiner Existenz unter Gott ernst macht,
handelnd, lebend –, der hört seine Stimme und nimmt seine
Manifestationen wahr. Bei der Erkenntnis Gottes handelt es
sich nicht um die Intaktheit oder Verbogenheit unserer
Erkenntnisorgane, sondern um unsere *Existenz-Einstellung
zu Gott*. Oder anders: *Die Erkenntnis Gottes fußt immer auf
An-Erkenntnis Gottes*.

Es ist also nicht so, daß ich mich erst auf Grund eines
Gottesbeweises – eines *Erkenntnis*-Vorganges also – von Gott
hätte überzeugen müssen, um ihn dann und daraufhin
„anzuerkennen", sondern es ist genau umgekehrt. In die-
sem Sinne lehnt es BLAISE PASCAL ab, jemanden durch
Gottesbeweise zur Erkenntnis Gottes zu bringen. Man kann
diese Erkenntnis nur so gewinnen, daß man mit seiner
Existenz in die Wahrheit kommt bzw. sich von Gott in diese
Wahrheit bringen läßt: „Bemühen Sie sich also", sagt PAS-
CAL in den Pensées, „nicht durch eine Vermehrung der
Gottesbeweise sich zu überzeugen, sondern durch eine Ver-
minderung Ihrer Leidenschaften"[70]. Und ein anderes Mal:
„Ich hätte die Vergnügungen (= Exzesse) bald aufgegeben,
sagen sie, wenn ich den Glauben hätte. – Und ich sage Euch:
Ihr hättet bald den Glauben bekommen, wenn ihr die
Vergnügungen aufgegeben hättet."[71] *Die Erkenntnis Gottes
vollzieht sich nur „auf dem Rücken" der Anerkenntnis*. Sie ist
also eine durch und durch existenzielle Angelegenheit.

2. Verdrängung und Schuld

Also: weil der Mensch sich von Gott bedroht fühlt, weil er sich ihm ausgeliefert weiß – der Schöpfer ist ja zugleich der Richter –, darum will er ihn nicht wahrhaben, „*will*" er ihn nicht wahrhaben, „verdrängt" er ihn und geht zu den andern Göttern, die nach seinem Bilde gestaltet sind und von denen er sich deshalb bestätigt und bejaht fühlt, bei denen er sich – „sicher" zu wissen glaubt.

Man würde allerdings einem Fehlschluß verfallen, wenn man sich diese Vorgänge als allzu bewußt, als überhaupt im Oberbewußtsein stattfindend vorstellte. Indem die Heiden die Gottestatsache „verdrängen", meinen sie *wirklich*, es seien echte Götter, die sie anbeten. Genausowenig wie die Reihenfolge: „erst Erkenntnis, dann Anerkenntnis" zu Recht besteht, kann auch die Reihenfolge: „Erst Erkenntnis, dann Nicht-Anerkenntnis" zu Recht bestehen. Die Nicht-Anerkenntnis ist kein nachträglicher Protestakt und keine bewußt programmatische Erklärung mit erhobener Faust gegen Gott (ich wüßte nicht, wo diese prometheische Geste je stattgefunden hätte). Sondern sie ist der heimliche Protest und die innere Abkehr von Gott, die dann – dann! – einer falschen Haltung auch eine falsche Erkenntnis entspringen läßt und diese Haltung mit dem ihr entsprechenden kognitiven Überbau versieht.

Jedermann weiß ja, wie konkret solche Verdrängungen sich auch im sonstigen Leben vollziehen: Ein Kranker etwa, der ein bestimmtes von ihm befürchtetes Krankheitsbild nicht wahrhaben „will" und deshalb verdrängt, *erkennt* es nun auch für einen bestimmten Zeitraum nicht mehr. Seine Augen bleiben gleichsam gehalten; er findet und erfindet Argumente genug, um es anders zu erklären und folglich etwas anderes als den vermeintlich wahren Zustand zu

erkennen. Je höher entwickelt unsere Erkenntnisorgane
sind, um so raffinierter sind sie dann auch in der Kunst, sich
Wahrheiten verhüllen und ausreden zu können. Dem selber
todkranken Arzt stellt gerade seine geschulte medizinische
Vernunft Assoziationen und Argumente zur Verfügung, die
seinen Zustand verharmlosen und damit die Wahrheit ver-
dunkeln. Er hat ein ,,Interesse'' daran, daß er kein moriturus sei; er erkennt dieses Faktum nicht an und also erkennt
er es auch nicht. ,,Was man wünscht, das glaubt man gern''
– das *denkt* man auch gern (und umgekehrt).

Die Existenzhaltung ist es also, die unsere Erkenntnis
formt. Darum erkennen auch die Heiden Gott nicht, weil
sie ihn und damit verbunden ihre eigene Geschöpflichkeit
nicht wahrhaben *wollen*, weil sie also die ,,Wahrheit in
Ungerechtigkeit niederhalten''. SÖREN KIERKEGAARD
drückt diese Erkenntnis so aus: ,,Die Überzeugung ist
eigentlich das, was die Gründe trägt, nicht die Gründe das,
was die Überzeugung trägt.''[72]

Insofern beruht die Sicherheit der Heiden, die sie im
Schatten ihrer harmlosen willkürlichen Götter suchen, nicht
auf einem echten Nichtwissen. (Sonst hätten sie wirklich
Ruhe gefunden wie ein Kind, das eine Gefahr nicht kennt.)
Sondern diese Sicherheit beruht auf einem verdrängten,
niedergehaltenen, aber letztlich eben doch *vorhandenen* Wissen, das sich dunkel bezeugt in den unruhigen Strudeln, die
immer wieder aus der Tiefe heraufquirlen.

Ein beklemmendes Beispiel für eine Verdrängung, die dem
Nicht-wahr-haben-Wollen entstammt, sind oft auch die nach 1945
in Deutschland zu hörenden Versicherungen, man habe von den
Schreckenstaten des Nazi-Regimes nichts gewußt. Vieles von dem
Geschehen – sicher nicht alles! – hätte man sicher doch wissen
können, wenn der Blick nicht gewaltsam weggewendet worden
wäre. Hätte man der Wahrheit standgehalten, würde das Konsequenzen erforderlich gemacht haben, denen man sich nicht

gewachsen fühlte und die trotzdem *nicht* zu ziehen, Gewissenspein auslösen mußte.

Dieses Nicht-Hinsehen und Nicht-wahr-haben-Wollen illustriert Jesus übrigens im Gleichnis vom Barmherzigen Samariter (Lk. 10,30 ff.): Priester und Levit kommen in die Nähe des Mannes, der hilflos und von Räubern zerschlagen am Wege liegt. Sie hätten sich zur Hilfe verpflichtet fühlen müssen, wären damit freilich auch der Gefahr ausgesetzt gewesen, nun ihrerseits in die Hände der Wegelagerer zu fallen. Sie sagten nun keineswegs offen, bewußt und programmatisch „Nein" zu ihrer Hilfsverpflichtung, um dann stur an dem Verwundeten vorbeizugehen. Sie machten es ganz anders: Jesus gebraucht für ihr Verhalten ein Wort, das im Griechischen lautet: „antiparêlthen", was soviel heißt wie: Jeder machte einen Bogen um den Hilflosen herum, jeder wich nach der entgegengesetzten Seite aus – um eben nichts zu sehen, so das herausfordernde Faktum zu verdrängen und seine moralische Sicherheit, sein „gutes Gewissen" nicht zu verlieren.

Genauso haben wir die Sicherheit zu deuten, die angesichts des Todes gesucht wird, und deren sich der Mensch mit Hilfe der sarkischen Mächte zu versichern strebt. Darin steckt keineswegs ein echtes, unwissendes Übersehen des Todes, sondern eher eine aus Furcht geborene Nicht-Anerkennung und Verdrängung. Und genauso wie die heidnischen Götter Gegenstand einer echten Erkenntnis zu sein *scheinen* – so gewiß der Protest gegen den wahren Gott nicht offenkundig wird, sondern latent in jener Erkenntnis verborgen ist –, genauso scheinen die weltanschaulichen Umdeutungen des Todes Gegenstand wirklicher Erkenntnis zu sein, sind aber doch nur Verdrängung und ein Nicht-Wahr-haben-Wollen des wirklichen Todesverhängnisses.

Wir hegen die Hoffnung, daß in unserer Deutung des säkularen Todeswissens (im 1. Teil) davon etwas zum Ausdruck gekommen ist und stellen nachträglich noch einmal das theologische Vorzeichen dieser Deutungen fest: Ich unterdrücke eben das Todeswissen – ich „halte es in Ungerechtigkeit nieder" –, wenn ich mich aus den innerweltlichen und vermeintlich wertbeständigen Größen und Gütern verstehe. Oder ich unterdrücke es so, daß ich mich in germanisch-faustisch-hegelscher Weise entpersönliche und mein eigentliches Ich auf die überindividuellen und scheinbar „bleibenden" Größen (Sippe, Spur der Erdentage, Geist) abwälze; oder auch so, daß ich ihn einfach nicht auf „mich" beziehe, wie das TOLSTOI-Beispiel des 1. Teiles erkennen ließ.

All das ist keine „Erkenntnis", die hier gewonnen würde, sondern *niedergehaltene* Erkenntnis. All das ist keine „Wahrheit", sondern ein Nicht-wahr-haben-*Wollen*. All das ist keine wirkliche Wahrnehmung der Todesrealität, sondern die Wahrnehmung eines *Interesses* angesichts dieser Realität. So sieht diese weltanschauliche Linie von der biblischen Perspektive heraus. Damit gewinnt der 1. Teil unserer Darstellung ein neues Oberlicht, das erst an dieser Stelle hereingelassen werden kann.

3. Schuld und Unfriede

Ein Zeichen dafür nun, daß es bei jener Sicherung gegen den Tod, bei seiner Verdrängung also, nicht um einen wirklichen Frieden, um ein Mit-dem-Tode-fertig-geworden-Sein und um Weltüberwindung geht, ist der immer neue *Akt* der Sicherung sowie die *Sorge* und die beide beseelende *Angst*.

Der Tod, wenn er faktisch eintritt, ist aber der absolute Bruch der Sicherheitsillusion, da er als sich vollziehender eine unübersehbare Realität wird. Angesichts dieser eintretenden Realität gibt es zwei Verhaltungsweisen:

Entweder die *offene* Verzweiflung (desperatio), bei der man sich nur Szenen mancher säkularen Beerdigungen vor

Augen zu halten braucht oder auch den Untergang der
Titanic: Die Menschen stehen dem ,,letzten Feind" gegenüber wie solche, die von einem Raubmörder, mit dem sie
nicht rechneten, aus sicherem Schlafe geweckt werden und
ihm fassungslos gegenüberstehen.

Oder – das ist die andere Verhaltungsweise – die hinter
zusammengepreßten Zähnen *unterdrückte* desperatio, die
als solche zum Zeugnis für eine neue Art des ,,Niederhal-
tens" und ,,Nicht-wahr-haben-Wollens" wird, nur diesmal
auf den subjektiven Zustand bezogen, wie er eintritt, wenn
die objektive Realität des Todes als Ende geschieht. Diese
unterdrückte desperatio pflegt man ,,Haltung" zu nennen.
Sie ist von SPENGLER an der Gestalt des ,,Soldaten von
Pompeji" plastisch beschrieben worden und findet ihre
konsequenteste Interpretation bei ERNST JÜNGER, wo ,,Hal-
tung" in Erscheinung tritt als Gehaltensein vom Nichts und
angesichts des Nichts[73].

Das Wissen um Gott und den Tod, das ,,in Ungerechtigkeit niedergehalten wird", heißt biblisch ,,Sicherheit". Die
Verzweiflung, die ,,in Ungerechtigkeit niedergehalten
wird", heißt biblisch ,,Trotz".

Zugleich wird hier der Unterschied deutlich zwischen
dem, was ,,Sicherheit", und dem, was ,,Friede" heißt:

Wenn man fälschlicherweise von dem psychologischen
Tatbestand und damit vom bloßen Schatten des eigentlichen
Gemeinten ausginge, könnte man meinen, die beiden
Begriffe sollten die ,,Ruhe des Herzens" angesichts der
bedrohenden Mächte zum Ausdruck bringen. Aber hinter
dem scheinbar ähnlichen psychischen Status verbirgt sich
eine jeweils völlig andere objektive Fundierung: Der
,,Friede" ist das In-Ordnung-sein mit Gott, ist unter
anderm – aber wirklich unter anderm – ,,Grenz"-Befriedi-
gung aus der in Christus geschehenen Versöhnung heraus.

„Friede" ist also wiederum eine ausgesprochen personhafte Größe: nämlich Friede zwischen zwei Personen,
Überbrückung des zwischen ihnen aufgerissenen Abgrun-
des durch das Kreuz. Der Friede des Herzens ist nur der
Schatten dieses objektiven Tatbestandes. Indem aber dieser
Friede des Herzens angesichts der bedrohenden Mächte,
zum Beispiel angesichts des Todes, Platz zu greifen vermag,
genauer: indem dieser Friede als neue Gott-Mensch-
Gemeinschaft von Gott *geschenkt* wird, wird wiederum
deutlich, daß nur der die Wunden zu heilen vermag, der sie
geschlagen hat: Gott schenkt das Vertrauen, daß er die in
Christus begonnene Geschichte nicht im Tode abreißen
läßt, sondern daß wir die „Gesellen des Auferstandenen"
bleiben. Friede angesichts des Todes wird so nur durch den
geschenkt, von dem auch die Friedlosigkeit der Todesangst
stammte. Nur der führt aus der Hölle, der in sie hineinwarf.
Das ist die objektive, extra nos (außerhalb unsrer) vollzo-
gene Begründung des Friedens.

„Sicherheit" dagegen bleibt eine innersubjektive Größe.
Sie soll entstehen, ohne daß die letzte Ursache der Unsicherheit und des Schreckens ins Auge gefaßt und in Ordnung
gebracht wird. Sie ist ein „Vorbeiblinzeln". Damit ist die
Bemühung um sie, medizinisch gesprochen, nur eine Sym-
ptom-Therapie, die den eigentlichen Grund des Übels
nicht am immer neuen Durchbruch hindern kann. Wir
verfolgten diesen Vorgang, als wir die „Sicherheit auf dem
Boden der Unruhe" und die sie beseelende desperatio sichtbar machten.

Man kann die beiden Phänomene auch im Anschluß an
die Rechtfertigungslehre verdeutlichen (was hier freilich nur
in skizzenhaften Strichen geschehen kann):

„*Sicher*" sein wollen heißt: Die Wahrheit in Ungerechtigkeit niederhalten, die Todeswirklichkeit „verdrängen".

,,*Frieden*" haben aber meint: in der neuen Gerechtigkeit von Gott aufgerichtet zu sein. Denn ,,Gerechtigkeit des Glaubens" besagt: in Gericht und Gnade zu Gott Ja sagen und sowohl die Todesgrenze wie auch die hinüberhelfende, uns treu bleibende Geschichte Gottes wahr sein zu *lassen*.

Sicher sein wollen heißt: aus der Unwahrheit sein; *Frieden* haben heißt: aus der Wahrheit sein.

4. Der Zusammenhang von Person und Tod in seinem biblischen Verständnis. Abschließende Formulierungen

Ehe wir diesen Gedankengang über ,,Person" und ,,Tod" beenden, soll der biblische Person-Begriff noch von einem abschließenden Gesichtspunkt her beleuchtet werden. Wir tun das, um den eigentlich tragenden Begriff unseres Todesverständnisses auf eine letzte Schärfe hin auszufeilen.

In besonderer Weise nämlich kommt die Einmaligkeit der Person unter dem Gesichtspunkt von *Gesetz* und *Evangelium* zum Ausdruck:

Wieso sie unter dem *Gesetz* deutlich wird, haben wir früher schon bemerkt; es genügt ein Satz, um uns das ins Gedächtnis zu rufen. Indem Gott als richtender auctor legis den Menschen anruft: ,,Adam, wo bist du?" kann dieser sich in seiner Schuld nicht vertreten lassen durch Eva, und diese wiederum nicht durch die Schlange. Beide müssen ganz sie selbst sein: ,,Den Bruder kann niemand loskaufen" (Ps. 49,8). In dieser Dimension, wo er ,,ganz er selbst" ist, findet das menschliche Sterben statt.

Ebenso wird die Personhaftigkeit unter dem *Evangelium* deutlich. Dadurch gewinnen wir einen neuen wichtigen Gesichtspunkt:

Zunächst gilt das von dem Evangelium der imago Dei: Denn die Gottebenbildlichkeit bedeutet doch, daß der

Mensch durch sein Angerufensein, durch seine ,,Ansprech-
barkeit" und seine Verantwortung über die andern
Geschöpfe hinausgehoben und in ein besonderes Gegenüber
mit Gott gerufen ist. Imago Dei bedeutet nichts anderes, als
in die Geschichte mit Gott berufen sein. Sie ist auch
gemeint, wenn in der Bergpredigt davon die Rede ist, daß
wir unendlich ,,viel mehr sind" denn die Lilien und die
Sperlinge (Mt. 6,26). Dieses ,,Mehr-sein" darf nicht quantitativ verstanden werden im Sinne von ,,Höher-gezüchtet-,
Höher-organisiert-sein". Sondern diesem Mehr liegt ein
Anders-sein zugrunde. Es besteht darin, daß wir im Unterschied zu den Lilien und den Vögeln ,,Vater" zu Gott sagen
dürfen (6,32) und daß wir die sind, die nach dem Reiche
Gottes ,,trachten" können (6,33), die also in die Person-
Gemeinschaft mit Gott berufen sind.

Der letzte theozentrische Sinn dieses Person-Charakters
wird freilich erst im Kreuze Jesu Christi sichtbar. Paulus
spricht Röm. 14,15 und 1.Kor. 8,11 davon, daß man die
Leute, die aus an sich irrigen Gründen an irgend etwas
Anstoß nehmen (kultisch verbotenen Speisen, Essen von
Götzenopferfleisch usw.) nicht ärgern solle. Man könnte ja
wirklich versucht sein, über solche kleinen Leute mit engem
Horizont hinwegzugehen. Was spielen sie schon für eine
Rolle – außer derjenigen vielleicht, daß sie immer wieder
eine Hemmung für die Gemeinschaft sind und eine ,,kultur-
bremserische" Funktion ausüben. Sie sind keine einmaligen
Führer und keine unersetzlichen, unvertretbaren Gestalten, sondern sie sind die Repräsentanten einer gewissen
anonymen Menge, eben der ,,kleinen Leute". Es ist nicht
von ungefähr, daß keiner ihrer Namen überliefert ist. Und
doch soll man sie nicht ärgern – denn ,,Christus ist für sie
gestorben", ,,sie sind teuer erkauft". So ist also jeder einzelne von denen, die – sozial gesehen oder nach dem Kultur-

niveau bewertet – Niemande sind, die sogar durch jeden
ersetzbar wären und möglicherweise eine Hypothek der
Gemeinschaft bilden –, ist jeder einzelne von diesen „unendlich wert" und darf nicht angetastet werden. Aber ihren
Wert und ihre Würde haben diese Niemande nicht aus sich
selbst und auch nicht so, daß sie über eine bestimmte
immanente Qualität verfügten, sondern diesen Wert und
diese Würde haben sie außerhalb ihrer selbst als „fremde
Gerechtigkeit": Sie besteht darin, daß einer für sie starb.
Das ist ihre dignitas aliena, ihre fremde Würde, von der
wir sprachen. *Das* ist der Hintergrund ihres Personseins und
ihrer Einmaligkeit, ihres unendlichen Wertes.

Denselben Gedanken arbeitet LUTHER in seiner Tauflehre
heraus, wenn er davon spricht, daß Väter und Mütter oft
genauso seien wie andere Menschen, ja daß sie wie die
„Türken und Heiden" aussehen und also mit ihnen ver-
wechselbar und vertauschbar sind, daß sie aber dennoch
eine einzigartige Würde besitzen, die sie zu unvertretbaren
Personen macht (den terminus „unvertretbar" führen wir
zur Interpretation aus unserm Gedankengang an). Denn sie
stehen unter dem Schutze und der Anerkennung des Wortes: „Du sollst Vater und Mutter ehren." Dadurch sehe ich
plötzlich „einen andern Mann, geschmückt und angezogen
mit der Majestät und Herrlichkeit Gottes. Das Gebot (sage
ich) ist die gülden Ketten, so er am Halse trägt, ja, die Krone
auf seinem Haupt, die mir anzeigt, wie und warum man
dies Fleisch und Blut ehren soll"[74].

Hier kommt der Personbegriff sub specie evangelii auf
seine prägnanteste Formel, in deren Licht wir den durch-
messenen Gedankengang noch einmal überschauen: Vater
und Mutter sind „Fleisch" und „Blut" (wie andere Menschen und sogar Tiere). Aber aus der kreatürlichen Reihe
der gleichgültigen Exemplare sind sie herausgehoben durch

das *Wort* Gottes, das über sie ergangen ist und das ihnen jene dignitas aliena verleiht, die im Gleichnis der goldenen Amtskette ihre strenge und genaue Versinnbildlichung erfährt.

Einzige, Unvertretbare sind sie also nur und erst unter dem Wort, und zwar gleichermaßen unter dem Wort als Gesetz und unter dem Wort als Evangelium. Der menschliche Tod hat sein ganzes Gewicht dadurch, daß er den Menschen als solche Person meint und trifft[75]. Er trifft also einen unendlichen, unersetzlichen Wert: Ein Einmaliges sinkt ins Ende.

Wenn deshalb christlicher Glaube das Leben vom Ende her verstehen lehrt und es damit in seiner Nichtigkeit und seinem Zunichtewerden durchschauen läßt, so offenbart sich hier ein merkwürdiger Widerspruch, auf den BERN-HARD GROETHUYSEN in seiner Analyse des bürgerlich säkularen Todeserlebnisses in Frankreich hinweist: Der letzte Augenblick des Lebens, in dem wir uns aller verhüllenden Illusionen entkleiden müssen, in dem das Zu-Ende-Sein und die Nichtigkeit des Lebens offenbar werden, erhält ,,seine Bedeutung gerade durch den Wert, den wir dem Leben beimessen"[76]. Es wird aber um so mehr von diesem Werte gewußt, ja, das ihn tragende Sinngefüge tritt erst dann in Erscheinung, wenn der Mensch unter Gesetz und Evangelium gesehen und damit als personhaftes Glied der Gottesgeschichte, das heißt: als Träger der dignitas aliena verstanden wird. Alle nur immanenten Wertbestimmungen des Menschen führen konsequent zu seiner Nicht-Einmaligkeit, das heißt zu seiner Vertretbarkeit.

Aus alledem geht hervor, daß die personale Einmaligkeit an den Anruf und an die Geschichte mit Gott gebunden ist. Das schließt nicht aus, daß man – wenngleich in anderer Weise – auch im nicht-christlichen Raum von ihr wissen kann. Wir sahen schon bei der Erörterung des Zeitproblems, daß auch im säkularen Denken ein Wissen um die Streckenhaftigkeit der Zeit und um ihr Ende vorliegen kann (im Unterschied zum zyklischen Charakter), nur daß diese Grenze der Zeit, da sie nicht als Begrenztheit durch *Gott* erfaßt wird, sofort einen anderen Charakter gewinnt als das *personhaft* verstandene Todesende. Dieser andere Charakter kam zum Ausdruck in der Folgerung: ,,Also, da das Ende naht, lasset uns essen und trinken, denn morgen sind wir tot" – im Unterschied zum *biblischen* Wissen um das Ende der Zeitstrecke, das zu der Folgerung führte (wenn man schon ein prägnantes Gegenüber haben will): ,,Tut Buße, denn das Himmelreich ist nahe herbeigekommen." *Wird Gott aus dem Blickfeld verwiesen, gewinnt das an sich analoge Phänomen der ,,Strecke" sofort eine andere Qualität.*

Das gilt genauso von der Einmaligkeit der menschlichen Person, die in gewissem Sinne *ebenfalls* ohne den Anruf durch Gericht und Gnade erfahren werden kann. Doch diese Einmaligkeit wird trotz der scheinbaren Parallele sofort anders, wenn sie nur als Erfahrungstatsache konstatiert und nicht in der Betroffenheit durch Gericht und Gnade, in der fundamentalen Person-werdung also, durchgemacht wird. Man kann als Beispiel dafür die griechische Tragödie nehmen[77], der durchaus das Erleben der Einmaligkeit des Lebens zugrunde liegt. Aber es ist bezeichnend, daß eben hier – im Unterschied zu den biblischen Folgerungen aus der ganz anders verstandenen Einmaligkeit – die Konsequenz der *tragischen* Lebensgestalt gezogen wird. CURT LANGEN-BECK sagt darüber mit tiefem Recht: ,,Daß . . . die Griechen von der Einmaligkeit und Unwiederholbarkeit des persönlichen Daseins überzeugt gewesen sind (erg.: hat es mit sich gebracht, daß das Griechentum die Tragödie schaffen mußte). Sie mußten . . . innerhalb dieses einmal geschenkten Lebens mit dem Leben überhaupt in Ordnung kommen.

Denn wen der Hades einmal geborgen hatte, für den gab es
kein Zurück, keine Möglichkeit irgendeiner Wirkung
mehr"[78].

f) Der Gegensatz von Tod und ewigem Leben

1. Das veränderte Verständnis von „Leben"

Wenn sich bisher unser wesentliches Interesse dem personhaften Charakter des menschlichen Todes zuwandte,
kommt es jetzt darauf an, den Begriff des „Lebens" zu
erörtern, das dem so verstandenen Tode als Gegensatz
zugeordnet ist.

Das biologische Leben genügt jedenfalls nicht, diesen
Gegensatz zum menschlichen Tode auszudrücken – und
zwar ganz gleich, ob man an das biblische oder säkulare
Verständnis des Todes denkt: Im *säkularen* Bereich war, wie
wir sahen, der Tod ein Teil des Lebens-Rhythmus selbst,
eben der Ab-Takt. Oder er war nur der Übertritt von einer
Lebensform in eine andere, wenn man an die Unsterblich-
keitsmythen denkt. Ein absoluter Gegensatz zum natürlichen Bios kann sich so nicht ergeben.

Andererseits ist nach dem *biblischen* Verständnis das physische Leben, der Bios, ebenfalls nicht das Gegenteil des
menschlichen Todes. Denn was im Rahmen der biologischen Lebensgesetze stattfindet, von denen das säkulare
Denken ja auch weiß, ist doch nur das physische Sterben.
Ich denke etwa an die erwähnten Berichte des Alten Testa-
mentes über den Patriarchen-Tod, von dem es wiederholt
heißen kann, der Patriarch sei „alt und lebenssatt" gestorben. Auch der Gedanke vom Tod als „der Sünde Sold"
kann nicht, wie wir uns gleichfalls klar machten, eine
Emanzipation von den natürlichen Lebens- und Sterbege-
setzen beinhalten.

Deshalb kommt nunmehr alles darauf an, den strengen Gegensatz zum *biblischen* Begriff des Todes zu finden, weil nur so der personhafte Charakter des menschlichen Sterbens in letzter Schärfe präzisiert werden kann.

Um diesen Gegensatz zu finden, liegt es nahe, *von der Annahme auszugehen, daß dem personhaft verstandenen Tode auch ein personhaft verstandener Begriff des Lebens entsprechen* müsste. Dieser Begriff ist tatsächlich in dem griechischen Wort für menschliches Leben, in dem Wort ,,Zoé,'' zu erkennen. Denn dieser Begriff ist im neutestamentlichem Sprachgebrauch streng auf die Geschichte bezogen, die Gott mit dem Menschen eingeht.

Diese Zoé hat im Neuen Testament zwar eine große Variationsbreite von Bedeutungen. Doch sind alle Abwandlungen zusammengehalten durch den Grundgedanken, daß diese Art ,,Leben'' zurückweist auf Stadien und Gestalten jener Geschichte mit Gott, einer Geschichte also, in die nur der *Mensch* berufen ist.

Die Zoé kann in besonders betonter Weise als ,,ewiges Leben'' verstanden und damit am deutlichsten abgegrenzt sein gegenüber bloß biologischer Lebendigkeit, für die der Tod ein endgültiges Finale bedeutet. Zoé kann aber auch als das ,,jetzige'' (1. Tim. 4,8) oder als ,,dieses'' hiesige (1. Kor. 15,19) oder als das Leben ,,im Fleisch'' (Gal. 2,20) bezeichnet werden. Doch auch dann tritt das Privileg ,,menschlichen'' Lebens unverkennbar hervor. Denn als dieses jetzige und hiesige Leben ist es auf das ewige Leben bezogen und repräsentiert eine Entscheidungszeit, in der es um Gewinn oder Verlust dieses ewigen Lebens geht. Es ist Kairós-Zeit, eben jenes Heute, in dem wir die Stimme Gottes hören und dazu aufgefordert sind – der Hebräerbrief weist in beschwörenden Formeln darauf hin –[79], unsere Herzen nicht zu verstocken. Aber wir *können* sie eben verstocken! Dieses unser hiesiges Leben kann auch außerhalb der Gemeinschaft mit Gott gelebt werden und seine in Christus geschehene Zuwendung nicht in Anspruch nehmen. So kann es ein verlorenes Leben werden. Es ist um so verlorener und verspielter, je mehr es auf sich selbst baut und je mehr es folglich von diesem „Fleische", auf das es gebaut hat, auch „das Verderben ernten" muß (Gal. 6,8)[80]. Das Ende des Fleisches ist ja der Staub. Deshalb ist die gottlose, auf sich selbst gestellte Lebendigkeit unterhalb ihrer vielleicht bestechenden Vital-Maskierung gerade tot[81].

Eben darum kann der Tod nicht als *Gegensatz* zu dieser Art Leben verstanden werden, denn dieses Leben ist ja selbst als „tot" charakterisiert. So tot es aber auch sein mag, so wenig ist es gleichwohl vom Bezug auf jenes eigentliche Leben gelöst, zu dem wir entworfen sind. Dieser Bezug hat vielmehr einen charakter indelebilis. Er eignet auch der Zoé, die Nein zu Gott sagt. Sie erreicht insofern nicht den Durchbruch zu einem Leben *ohne* Gott, sondern sie wird zu einem Leben *wider* Gott. Sie ist und bleibt ein Leben *mit* Gott, nur im negativen Modus. In diesem Sinne müßte etwa der Atheismus theologisch interpretiert werden.

Analysieren wir den Begriff der Zoé nun etwas genauer, sehen wir unsere These bestätigt, daß er stets die Privilegien *menschlichen* (und das heißt: des auf Gott hin entworfenen) Lebens ausdrückt. Denn auch bei dem Wort von jenem „Leben (zên) im Fleisch", das sein Ende im physischen Tod findet, schwingt deutlich hörbar ein Ton mit, der es als *menschliches* Leben bezeichnet. Selbst diese unsere Existenzfristung „im Fleisch", unser physisches Leben also, hat den Sinn, Frucht zu bringen (Phil. 1,22). Es ist also dazu bestimmt, daß der Mensch – im Unterschied zum Tier – sein Leben in die Hand nimmt und sich auf etwas hin entwirft.

Eben deshalb kann es für Paulus eine offene Frage sein, ob es besser sei, ,,abzuscheiden und bei Christus zu sein" oder aber im Dienst an den andern weiterzuleben (Phil. 1,23 f.). Auch der Umstand, daß wir nur während unseres hiesigen Lebens in der Bindung an das *Gesetz* existieren, seinem richtenden Zugriff aber entronnen sind, wenn wir sterben oder ihm als neue Kreatur ,,abgestorben" sind (Röm. 7,1–3), deutet auf dieses nur dem *Menschen* (und dem Christen *als* Menschen) eignende Lebensverständnis. Dementsprechend kann der Begriff Zoé auch auf Bereiche bezogen werden, die das geistliche – und insofern wieder dem *Menschen* zugedachte – Leben betreffen: Es gibt ,,lebendige Opfer", durch die der Mensch sich selbst darbringt (Röm. 12,1), ,,lebendige Worte", die etwa dem Mose am Sinai zuteil werden (Act. 7,38) oder die wie ein zweischneidiges Schwert Seele und Geist, Mark und Bein durchdringen (Hebr. 4,12). Es gibt einen ,,lebendigen Geist", der das treffende Wort erfüllt (Joh. 6,63.68), und es gibt eine ,,lebendige Hoffnung" (1. Petr. 1,3).

So handelt es sich jeweils um ein in privilegierter Weise den *Menschen* zugewiesenes Leben, das dem Zugriff seines natürlichen Todes entrückt ist. Mag deshalb auch das Brot (als Repräsentant aller natürlichen Nahrungsmittel) für ihn die Bedingung physischen Lebens sein, so lebt er doch nicht *allein* davon, sondern von einem ,,jeden Wort, das aus Gottes Mund hervorgeht" (Mt. 4,4).

Sein menschliches Leben, eben die Zoé, *transzendiert* folglich den physischen Bios, den er mit seinen animalischen Mitgeschöpfen teilt. Es tut dies genau so, wie Christus als ,,Brot des Lebens" die Lebensfristung durch das irdische Brot transzendiert (Joh. 6,35.41) und uns über den Tod hinaus ins ewige Leben erhält (6,50 f.).

Das menschliche Leben im Sinne der Zoé geht also ebenso wenig im Physischen auf wie der menschliche Tod. Da der Mensch in seiner Relation zu Gott existiert, sind auch Tod und Leben aus dieser Relation zu bestimmen. Nur von hierher wird es verständlich, daß der Tod als die von der ira

Dei verhängte Begrenzung des Grenzenlosen, daß er als *Aus-schluß* vom Leben Gottes verstanden werden kann. Entsprechend ist die Zoé etwas, das von Haus aus nur Gott zukommt[82]. Ein Leben, das abseits von diesem Leben Gottes geführt wird, das sich ohne Christus oder in einem verfehlten Bezug auf ihn allein auf sich selbst – auf ,,dieses" Leben – konzentriert, ist ,,verloren" und läßt die so Existierenden die ,,elendesten unter allen Kreaturen" sein (1.Kor. 15,18 f.). Ein solches Leben kann aber schon *vor* dem physischen Ende ,,tot" sein (Luk. 15,24.32; Eph. 2,1.5; 5,14 u. a.).

Das dem Tod noch unterworfene, wenn auch über ihn hinausweisende ,,Leben im Fleisch" (Gal. 2,20) ist insofern noch nicht das *eigentliche* Leben[83]. Dieses eigentliche Leben ist vielmehr das zukünftige, das den Tod hinter sich gelassen hat und dann erst das wahrhaft ewige Leben ist[84]. Dabei geht es aber nicht um eine Unsterblichkeit der Seele, sondern um eine Teilnahme an der Auferstehung des Christus (1.Kor. 15,20 ff.).

Doch was heißt das?

Was damit gemeint ist, kommentiert Paulus im Römerbrief (6,5–12). Die Pointe seiner Feststellungen läßt sich in dem Satz zusammenfassen, daß die Teilnahme (die participatio) an der Gemeinschaft mit Christus *unverbrüchlich* sei und durch den Tod nicht unter- oder gar abgebrochen werde. Diese Gemeinschaft bedeutet, daß wir in Solidarität mit Christus seinen Tod und seine Auferstehung in uns nachvollziehen. Das ist nicht als ,,imitatio Christi" in dem Sinne gemeint, daß wir von uns aus so etwas wie ein Stirb-und-Werde ins Werk setzen könnten (wie es dem GOETHE-schen Persönlichkeitsgedanken entsprechen mag). Vielmehr ist beides als ein uns Widerfahrendes gemeint, das uns *so* zuteil wird, daß wir in das Sterben und Auferstehen des

Christus aufgenommen, in dieses Heilsgeschehen gleichsam
eingegliedert werden, und daß Christus als ,,exemplar'' (=
Urbild) sich in uns gleichsam reproduziert[85].

Was so beim ersten Hören abstrakt-dogmatisch klingen
mag, wird verstehbar und bietet sich dann auch der Aneig-
nung dar, wenn wir die hier gemeinten Vorgänge differenzieren:

1. Zunächst spricht Paulus davon, daß das Kreuzesster-
ben des Kyrios sich auch im Leben derer auswirkt, die ihm
angehören: Der ,,alte Mensch'' wird mit ihm gekreuzigt;
der ,,Leib der Sünde'' erhält den Todesstoß. Das ist sicher
nicht so zu verstehen – darauf macht CALVIN aufmerksam[86]
–, daß die Sünde mit einem Schlage aufhörte, für uns eine
Rolle zu spielen, daß sie sozusagen ontisch aus unserm
Leben getilgt wäre. (LUTHERS Formulierung ,,Gerecht und
Sünder zugleich'' drückt hier die gegenteilige, uns allen
vertraute Erfahrung aus[87].) Gemeint ist vielmehr, daß die
Herrschaftsfunktion der Sünde beendet sei, wenn wir unser
altes Leben jener Mit-Kreuzigung ausliefern, daß sich also
ein Herrschaftswechsel in unserm Leben begibt und wir
gleichsam ,,umgepflanzt'' werden. Wenn wir uns gleichwohl noch – zu Recht! – als Sünder bezeichnen, so sind wir
dadurch nicht mehr in toto ,,definiert'', dann ist das Eigentliche unseres Daseins damit nicht mehr getroffen. Denn seit
jenem Herrschaftsverlust ist die Sünde ihrer Pointe beraubt:
der Pointe, daß sie uns von Gott scheiden mußte. Jetzt gibt
es *nichts* mehr, was uns von Gott scheiden dürfte (Röm.
8,31 ff.). Nicht die Sünde hört auf, wohl aber ihre Rolle als
Scheidemacht. Wir werden durch sie nicht mehr auf unsere
Isolation von Gott zurückgeworfen. Wir sind nicht mehr
auf uns selbst gestellt, wie es vorher war. Die Sünde hört
auf, ein trennender Abgrund zu sein, weil sich eine Brücke

über ihm wölbt und weil ein Mittler seine Hände nach
hüben und drüben streckt.

Das schließt nicht aus, sondern vielmehr ein, daß damit
auch ein Prozeß der *ontischen* Neuwerdung in Gang gesetzt
wird: Wenn die Herrschaft der Sünde gebrochen ist, kann es
nicht ausbleiben, daß auch ihre ontischen Bestände mehr
und mehr abgebaut werden, und daß es so etwas wie
Fortschritte in der ,,Heiligung" gibt[88]. Dabei geht es aber
um einen Prozeß, der allererst *beginnt* und mit seinem
Beginn noch keineswegs an sein Ziel gekommen ist. ,,Nicht
als ob alle Sünde", schreibt CALVIN[89], ,,sofort ein Ende
hätte". Doch leben wir nun im Namen der Verheißung,
,,daß wir endlich den Sieg gewinnen werden . . . Dieses
Werk Gottes wird nicht am ersten Tage, an dem es beginnt,
auch schon zu Ende geführt, sondern es wächst *allmählich*
und erreicht in täglicher Zunahme sein Ziel".

Daß es um einen *Prozeß* der Erneuerung und damit um
eine *weitergehende* Auseinandersetzung mit der Sünde geht –
allerdings nun im Zeichen eines Sieges, der schon errungen
ist –, macht Paulus an den zahlreichen Imperativen deutlich,
die er mit dem Indikativ seiner Sieges- und Freispruch-
Zusage verbindet (Röm. 6,7): Nachdem die Herrschaft der
Sünde gebrochen ist, so *laßt* (!) nun die Sünde auch nicht
mehr über euch herrschen, *widersteht* ihr und laßt es nicht
mehr zu, daß eure Glieder noch Waffen, Instrumente und
Einbruchsstellen für die nach wie vor auf euch spekulie-
rende Sünde sein dürfen (6,12 f.). Daß ihr freigesprochen
und in ein neues Kraftfeld versetzt seid, kann wahrlich kein
Ruhekissen und keine Aufforderung zur Indifferenz sein!
(6,15).

2. Für das Problem des *Todes* hat dieser Herrschaftswechsel eine unmittelbare Bedeutung: Wenn nämlich die Herrschaft der Sünde entmächtigt ist, hört der Tod notwendig auf, ,,der Sünde Sold" zu sein. Wir brauchen, um das hier Gemeinte zu verdeutlichen, nur auf unsere Interpretation der Sündenfallgeschichte zurückzugreifen: Wir machten uns dabei klar, daß Sünde als Grenzenlosigkeit, als ,,Sein-wollen-wie Gott" und als die Pervertierung der Gottebenbildlichkeit in eine angemaßte Gottebenbürtigkeit aufzufassen sei. Die Verhängung des Sterbegeschicks über den Menschen habe insofern die Bedeutung, daß dem Grenzenlosen seine Grenze gesetzt und er zu der Erfahrung genötigt werde, daß er eben *nur* Mensch, *nur* Staub und durch einen unendlichen qualitativen Unterschied von Gott geschieden sei. – Wenn es demgegenüber zur Kreuzigung dieses alten, sich rebellisch übersteigernden Menschen kommt und der Bann dieses Dranges gebrochen ist, wenn sich also im Glauben jene ,,Umpflanzung" mit ihren Folgen begeben hat, dann ist auch der Wille zur Grenzenlosigkeit beendet. Dann bedarf es des Todes als eines Zeichens der Begrenzung nicht mehr. So wird auch der ,,Sold" der Sünde überfällig.

In diesem Sinne erfährt der Tod einen Bedeutungswandel. Ihm ist der ,,Stachel" genommen, durch den er sich als schmerzliche Anamnesis an den Fall bemerkbar machte (1.Kor. 15,55 f.). Er ist in die umfassende Entmächtigung der Scheidemächte einbezogen und kann nun auch seinerseits keine Scheidemacht mehr sein, die uns aus dem Leben des lebendigen Gottes ausschlösse (Röm. 8,38) und dazu bringen könnte, unser Vertrauen auf das Vergängliche, das vom Tod Überschattete, kurz: auf das ,,Fleisch" zu setzen. Denn wenn Christus aus dem Tode erweckt und in ein Leben geleitet wurde, das hinfort keinen Tod mehr kennt (Röm. 6,9) und nur noch ein Leben in, mit und für Gott ist (6,10), dann wird er uns auch *hier* in seiner Gemeinschaft erhalten und uns nicht nur am Kreuz, sondern auch in einem Auferstehungsleben „seine Gesellen" sein lassen[90].

Hier geht es deshalb um alles andere als darum, selbstbeobachtend und statistisch darüber zu befinden, was uns an Überwindung von Sünde und Todesfurcht und an geistlichem Fortschritt überhaupt gelungen ist. Alle Formen dieses „Zurückschauens" (Lk. 9,62) und dieser Introspektion können nur in die Irre führen und der Friedlosigkeit Tor und Tür öffnen. Unser Psychisches, das wir in Gestalt von Selbsterfahrungsversuchen so zu Gesicht bekämen, kann kein möglicher Maßstab geistlicher Orientierung sein; es wäre im biblischen Sinne nur labiles und unverläßliches „Fleisch" – *frommes* Fleisch. Es geht allein darum, mit dem jenseits aller Subjektivität (also extra nos) bestehenden Faktum zu rechnen[91], daß in Tod und Auferstehung des Christus „ein für allemal" der Freispruch erfolgt, die Herrschaft der Sünde und des Todes gebrochen und die Bahn ins Leben eröffnet ist. Dies aber besagt doch nichts anderes, als daß der Tod in der Substanz verändert und gewandelt ist, daß er aus einer Macht der Scheidung zu einem Übergang ins Leben wird, daß er keine Verstoßung in die Fremde der Endlichkeit mehr ist, sondern das Gegenteil: ein Heimgehen aus der Hütte unserer Vergänglichkeit in eine ewige Behausung, die uns bereitet ist (2.Kor. 5,1 f.).

Daß die Gestalt des Christus immer wieder dort steht, wo die Grenze aufgerichtet *war*, aber nun niedergerissen ist, daß er der Lebensfürst ist, der mich durch die Todessperre geleitet – „wenn ich einmal soll scheiden, so scheide nicht von mir" –, macht zugleich deutlich, daß die Überwindung der Grenze nicht von unten nach oben, sondern von

oben nach unten geschieht. Durch die Bewegung von unten
nach oben, kraft deren Adam hybrishaft seine Grenze sprengen will, wird ja gerade die Begrenzung *provoziert*, wird
gerade dem Tode seine Macht *zuerkannt*. Keine Lebensbe-
wegung von unten nach oben vermöchte deshalb die Todesgrenze zu sprengen, sondern müßte sie nur noch tiefer,
massiver und unüberwindbarer machen. Sie könnte uns nur
noch mehr auf das Vergängliche trauen lassen und uns an es
fixieren. In der Tat: Ist der Tod nicht gerade in der säkularen
Lebenskultur und im scheinbaren Triumph der Vitalität
immer kälter, rätselhafter und beängstigender geworden, so
daß die Lebenslüge um so dreister werden muß, mit der wir
ihn verheimlichen – mit der wir letztlich die Nichtigkeit und
Nichtung des Lebens *selbst* verheimlichen? – Die Überwindung geschieht nur von oben nach unten, geschieht in der
Herablassung, in der Fleischwerdung des Wortes, in der
Todeskameradschaft am Kreuz.

*Das Geheimnis der Grenze liegt in der Apotheose des Men-
schen, in der Veruntreuung seiner (Nur-)Geschöpflichkeit. Das
Geheimnis der Grenzaufhebung liegt in der Inkarnation, in der
Herablassung Gottes bis in die Krippe und an das Kreuz.*

2. Gegenwart und Zukunft des ewigen Lebens

Der Blick auf das, was so schon geschehen *ist* und
zugleich einen Ausblick auf das eröffnet, was über den Tod
hinaus in Ewigkeit *bleiben* wird, stellt uns noch einmal vor
die Frage nach der Gegenwart und der Zukunft des ewigen
Lebens:

Die Eröffnung des ewigen Lebens durch die Auferstehung des Christus gibt den Tempora Vergangenheit,
Gegenwart und Zukunft eine neue Qualität.

Die einzelnen Stadien der Zeitstrecke sind nun nicht mehr

durch eine radikale Zäsur voneinander geschieden[92], denn mit der Auferstehung am Dritten Tag *ist* das Entscheidende bereits geschehen. Wir haben unsere Zukunft paradoxerweise nicht nur *vor* uns, sondern als Vergangenheit bereits im Rücken. Wir gehen auf sie zu, indem wir von ihr herkommen. Im Christusgeschehen ist das ewige Leben bereits angebrochen. Es ist schon ,,mitten unter uns", es ist unsere Gegenwart (Lk. 17,21; 2.Kor. 6,2). Das derart qualifizierte Jetzt ist so von beidem bestimmt: von dem *einstigen* Geschehen der Auferstehung, in dem sich die Wende der Äonen vollzog, und das sich in unserer Wiedergeburt, im Aufgang der ,,neuen Kreatur" vergegenwärtigt; und ferner von dem *kommenden* Leben in der Vollendung, das sich im Heute vorbereitet, und dessen erste Rate uns durch den Geist schon jetzt und hier gegeben ist (2.Kor. 1,22; Eph. 1,14). Die Hoffnung selbst *ist* schon ein Zeichen dieses kommenden Lebens, eine Weise seiner Gegenwart (1.Petr. 1,3). *Die Spannung zwischen ,,schon erfüllt" und ,,noch ausstehend" ist die strukturelle Signatur aller neutestamentlichen Aussagen über die Zeit.*

Unter diesem Aspekt verliert der Tod ebenfalls den Charakter einer absoluten Grenz-Zäsur, so daß die Scheidung zwischen einem Diesseits und einem Jenseits des Todes relativiert wird. Das ist ein weiteres Indiz dafür, daß dem Tode die Macht gewonnen ist[93], und daß jeder, der vom lebenschaffenden Geist angerührt ist, bereits jetzt den Durchbruch vom Tod zum Leben hin gewonnen hat (Joh. 5,24). Der Glaube ist der Ort dieses Durchbruchs, und das neu geschenkte Vermögen der Liebe ist sein Siegel und sein Zeichen (1.Joh. 3,14 f.). In diesem Sinne ist *jetzt* die ,,angenehme Zeit", ist *jetzt* der Kairós.

Gott ist mit uns eine Geschichte eingegangen, die nicht aufhören

kann. Denn das Heilsgeschehen, das der lebenschaffende
Geist eröffnete, beruht ja nicht auf der Selbstentfaltung
unseres Geistes, mit dem es einmal ein Ende haben muß,
sondern es ist ein uns widerfahrendes Geschehen, in dem
der Geist *Gottes* an uns handelt und in alle Ewigkeit weiter
an uns handeln wird. Es ist eine Pointe aller Verheißungen,
daß wir von dem, der uns akzeptiert und in das Auferstehungsleben des Christus aufgenommen hat, nicht mehr
geschieden werden können, und daß alle Mächte – einschließlich des Todes – an der Macht dieser Gemeinschaft
zerbrechen und ihre Ent-Mächtigung bekennen müssen
(Röm. 8,31 ff.).

Was bleibt, ist allein die *biologische* Seite des Sterbens, die
erlöschende Physis, die zwar ihre Bedeutung als Anamnesis
behält, aber den ,,Stachel'' und den ,,Giftzahn'' verloren
hat. Alles, was an Todesangst und Todesbedrängnis bleibt –
auch in der Nachfolge des Lebensfürsten! –, ist nur der
Reflex des Selbsterhaltungstriebes, ist das allgemein kreatürliche Zeichen der physischen Vernichtungsscheu, das
aber nichts mit dem personhaften Verhängnis des Todes
und jenem ,,Stachel'' zu tun hat. Es ist eher als Teil der
Schöpfungs-Ausstattung des Menschen zu verstehen, die
den Selbsterhaltungstrieb als eine Art Schutzinstinkt in sich
enthält.
    Im Hinblick auf diese Entmächtigung des personalen
Todes kann der Hebräerbrief davon sprechen (2,14), daß
das, was Christus hinsichtlich des Todes überwunden habe,
nicht der *physische* Tod sei – der wird vielmehr ebenso
weitergestorben, wie ihn die Vögel und die Blumen sterben
–, sondern daß dieses Überwundene nur ,,*der* ist, der
des Todes Gewalt hatte, das ist der Diabolos, der dämoni-
sche ,Durcheinanderbringer' ''.

Man wird sich hüten müssen, in dieser Zitation des Teufels die Berufung auf eine ,,mythische Figur" zu sehen. Die Bibel weist dem Teufel niemals eine verursachende und damit den Menschen entschuldende Bedeutung zu, um damit so etwas wie eine mythologische Erklärung des Bösen zu bieten. Die Rolle der Schlange in der Sündenfallgeschichte bildet dafür ein bezeichnendes Paradigma. Es besteht überhaupt äußerste Zurückhaltung in einer ontologischen Beschreibung des Teufels, die in mancher Hinsicht der Reserve entspricht, die das Neue Testament sich in der ontologischen Beschreibung der Person Christi auferlegt. Wenn MELAN-CHTHON im Blick auf diese christologische Reserve in seinen ,,Loci" sagt: Hoc est Christum cognoscere, beneficia ejus cognoscere (= Christus erkennen, heißt seine Wohltaten, d. h. seine Wirkung erkennen), so ließe sich das negativ Entsprechende auch von den Aussagen über den Teufel sagen: Hoc est diabolum cognoscere, maleficia ejus cognoscere. Vgl. zur Satanologie ,,Der evangelische Glaube" III, 598 ff.

Dieser Diabolos usurpiert des Todes Gewalt dadurch, daß er sagt: Mit dem physischen Tod ist alles aus; folglich sind die Güter dieser Welt ,,letzte" Werte, folglich sind sie Götter, denen man dienen und die man verehren muß. (Selbst die Gestalt des goetheschen Mephistopheles zeigt noch Andeutungen dieser Art.) Hat jener Diabolos nicht auch dem einsamen Jesus in der Wüste jene Güter als Götter vorgespiegelt: die Reiche und Länder dieser Welt, das Brot als Lebenssubstanz und Herrschaftsmittel? Und hat er ihm nicht zu suggerieren sich bemüht: Wenn er sich zu *diesen* Göttern hielte, sei er erst der mit erkennbarer Macht ausgestattete Sohn Gottes?

Nun aber ist diese tötende Gewalt dem Tode genommen: Er kann die, die in der Lebensgemeinschaft mit Christus stehen, nicht mehr zu Knechten der Todesangst und damit zu Sklaven der falschen Götter machen. Insofern also wird der Tod zwar nicht *aufgehoben*, aber *entmächtigt* (vgl. Kol. 3,3.5). Und *so* kommt es dazu, daß die Pointe des Todes nicht mehr der Abschied von . . ., sondern das Heimgehen zu . . . ist.

Indem aber so dem Tode „Stachel" und „Giftzahn" genommen sind, indem er nicht mehr personaler Vollzug der ira Dei bleibt, ist er gleichsam nur noch eine *biologische Larve*, die für die Gemeinschaft mit dem Auferstandenen ohne Belang ist[94]. „Wer an mich glaubt – der ich die Auferstehung und das Leben bin –, der wird leben, ob er gleich stürbe; und jeder, der dieses Leben hat und an mich glaubt, wird nicht sterben in Ewigkeit" (Joh. 11,25 f.). Das will doch besagen: Ihr könnt „in Frieden" sterben – es ist nur noch ein „Sterben" in Anführungsstrichen, im uneigentlichen Sinne. Denn der, in dessen Hand und für dessen Taktik der Tod eine Waffe war, kann euch nichts mehr anhaben. Er kann euch mit Hilfe des Todes nicht mehr den Göttern des Diesseits in die Hand geben und damit der Hand Gottes entreißen. Auch die Furcht, deren Knechte ihr wart, kann euch nicht mehr überwältigen, weil die Angst vor Gott, die im Deckmantel einer Angst vor dem Tode einherging, ihren Sinn verloren hat; denn Gott hat sich ja herabgelassen und ist euch in Liebe zugewendet[95]. „Wer glaubt, der *ist* schon aus dem Tode – sprich: aus dem Sein zum Tode, aus der Bestimmtheit durch den Tod – ins Leben hinübergeschritten (Joh. 5,24; 1.Joh. 4,18)[96].

3. Nochmals: Unsterblichkeit und Auferstehung

Ein letztes Mal stellen wir uns die selbstkritische Frage: Könnte dieses „ewige Leben" nicht *doch* nur eine neue Gestalt jener Unsterblichkeit und jener Tod-Überdauerung sein, die wir im Namen des Todes-Ernstes so entschieden ablehnten und theologisch als „Flucht" und als „Niederhal-

ten in Ungerechtigkeit" (Röm. 1,18) beschreiben mußten?
Tatsächlich aber geht es um ein radikal anderes:

In zwei Momenten ist diese Gemeinschaft mit dem Auferstandenen, ist dieses „Leben, ob wir gleich stürben" von
den besprochenen Unsterblichkeitstheorien unterschieden:

Einmal arbeiten diese Theorien stets mit einer immanenten Qualität des Menschen, nämlich mit einer überpersön-
lich in ihm wesenden Substanz, durch deren Teilhaberschaft
er sich selbst in seiner Eigenschaft als Exemplar überdauert.
Demgegenüber ist die Todesüberwindung in der Gemeinschaft mit dem Auferstandenen ein *geschichtliches* Ereignis,
kein zeitlos substantieller Tatbestand: Die Zoé ist eine
Eigenschaft göttlichen Lebens, zu dem ich zurückgerufen
werde und an dem ich in der beschriebenen personhaften
Art des Gehorsams und der Liebe teilhabe. *Diese Zoé ist
deshalb nicht meine Eigenschaft, sondern die Eigenschaft Gottes.*
Von mir aus gesehen ist sie – zugespitzt formuliert – eher eine
„Außenschaft".

Wir stoßen hier wiederum – das ist das *zweite* – auf einen
Tatbestand, der eine strenge Analogie zur Rechtfertigungslehre zeigt:

Auch „die Gerechtigkeit, die vor Gott gilt" (jene Geltung
also, die mich der unverdienten Zuwendung Gottes und der
Gemeinschaft mit ihm gewiß macht), ist ja nicht etwa *meine*
Eigenschaft, kraft deren ich gerecht wäre, sondern Gottes
Eigenschaft, kraft deren er mich gerecht *macht*, modern
gesprochen: kraft derer er micht akzeptiert. LUTHER hat
diesen Tatbestand nach beiden Richtungen hin durch den
Gedanken des punctum mathematicum beschrieben: (1.)
Als Subjekt des Glaubens, der die Gerechtigkeit Gottes
ergreift, sind wir ein „mathematischer Punkt", das heißt:

nicht ausgedehnt, nicht so, daß unsere Gerechtigkeit einen bestimmten psychischen Raum einnähme, den wir als unsern Besitz und als unsere Eigenschaft proklamieren könnten. Wir tun nichts anderes, als uns unter *Gottes* Eigenschaft, der Gnädige zu sein, in gläubigem Vertrauen zu stellen. Unsere Gerechtigkeit ist so die Eigenschaft eines *anderen*, ist eine aliena justitia, eine ,,fremde" Gerechtigkeit[97].

Das gleiche gilt auch (2.) für die ganze Länge unseres Lebens, an dessen Ende der Tod steht: Dieses Leben, auch wenn es hundertjährig wäre, gleicht ebenfalls einem unausgedehnten mathematischen Punkt und hat insofern keinen Bestand in sich selbst, sondern nur in dem, der es leben und sterben *läßt*. Nur so wird das *bleibende* Leben, eben die Zoé, wiederum nicht als *meine* Eigenschaft, sondern als die Eigenschaft eines *andern* verstanden[98]. Beide Eigenschaften aber – sowohl die Dikaiosýne (= Gerechtigkeit) wie die Zoé – gehen auch nicht bedingt oder heimlich doch in meinen Besitz über, wie das die Lehre von der Eingießung und real substantiellen Mitteilung der Gnade wahrhaben möchte. Wird solche Mitteilung angenommen, entsteht notwendig im gleichen Augenblick die Annahme einer möglichen substantiellen und habituellen Gerechtigkeit des Menschen, es ergibt sich ein mehr oder weniger massives Heiligkeitsideal und damit das, was den Protest LUTHERS hervorrief: Damit kommt es zum *Anspruch* des Menschen an Gott aufgrund solcher ihm eignenden (wenn auch ,,geschenkten") Qualität. So kann eine Partnerschaft des Menschen zu Gott angenommen werden, die trotz allen bleibenden und auch offen gehaltenen Wissens um die göttliche Urheberschaft jener Gerechtigkeit eine letzte verfeinerte Blasphemie, eine Analogie-Setzung Gottes zum Menschen ist.

Mit der gleichen Notwendigkeit – es ist wirklich genau

dieselbe Wurzel – entsteht durch den Gedanken der Eingießung auch eine neue Lehre von der Unsterblichkeit, die mit
dem Postulate arbeiten muß, daß die von der göttlichen
Gnadensubstanz erfüllte und mit der Zoé gleichsam ,,ange-
reicherte" Seele nicht dem Tode verfallen könne, sondern
ihn ,,überlebe"[99].

Demgegenüber weiß der von LUTHER neu entdeckte
biblische Glaube, daß sowohl die Dikaiosýne wie die Zoé
ausschließlich in der Verfügung *Gottes* bleiben, und daß ich
nur insofern und insoweit an ihnen teilhabe, als ich der
Gemeinschaft mit Gott in Christus gewürdigt, und zwar
grundlos gewürdigt werde.

Der personhafte Charakter dieser Gemeinschaft steht
dabei im strengen Gegensatz zu aller ,,substantiellen" Teilhaberschaft: Denn personhafte Gemeinschaft bedeutet, daß
ich in Glaube, Liebe und Hoffnung unter Gott leben darf als
einer, der *alles* von ihm erwartet und der bittet: ,,Hand, die
nicht läßt, halt du mich fest", als einer, dem Jesus Christus
zum Bruder geworden ist und der alles, was von *dem* gilt,
nun von *sich* sagen darf, weil Gott seine Stellvertretung
(aber eben nicht eine mystische Qualitätstransfusion von
Christus auf uns)[100] gelten lassen will[101].

Entsprechend kann mein Tod auch als ,,biologische
Larve" nie verstanden werden als etwas, das mich um
meiner Unsterblichkeit willen gar nicht mehr im Eigentlichen träfe und das an meiner Seele schonend vorüberginge.
Nein: Ich versinke ganz im Tode, und nichts gibt mir das
Recht, die biblisch verkündete Ganzheit des Menschen angesichts des Todesverhängnisses nun doch wieder plötzlich
aufzuspalten in Leib und Seele, in einen vergänglichen und
in einen unvergänglichen Ich-Teil. Aber ich versinke so in
diesen Tod, daß ich wissen darf: ich kann ja nicht darin
bleiben, ich bin ja von Gott bei meinem Namen gerufen und

werde darum von neuem an Gottes Tag gerufen werden,
ich bin doch in der Hut des Auferstandenen –, ,,was die
lange Todesnacht / mir auch für Gedanken macht''[102]. Ich
bin nicht unsterblich, aber ich bin einer, der seiner Auferstehung harrt. Ich bin einer, mit dem Gott zu reden begonnen
hat. Ich bin einer, dem Gott die Treue dieser einmal
geschlossenen Gemeinschaft nicht brechen oder sie vom
Tode annullieren lassen wird. Das ist die extra me, in *Gott*
begründete Gewißheit einer Todesüberwindung: ,,*Wo aber
und mit wem Gott redet, es sei im Zorn oder in der Gnade,
derselbe ist gewiß unsterblich. Die Person Gottes, der da redet, und
das Wort Gottes zeigen, daß wir solche Kreaturen sind, mit denen
Gott bis in die Ewigkeit und unsterblicher Weise reden will.*''[103]

An dieser Stelle kommt gleichsam das biblisch reformato-
rische Wissen um die Rechtfertigung auf seine Höhe: Genau
wie ich mit leeren Händen vor Gott stehe und stehen *bleibe*,
genau wie ich nur bitten kann, daß Gott mich trotzdem
annimmt, genauso gehe ich in meinen Tod mit leeren
Händen und ohne eine tod-entrückte Seelensubstanz, aber
mit der Bitte und dem Blick auf Gottes Hand: ,,Hand, die
nicht läßt, halt du mich fest!''

Nicht nur dem, der das Gericht, sondern auch dem, der
das Leben in seinen Händen hält, trete ich sterbend mit dem
Vertrauen, gegenüber: daß ich nicht auf meine ,,guten
Werke'' noch auf meine ,,unsterbliche Seele'' zu vertrauen
brauche, ja nicht einmal vertrauen darf (weil die einen nicht
gut sind und die andere nicht unsterblich ist), sondern daß
ich ,,allein aus Gnade'' gerecht und der Auferstehung teilhaftig werde (2.Kor. 4,7). Ich bleibe in der Gemeinschaft
dessen, der das A und das O ist: In diesem Wissen gehe ich
in die Nacht des Todes, die *wirklich* Nacht ist; ich weiß ja,
wer am Morgen auf mich wartet.

Von hier aus wird deutlich, wie der Tod eine Verwandlung erfährt. Indem das alienum (= das andere, von mir
Abgehobene des Christus) mich „hindurchreißt", darf ich
bekennen, daß ich nun nicht mehr meinen eigenen, durch
die adamitische Existenz bestimmten Tod sterbe, sondern
daß ich nun den Tod Jesu Christi zu meinem eigenen Tod
mache. Alles, was Christus getan hat, kann ich ja nun von
mir selbst aussagen, genauso wie Jesus Christus alles *mich*
Belastende auf *seine* Schultern lädt. „Du, Herr Jesus",
schreibt LUTHER, „bist meine Gerechtigkeit, ich aber bin
deine Sünde, du hast angenommen das Meine und mir
gegeben das Deine."[104] – „. . . Der Glaube verlangt auch,
daß man sich auf Christi Tun und Leiden so verlasse, als
hätte man es selbst getan und gelitten."[105]

So lebe ich in der Gemeinschaft des Herrn, den und
dessen Gefährten der Tod nicht halten kann. Diese Teilnahme am Sterben des Christus äußert sich deshalb auch
ganz konkret an der Art, wie ich den Tod „vollziehe". Das
erste Kennzeichen dieser Teilhaberschaft ist es, daß ich ihn
nicht mehr nur erleide wie ein Verhängnis, dem ich einfach
ausgesetzt wäre, sondern daß ich ihn tatsächlich „vollziehe", das heißt willentlich und bejahend ergreife. Ich
ergreife mit dem Worte „Ja, Vater!" die Anamnesis an
meinen Fall; ich stelle mich unter das darin kundwerdende
Gericht Gottes; oder schärfer: ich stelle mich diesem
Gerichte. Damit aber stelle ich mich unter das Kreuz Christi
und damit wieder in das Christus-Sterben hinein, das ich
mir aneigne und als mein eigenes – im Sinne des obigen
Lutherzitats – nachvollziehe. Denn auch Jesus Christus
„erlitt" ja den Tod nicht einfach, stand er doch außerhalb
seiner Machtsphäre und seines Rechtsanspruchs: Er war
eben kein „Grenzenloser, der zu begrenzen" gewesen wäre.
Sondern er vollzog in *Freiheit* den Tod, das bedeutet: Er

bejahte das im Tod über den Menschen ergehende Gericht und ließ sich selber von ihm treffen. Das Sterben war für ihn viel mehr eine Tat als ein Erleiden.

Wenn ich mich meinerseits in dieses Tun hineinstelle, ist *mein* Tod in den Tod des *Christus* hineingewandelt, trägt er nun die Signatur des zweiten und nicht mehr die des ersten Adam. Ich habe den Prototyp, von dem her ich existiere, faktisch gewechselt. Indem ich gehorsam den im Todesschicksal mich anredenden Gott bejahe, löse ich mich von der Verfallenheit an die Welt und das Ich los und gebe mich der neuen Bestimmung hin, die in Christus auf mich wartet. Das ist die innere, höchst faktische und höchst konkrete Verwandlung, die der Tod durch meine Teilhaberschaft am Sterben Jesu Christi erfährt. Das ist die *eigentliche* Überwindung des Todes, die der Auferstandene seinen ,,Gesellen" vermittelt: nicht nur, daß er ihn zur ,,biologischen Larve" degradiert, sondern daß er unsern Tod zu seinem und seinen Tod zu unserm Tod macht.

Wir fassen damit unsere Ergebnisse über die Entmächtigung des Todes zusammen. Sie sind nach zwei Richtungen zu beschreiben:

Entmächtigung des Todes heißt *einmal*: Versetzt werden in den Machtbereich des Lebens Gottes und in die Gemeinschaft mit dem Auferstandenen, Versetztwerden in das also, was das Johannesevangelium das ,,ewige Leben" nennt.

Und Entmächtigung des Todes heißt *ferner*, daß die im Tode mir gesetzte Grenze hinweggeräumt wird, daß also – symbolisch ausgedrückt – der Cherub mit dem flammenden Schwert nicht mehr vor dem Garten Gottes steht, in dem das Leben ist.

Damit ist der Tod für den Christen nur noch das, was wir die ,,biologische Larve" nannten. Das jedenfalls, was den

Tod personhaft bestimmte und ihm seinen Stachel gab, (unsere Begrenzung und die in ihr kundwerdende Reaktion der göttlichen Heiligkeit) ist aufgehoben.

Gewiß: Der Tod ist noch da, genau wie der peccator in re (d. h. der de facto bleibend Sündige) noch da ist – doch nur als eben jene gleiche Larve; er hat keine exousia, keine Vollmacht mehr; genauso wie eine Schlange, welcher der Giftzahn herausgebrochen ist, zwar Schlange bleibt, aber keine Macht mehr besitzt. Die Exousía des Todes bestand ja darin, daß er uns hinter eine unübersteigliche Grenze zurückwarf und damit veranlaßte, im Namen des Endes das Leben zum Selbstzweck zu machen und unsere Güter zu vergöttern: ,,. . . nach uns die Sintflut!"

Was heißt es statt dessen nun, im Machtbereich des Auferstandenen zu stehen (wenn wir skizzenhaft die oben gewonnenen Erkenntnisse noch um einige Striche erweitern)?

1. Im Machtbereich des Auferstandenen stehen heißt: an jener Durchbruchsstelle stehen, wo Christus in die Front des Todes eingebrochen ist. Es heißt, von seinem Leben umfangen sein, in dem dieses *unser* Leben nur ein kleines Stücklein, ein ,,Pilgrimstand" ist, in dem es gerade bloß *jene* Zeitstrecke ist – welche Verwandlung! –, in der ich nur glauben kann und die Herrlichkeit Gottes in einem dunklen Spiegel schaue, während ich ihn dereinst von Angesicht zu Angesicht schauen soll, um ihn so erkennen, wie ich jetzt schon von ihm erkannt bin (1.Kor. 13,12).

2. Im Machtbereich des Auferstandenen stehen heißt weiter: von seinem Leben umfangen sein, das tröstlich genug ist, daß wir um seinetwillen täglich zu sterben vermögen: ,,Leben wir, so leben wir dem *Herrn*, sterben wir, so sterben wir dem *Herrn*" (Röm. 14,8). Dem Herrn! Wir sind in

seiner lebendigen Hand – aber auch nur *seine* Hand ist
lebendig! – und können allein noch in diese Hand hineinster-
ben, können nur in die Hand des Lebendigen fallen. Der
Jünger hat sogar die Verheißung, daß er sein Leben gewinnen werde, wenn er's um seines Herrn willen verliert. Denn
dieser Herr ist lebendig, er hat die Fesseln des Todesfürsten
gesprengt. *Diese Weltzeit stirbt, aber der Herr bleibt.*

3. Im Machtbereich des Auferstandenen stehen heißt endlich: in Jesus Gemeinschaft mit Gott haben und deshalb
keine Gemeinschaft mehr mit dem Tode besitzen. Es heißt
einen Herrn haben und deshalb nicht vom Tode beherrscht
werden können – und *also* auch nicht von den Göttern und
Gütern dieses Lebens.

Ich bin ja der ,,Geselle Jesu". Und wo er ist, da soll ich
auch sein. Ist er nicht im Leben? Und also soll auch *ich*
leben, und der Tod darf mich nicht scheiden von der Liebe
Gottes. ,,Wenn ich einmal soll scheiden –", nun, dann wird
der Lebensfürst mich geleiten:

> Ich hang' und bleib' auch hangen
> An Christo als ein Glied.
> Wo mein Haupt durch ist gangen,
> Da nimmt er mich auch mit.
> Er reißet durch den Tod,
> Durch Welt, durch Sünd, durch Not.
> Er reißet durch die Höll',
> Ich bin stets sein Gesell'.

(PAUL GERHARDT)

Beilagen

Außerhalb des Gedankenkreises der Entelechie, den wir als maßgebend für die Erörterung des Todesproblems ansehen möchten, kehrt die Frage des Todes noch in verschiedenartigen andern Verbindungen wieder. So beim Prometheusfragment[1] in der prometheischen Verkündigung einer Identität von Tod und Leben: Im äußersten Gefühl der Freude und des Schmerzes, im Gefühle also unserer Lebendigkeit, wie sie gerade das Liebeserleben birgt und erschließt, meldet sich der Tod als jener ,,Augenblick, der alles erfüllt. / Alles, was wir gesehnt, geträumt, gehofft, / gefürchtet, Pandora, / Das ist der Tod." An den großen Erschütterungen unseres Lebens scheinen wir zu ,,vergehen" und ,,zu versinken in Nacht", während wir eine Welt umfassen. ,,Dann stirbt der Mensch." Tod und äußerstes Leben liegen ganz dicht beieinander.

,,Und nach dem Tod" –? Der Tod ist nur der ,,Wonneschlaf", in dem sich ,,alles" auflöst, um dann ,,aufs jüngste wieder aufzuleben", ,,von neuem zu fürchten, zu hoffen, zu begehren."[2]

In dem Diwan-Gedicht ,,Selige Sehnsucht" wird diese Nähe des Liebes- und Lebensmysteriums gegenüber dem Tode gesteigert zum Symbol des in der Flamme verbren-

nenden Schmetterlings. Es ist jene uns überfallende
,,fremde Fühlung", die uns hinter dem Zeugungserleben als
dem Akt mystischer Lebenserschließung noch ein höheres
Lebensgeheimnis ahnen läßt (,,Und dich reißet neu Verlangen / auf zu höherer Begattung"), das zugleich ein Todesgeheimnis ist. Denn erst hier wird das Geheimnis des ,,Stirb
und Werde", das Geheimnis der Verwandlung durch den
Flammentod hindurch offenkundig. Es ist das ,,Vergehen",
von dem auch das Prometheusfragment sprach, nur auf
einer höheren Ebene:

> Und solang du das nicht hast,
> Dieses: Stirb und Werde,
> Bist nur ein trüber Gast
> Auf der dunklen Erde.

In religionsphilosophisch abgewandelter Form kehrt dieses ,,Stirb und Werde" noch im Rosenkreuzsymbol des
Fragments ,,Die Geheimnisse" (Artemis=Ausg. 3,271 ff.)
wieder.

Im mündlichen Gespräch – vor allem mit ECKERMANN –
tritt aber immer der Entelechiegedanke als Begründung für
die Unzerstörbarkeit und Todüberwindung des Lebens auf.
,,Mich läßt der Gedanke an den Tod in völliger Ruhe.
Denn ich habe die feste Überzeugung, daß unser Geist ein
Wesen ist ganz unzerstörbarer Natur. Es ist ein Fortwirken-
des von Ewigkeit zu Ewigkeit. Es ist der Sonne ähnlich, die
bloß unsern irdischen Augen unterzugehen scheint, die aber
eigentlich nie untergeht, sondern unaufhörlich fortleuch-
tet."[3] – Dazu paßt das früher zitierte Wort aus den
,,Bekenntnissen einer schönen Seele" in den ,,Lehrjahren":
,,. . . der Körper wird wie ein Kleid zerreißen, aber das Ich,
das wohlbekannte Ich, Ich bin."[4] – Doch ,,sind wir nicht auf
gleiche Weise unsterblich, und um sich künftig als etwas zu
manifestieren, muß man auch etwas sein"[5]. – ,,Die kein

anderes Leben hoffen, sind auch für dieses tot; allein solche unbegreifliche Dinge liegen zu fern, um ein Gegenstand täglicher Betrachtung und gedankenzerstörender Spekulation zu sein . . . Ein tüchtiger Mensch, der schon hier etwas Ordentliches zu sein gedenkt und der daher täglich zu streben, zu kämpfen und zu wirken hat, läßt die künftige Welt auf sich beruhen und ist tätig und nützlich in dieser."[6]

Der so in Frage gestellte Blick nach ,,drüben" gibt manchen Äußerungen GOETHES zu diesem Thema den Charakter eines mehr meditativen, fragmentarischen Gedankenexperiments, dem kaum der Rang einer thetischen Aussage zuzumessen ist. Bezeichnend dafür sind einige Sätze aus Ottiliens Tagebuch in den ,,Wahlverwandtschaften": ,,Wenn man die vielen versunkenen, die durch Kirchgänger abgetretenen Grabsteine, die über ihren Grabmälern selbst zusammengestürzten Kirchen erblickt, so kann einem das Leben nach dem Tode doch immer wie ein zweites Leben vorkommen, in das man nun im Bilde, in der Überschrift eintritt und länger darin verweilt als in dem eigentlich lebendigen Leben. Aber auch dieses Bild, dieses zweite Dasein verlischt früher oder später. Wie über die Menschen, so auch über die Denkmäler läßt sich die Zeit ihr Recht nicht nehmen" (2. Kapitel, Schluß).

Beilage II:
Über den Palingenesiegedanken in der Romantik

Ein typischer, dem Gegenwartsgedanken nur ferner gerückter Versuch, den Tod mit ähnlichen wie den beschriebenen Denkmitteln zu bewältigen, findet sich im Palingenesie-Gedanken von HERDER, NOVALIS und KLEIST. Dieser Gedanke ist vor allem charakterisiert durch die Aufhebung dessen, was wir die ,,Einmaligkeit" und die

,,Unumkehrbarkeit" nannten. Dazu als Beispiel folgende
Sätze Herders:

,,Der alte Mensch in uns soll sterben, damit eine neue
Jugend emporkeime. ‚Wie aber soll das zugehen? Kann der
Mensch in seiner Mutter Leib zurückgehen und (neu-)gebo-
ren werden'? Auf diesen Zweifel des alten Nikodemus kann
keine Antwort gegeben werden als ‚Palingenesie'! Nicht
Revolution, aber eine glückliche Evolution der in uns
schlummernden, uns verjüngenden Kräfte. Was wir Überleben unserer selbst, also Tod nennen, ist bei besseren
Seelen nur Schlummer zu neuem Erwachen, eine Abspan-
nung des Bogens zu neuem Gebrauche. So ruhet der Acker,
damit er um so reicher trage, so erstirbt der Baum im
Winter, damit er im Frühlinge neu sprosse und treibe. Den
Guten verlässet das Schicksal nicht, solange er sich nicht
selbst verläßt und unrühmlich an sich verzweifelt. Der
Genius, der von ihm gewichen schien, kehrt zu rechter Zeit
zurück, und mit ihm neue Tätigkeit, Glück und Freude."[7]

Dieser die einmalige Zeit des Menschen nicht zu Ende
gehen, sondern sie wiederholen lassende Palingenesiege-
danke hat – zeitgeschichtlich gesehen – ,,die Versöhnung des
Lebensgefühles und Weltgedankens der monistischen oder
pantheistischen Immanenz mit dem Kerngehalt des
geschichtlichen Christentums auch auf dem Gebiete des
Unsterblichkeitsproblems gegenüber den bisherigen duali-
stisch-transzendenten Beantwortungen zur Geltung zu
bringen"[8].

Vgl. auch den verwandten Reinkarnationsgedanken in
Lessings ,,Erziehung des Menschengeschlechts"[9]. Charak-
teristische Ausprägungen des Palingenesie-Gedankens finden sich ferner bei Kleist, z. B. im Brief an seine Braut
Wilhelmine vom 22. März 1801, an Karoline v. Schlieben
am 18. Juli 1801 und an Rühle am 31. August 1806.

Beilage III:
Der Tod im Kosmos

Es ist eine ähnlich falsche Fragestellung wie die besprochene, wenn man den biologischen Tod bei Pflanzen und Tieren von der Sünde des Menschen *kausal* ableitet. Man scheint sich dabei freilich einiger biblischer Handhaben bedienen zu können (z. B. Röm. 8,19.22; 2.Thess 2,6, aber auch der Sintflutgeschichte, besonders Gen. 6,7, und des Sündenfallberichts)[10]. Dazu ist folgendes zu sagen:

Biblisch wird die Sünde des Menschen als *kosmisches* Ereignis angesehen, genau wie in der Eschatologie die Erlösung weit über die Sphäre des Menschen hinausgreift und universale Bedeutung hat. Wir können hier nur die Tatsache dieser Lehre konstatieren, ohne die in ihr sich aussprechende Existenzerfahrung voll nachvollziehen zu können. Jedenfalls gilt das vom Verfasser, der darum auf dogmatische Aussagen an dieser Stelle verzichten muß. Außerordentliche Versuche, solche Aussagen doch zu vollziehen, finden sich in EDGAR DACQUÉS bekannten Arbeiten: ,,Urwelt, Sage und Menschheit'', 8. Aufl., 1938 und ,,Das verlorene Paradies'', 2. Aufl., 1940.

Höchstens folgende Aussagen scheinen mir vollziehbar zu sein:

1. Der Mensch ist die Krone der Schöpfung (was sich schon an der Tiefe seines Falles zeigt). Indem die Natur in sein Sündenschicksal hineingezogen wird, ist die Aussage über die Natur nicht Selbstzweck, sondern Mittel zu dem Zweck, seine Königsstellung sichtbar zu machen. Das Licht der menschlichen Existenz wird gleichsam am Schatten in der Welt der Kreatur mythologisch verdeutlicht. Das merkt man an den inneren Akzenten dieser Naturaussagen. Besonders geht es hervor aus der Ausrichtung der gesamten

Kosmosschöpfung auf den Menschen hin (vgl. Genesis 1 und 2). Ebenso steht sowohl bei der Ankündigung der Sintflut, in der alles Lebendige versinken soll, das Tierreich gleichsam als bloße ,,Kulisse" hinter dem Menschen (Gen. 6,7), wie anderseits auch die Tiere, die an Noahs Errettung in der Arche teilnehmen, nicht eigentlich als selbständige Teilhaber an Fall und Begnadung erscheinen, sondern allgemein als Vertreter des Lebendigen, dessen Haupt der Mensch Noah ist. Die Geschichte des Menschen wirft ihren Schatten in den Kosmos, wahrscheinlich nicht nur in dem Sinne eines direkten Verhältnisses des Menschen zum Tierreich (Regieren mit ,,Furcht und Schrecken" [Gen. 9,2]), sondern im Sinne einer gewissen gesamtkreatürlichen Schicksalsverbundenheit. Nur darf man keine Aussagen über das ,,Wie" machen wollen! Das verbietet schon die Ausrichtung aller Aussagen auf den *Menschen* und seinen Fall. Auch die Natur behält ihr Lebensrecht: schon deshalb, weil die Welt mir ihren Lebensgesetzen intakt bleiben muß, um dem Menschen die Gnadenfrist des Bundesverhältnisses, die ,,angenehme Zeit", zu ermöglichen (Gen. 8,21 f.; 9,11).

2. Dazu kommt, daß der die ganze Schrift durchziehende Stellvertretungsgedanke in *positivem* Sinne nur auf Christus bzw. auf den leidenden Gottesknecht angewendet wird, im *Negativen* dagegen immer wieder vorkommt als ,,Verantwortlichkeit für den andern". So hat beispielsweise Adam stellvertretend ,,meine" Sünde vollzogen und ist gleichsam ,,mein" Repräsentant (inklusive Stellvertretung). Ferner: Gott sucht die Sünden der Väter an den Kindern heim, die damit durch ihre Väter vertreten werden. Ebenso müssen die Nachgeborenen den Mord Abels büßen (Mt. 23,35): ,,Die Väter haben saure Trauben gegessen und den Kindern sind die Zähne stumpf geworden" (Jeremia 31,29: ausstrah-

lende Bedeutung der Einzelexistenz). So ist der Mensch als Haupt des Kosmos zugleich sein Stellvertreter und reißt durch seine Amtshandlung ,,Sünde" (die eben kein privater Fall ist) den von ihm vertretenen Kosmos mit in den Abgrund.

3. Zur Lehre der Abhängigkeit des kosmischen Todes vom Menschen selbst: Nach Gen. 3,17 ff., 5,29 (vgl. auch 8,21) ist die Erde verflucht um des Menschen willen. In vielen Gesetzesstellen wird in das Gericht über einen Gottlosen sein ganzes Eigentum, besonders auch an Tieren, hineingezogen.

Nach Röm. 1,18 ff. wird der Zorn Gottes vom Himmel her offenbart über alle Gottlosigkeit. D. h. der Himmel, die Weltordnung überhaupt, ist Organ der vom gerechten Gott ausgehenden Verderbenskräfte. Nach Röm. 8,20 ist die ktísis (= die außermenschliche Kreatur) vom Menschen in die ,,Knechtschaft des vergänglichen Wesens" hineingezogen und von Gott um des Menschen willen der Nichtigkeit unterworfen.

Von einer Naturveränderung in einem aufweisbaren Wie ist nicht die Rede. Gerade das ist wichtig, um zu erkennen, daß es hier keine biologischen Spekulationen gibt, und daß nicht einfach ein Kausalverhältnis von personhafter Schuld und biologischer Wirkung vorliegt. Es geht eher um ein Repräsentationsverhältnis, insofern der Mensch als ,,Haupt" des Kosmos erscheint und diese seine Stellung in mythischer Versinnbildlichung zum Ausdruck kommt.

Ich erkläre mir den kosmischen Tod als Sündenfolge in aller dogmatischen Zurückhaltung so:

In der Natur sind Kampf, Widerstreit und Tod Naturgesetz. Trotz der genauen Parallelität alles dessen zu den Lebensgesetzen der Menschenwelt, die noch durch den

biologischen Charakter des Menschen verstärkt wird, erlebt
der Mensch diese Wirklichkeit *anders*: sowohl den Kampf
wie auch den Tod. Rückblickend in den Kosmos sieht er
mit seinen wissend gewordenen Augen das natürliche
Geschehen nach Analogie des Menschlichen. Ist das Eintra-
gung in die Natur oder Lüftung ihres letzten Geheimnisses,
d. h. der Ausstrahlung menschlicher Schuld? Wer kann die
biblische Sicht der Dinge ernsthaft bezweifeln – so tastend er
sie auch nur nachzuvollziehen wagt –, wenn er einem Hund
in die Augen schaut und ihm das Schuld- und Erlösungs-
wissen der Schrift zu Gebote steht? Durch den Kosmos geht
der Schrei nach Erlösung. Auch seine Zerstörungs- und
Todesgewalten haben mit einem Bann zu tun, der über ihm
liegt und den die Schrift in Zusammenhang bringt mit
menschlicher Schuld. Wer spürt nicht den Sinn dieser meta-
rationalen Zusammenhänge? (SCHLEGEL: ,,Es geht ein allgemeines Weinen, / soweit die stillen Sterne scheinen, /
durch alle Adern der Natur. / Es ringt und seufzt nach der
Verklärung, / entgegenschmachtend der Gewährung / in
Liebesangst die Kreatur.''[11]) Die Aussagen der Schrift
erscheinen mir viel zu zurückhaltend, als daß wesentlich
mehr darüber gesagt werden könnte, ja daß mehr als nur in
dieser Richtung *gefragt* werden dürfte. Es kann hier kaum
eine dogmatische Aussage gemacht, sondern es kann nur
das *Problem* ernst genommen werden. Mehr können und
wollen wir nicht, jedenfalls *wir* nicht; mögen es andere auch
zu können meinen und einige wenige unter ihnen sogar
ernsthaft können.

Beilage IV:
*Über den Zustand der Verstorbenen zwischen Tod
und Auferstehung*[12]

Hier ist wohl auch der Ort, anmerkungsweise auf die
Frage des ,,Zwischenzustandes" zwischen Tod und Auferstehung zu sprechen zu kommen. Streng genommen gehört
dieses eschatologische Problem nicht mehr zu unserer Fragestellung hinzu, da wir die Wirklichkeit des Todes lediglich im Hinblick auf die Anthropologie untersuchen
wollten.

Wenn wir nun trotzdem einen Blick auf den Zwischenzustand werfen, so geschieht das vor allem deshalb, weil aus
unsern bisherigen Gedankengängen sich Folgerungen für
diesen Zwischenzustand ergeben könnten, zu denen ich
meine, Stellung nehmen zu sollen.

Diese Konsequenzen sind vor allem durch die *Personganzheit* bestimmt: Wenn wirklich die Aufteilung des Ich in Leib
und Seele nicht angängig ist und der Tod sich folglich auf
die Ganzheit der Person bezieht, so scheint mit der
,,Unsterblichkeit der Seele" auch jener Zwischenzustand
hinfällig und ein völliges Erlöschen des leib-seelischen Ich
im Nichtsein der Todesnacht die Folge zu sein. Die Auferweckung wäre dann eine neue creatio ex nihilo (eine Schöpfung aus dem Nichts) an Gottes Tag.

Ich stehe selbst viel zu stark unter dem Eindruck der
Geschlossenheit dieses Gedankens, um nicht ein prinzipiel-
les Mißtrauen gegen alle ,,theologischen Geschlossenhei-
ten" an dieser Stelle besonders deutlich zu empfinden.
Könnte es nicht sein, daß die Geschlossenheit zugleich eine
Verengung gegenüber dem Reichtum und der strömenden
Fülle biblischer Aussagen wäre? daß also die ,,Geschlossen-
heit" nur im Monolog des reflektierenden Denkens möglich

wäre und daß sie auf Kosten einer ständigen Bereitschaft des Hörens ginge? Es ist ein vielfach sich manifestierendes Gesetz der Theologiegeschichte, daß jede Erhellung irgend-eines dogmatischen Locus – und vielleicht ist unsere Erkenntnis der sterbenden Personganzheit ja eine solche Erhellung! – in anderer Hinsicht eine Verdunkelung be-deutet.

Genauer lautet die hier zu stellende Frage so:

Ist es berechtigt, unsere These von der Ganzheit der Person, die im Tode erlischt, als *Kriterium* gegenüber den Schriftaussagen vom Zwischenzustand zu verwenden und diese also als heterogen (als hellenistische Restbestände etwa) abzuwerten, oder müssen wir umgekehrt unsere These durch die reichere Fülle der biblischen Gedanken kritisieren und auflockern lassen?

Eine Lösung dieses Problems ist nicht möglich, ohne daß einige Sachfragen behandelt werden. Vielleicht empfiehlt es sich, die entscheidende dieser Sachfragen in ihrer *populären* Spielart, die drastisch, aber auch deutlich ist, zu bringen: Bedeutet der Tod, so könnte diese Frage lauten, einen unmittelbaren Übergang ins ewige Leben, eine gleichsam aktuelle Auferstehung in dieses Leben? Meinen wir so etwas nicht, wenn wir auf die Grabsteine schreiben: ,,Hier ruht in Gott, hier ruht in Frieden" –? Wie aber stünde es dann mit dem Verhältnis dieser aktuellen Auferstehung zu der *eschato-logisch* verstandenen Auferstehung der Toten? Wie wäre das Interim zwischen beiden Gestalten der Auferstehung zu interpretieren und wie der ontische Zustand der Verstorbe-nen in diesem Interim?

Ich versuche, diese Fragen in mehreren Gedankenschrit-ten anzugehen:

1. Wie schon früher zur Sprache kam, unterscheidet das Neue Testament zwischen dem durch Christus errungenen

Sieg über den Tod[13] und der endgültigen Vernichtung des
,,letzten Feindes'' am Jüngsten Tage. Wir stießen auf diese
Differenzierung, als es darum ging, daß der ,,Sieg'' sich auf
die Entmächtigung des *personalen* Todes bezieht, daß ihm,
im Bilde gesprochen, der ,,Stachel'' und der ,,Giftzahn''
ausgerissen sei, während das physische Sterben und Totsein
bis zum Ende der Zeit fortbestehe und den Tod so den
,,letzten Feind'' bleiben lasse. Zur Verdeutlichung mag an
das früher gebrauchte Stalingradbild erinnert sein: Die Ent-
scheidungsschlacht ist geschlagen, der Sieg ist in antizipier-
ter Form schon errungen, aber der Besiegte liefert noch
Nachhutgefechte; die des Giftzahns beraubte Schlange
schnappt noch zu, auch wenn ihr die Tötungsgewalt
genommen ist.

2. Damit entsteht die Frage nach dem Zustand der Toten –
speziell der ,,in Christus Entschlafenen'' –. Ihr Tod ist
besiegt, aber noch nicht beseitigt. Sie sind Wartende, die der
Stunde harren, da ,,der Tod nicht mehr sein wird'' (Apk.
21,4). ,,Wie lange noch?'' rufen die Märtyrer, die unter dem
Altare schlafen (Apk. 6,9 f.).

3. Gerade diese Zitate spielen zugleich auf den erfragten
Interimszustand an. Spekulationen über sein Wie finden sich
zwar nirgends – offenbar deshalb nicht, weil das neutestamentliche Denken stets ein ,,salubriter cogitare'' (= ein
heilsbezogenes, unsere Existenz betreffendes Denken) ist,
und derartige Wie-Spekulationen für ein so ausgerichtetes
Interesse irrelevant sein müssen. Der einzige Aspekt, unter
dem jenes Interim gesehen wird, entspricht vielmehr genau
der Sicht des lebenden, noch in dieser Zeitlichkeit wandelnden Menschen. Denn dieser Aspekt ist nicht auf eine ontische Befindlichkeit ausgerichtet, sondern auf einen *Bezug*:
hier auf das Verhältnis der in Christus Entschlafenen zu
ihrem Herrn. Sie sind in Christus geborgen, sie sind sogar

in besondere Nähe zu ihm versetzt. Die Seelen (darüber
gleich noch ein Wort) der Märtyrer sind eben ,,unter dem
Altar", sind an der Heimstatt des Heiligtums. Gott wird
auch ,,die Entschlafenen durch Jesus mit ihm zusammen-
führen" (1.Thess 4,13). Die Lebenden *und* die Verstorbenen
haben die gleiche Unmittelbarkeit zu ihm; keiner hat vor
dem andern etwas voraus (4,15–18). Lazarus wird, nachdem
er verstorben ist, in ,,Abrahams Schoß" getragen – wiederum in jene Geborgenheit (Luk. 16,23). Wenn Paulus
bekennt, er habe Lust abzuscheiden und bei Christus zu sein
(Phil. 1,23), so ist auch hier die bleibende Grundbeziehung
des Glaubenden angedeutet, die von keinem Tode gestört
werden kann, ja die sich noch zur Unmittelbarkeit steigert.
Und wenn der Gekreuzigte (noch nicht Auferstandene) zu
dem einen der beiden Schächer sagt: ,,Heute wirst du mit
mir im Paradiese sein!" (Luk. 23,43), so ist auch hier nichts
Mythisches über das Paradies und sein Wie gesagt. Denn die
Pointe dieser Zusage ist ja die Verheißung, der Schächer
werde ,,mit ihm" sein, wenn der Hinrichtungstod durch-
schritten ist. Wenn man will, könnte man sogar sagen,
dieses ,,Mit-ihm" *sei* das Paradies. Auch hier kann das
Paradies nicht anders als durch den *Bezug*, durch eine Vereinigung und Verbundenheit im personalen Sinn, beschrieben werden.

Die eindrücklichste Bestätigung dieser Sicht findet sich
bei Paulus im 2. Korintherbrief (5,1–10): *Vor* dem Tode,
während wir noch ,,in unserm Leibe heimisch sind", leben
wir ,,fern vom Herrn". Wir wandeln dann ja ,,bloß" im
Glauben, noch nicht im Schauen und leben so in einem
Stadium der Mittelbarkeit: ,,*Jetzt* sehen wir noch durch
einen Spiegel in einem dunklen Wort" und noch nicht – *dann*
aber! – ,,von Angesicht zu Angesicht" (1.Kor. 13,12). Deshalb haben wir Lust, unser Zuhause im Todesleib zu verlas-

sen, wenn wir so ,,bei dem Herrn unsre Heimat finden"
(2.Kor. 5,8). Der Tod ist hier als ,,Heimgehen" verstanden,
,,was die lange Todesnacht / mir auch für Gedanken
macht". Auch ehe das Wiedererstehen am Jüngsten Tage
sich begibt, solange also die Zwischenzeit währt, sind wir in
die Geborgenheit jenes Bezuges aufgenommen, der schon
dem Glauben der Lebenden zugesprochen war, sind wir
,,bei" und ,,mit" Christus.

Daß der zitierte Choralvers einen Anhalt in den Aussagen des
Paulus findet, daß die Todesnacht auch ihm ,,Gedanken macht",
geht aus dem Textabschnitt des 2.Korintherbriefes hervor. Paulus
erwähnt hier die kreatürliche Angst, die ihn gegenüber dem Sterben befällt, obwohl er doch weiß und davon spricht, daß der Tod
besiegt ist. Für ihn drückt sich diese Angst – denkbar ungriechisch! –
darin aus, daß er den Verlust des Leibes im Tode fürchtet. Die
Leiblosigkeit des inneren Menschen (oder wie immer man das
Substrat des den Tod Überstehenden nennen will) ist für ihn ein
Zustand der Entblößung und des Nackt-seins (5,3). Darum sehnt er
sich danach, unter Umgehung des Todes nicht ,,entkleidet", sondern sofort mit dem Geistleib ,,überkleidet" zu werden.
  So steht hier beim Blick auf den Zwischenzustand alles beieinander, was über das Thema des Todes zu sagen war: die Botschaft
vom besiegten, aber noch bleibenden und seiner endgültigen
Tötung allererst harrenden Tod; das Bekenntnis kreatürlicher
Angst vor der Entleiblichung im Sterben und *zugleich* die Zuver-
sicht, jenseits unserer endlichen Zeitstrecke in die Geborgenheit bei
Christus einzugehen – *auch* in dem, was wir den Zwischenzustand
nannten und was die ,,Todesnacht" meint.

4. Die Fragen, die sich angesichts des Zwischenzustandes
ergeben, sind weitgehend den Fragen analog, die sich durch
eine andere, von uns früher besprochene Zwischenzeit erheben: durch das Interim zwischen der Auferstehung des
Christus und seiner Parusie. In beiden Fällen geht es um ein
sich jeweils *anders* stellendes Problem der Zeit und der
Zeitlichkeit. Was den zweitgenannten Fall anbelangt, so

sahen wir, wie es zu einer Naherwartung des Weltendes kommt: wie nämlich nach dem Ostersieg, der die Äonenwende bringt, der zeitliche Zwischenraum bis zum endgültigen Ende transparent wird, so daß das Weltende in unmittelbarer Nähe scheint. Wir sprachen so von einer prophetischen Verkürzung der Zeitperspektive.

Auch der Zwischenzustand zwischen Tod und Auferstehung stellt uns – in freilich modifizierter Weise – vor dieses Problem der Zeit. Das wird zum Greifen deutlich, wenn wir an gewisse Aussageformen denken, in denen wir den Tod eines Menschen anzeigen. Hier kann es etwa heißen: „Er wurde aus dieser Zeitlichkeit abgerufen." Das damit gestellte Problem ließe sich geradezu in Aussageschemata der KANTschen Philosophie ausdrücken: Da Raum und Zeit Anschauungsformen sind, die unserm Erkenntnisvermögen konstitutiv eignen, bedeutet der Tod den Übergang in eine uns *unvorstellbare* Seinsweise. Unsere Erkenntnisapparatur ist für diese der Zeit entnommene Zustandsform nicht eingerichtet. Der Versuch, diesen Zustand gleichwohl erkennend zu durchdringen, muß deshalb zu den fatalen Konsequenzen einer Metaphysik führen, die sich (wiederum nach KANT) in Antinomien verwickelt.

Es mag mit dieser Schwierigkeit unseres Vorstellungs- und Aussagevermögens zusammenhängen, daß manche Theologen (z. B. CARL STANGE und PAUL ALTHAUS) LUTHERS Gedanken vom „Seelenschlaf" aufgenommen haben, um die erkenntnistheoretische Problematik einer Aussage über den Zwischenzustand zu bewältigen[14]. „Sie schlafen einen ganz schmerzlosen Schlaf . . . sie ruhen in Frieden und werden nicht mit irgendwelcher Pein gequält", kann LUTHER in einer Predigt zu Mt. 9,1 ff. sagen[15].

Was dieser Gedanke vom Schlaf angesichts des Zwischen-

zustandes und seiner Unaussagbarkeit austrägt, ist zwei-
erlei:

Erstens bedeutet „Schlafen", daß es keine Reflexion über
das Wie dieses Zustandes gibt. Der Verstorbene sei „in
Frieden" – das ist alles.

Zweitens soll mit dem Gleichnis vom Schlafen ausgesagt
werden, daß die Toten aus der Zeitlichkeit abgerufen sind
(wie ja auch der Schlafende im Traum das Zeitbewußtsein
verliert). Dann kann auch das Interim zwischen Tot-sein
und Auferweckung am Jüngsten Tage kein Zeitproblem
mehr stellen. Der vom Schlaf in die Zeit gleichsam zurück-
kehrende Mensch kann meinen, „kaum ein oder zwei Stunden geschlafen zu haben", während doch die vielstündige
Nacht vorbei ist[16].

Die Auferstehung am Ende ist dann die Erweckung aus
diesem Schlaf. Die Aufhebung des Zeitbewußtseins würde
für den Erweckten bedeuten, daß die „lange Todesnacht"
wiederum auf einen mathematischen Punkt reduziert wird
und er so aus dem eben vollendeten Leben gerufen wird.

*So besteht das Zeitproblem nur für uns Lebende, die an die
Zeitform gebunden sind, nicht aber für die Entschlafenen selbst.*
Auch von diesem Schlaf würde gelten, daß er sich in
„Frieden", in der Geborgenheit vollzieht. „So kommt die
Seele nach dem Tode zu ihrer Ruhestätte und zum Frieden
und fühlt schlafend nichts von ihren Plagen, und doch erhält
Gott die wache Seele" (a.a.O.).

Sehr schön klingt dieser Gedanke an bei Sir Thomas Browne
(Religio medici, 1642, neu herausgegeben von W. von Koppen-
fels, 1978, 137): „O Stunde komm, da aller Schlaf vorbei, / Daß
ich für immer aufgestanden sei! . . . Dies ist das Sedativ, das ich
bettwärts gewendet zu mir nehme: ich brauche danach kein anderes
Opiat, mich in Schlaf zu senken, sondern schließe in Frieden meine
Augen und hätte nichts dagegen, von der Sonne Abschied zu
nehmen und bis zur Auferstehung zu schlafen."

Zusammenfassend können wir feststellen, daß die
Gesamtheit der einschlägigen Stellen des Neuen Testaments
– sie waren bewußt aus ganz verschiedenen Ecken zusam-
mengetragen – die Gewißheit verdeutlicht, daß es so etwas
gibt wie ein Daheim-sein bei Christus und umgekehrt auch
ein Ferne-sein von ihm. Auf jeden Fall aber ist dieser
Zustand weder als eine Form der Unsterblichkeit aus po-
tentieller Seelenenergie zu verstehen noch als ein der Auferstehung analoger Zustand. Man wird ihn vielmehr mit dem
paulinischen Bild als einen Zustand der Entkleidung und des
Wartens bezeichnen dürfen (2.Kor. 5,4 ff.). Positiv ist er
wohl am besten charakterisiert durch das „Bei-Christus-
sein" (Phil. 1,23).

Von beiden Gesichtspunkten her ist der Gedanke der
Unsterblichkeit nicht zu erreichen, vielmehr nur der einer
nicht aufzulösenden Kommunikation mit Christus. Das,
was bei Christus ist, ist nicht meine „Seele" oder irgend
etwas „von" mir, sondern das bin „ich", insofern ich
Teilhaber an der Gemeinschaft mit Jesus Christus bin. „Läs-
set auch ein Haupt sein Glied, welches es nicht nach sich
zieht?" – Jesus meint in seiner Verheißung an den sterbenden
Schächer sein „Du", nicht seine „Seele" (Heute wirst „du"
mit mir im Paradiese sein).

Wenn ich trotzdem – mit allen Vorbehalten! – das Wort „Seele"
für diese postmortale Verbundenheit mit Christus verwende, und
wenn es sich auch in der evangelischen Choralliteratur und sonst
findet[17], dann geht es um eine Art Notgebrauch dieses Begriffs, mit
dessen Hilfe ich in höchst inadäquater Weise ein *Negativum* zum
Ausdruck bringe: nämlich mein Ich, insofern es nicht mehr und
noch nicht leibhaft ist[18].

*Der Ton liegt jedenfalls auch hier nicht auf meinen den Tod
überdauernden Eigenschaften, sondern auf der Eigenschaft meines
Herrn, mich nicht zu lassen.* (Deshalb hat auch die Wendung

„mit mir" in jenem Verheißungswort an den Schächer ihre besondere Bedeutung.) Die *Form*, in der „ich" bei ihm sein darf (leiblich oder seelisch, interimistisch oder in ewiger Kontinuität), ist dabei ebensowenig zu erfragen, wie ich den Zustand des Ich, das Subjekt des Glaubens ist, psychologisch analysieren soll. Denn der Glaube lebt ja nicht von der subjektiven Zuständigkeit des glaubenden Ich, sondern von der aliena justitia (der fremden Gerechtigkeit) seines Herrn; der Glaube lebt aus seinem *Gegenstand*.

Ebenso ist der Zwischenzustand des im Glauben Heimgegangenen nicht durch seine Zuständlichkeit charakterisiert, sondern durch den, der die Gemeinschaft nicht abbrechen läßt. Und wie LUTHER das Subjekt des Glaubens als unausgedehnten mathematischen Punkt und das Fortschreiten im Glauben oft als annihilatio bezeichnet, so wird man auch die Existenz nach dem Tode in bezug auf das Wie oder Was der Existenzform als eine annihilatio verstehen dürfen, die von der Größe des Herrn lebt, der im Tode nicht läßt. In diesem Sinne wird 2.Kor. 4,7 darauf angewendet werden dürfen: „Wir haben solchen Schatz in irdenen Gefäßen, auf daß die überschwängliche Kraft sei Gottes und nicht von uns . . ."

Gerade wenn wir den Zwischenzustand derart nicht von der subjektiven Struktur des Fortexistierenden, sondern von der personalen Gemeinschaft mit Christus her bestimmen, wird es auch verständlich, daß und warum der Zustand der von Christus Geschiedenen *noch* zurückhaltender charakterisiert ist: Er besteht einfach im *Fehlen* der Kommunikation (im Unterschied zur höllischen Verstoßung im Gericht). Dazu paßt auch die rätselvolle Stelle 1.Petr. 3,19 von der Predigt an die Geister im Gefängnis, deren Zustand dadurch charakterisiert ist, daß die Verbindung mit Christus fehlt und erst hergestellt werden soll.

Ein Hinweis auf die Unerfragbarkeit der subjektiven Struktur nach dem Tode mag es schließlich noch sein, daß der terminus für das tragende Element des Fortexistierens nicht feststeht, sondern daß er zwischen psyché und pneûma schwankt (vgl. Apk. 6,11 und 1.Petr. 3,19).

Aus alledem geht hervor, daß wir die Andeutungen der Schrift über den Personzustand in all ihrer Indirektheit zu respektieren haben, und daß diese Andeutungen, so gewiß sie nicht die subjektive Zuständlichkeit, sondern die Persongemeinschaft mit Christus akzentuieren, sehr wohl in den Rahmen der Personganzheit passen, den wir theologisch erarbeiteten. Jedenfalls ist durch jene Aussagen in keiner Weise eine Unsterblichkeitslehre oder die Annahme einer Ich-Teilung gegeben. Die biblische Anthropologie wird folglich durch die Aussagen über den Zwischenzustand bestätigt, nicht bestritten.

Beilage V:
Brief an einen Soldaten über den Tod
aus dem letzten Weltkrieg

Der Adressat, HANS FELIX HEDDERICH, ist kurze Zeit später über dem Mittelmeer abgeschossen worden und den Fliegertod gestorben. Er war einer meiner frühesten Schüler und Doktoranden, dessen Dissertation ,,Die Gedanken der Romantik über Kirche und Staat" (Gütersloh 1941) daheim verboten wurde, während er draußen als Soldat kämpfte. – Schon damals beschäftigten mich die im vorliegenden Buch erörterten Gedanken. Sie fanden in den Vorlesungen ihren ersten Niederschlag, die H. F. HEDDERICH gehört hatte. Der Brief mag dem einen oder andern Leser vielleicht hilfreich sein, weil er das theoretisch Erörterte hier in eine konkrete Situation – obendrein in eine Grenzsituation – hineinstellt.

. . . Sie erinnern mich in Ihrem Brief an so manche Vorkriegsprophezeiung, daß, wenn einmal wieder der apo-

kalyptische Reiter des Krieges über unser Land brausen
werde, damit ein Sturm inneren Erwachens auflodern
müsse. Aus allen möglichen Illusionen, Götzendienereien
und Menschentand werde und müsse man wieder erwachen
zu den letzten Realitäten: Tod und Gott.

Und nun schreiben Sie als ein allmählich Genesender aus
dem Lazarett, diese so plausibel erscheinende Erwartung sei
bei den meisten jedenfalls nicht eingetroffen. Auch wahrhaft
apokalyptische Begegnungen mit dem Tod – obendrein mit
dem Tod in seinen grausigsten Formen und mit der sadisti-
schen Enthüllung der Menschennatur – wirkten allen Erwar-
tungen zum Trotz in der Regel *nicht* als Predigt des Gesetzes
und *nicht* als Heimsuchung. Manchmal habe es vielmehr den
Anschein, als müsse das alles die Verhärtung nur noch
härter machen. Wenn man meint, nun werde die Alarm-
glocke Gottes mit rasendem Wecken *jedes* Ohr zum Aufhorchen bringen, dann scheint die fast überschrieene Gewalt
der Ereignisse eher das Gegenteil zu wirken: Die meisten
erleben in dem allem – bewußt oder unbewußt – die Offenbarung purer Machtkämpfe, die man nur wie jener ,,Soldat
von Pompeji" durchstehen könne und in denen man seine
Seele mit dem bekannten dicken Fell wappnen müsse. ,,Das
Spiel der Gewalten und damit verbunden das persönliche
Schicksal – liegt eben in den Händen des Schicksals." Damit
sei in der Regel die Diskussion abgeschlossen.

Woran mag es liegen, lieber H., daß es so ist?

Sie schreiben von unsern Vätern, den Frontkämpfern des
Ersten Weltkrieges: ,,Mag ihr Christentum noch so tot,
noch so konventionell oder liberal verfälscht gewesen sein
. . ., sie hatten doch einmal ein paar Lieder auswendig
gelernt, sie kannten irgendeinen Psalm oder gar mehrere, sie
kannten ein paar Bibelworte, die nun tatsächlich in Not und
Gefahr, im Angesicht des Todes auf einmal anfingen, wun-

dersam zu klingen. Da ging die verborgene Saat doch noch
auf, nachdem der scharfe Pflug des Krieges den hart gewordenen Boden aufgerissen hatte. Aber steckt heute solche
Wintersaat noch überall in unserm Boden? . . ." „Ohne
diese Saat aber bleiben die Ereignisse unverständlich, und
man kommt am besten hindurch, wenn man sich die Ohren
zuhält und mit dem verfügbaren Teil seiner Seele auf Glück
und Schicksal vertraut."

Ich glaube, Sie haben damit den Kern der Sache schon
richtig getroffen, auch wenn diese Sache ja in den Händen
Gottes verborgen liegt und ihre Geheimnisse behält.

Ähnlich ist es schon bei der Gottesgeschichte, die uns der
Alte Bund berichtet. Nicht die Ereignisse als solche –
Schrecken, Kriege, Naturkatastrophen – haben den Weg zu
Gott frei gemacht. Und auch nicht der berühmte „Schritt
Gottes durch die Geschichte" hat das Aufhorchen durch
seine Hörbarkeit erzwungen. Sondern *dadurch* kam das Aufhorchen und kam die Verbindung mit Gott, daß die
Propheten und Patriarchen da waren, die kraft des verliehenen Gottesgeistes jenen Schritt und jene Ereignisse *ausleg-
ten*. Nur am *Wort* Gottes, nicht am *Schritt* hängt die
Verheißung; an seinem Schritte jedenfalls nur so, daß Gott
reden muß, um ihn vom „logischen Abrollen der Ereignisse" und von den scheinbaren Wundern zu unterscheiden,
die seine menschlichen Werkzeuge tun, wenn ihr eherner
Marschtritt über unsern Planeten hallt. Das Wehen des
Mantels Gottes, von dem wir den Zipfel erhaschen möchten, kann Menschen ganz gleichgültig lassen, wenn Gott
nicht das Wehen des Geistes schickt. Das hat übrigens
BISMARCK gewußt, der jenes bekannte Wort vom Mantel
Gottes gesprochen hat. Er kannte nicht nur den Mantel,
sondern auch den Geist. Sonst wäre es Wahnsinn und
Überhebung gewesen, das kleine Tuchfetzlein in seinen

Händen so pathetisch zu bezeichnen. Wer hinter dem armen Gewande des Gekreuzigten und hinter dem rauschenden Mantel des zweiten der apokalyptischen Reiter nicht denselben Herrn erkennt, wer ihn nicht so erkennt, daß er diese *beiden* Gewänder der ewigen Majestät sieht, dessen Augen bleiben gehalten.

Damit habe ich übrigens schon meiner Überzeugung Ausdruck gegeben, daß wir das arme Gewand des Gekreuzigten den Menschen nur so vor Augen malen sollen, daß wir gleichzeitig das Rauschen des Mantels Gottes in unserer Zeit auslegen. Gott *redet* ja nicht nur, sondern er *schreitet* auch. Und warum sollten wir es nicht wagen dürfen, warum sollten wir es nicht wagen *müssen*, nun auch von dem Schreiten zu reden, nachdem wir uns unter die Zucht seiner Worte gestellt haben? Es kommt ja darauf an, daß wir und daß unsre Kameraden alles, was Gott schickt, mit jener bekannten Fußleuchte durchleben und durchschreiten, die er auf unsern Weg geschickt hat. Und gerade Ihr Theologen draußen seid vielleicht heute mehr noch als der Prediger auf der Kanzel berufen, den Befehl der Stunde zu hören und Euch zum Typus des sokratischen Theologen zu erziehen, der durch die Märkte und Unterstände und Wachstuben und einsamen Befehlsstände geht und der von Mann zu Mann, fragend und antwortend, manchmal auch schweigend, wo die andern reden, dieses Wort als ein Licht in das Dunkel des Geschehens leuchten läßt.

Gottes Schritt durch die Ereignisse *schreit* ja geradezu nach denen, die ihn auslegen, weil jedermann – auch der stumpfste – die Fußspuren von etwas Ungeheurem bemerkt und nur eben nicht ahnt, wer es ist, der da vorübergeht: ob es die Männer sind, die Geschichte machen oder die Geschichte, die die Männer macht, oder das Schicksal oder der *Herr* der Geschichte.

Denn eines ist doch klar, und darin werden Sie mir
beipflichten: All das Erhebende und Schreckliche, was wir
erleben, allen voran der Tod, stellt an jeden Menschen seine
Frage. Denken Sie nur einmal an die Art, wie die Menschen
sich immer wieder von den Symptomen unsrer Vergänglichkeit gefragt sehen – gerade im Kriege –, denken sie nur
an die Silvesternächte, denken Sie daran, daß die einen sich
die Ohren zuhalten und lärmend schreien: ,,Laßt uns essen
und trinken, denn morgen sind wir tot", daß die andern
diese symbolische Stunde des Vergehens betend verbringen
und sie in das Licht der Ewigkeit stellen; denken Sie an
dieses beides, um sich klarzumachen: *Alle* Menschen – die
einen und die andern – hören in diesem Augenblick das Gras
der Zeit wachsen, alle wissen sich gefragt: Auf welchem
Wege bist du und wie weit bist du von seinem Ende? Nur
die Antwort lautet anders, die den einen und den andern
gegeben wird. *Aber gefragt sind sie beide.*

Und nun meine ich, wir sokratischen Theologen, die
Gott unter ihre Schicksalsgefährten geschickt hat, müßten
jene Frage des Todes aufgreifen, wie sie die silvesternächtli-
che Stunde des Krieges an alle stellt.

Ich will Ihnen andeuten, wie ich das meine:

So viele packen die Frage des Todes, von der sie ange-
schrieen werden, in Watte und ersticken sie darin, gleichgültig, ob dieser Schrei in der eigenen Lebensgefahr auf-
gellt, oder aber dann, wenn der Kamerad neben ihnen fällt,
oder wenn sie die Feinde in erstarrten Scharen auf der
Walstatt liegen sehen. Es gibt zwei Knebel, die man in den
Rachen des schreienden Todes preßt:

Der eine heißt: es ist ,,ein Stück Natur", was sich da
vollzieht. Es ist der Rhythmus des Werdens und Vergehens,
das sich im Sterben-müssen ausdrückt. Was ist schon weiter
dabei! Es ist nichts anderes als jener Rhythmus – gerade auch

dann, wenn die Furie des Krieges ihn in rasenden Takten entfesselt.

Lassen Sie mich Ihnen dazu folgendes berichten, nicht um Histörchen zu erzählen, sondern weil diese Geschichte mir im Augenblick gegenwärtig ist und überdies symbolische Kraft besitzt: Ein achtzehnjähriger Panzerschütze, sehr begabt, angehender Student, mir selbst persönlich unbekannt, schreibt mir auf eine meiner Schriften hin, die ihn erfaßt hatte. Dem Brief merkte man den Sturm und Drang des Entwicklungsalters an; sehr belesen, echt suchend, vieles nur halb verstehend, manches auch etwas verstiegen und spekulativ, wie das manchmal bei klugen Jungen ist, deren Intellekt schon weiter reicht als die ihn sättigende Lebenserfahrung. Ich stellte ihn mir vor als einen langaufgeschossenen Burschen, dessen ,,innere Organe" dem Wachstum des Intellekts gleichsam nicht ganz nachgekommen waren. In meiner Antwort zerschlug ich ihm sein Gedankengebäude und wies ihn hin auf das ganz einfache *Tun* der Wahrheit, seinen Kameraden gegenüber, im Dienst, in der Gefahr; nur so werde er inne werden, ,,ob diese Lehre von Gott sei" – nicht durch abstraktes Spekulieren. Er gab mir in ein paar Sätzen recht und schrieb, er würde sich erst wieder bei mir melden, wenn er in diesem Sinne an sich gearbeitet hätte und weitergekommen sei; er spüre, er sei nun an einen ersten Anfang gekommen. Als nächstes erhielt ich die Nachricht von seinem Soldatentod; als übernächstes, in seinem Gepäck aufgefunden, einen halbfertig geschriebenen Brief an mich, wo er von dem ersten zagendem Fortgang dieser Arbeit an sich selbst berichtete, zugleich aber auch heftig und fast aggressiv – mit sich selber uneinig – gegen das aufbegehrte, was so nach ihm greifen wollte. Vor den letzten Sätzen des Briefes, mitten im Schreiben, traf ihn der tödliche Granatsplitter.

Warum schreibe ich Ihnen das, lieber H.? Weil ich hier übermächtig spürte: Das ist nicht der Lebensrhythmus, der diesen halb Vollendeten, erst im Start sich Aufrichtenden wegnahm, sondern hier bricht dieser Rhythmus jäh und erschütternd ab, mitten in einem Brief. Sollte man – und sollten die vielen, die ähnliches erleben – darin nicht erfahren können, daß der Tod ein Feind und ein Widerspruch ist, daß er *nicht* sein sollte? Fällt er nicht als Vernichter in die Freundschafts- und Lebensbünde, nimmt er nicht die Besten und macht er nicht das Leben Tausender zu einem Fragment, ist er nicht wirklich die Unnatur und Unordnung, als welche er biblisch erscheint? Ich glaube, es wäre schon viel gewonnen, wenn man nicht mit pathetischen Phrasen diese Unnatur verdecken würde. Auch die Größe des Gegenstandes, für den ein Opfer gebracht wird, darf uns nicht darüber betrügen, daß Einmaliges versinken muß in all seiner Verheißung und Gottgewolltheit.

Einmaliges – das führt zu dem andern Knebel, mit dem man den Schrei des Todes abwürgt: Den Tod kann man immer nur einsam sterben, auch wenn man noch so eingebettet ist in die Kameradschaft, die einen bis zuletzt hält. Wie oft haben wir uns das Lied zu Gemüte geführt:

Im engen Bett nur einer allein
Muß an den Todesreihen,
Hier findet er Gesellschaft fein
Fall'n wie die Kräuter im Maien –

– und doch lügt dieses Lied. Das einsame Sterben in den Lazaretten offenbart vielleicht deutlicher als der Tod auf dem Schlachtfeld, daß unser Ende einer Bahnsperre gleicht, durch die man immer nur allein kann und über der das Wort geschrieben steht: Dein Leben ist nicht übertragbar, sondern nun trifft es nur eben „dich", und mit „dir" geht es zu

Ende. Seitdem ich das weiß und seitdem ich selbst als Soldat erfahren habe, daß es diesen einzelnen gibt, mitten in der Kameradschaft, diesen einzelnen, den der Tod in so betonter Weise meint, schaue ich jede vorbeimarschierende Kompanie mit andern Augen an: Gewiß ist dieser Marschtritt geballte Kraft, gewiß ist dieses Singen ein einziger ineinander schmelzender Klangkörper – ganz erleben kann man das erst, wenn man selbst dazwischen ist und das Schreiten und Singen der Männer einen von allen Seiten umgibt und die private Existenz gleichsam auslöscht. Dennoch muß ich oft denken: Jeder einzelne von denen, die da marschieren, lebt zugleich in einer Dimension, in der er unvertretbar und völlig einsam ist, jeder trägt seine Schuld, seine Sorge, sein Sterben. Und ich denke an das Ende eines jungen Soldaten, dessen Sterben ich in einem Lazarett mit durchstehen mußte und der ziemlich am Schluß sagte: ,,Nun stirbt man hier ganz allein'' – dabei waren seine Nächsten alle um ihn versammelt.

Ich glaube, lieber H., wenn wir daran denken, daß der Tod uns in dieser Dimension trifft, wo wir zugleich auch einzelne sind, und wo etwas versinkt und Fäden zerschnitten werden, die nicht mehr neu zu knüpfen sind – dann ist schon manches von der rosa Schminke genommen, mit der wir uns die tiefsten Botschaften Gottes verhüllen.

Machen wir uns das wirklich klar, dann verstehen wir plötzlich, warum in der Welt der Heiligen Schrift der Tod einen so ungeheuren Ernst besitzt. NIETZSCHE konnte noch meinen, daß es die ,,Jenseitskorruption'' sei, mit deren Hilfe das Christentum einen solchen ,,Mißbrauch mit der Sterbestunde'' triebe. Wir wissen es besser: Die biblischen Menschen wußten davon, daß wir zu einem Leben in der Gemeinschaft mit Gott berufen waren, und daß der Tod deshalb die leibhaftige Unordnung, daß er der letzte Feind ist. Sie wußten, daß der Mensch in den entscheidenden Dingen des Lebens unvertretbar und einsam ist – in seiner Schuld, in „des Leidens mächtigstem Hammerschlag" –. So verbargen sie sich durch keine Kollektivträumerei jene Dimension, in der „mich" mein Sterben trifft, in der ich einsam vor Gott stehe und in der aller Liebe zum Trotz, die nach Ewigkeit, nach „tiefer, tiefer Ewigkeit" schreit, alle lebendigen Fäden zerschnitten werden.

Aber ich höre im Geist Ihre Gegenfrage: Soll man sich denn die schweren Dinge wirklich so schwer machen? Gehen die heroischen Verächter des Todes, gehen die Schicksalsgläubigen nicht einen leichteren, für die Masse vielleicht einzig gangbaren Weg, indem sie jene Abgründe nicht bemerken und eben das tun, was man in der Silvesternacht tut?

Sie haben recht, lieber Freund: die Todesverachtung ist der „leichtere" Weg, aus demselben Grunde, aus dem heraus auch manchmal der Weg ohne Gott der leichtere, weil hemmungslosere ist. Eben deshalb aber kämpft LUTHER gegen jene (menschlich auch ihm wohl imponierenden!) Verächter, weil sie zugleich Verächter dessen sind, der diesen Tod zuläßt, und weil sie in blindem Trotz sich über die Botschaft erheben, die er zwischen seinen knöchernen Fingern hält: über die Botschaft, daß hier dem ewig Grenzenlosen seine Grenze gewiesen wird, daß hier die Scheidewand vor der Ewigkeit Gottes aufgerichtet ist, jene Scheidewand, die der Rebell in uns nicht wahrhaben will, und die er in wildem Titanentrotz immer wieder niederreißt.

Trotzdem – und nun frage ich mit Ihnen: Was werden die Kameraden sagen, wenn Sie so den Ernst der Wahrheit und gerade den Ernst der *Todes*wahrheit stehen lassen, einfach und allein deshalb, weil sie die Wahrheit ist? Soll denn nicht nur *das* die Wahrheit sein, was dem Leben dient? Und dient nicht nur *das* dem Leben, was seine Abgründe verhüllt, was uns die Tollkühnheit und die produktive Ahnungslosigkeit dessen verleiht, der die Gefahren nicht kennt und gerade deshalb sie unwiderstehlich zwingt?

Ich sprach neulich mit einem sehr jungen Manne darüber, der sich schon tüchtig mit den Soldaten des sowjetischen Atheismus herumgeschlagen hatte. Wir sprachen davon, wie es wohl käme, daß sie so leicht, scheinbar beneidenswert leicht sterben, daß sie sich von den Panzern überrollen lassen, ehe sie sich ergeben, und noch mit Handgranaten werfen, wenn sie selbst schon fast blutige Fetzen sind. Ist das Größe, ist das Heldentum, ist das Wahnsinn, oder was ist es? Der junge Soldat deutete das nach meinem Empfinden mit knabenhafter Instinktsicherheit so: Sie sterben so leicht, weil sie nichts zu verlieren haben, das ist alles. Was verlieren sie schon, wenn sie sich selbst verlieren? Sie kennen den Herrn nicht, der sie zu einzelnen, der sie unvertretbar macht und sie ein eigenständiges Selbst sein läßt. Sie kennen den ,,unendlichen Wert der Menschenseele" nicht, den sie als Seele eines Geschöpfes und eines Kindes Gottes und eines teuer Erkauften besitzen. Sie fühlen sich vielleicht nur als bloße Partikel in einem Kollektiv. Was verlieren sie schon, was meinen sie schon zu verlieren?

Lieber Freund, wir stoßen hier auf die letzten Geheimnisse unseres Glaubens. Das Sterben gewinnt um so größeren Ernst, je mehr wir ,,zu verlieren haben", das heißt, je mehr wir die eigentliche Bestimmung kennen, zu der wir berufen sind, je mehr wir um die Würde und Einmaligkeit unserer Person wissen, die vom Tode getroffen wird.

Ich glaube, lieber H., Ihnen gegenüber ist es kaum nötig, hier eine Warnungstafel anzubringen, die Warnung näm-

lich, daß selbstverständlich diese Würde nicht innermensch-
lich und nicht im Sinne eines eitlen Individualismus mit
seinem Persönlichkeitskult mißverstanden werden darf. Wir
reden nur darum vom ,,unendlichen Wert der Menschenseele", weil wir so unendlich geliebt sind, weil wir so teuer
erkauft sind. Und es ist doch nun so: Gott liebt uns nicht,
weil wir so wertvoll wären. Sondern wir sind so wertvoll,
weil Gott uns liebt. Weil Gottes Liebe auf uns ruht, weil
Einer für uns gestorben ist, darum haben wir jene goldene
Kette um den Hals hängen und jene Krone auf dem Haupt,
von denen LUTHER im Großen Katechismus spricht. Diese
Krone macht uns königlich und nicht umgekehrt: als ob wir
die Krone bekämen, weil wir eine so königliche Figur
machten. Die Reformatoren sprachen von der ,,fremden
Gerechtigkeit", die wir durch Christus bekämen. Genauso
können wir hier von der ,,fremden Würde" sprechen, die
uns verliehen wird. Das und nichts anderes bedeutet den
unendlichen Wert der Menschenseele. Und sehen Sie, das ist
nun die ganze Unnatur: daß wir als *solche* Leute sterben
müssen. Nicht irgendein Es stirbt: nicht der Leib, nicht das
Individuum an mir, sondern *der* stirbt, der so geliebt ist und
diese Bestimmung hat. Niemand und nichts hat je so hoch
vom Menschen gedacht und gesprochen wie die Botschaft
der Bibel. Darum hat nirgends und bei niemandem der Tod
einen solchen Ernst und ein so vollkommen unbeschädigtes
und unerleichtertes Gewicht wie in eben dieser Botschaft.

Ich will diesen langen Brief aber nicht schließen, lieber
Freund und Bruder, ohne Ihnen noch einen letzten Ausblick
zu zeigen: LUTHER spricht in solchen Zusammenhängen
davon, daß nur der, der diese Wunde des Todes schlägt und
zuläßt, sie auch heilen könne. Niemand anders. Erst recht
nicht die Illusionen und das Totschweigen. Auch die atheistische Methode des leichten Sterbens ist ja keine Heilung,

sondern sie lehrt nur ein Verbluten ohne hinzuschauen. Sie lehrt das Verenden einer anonymen Kollektivgröße, aber nicht das Ende eines Menschen, der gerade seiner Anonymität entrissen und bei ,,seinem Namen gerufen und Sein ist''. Nein, nur Gott kann die Wunde heilen, weil er sie schlug. Nur der kann sie heilen, dessen Liebe uns gerade den unendlichen Wert der Menschenseele so schmerzlich, so beglückend, so verheißungsvoll offenbart. Denn nun wissen wir: Gewiß, nicht ein Es stirbt an mir, sondern Ich sterbe, und ich bin unvertretbar durch die Gemeinschaft, die an meinem Grabe endet. Ich bin wirklich und unweigerlich und ganz realistisch zu Ende; aber ich bin nun zugleich auch der, dessen Geschichte mit Gott nicht aufhören kann, *weil* er so bei seinem Namen gerufen ist, und *weil* er der Geselle Jesu ist. Ich stehe im sieghaften Machtbereich des Auferstandenen – und wiederum ist es sein ,,fremdes'' Leben, mit dem ich Gemeinschaft habe und das mich durch alles hindurchreißt und an der andere Seite des dunklen Grabens empfängt. – Es ist nicht meine Seelenqualität und meine vermeintliche Anlage zur Unsterblichkeit, die mich hindurchreißt, sondern dieser Wanderer, der als mein Herr und Bruder an meiner Seite schreitet und der mich ,,dort drüben'' ebensowenig aufgeben kann, wie er mich *hier*, im Diesseits der Grabes-Grenze, von seiner Hand ließ.

Sollten wir nicht so den Schritt Gottes durch die Wehen der Geschichte und durch den tausendfältigen Tod der Schlachten deuten dürfen, sollten wir ihn nicht derart deuten und auslegen *müssen*?! Möchte Gott uns die Gnade schenken, daß wir unserm Nächsten die Botschaft jenes Schrittes nicht schuldig bleiben!

Beilage VI:
Nachwort für theologische Leser   /

Im Laufe der letzten Jahre, als viele die Theologie in
Praktologie verwandeln und sich des ,,dogmatischen
Krams" entledigen wollten, tauchte häufig der Slogan auf:
,,Es gibt auch ein Leben *vor* dem Tod." Damit sollten die
auf ein ,,Jenseits" gerichteten Interessen der Theologie zur
Ordnung gerufen, es sollte der konkreten Aktion und dem
Motiv diesseitiger Weltveränderung das Wort geredet werden. Hierbei ging es um eine zeitgebundene, wenn auch
durchaus ernst gemeinte Polemik gegen die Gettohaftigkeit
der Frommen, die sich – vermeintlich oder wirklich – aller
Weltverantwortung entschlagen. Doch hat dieser Spruch
auch eine über den aktuellen Anlaß hinausgehende Bedeu-
tungsseite. Er kann sogar einige Grundsatzprobleme theologischen Denkens in Erinnerung rufen:

Es gibt keine theologische Aussage, die als bloßes Dictum
– etwa weil sie positivistisch und zusammenhanglos der
Bibel entnommen wird – Verbindlichkeit beanspruchen
könnte. Sie ist vielmehr stets in ein Netzwerk von Korrelationen eingegliedert. Was etwa das Neue Testament über
Erlösung sagt, ist nicht zu begreifen ohne das Evangelium
der *Schöpfung*, in dem Gott bereits – nach dem schönen
Worte LUTHERS – zu verstehen gibt, daß er ,,mein" Gott
sein, daß er also ein Gott für den *Menschen* sein wolle. Das
Evangelium von der Sündenvergebung ist nicht zu verstehen ohne die dunkle Folie des *Gesetzes*, ohne die Botschaft
vom Anspruch Gottes und von meiner Veruntreuung dieses
Anspruchs. Nur diese Polarität bewahrt die Theologie
davor, ihr Gottesbild zur Darstellung eines habituell
,,lieben Gottes" werden zu lassen, bewegt sie vielmehr,
den Charakter seiner Liebe als eines *Wunders*, einer geschicht-

lichen Tat und eines ,,Dennoch"-Bekenntnisses zum Menschen herauszustellen.

So gibt es ein Gewebe von beziehungsreichen Aussagen, das jede Aussage in das Gefüge eines Ganzen integriert sein und sie nur in dessen Rahmen – ,,Kontext" nennt man das heut gerne – verstehen läßt.

Entsprechend kann auch das Jenseits des Todes, populär ausgedrückt: kann die Frage, ,,wo wir unsere Toten suchen sollen", nicht verstanden und deshalb als Frage auch nicht beantwortet werden, ohne daß der Zusammenhang dieses Jenseits mit unserer Situation *vor* dem Tode bedacht wird. Wenn es hier keine Indizien dafür gäbe, daß der Tod mehr und anderes ist als ein bloßer Schlußpunkt hinter unserer physischen und psychischen Lebendigkeit, wenn dieses unser Leben nicht ständig erkennen ließe, daß es sich selber transzendiert[19], dann könnte auch das ewige Leben *nach* dem Tod und könnte die Botschaft von der *Auferstehung* der Toten höchstens noch gegründet werden auf die Versicherung von Geistersehern oder auf gewisse Konventionen des religiösen Lebens, die frag- und argumentlos hinzunehmen wären. Daß es *dann*, um nur eines von vielen möglichen Beispielen zu nennen, zu der marxistischen Deutung des Todesjenseits als bloßer Vertröstung und Beschwichtigung, als ,,Opium des Volkes", kommen muß, liegt mehr als nahe. Die nicht im Diesseits sich schon ankündigende und im Glauben der diesseitig Lebenden begründete Aussage über ein Jenseitiges ruft eben nach anderen, oft primitiven, vor allem psychologisch sich gebenden Erklärungen (zum Beispiel nach der Projektionstheorie FEUERBACHS).

In diesem Sinne bemühe ich mich in diesem Buch, unser diesseitiges Leben von der Todesgrenze her zu verstehen.

Das geschieht zunächst unter *phänomenologischem* Aspekt und ist hier von der Frage geleitet, wie dieses unser endliches, durch den Tod begrenztes Leben von nachdenklichen Zeitgenossen verstanden werde. Hierbei werden dichterische und denkerische Kundgaben des menschlichen Endlichkeits-Verständnisses zu Rate gezogen oder auch als Kontrast zur eigenen, christlich bestimmten Interpretation verwendet. Bei diesen Bemühungen stoßen wir dann von den verschiedensten Seiten auf die Frage, warum das Selbstverständnis des Menschen als eines Moriturus die bloß *biologischen* Kategorien ständig überschreite, warum es sich also nicht daran genügen lasse, das Sterben nur als ,,natürliches" Widerfahrnis zu verstehen. Symptome dieses Ungenüges werden sofort offenkundig, wenn wir den qualitativen Unterschied zwischen tierischem Verenden und menschlichem Sterben bedenken; wenn wir uns ferner klarmachen, daß und warum der Tod als fremder Gast, ja als Absurdität erlebt und dann entsprechend verdrängt oder durch die Flucht in Unsterblichkeitsträume aus den Augen gewischt wird.

Hierbei *scheint* es nur so, als ob dies Buch streckenweise einer rein immanenten Phänomenologie zugeneigt sei. In Wirklichkeit bildet das Ostermysterium die perspektivische Mitte seiner Sichtweise: Mir ging es darum zu verdeutlichen, daß der letzte Sinn dieser Verdrängung nur in *diesem* Lichte an den Tag tritt.

Um aber dieses Mysterium nicht als dogmatisches Oktroi erscheinen zu lassen, sondern es als Zielpunkt von vielerlei Hinweisen herauszustellen, wird ihm zunächst nur die Rolle eines ,,indirekten Lichtes" zugestanden, in dem jene Phänomene aufleuchten, ohne daß die Lichtquelle selbst unmittelbar sichtbar würde. Wir befinden uns so durchaus im Rahmen neutestamentlicher Tradition. Denn auch hier wird das diesseitige Leben Jesu[20], seine Erscheinung in der Geschichte, stets schon im Lichte der Auferstehung berichtet, selbst beim Messiasgeheimnis und selbst dort noch, wo die Augen angesichts des Auferstandenen gehalten sind wie in der Emmausgeschichte[21]. Jesu diesseitiges Leben ist gleichsam ein weissagendes Leben, das – ebenso wie Weissagungen überhaupt – nur von seiner Erfüllung her aufgeschlossen wird.

Summa: Im Lichte des Ostergeheimnisses soll das Wissen um unsere Sterblichkeit auf seine Transzendenzgehalte untersucht und damit als Anknüpfungspunkt[22] für die Botschaft der Auferstehung, als Brückenkopf dieser Botschaft in unserm Bewußtsein, verdeutlicht werden. Wir sind also von einem hermeneutischen Interesse geleitet. Es geht schließlich und endlich um die Verstehbarkeit der Osterbotschaft.

Ich bin mir klar, daß sich gegenüber dieser Konzeption sofort ein Einwand aufdrängen könnte: daß ich mich damit in einen hermeneutischen Zirkel begäbe und etwas zu beweisen gedächte, was ich vorher in die Prämissen meines Beweises eingeschmuggelt hätte (so wie auch der Magier aus seinem Zylinder nur ein Kaninchen holen kann, das er vorher hineinmanipuliert hat).

Diesem Einwand möchte ich mit zwei Argumenten begegnen:

Einmal geht es überhaupt nicht – selbstverständlich nicht! – um einen ,,Beweis". Es wäre absurd und würde vor allem jeder neutestamentlichen Intention widersprechen, das Auferstehungskerygma objektivieren, es vom Gegenstand des Glaubens in einen Gegenstand des Schauens und der offenkundigen Plausibilität transponieren zu wollen. Schon die Darstellungen des Geschehens am Dritten Tag haben in all ihrer Unterschiedlichkeit doch eines gemeinsam: Sie vermeiden entschieden den Protokollstil einer objektiven Bestandaufnahme, wie er einer neutralen Vernehmung neu-

traler Zeugen eignet. Die Begegnung mit dem Auferstandenen wird nur solchen zuteil, die mit dem auf Erden Wandelnden zusammen und seine ,,engagierten'' Jünger waren,
die also – wenn man so will – ,,befangen'' gewesen sind[23].

Ferner: Der phänomenologische Teil dieses Buches über
das heutige Todesverständnis geht insoweit sicher *nicht* in
einem hermeneutischen Zirkel auf, als die Feststellung der
erlebten Unbegreiflichkeit des Todes und seiner Verdrängung kein spezifisch theologisches Fündlein und damit
sicher keine apologetische ,,Hinein-Interpretation'' ist. Die
Unbegreiflichkeit des Todes taucht ja schon im Selbstverständnis des *säkularen* Menschen auf. Die theologische
Komponente dieser Phänomenologie besteht lediglich
darin, das Selbstverständnis des homo moriturus zu deuten
sowie Gewichtigkeit und ,,letzte'' Bedeutung dessen, was
sich darin äußert, herauszuarbeiten[24].

Anmerkungen

Zu Kapitel 1

[1] ThE III, § 2730 f.

[2] So im päpstlichen Rundschreiben Casti connubii (1930). Dokumente von Pius IX. bis Pius XII., ed A. Rohrbasser, 1953, Nr. 1697.

[3] In der Literatur taucht dieses Identitätsproblem besonders bei MAX FRISCH und in den Essenz-Existenz-Reflexionen bei J. P. SARTRE auf.

[4] Zit. bei Choron, 61 f.

[5] Philo. Bemerkungen, 1964, 149.

[6] Vgl. H. F. STEINER, Marxisten-Leninisten über den Sinn des Lebens, 1970, 305.

[7] Als wär's ein Stück von mir, 380 f.

[8] A.a.O., 240.

[9] Vgl. Genaueres dazu: Kap. 2, c 6

[10] Vgl. die Biographie von JAKOB VON UEXKÜLL, Nie geschaute Welten. Die Umwelten meiner Freunde. Ein Erinnerungsbuch, 8. Aufl. 1939.

[11] ALFRED E. HOCHE, Jahresringe. Innenansicht eines Menschenlebens, 1936.

[12] EB. JÜNGEL hat in seinem Buch ,,Tod" (2. Aufl. 1972, 145 f.) den Tod als ,,das Ereignis der die Lebensverhältnisse total abbrechenden Verhältnislosigkeit" interpretiert.

[13] 80 d f.

[14] Bei HARALD BRAUN, ed., Dichterglaube, 1931.

[15] Ille (cf. timor mortis), desperatio horror est ipsa mors (WA 40 III, 550, 1).

[16] Z. B. J. C. HAMPE, R. A. MOODY und einige andere. Das

überaus hilfreiche Buch von E. KÜBLER-ROSS, Interviews mit
Sterbenden, 3. Aufl. 1977, liegt auf einer anderen Ebene.

[17] Ein ähnliches Problem stellt sich in ANOUILHS Drama ,,Der
Reisende ohne Gepäck''.

[18] LEOPOLD ZIEGLER, Überlieferung, 1936, 173 ff. Vgl. dazu
EvGl I, 77 f.

[19] Ich erinnere an HEIDEGGERS Analyse und TOLSTOIS ,,Tod des
Iwan Iljitsch''.

[20] HEIDEGGER, a.a.O. 254.

[21] Tota vita discendum est mori (durch das ganze Leben muß
Sterben erlernt werden). Dem aber versagt sich der Homo occupatus: SENECA, De brevitate vitae, a.a.O., 34.

[22] ,,Umgürtet die Lenden eures Gemüts!'' (1.Petr. 1,13; Eph.
6,14; 1.Thess. 5,8).

[23] Vgl. das Kapitel über die Zerstreuung in PASCALS ,,Ge-
danken''.

[24] PASCAL, a.a.O., 81. – Es gibt einige hellsichtige Geister wie
etwa E. JÜNGER – besonders in seinen frühen Schriften –, die den
Blick offen halten und den Gespenstern entgegensehen. Freilich ist
die Situation des ,,Abenteuers'', in das sie sich stürzen, wahrscheinlich eher eine sublime Form, um ihnen auszuweichen. Die Grund-
haltung scheint mir weniger dadurch charakterisiert zu sein, daß sie
dem Schrecken standhält, als dadurch, daß sie sich am eigenen
Standhalten und Wagen freut. Eine merkwürdig narzißhafte Thera-
pie mit Hilfe der Inversion des Blicks.

[25] A.a.O., S. 81 Nr. 183.

[26] Sein und Zeit, 251.

[27] Vgl. E. JÜNGER, Das abenteuerliche Herz, 1. Aufl., 91 ff.:
,,. . . Man wird feststellen, daß das Gesicht des modernen Groß-
städters einen zwiefachen Stempel trägt: den der Angst und des
Traumes, und zwar tritt das eine mehr in der Bewegung, das zweite
mehr in der Ruhe hervor. – Aus diesem Grunde besitzen Straßenek-
ken und Brücken innerhalb der Großstadt etwas so unendlich
Trostloses und Bedrückendes. Wer jemals in einem südlichen
Hafen die Gesichter der Fischer sah, die sicher keinen Pfennig in
ihren Lumpen trugen, der weiß wohl, daß es nicht Geld sein kann,
was dieses halb verdrossene, halb gejagte Wesen hervorzubringen
imstande ist. In einer Krisis wie dieser, inmitten der höchsten
Unsicherheit, ist auch gar keine Befriedigung möglich; es gibt nur
eines, was sich entgegenstellen läßt: Tapferkeit. –

Ebenso erstaunlich ist es, die völlig erstarrte, automatische und gleichsam narkotisierte Haltung des modernen Menschen im Zustand der Ruhe, etwa während der Fahrt in einem der Verkehrsmittel . . . zu beobachten. Vielleicht wird ein Grad der Versunkenheit und Verlorenheit, wie er auf diesen Masken liegt, kaum in einer chinesischen Opiumhöhle anzutreffen sein. Das ungemein Gleichartige und Typische dieses Ausdrucks verrät die Unentrinnbarkeit der Vorgänge und ihre Gemeinsamkeit im Entscheidenden . . . *Erwachen* und *Tapferkeit*, das könnte auf unsern Fahnen stehn."

[28] NOVALIS, Vierte der Hymnen an die Nacht.

[29] ,,Es mag die seelische Schwäche des späten Menschen hoher Kulturen" sein, sagt O. SPENGLER in den ,,Jahren der Entscheidung" (1933), jenes Menschen also, ,,der in seinen Städten vom Bauerntum und der mütterlichen Erde und damit vom natürlichen Erleben von Schicksal, Zeit und Tod abgeschnitten ist . . . Er flieht aus der Geschichte (*auch* – wie wir hinzufügen dürfen – aus *seiner* Geschichte und insofern auch aus seiner Endlichkeit) in erdachte und weltfremde Systeme". Er mimt den Vogel Strauß.

Zu Kapitel 2

[1] Für theologische Leser darf ich hinzufügen, daß das hier zugrunde liegende Erkenntnisschema die ,,analogia fidei" ist: Wir treiben keine immanente Anthropologie, um dann später zu entdecken, daß das Auferstehungskerygma dazu ,,paßt". Es ist vielmehr umgekehrt: Im Lichte dieses Kerygmas wird uns erst klar, daß und inwiefern menschliches Sterben nicht im Naturvorgang aufgeht. Wir empfangen also von dorther unsere Kategorien.

[2] Nach Gen. 1,29 ist freilich nur von den Pflanzen als der gemeinsamen Nahrung von Mensch und Tier die Rede.

[3] Genauer habe ich die Probleme entfaltet in meiner Schrift: Wer darf sterben? Grenzfragen der modernen Medizin, 1979. – Englisch: The Doctor as Judge of who shall live and who shall die, Philadelphia 1976.

[4] Wer darf sterben?, 25 ff.; 49 ff.

[5] Der These von diesem ,,ewigen Leben" der Zelle tut es keinen Abbruch, wenn gleichzeitig festgestellt werden muß, daß es außerhalb der Labor-Bedingungen in der freien Natur schwerlich dazu

kommt: Ohne ständige Erneuerung des Kulturmediums begeben sich vielmehr immer wieder „Konjugationen", Degenerationserscheinungen usw., durch welche die Teilungshäufigkeit der Zelle zurückgeht.

[6] Ein analoger Vorgang zu diesem Fortleben zeigt sich auch bei den sogenannten „Hela"-Zellen, bei denen es sich um Krebszellen handelt, die sich – nunmehr zwanzig Jahre nach dem Tod des Individuums „Hela" – in der Gewebezucht unter Laborbedingungen immer noch teilen.

[7] Tod und Fortpflanzung, 1906, 37 ff.

[8] K. EISSLER, Der sterbende Patient, 195.

[9] Vgl. dazu W. WICKLER, U. SEIBT, Das Prinzip Eigennutz.

[10] In dieser Weise wird der Begriff „Natur" etwa bei ARISTOTELES und später in der von ihm beeinflußten Scholastik verwendet. Vgl. ThE I, § 972 ff.; 1880 ff.

[11] Vgl. dazu auch E. JÜNGEL, Tod, 2. Aufl. 1972, 145.

[12] EPIKUR hat diese Destruktion als eine Art Atomzerfall charakterisiert: Menschliches Leben besteht in der Verbindung zweier Atomhaufen, die den Leib und die Seele bilden. Dabei hält jeder von beiden nicht nur den andern fest, sondern hält sich vor allem in sich selbst zusammen. Beim Sterben ergibt sich deshalb ein doppelter Zerfall: Die Trennung der beiden Atomkomplexe führt zugleich den Zerfall jedes einzelnen Komplexes mit sich. Da die Körperatome schwerer und träger sind, halten sie länger zusammen als die leichten, mehr luftigen Seelenatome, die gleich, nachdem die Seele den Körper verlassen hat, wie Rauch in der Luft zerstieben.

[13] Bei allen noch zur Sprache kommenden Vorbehalten gegenüber dem Seelenbegriff können wir ihn hier als Ausdruck des zusammenhaltenden „Lebens" gebrauchen. Zur Kontroverse über den Seelenbegriff vgl. EvGl III, 527 ff.

[14] Aus einer Invokavit-Predigt (1522), WA 10 III 1 f.

[15] Zur Bedeutung der Einzelperson gegenüber dem israelitischen Volksbund, wie sie vor allem mit Hilfe des nephesch-Begriffs aufgewiesen wird, vgl. H. W. WOLFF, Anthropol. des AT, 41 ff. – Beispielhaft für die Wandlung sind auch die prophetischen „Ich"-Berichte, die ein ausgesprochen „exklusives Ich" meinen, während die Ich-Bezeichnung vorher ein „kollektives, inklusives Ich" meinte: G. v. RAD, Theologie des Alten Testaments II, 1960, 66 ff.

[16] Gott ist nicht ganz tot, 229.

[17] A.a.O., 227.

[18] Monologen (1800), in: H. GERDES und E. HIRSCH, Schleiermacher. Kleine Schriften I, 1970, 65.

[19] Vgl. dazu R. KAUTZKY, (ed.,) Sterben im Krankenhaus, vor allem S. 75 ff. – Ferner: Die neue Weise vom Tod des Jedermann, in: Spiegel, 26. 6. 77.

[20] Eine eindrucksvolle Reportage über die Techniken der Intensivbehandlung bringt A. DOROZYNSKI in seinem Buch: Der Mann, der nicht sterben durfte. Das Leben des russischen Nobelpreisträgers Lew Landau, 1966.

[21] A. D. HOLL, Tod und Teufel, 1973, 40. – In soziologischer Sprechweise heißt das: ,,The question of personal compensation of living individuals remains imperfectly solved" (TALCOTT PARSONS, The Social System, London 1964, 372).

[22] Hebräerbrief 3,7.15; 4,7.

[23] 2. Korintherbrief 6,2; vgl. Lukas 4,19.

[24] HEIDEGGER, a.a.O., 264.

[25] Vgl. dazu Anthropol., 433–472.

[26] Jenseits des Lustprinzips, XIII, 40.

[27] A. GÖRRES, Kennt die Psychologie den Menschen, 1978, 248. – DERS., Physik der Triebe – Physik des Geistes, in: H. VORGRIMLER (ed.), Gott in Welt (RAHNER-Festschrift) II, 1964, 556 ff.

[28] Briefe 1873–1939, 1960, 429. Vgl. Anthrop. 443 ff.

[29] Makrobiotik oder die Kunst, sein Leben zu verlängern, 1796, neu 1958.

[30] A.a.O., 280.

[31] Man könnte demgegenüber darauf hinweisen, daß ein Denker des Absurden wie ALBERT CAMUS auf dieses vermeintliche Existenzial einer transzendenten Zukunft betont verzichtet, sich also keinesfalls als ,,beraubt" versteht. Hier handelt es sich jedoch nicht um ein Bekenntnis zur Hoffnungslosigkeit (das wäre ein vorweggenommenes Sterben und ein Bekenntnis wider das Leben!), sondern um eine bloße *Verlagerung* des Hoffnungsziels auf dieses Leben selbst: Gehofft wird nun, daß innerhalb der begrenzten Lebensfrist und umschlossen vom Horizont des Absurden ,,die reine Flamme des Lebens" nur um so heller aufleuchtet und um so intensiver brennt.

[32] A.a.O., 272.

[33] LUTHER hat ähnliches im Auge gehabt, wenn er in seinem Vorwort zum Römerbrief über die paulinische Prädestinationslehre (Römer 9–11) spricht und darauf hinweist, daß diese Lehre für

Anfänger im Glauben (oder gar Nichtglaubende) ein zu starker
Wein sei und man ihnen besser mit Milch käme. Das Geheimnis der
Prädestination lichte sich nicht durch Spekulation auf; man müsse
zuvor die Botschaft von der Rechtfertigung (hier: die Kapitel 1 bis 8
des Römerbriefs) verstanden haben, also in sie hineingewachsen
sein, um dann die Prädestination als letzte Konsequenz zu begreifen. Nur die neugierigen und verwegenen Geister begännen sie
vorzeitig und dann auch erfolglos zu diskutieren. Sie sei eben nicht
die Voraussetzung, sondern nur ein letztes Fazit der Rechtfertigung, jedenfalls in noetischer Hinsicht, also für den Prozeß unseres
Verstehens. Darum habe jede Lehre ,,ihre Zeit, ihr Alter und ihre
Stunde". Auch ihm geht es also um Zeit und Unzeit einer Glau-
benswahrheit.

[34] In der ,,Antigone" des SOPHOKLES sind die Toten z. B. der
Polis entrückt, für die Kreon repräsentativ steht. Vgl. G. NEBEL,
Weltangst und Götterzorn, 1951, 179 ff.

[35] Ilias 9, V. 457.

[36] Odyssee 11,218 ff. – Vgl. W. F. OTTO, a.a.O., 183.

[37] Die totaliter-aliter-Existenz der Toten gegenüber den Lebenden, die Fremdheit des Todesgeschicks also, kann sich bei HOMER
auch in der ,,Ate" äußern, wie sie an Hektor mächtig wird (vor
allem im 22. Buch der Ilias; vgl. SCHADEWALDT a.a.O., 27 ff.). Ate
ist die vom Zorn der Götter verfügte Todverfallenheit, ,,eine
Prädisponiertheit für kommendes Unheil oder Verderben", die
dem verblendeten Helden indessen verborgen bleibt. Der von der
Ate Befallene und damit der Hybris Anheimgegebene läßt sich
blindlings auf das ausgelebte Leben fixieren, auf Heldenruhm und
Rachedurst; seine Raserei verbirgt ihm so die Todverfallenheit.
Tod und Todverfallenheit verlieren damit nichts von ihrer Nicht-
ausdenkbarkeit. Sie wird nur nicht bedacht, sondern von der
Verblendung verschlungen.

[38] Vgl. dazu: M. BARTELS (ed.), Mensch und Tod. Totentanz-
sammlung der Universität Düsseldorf, 1976. – Zur Nachwirkung
gerade dieser Seite der Todesvorstellung im Neuhumanismus:
H. WEINSTOCK, Die Tragödie des Humanismus, 1953, 229 ff.

[39] Zufall und Notwendigkeit, 1970.

Zu Kapitel 3

¹ Die platonische Unsterblichkeitslehre bildet im übrigen nur *eine* Linie innerhalb des gedanklich weitverzweigten griechischen Ringens mit dem Tode. (Eine andere Linie haben wir bei der Hades-Vorstellung bereits verfolgt.) Zum Todesverständnis der griechischen Tragiker: JOSEF SELLMAIR, Der Mensch in der Tragik, 2. Aufl. 1941. – WALTER F. OTTO, a.a.O. – WERNER JÄGER, Paideia. Die Formung des griechischen Menschen, I, Berlin und Leipzig 1934, 307 ff.; 419 ff. – SCHADEWALDT, a.a.O. – GERH. NEBEL, a.a.O. – THIELICKE, Schuld und Schicksal. Gedanken eines Christen über das Tragische, 1935. – PLATONS Todesverständnis und Jenseitsmythologie findet sich vor allem in Phaidon, Gorgias, Politeia und Phaidros.

² Phaidon, Kap. 18 und 41.

³ A.a.O., Kap. 23.

⁴ Es ist ein *Kind* in uns, das den Tod fürchtet: Phaidon, Kap. 24.

⁵ A.a.O., Kap. 54 f.

⁶ A.a.O., Kap. 55.

⁷ Lambert Schneider-Ausgabe II, 436 ff.; Nr. 246 A ff.

⁸ Phaidros, Kap. 9.

⁹ 10. Buch der Politeia 614 St ff.; Philos. Bibl. 418 ff.

¹⁰ Immerhin kann berichtet werden, daß die einander bekannten Seelen sich im Jenseits „begrüßen", was ja ohne eine gewisse Ausformung der Individualität nicht möglich wäre. Doch ist das etwas beiläufig gesagt (a.a.O., 419).

¹¹ Gewisse Analogien zu PLATONS Unsterblichkeitsverständnis liegen bei SCHOPENHAUER vor, wenn er vom Tod nur das Erscheinungshafte am Menschen, nicht aber den substantiellen Kern des von ihm repräsentierten „Dinges an sich" betroffen sieht. Der Tod kann „, wohl seinem Leben (= Erscheinung), jedoch nicht seinem Dasein (= Ding an sich) ein Ende machen" (SCHOPENHAUER, Werke, ed. Julius Frauenstädt, VI, 287). Das Leben, oder anders ausgedrückt: „die objektive Welt mit dem Medio ihrer Darstellung, dem Intellekt" geht unter; das besagt aber für die Fortexistenz des *eigentlichen* Ich nichts. Denn dieses Leben ist nur ein „Traum", und der Tod bedeutet darum nichts als Erwachen, als das Zurücktreten der unserm Ich angegliederten Vorstellungen und der Rücktritt zu dem uns ursprünglich Eigenen (VI, 287); nämlich zu dem (erkenntnislosen und von aller physiologisch bedingten – und

darum zugrunde gehenden – Hervorbringung des Bewußtseins *unabhängigen*) ,,Willen" (VI, 290). Vgl. auch die Abhandlung ,,Über den Tod und sein Verhältnis zur Unzerstörbarkeit unseres Lebens an sich" (III, 528).

Der gleiche anthropologische Kunstgriff, mit dem das Ich geteilt und der Tod entmächtigt werden soll, ließe sich an beliebigen weiteren Beispielen demonstrieren.

[12] Wir werden im folgenden überhaupt diejenigen Denktypen behandeln, an denen die genannte Ich-Teilung schwieriger zu erkennen ist als an den bekannten und anerkannten Beispielen. Gerade hier soll das erkannte Prinzip bewährt werden.

[13] WW. ed. Elisabeth Förster-Nietzsche, XIV, 217. Vgl. zum folgenden auch KARL JASPERS, Nietzsche. Einführung in das Verständnis seines Philosophierens, 1936, 198 ff., 285 ff.

[14] VIII, 144.

[15] V, 149.

[16] IX, 144.

[17] VIII, 144.

[18] VI, 106.

[19] VI, 108.

[20] VI, 105 ff. Vgl. Zarathustra ,,Vom freien Tode".

[21] XVI, 315.

[22] Vgl. VI, 106–108.

[23] III, 294.

[24] A.a.O. vgl. die geistvolle Exegese dieses Gedankens bei JASPERS, 287.

[25] Ein ähnlicher Akt des den Tod transzendierenden Denkens liegt in der Konzeption des Gedankens von der ,,Ewigen Wiederkehr" vor.

[26] In den folgenden beiden Exkursen greife ich auf manches zurück, das ich in meinem Herder-Taschenbuch ,,Wer darf sterben? Grenzfragen der modernen Medizin" erörtert habe.

[27] Hand an sich legen, 1976.

[28] LORENZ, Das sogenannte Böse, 1963, 361 f.

[29] Ich verweise zur Begründung auf das, was wir über die ,,fremde Würde" gesagt haben und noch weiter sagen werden.

[30] Vgl. dazu auch D. BONHOEFFER, Ethik, 1949, 114 f.

[31] K. BINDING und A. HOCHE, Die Freigabe der Vernichtung lebensunwerten Lebens, 1920, 29.

[32] Die Euthanasie und die Heiligkeit des Lebens, 1935, 106 f.

[33] WALTER GRÖNBECH, Kultur und Religion der Germanen, Hamburg 1937.

[34] W. F. OTTO, a.a.O., 342.

[35] A.a.O., 176.

[36] A.a.O., 340 ff.

[37] HÖLDERLIN an Neuffer (als dessen Braut gestorben); Jena, den 8. Mai 1795.

[38] Vgl. zum griechischen Todesbegriff auch R. BULTMANN, Art. ,,thánatos" in KITTELS ,,Theol. Wörterbuch zum NT" III, 7 ff. (abgekürzt: NTW).

[39] GRÖNBECH, a.a.O., 251.

[40] NTW III, 9.

[41] Nur am Rande sei hier auf die sowohl bei den Griechen wie bei Germanen hervortretende merkwürdige Erscheinung aufmerksam gemacht, daß sich in der Unsterblichkeitsfortsetzung des individuellen Lebens eigentlich zwei Linien geltend machen: einmal die überindividuelle Fortsetzung im Kléos, d. h. in Heil und Ehre der den einzelnen überwölbenden Wertgemeinschaft; und dann die andere im Hades bzw. in Walhall. Die letztere ist sozusagen eine punktierte Fortsetzungslinie der individuellen Existenz, ihre eingeschrumpfte, zum Schatten gewordene, traumhaft verschwebende Nachgestalt – und damit vielleicht eine Art Hinweis auf das dennoch von fern geschaute und nur geahnte Problem der Individualität und Einmaligkeit der Existenz, die hier eine Art individueller, in der Identität verharrender Fortsetzung erfährt.

[42] Auch in Äußerungen einer ganz säkularen Literatur kann ein deutlicher Nachklang dieses christlichen Wissens vernehmbar werden: ,,. . . ich möchte gern *glauben*, aus meiner innersten Einsamkeit heraus, die auch die Liebe nicht mehr teilen kann. Nicht deine Liebe, nicht die Liebe meines Volkes, – keines andern Menschen Liebe und Zuneigung. Ich möchte gern glauben, daß doch einer da ist, der mit seiner Liebe in diese Einsamkeit dringen kann . . . Ich muß auch in meiner letzten Einsamkeit angerufen und verpflichtet werden. Auch dort, wohin Menschen und menschliche Ansprüche nicht mehr dringen können. Und ich habe das Gefühl, solange wir nicht Raum und Stille in uns schaffen, diesen Ruf und diese Verpflichtung zu hören, bleibt da ein leerer Kern in unserm Innern, und wir sind ohne Halt." Aus: ,,Und eines Tages öffnet sich die Tür. Briefe zweier Liebenden", her. v. WALTER KESSLER, Berlin 1940, 224 f.

[43] Encyclopädie § 370 (Meiner 327).

[44] A.a.O., 331.

[45] FRAUENSTÄDT III, 547 f.

[46] Eine Analyse des ,,Umschlagens" von HEGEL zu MARX findet sich in meinem Essay ,,Marxistische Anthropologie" (in: Die geheime Frage nach Gott, 4. Aufl. 1978, 41 ff.).

[47] Darauf macht H. ROLFES aufmerksam: Der Sinn des Lebens im marxistischen Denken, 1971, 124.

[48] K. MARX, Die Frühschriften, ed. S. LANDSHUT, 1953, 239 (Kröners Taschenausgabe Nr. 209).

[49] F. ENGELS, Dialektik der Natur. Notizen und Fragmente, in: K. MARX, F. ENGELS, Werke, Berlin-Ost 1956 ff., XX, 554, 559.

[50] K. MARX, Zur Judenfrage, Kröner, a.a.O., 199.

[51] Nationalökonomie und Philosophie, Kröner, a.a.O., 241.

[52] Der Mensch ohne Alternative, 1960, 207.

[53] H. F. STEINER, Marxisten-Leninisten über den Sinn des Lebens, 1970, 288.

[54] ADAM SCHAFF, Marx oder Sartre, Berlin-Ost 1965.

[55] Vgl. dazu auch L. KOLAKOWSKI, a.a.O., 206 f.: Für das kommunistische Bewußtsein geht es um eine ,,Welt, die nun als Gegenstand der Verwandlung und nicht ausschließlich als Objekt der Betrachtung besteht". – ,,Das kommunistische Bewußtsein wird zum Bewußtsein der aktiven Koexistenz mit der ,Geschichte'."

[56] 1958, 284.

[56a] A. a. D. 276f.

[57] A.a.O., 211.

[58] A.a.O., 212 f.

[59] A.a.O., 214 f.

[60] Die Zeit 42/1973, 24.

[61] Herder-Korrespondenz 10/1977, 501 ff.

[62] So etwa im Brief an ZELTER vom 19. März 1827: ,,Wirken wir fort, bis wir . . . vom Weltgeist berufen in den Äther zurückkehren! Möge dann der ewig Lebendige uns neue Tätigkeiten, denen analog, in welchen wir uns schon erprobt, nicht versagen! . . . Die entelechische Monade muß sich nur in rastloser Tätigkeit erhalten; wird ihr diese zur anderen Natur, so kann es ihr in Ewigkeit nicht an Beschäftigung fehlen. Verzeih diese abstrusen Ausdrücke!" Und in einem Brief an Kanzler v. MÜLLER vom 26. Januar 1825 heißt es: ,,Ich wüßte auch nichts mit der ewigen Seligkeit anzufangen, wenn

sie mir nicht neue Aufgaben und Schwierigkeiten zu besiegen böte."

[63] Zu ECKERMANN am 25. Februar 1824.

[64] Brief an K. G. VON BRINKMANN vom 3. 9. 1792.

[65] An Denselben, 23. 10. 1792.

[66] An JOHANNA MOTHERBY, 7. 3. 1810.

[67] Das erinnert an den jungen SCHLEIERMACHER, der das Universum sich im Mikrokosmos seiner Einzelgestalten spiegeln und gleichnishaft abbilden sieht. Vgl. die ,,Reden über die Religion an die Gebildeten unter ihren Verächtern" (Ausg. Dtsch. Bibliothek), 61.

[68] GOETHES Brief an K. F. ZELTER vom 11. 5. 1820.

[69] En-télos-écheia = das, was Grund, Ziel und Sinn in sich selber trägt.

[70] ,,Des Menschen Tätigkeit kann allzu leicht erschlaffen,
Er liebt sich bald die unbedingte Ruh';
Drum geb' ich gern ihm den Gesellen zu,
Der reizt und wirkt und muß als Teufel schaffen."

SCHILLERS bekannter Gedanke, daß der Sündenfall die glücklichste Tat der Weltgeschichte gewesen sei, weil er dem Menschen die Chance der Freiheit eröffnet habe, liegt auf einer ähnlichen Ebene. Es ist sehr charakteristisch, daß und wie ANDRÉ GIDE das Gleichnis Jesu vom Verlorenen Sohn umdichten muß, um die Teleologie des Bösen (hier: der Fremde) in ihm unterzubringen: Er dichtet einen jüngeren Bruder hinzu, den der Heimgekommene nun bewußt in die Fremde schickt, damit auch er an ihr reife und sie als produktiven Durchgang erlebe.

[71] Vgl. in den ,,Sprüchen" die mehr poetische Wendung des gleichen Gedankens der Unendlichkeit, den man aus dem räumlichen Bild ohne weiteres in das Zeit-Ewigkeit-Schema übersetzen kann:
Willst du ins Unendliche schreiten,
Geh nur im Endlichen nach allen Seiten:
Willst du dich am Ganzen erquicken,
So mußt du das Ganze im Kleinsten erblicken.

[72] GOETHES Unterhaltung mit FALK am Begräbnistage WIELANDS am 25. Januar 1813.

[73] Wanderjahre I, 10.

[74] Venedig, den 12. Oktober 1786.

[75] 11. März 1828.

---

[76] Lehrjahre, 6. Buch.

[77] Das Wort der Panthalis aus der Helena-Szene des 2. Faustteils: „Nicht nur Verdienst, auch Treue wahrt uns die Person" ist sowohl im Hinblick auf die Eigengesetzlichkeit des mythischen Bildes wie im Hinblick auf den eigentlichen scopus des Wortes („Verdienst und Treue") kein Gegenbeweis. Das Wort „Person" ist ganz unbetont und ganz unspezifisch. Man muß sich dieses Wort von den analogen, bildlosen und darum deutlicheren Erklärungen interpretieren lassen, die GOETHE am 3. September 1781 vollzieht (GOETHE an KNEBEL: „Ein Artikel meines Glaubens ist es, daß wir durch Standhaftigkeit und Treue in dem gegenwärtigen Zustande ganz allein der höheren Stufe eines folgenden und sie zu betreten fähig werden, es sei nun hier zeitlich oder dort ewiglich"), und ferner von dem berühmten, zu ECKERMANN geäußerten Wort über das rastlose („treue") Wirken, das die Natur zu einer Fortsetzung der Existenz über den Tod hinaus verpflichtet (4. Februar 1829).

[78] Zu FALK, 25. Januar 1813.

[79] Vgl. die Reinkarnationsgedanken am Schluß von LESSINGS „Erziehung des Menschengeschlechts" und im „JACOBI-Gespräch". Zu beidem vgl. die Interpretationen in meinem Buch: Offenbarung, Vernunft und Existenz. Studien zur Religionsphilosophie Lessings, 5. Aufl. 1967.

[80] 4. Februar 1829 zu ECKERMANN.

[81] Sprüche in Prosa, 1028.

[82] GOETHE am 17. Mai 1787 aus Neapel. – Das Eingehen des entelechischen Ich-Kernes in das universale Leben findet eine eigentümliche Parallele in einer Bemerkung ALBERT EINSTEINS, die ANTONINA VALLENTIN in ihrem Buche „Das Drama Albert Einsteins", Günther-Verlag, Stuttgart, o. J., berichtet: Als die Frau des Physikers M. BORN den an einer Leberkrankheit darniederliegenden EINSTEIN fragte – Heiterkeit und Gemütsruhe des Patienten waren ihr aufgefallen –, ob er denn keinerlei Todesfurcht empfinde, antwortete er: „Weshalb? Ich fühle mich so solidarisch mit allem Lebenden, daß es mir einerlei ist, wo der einzelne anfängt und wo er aufhört."

Zu Kapitel 4

[1] Vgl. Der evangelische Glaube III, 527 ff.
[2] Römerbriefkommentar, Ficker 12,15.
[3] Vgl. dazu Ev Gl III, 550 ff.
[4] Für den folgenden Abschnitt verdanke ich u. a. wesentliche Anregung der Arbeit von U. KELLERMANN, Überwindung des Todesgeschicks in der alttestamentlichen Frömmigkeit vor und neben dem Auferstehungsglauben, sowie der Anthropologie des Alten Testaments von H. W. WOLFF,.
[5] Gen. 35,29; 1. Chron. 29,28; Hiob 42,17.
[6] So kann THOMAS MANN von Jakob sagen: Er „begeht seine Sterbestunde" und stirbt „alt und lebenssatt, zufrieden, daß allem eine Grenze gesetzt ist" (Joseph und seine Brüder III, 1978, 1265 und 1309).
[7] Vom geschlechtlichen Bereich: Gen. 19,31; vom Sterben: 1.Kön. 2,1 f.
[8] So KELLERMANN, 260.
[9] L. KÖHLER, Der hebräische Mensch, 1953, 97 ff.
[10] 2.Sam. 14,7; KELLERMANN, 266.
[11] Vgl. dazu auch W. EICHRODT, Theol. des Alten Testaments III, 1939, 152.
[12] Auch die von KELLERMANN (263) zusammengestellten Bilder der späten Weisheit vom Glutwind, unter dem die Pflanze verdorrt (z. B. Ps. 103,15 f.; Hiob 14,2; Ps. 90,5 f), oder vom flüchtigen Atemhauch (z. B. Ps.78,39; Hiob7,7) gehören hierher.
[13] G. v. RAD, Theol. des Alten Testaments I(1957), 385.
[14] L. KÖHLER, a.a.O., 100.
[15] Vgl. dazu E. JÜNGEL, Tod, 2. Aufl. 1972, 99,138.
[16] EICHRODT, a.a.O., III, 161 ff.
[17] Über die Berührung der späteren alttestamentlichen Weisheit mit dem griechischen Unsterblichkeitsglauben: KELLERMANN, a.a.O., 278 ff.
[18] Dies gilt in etwa für das Auferstehungsverständnis BULTMANNS. Vgl. die Auseinandersetzung mit BULTMANN in: Der evang. Glaube I, 54 ff.; II, 539 ff.
[19] Die Subjekt-Objekt-Relation erweist sich hier, wie man sieht, in ihrer ganzen Unzulänglichkeit und ist nur cum grano salis zu verwenden.
[20] Vgl. dazu auch die Geschichte vom Reichen Jüngling Mk. 10,

17–27. Deren Auslegung im Buch des Verf.s „Und wenn Gott wäre . . .", 1970, 135 ff.

[21] Ficker 12,15; WA Tischr. 3,696.

[22] Vgl. dazu Genaueres über den theologischen Gebrauch des Begriffs „Seele" in Ev Gl III, 548 ff.

[23] „Denn wir vergehn durch deinen Zorn, durch deinen Grimm sind wir verstört. Du stellst unsere Schulden vor dich, und unser Geheimstes ins Licht deines Angesichts" (Ps. 90,7 f).

[24] Vgl. dazu AUGUSTIN, Conf., 11. Buch.

[25] Vgl. KANTS Unsterblichkeitslehre, die eben typisch und konsequent im Namen einer solch „ideellen'" Forderung (kategor. Imperativ) gedacht ist. Der qualitative Abstand von Sein und Sollen führt zu einer quantitativen Verlängerung der Bewährungsstrecke, um jenen Abstand zu verringern (KANT, Kritik der prakt. Vernunft, Erster Teil, II. Buch, 2. Hauptstück, IV).

[26] Diese Anschauung vom Gerichtszusammenhang zwischen Sünde und Tod wird indirekt bestätigt durch die paulinische Zentrallehre vom Tod Christi als strafstellvertretender Sühne für unsere Sünde (Röm. 8,3 f.; 2.Kor. 5,21 f.; Gal. 3,13; Hebr. 2,14 f.; 9,27). Ebenso zeigt das Johannesevangelium den Zusammenhang von Zorn und Tod: Einmal vermittels seiner Lehre vom Tode Jesu, der „aufgehoben hat die Sünde der Welt" (1,29), und ferner vermittels seiner Anschauung vom Árchōn toû kósmou, der zugleich anthrōpoktónos ist (8,44).

[27] Zur Lehre von der Gottebenbildlichkeit vgl. Theol. Ethik I, § 774 ff.; 843 ff. – Der evangel. Glaube III, S. 523, 534, 605.

[28] Wir vermeiden absichtlich den Terminus „Unsterblichkeit"; nicht nur deshalb, weil er metaphysisch belastet ist und in eine andere Richtung zeigt, sondern auch, um nicht einer dogmatischen Urstandsmetaphysik mit allzu handfesten Aussagen eines unerlaubt historisierenden Stils zu verfallen. Selbstverständlich besteht in den Aussagen der Bibel (Gen. 3) ein tiefgreifender sachlicher Unterschied zwischen der ursprünglichen Lebensbestimmung und „Todlosigkeit" der Menschen (Gen. 3,3 ff.) einerseits und der in V. 22 gemeinten errafften oder zu erraffenden „Unsterblichkeit" andererseits.

[29] Vgl. dazu LUTHERS Interpretation dieses Satzes in seiner Auslegung von Psalm 90, WA 40 III, 513, 18 ff.

[30] Vgl. MICHAEL SCHMAUS, Kathol. Dogmatik III, 2 (1941), S. 493: Es ist den physiologischen Gesetzen gestattet, „ihre Herrschaft

bis zur Vernichtung des Lebens auszuüben" . . . als „Strafe, welche Gott über den sündigen Menschen verhängt hat". „Im Walten der physiologischen Gesetze geschieht etwas, was kein Experiment und keine Erfahrung feststellen, sondern nur der Glaube bejahen kann: die Vollstreckung eines göttlichen Gerichtes."

[31] LUTHER gebraucht in solchen Zusammenhängen gerne den exemplar-Begriff, vor allem in bezug auf Christus, dessen Gerechtigkeit *meine* Gerechtigkeit, dessen Menschheit *meine* Menschheit ist. Vgl. LUTHERS Predigt über Matth. 11,25 ff. vom 24. Februar 1517; Cl. 5,426. Alles, was von Christus gilt, kann auch von denen gesagt werden, die an ihn glauben (WA 2, 531, 10). So hat man sich auf Christi Tun und Leiden so zu verlassen, als hätte man es selbst getan und gelitten (WA 2, 140, 7; 40 I, 278, 6). Vgl. auch die Hebräerbriefvorlesung (Luthers Hebräerbrief-Vorlesung, dtsch. Übers. E. Vogelsang, Berlin-Leipzig, 1930, S. 40). Erst von hier aus kommt das pro-me Christi auf seine Höhe. Im gleichen Sinne kann ich natürlich die Gegenfigur Adams als mein „exemplar" auf mich beziehen: Adams Geschöpflichkeit ist meine Geschöpflichkeit, Adams Fall und Sünde sind mein Fall und meine Sünde (1.Kor. 15,21 ff.) Vgl. meine theol. Analyse unserer Identität mit Adam, in: Geschichte und Existenz, 2. Aufl. 1964, 239 ff.

[32] MATTHIAS CLAUDIUS.

[33] Vgl. dazu die Beilage „Der Tod im Kosmos".

[34] Die Partien im Denken LUTHERS, in denen der Tod zum Gleichnis geistlicher Vorgänge wird (z. B. dem alten Menschen absterben und mit Christus auferstehen) liegen außerhalb unseres sonstigen Gedankenganges. Wir lassen sie deshalb auch hier fort.

[35] . . .quod mors in homine sit infinitis modis major calamitas quam aliorum animantium mors. Nam etsi equi, vaccae et omnia bruta moriantur, tamen non moriuntur irascente Deo, sed est eis mors quaedam calamitas temporalis, a Deo sic ordinata, non in poenam, sed quia alioqui Deo sic videretur bonum, WA 40 III, 513, 18.

[36] Non igitur hominum mors est similis morti bestiarum, quae naturali lege moriuntur. WA 40 III, 513, 28.

[37] Suem si mactes, clamore ostendit impatientiam et dolorem, arbor cum succiditur, non sine crepitu concidit. Quomodo igitur natura humana hanc cogitationem irae Dei sine lacrymis, sine murmuratione, sine summa impatientia sustineret? EA op. lat. 17/18, 298 f. = WA 40 III, 537, 12; vgl. a.a.O., 535, 15 ff.; 536, 23 ff.

[38] Vgl. zum Begriff des ,,ewigen Todes" bei LUTHER die Auf-
zählung der einzelnen Todesformen im Römerbriefkommentar
Ficker II, 153, 12 ff.: Quod duplex est mors sc. nature seu melius
temporalis et *eterna*. *Temporalis* est solutio corporis et anime. Sed hec
mors est figura, similitudo, et velut mors picta in pariete quoad
eternam, que et spiritualis, unde et in Scriptura frequentissime
somnus, quies, dormitio vocatur. – *Eterna* mors est duplex. 1. Alia
bona et optima, que est mors peccati et mors mortis, qua anima
solvitur et separatur a peccato et corpus a corruptione et per gratiam
et gloriam copulatur Deo viventi . . . Sic moritur peccatum et
peccator, quando justificatur, quia peccatum non revertitur in
eternum, ut hic Apostolus dicit: ,,Christus jam non moritur" etc.
. . . Ideo Deus contulit mortem mortis et peccatum peccati,
venenum veneni, captivitatem captivitatis. Sicut ait per Oseam:
,,Ero mors tua, o mors, morsus tuus ero, inferne" (13, 14) . . .
2. alia est eterna et pessima, que est damnatorum, ubi non
peccatum et peccator moritur homine salvo, sed homo moritur
peccato in eternum vivo et manente. Hec est mors peccatoris
pessima . . .

[39] KARL STANGE, Luthers Gedanken über die Todesfurcht, Berlin–Leipzig 1932, 15 f. – Vgl. dazu WA 40 III, 487, 18–22.

[40] Propterea quod homo sit talis creatura, quae ad hoc creata est,
ut viveret in oboedientia verbi et esset similis Deo. . . . non est
creata ad moriendum, sed mors peccati poena constituta est. WA 40
III, 513, 23.

[41] Adam et Eva, vos nunc vivitis securi, mortem non sentitis, nec
videtis. Haec est imago mea, qua vivitis, sicut Deus vivit. Si autem
peccaveritis, amittetis hanc imaginem, et moriemini . . . Multo
igitur miserrimum est, audire quod homo morti sit destinatus, qui
tamen ad vitam bonus et integer est conditus, ut haberet habita-
culum in Deo. WA 40 III, 513.

[42] Et in furore tuo terremur (aus Ps. 99): Proprie loquitur de
terrore mortis, qui si non esset, mors vere esset somnus quidam.
Sicut enim serpens mortuus speciem serpentis retinet, sed veneno
caret nec nocere potest, Ita Mors vere mortua esset, si absque hoc
terrore esset, qui vere est quasi venenum mortis. WA 40 III,
549,27–550,12.

[43] WA 40 III, 485 und 487.

[44] Die beiden letzten Zitate stehen zusammen WA 40 III, 487,
18–22: facile intelliges eum non simpliciter loqui de morte corporali.

Si enim ea sola exspectanda esset, diceremus cum Poeta: Summum
nec metuas diem nec optes (Martialis, Epigr. II, 47, 13). At nos
sustinemus aeternam mortem, siquidem iram Dei, quae a nobis
vinci nequit.

[45] Vgl. die im 1. Teil gebrachten TOLSTOI-Zitate.

[46] An nescimus, quid somnus sit, qui prius desinit, quam a nobis
possit observari? Nam prius quam intelligimus nos dormisse, somnus jam abiit. Vere itaque somnus et somnium est vita nostra. Prius
enim, quam nos vivere scimus, vivere desinimus. WA 40, III, 556.

[47] Vgl. dazu WA 40 III, 537, 11 ff.

[48] Inde fit, ut studia et rationes omnes ita instituant homines,
quasi semper sint victuri. Faciunt enim ex sua vita opinione aeternam vitam. WA 40 III, 524, 15.

[49] Hodie moritur, qui heri speraverat se quadraginta annos aut
amplius victurum esse, et si hos annos vixisset, nondum tamen
abjecisset spem longioris vitae. WA 40 III, 524, 21 ff. – Vgl. auch
561, 22.

[50] WA 40 III, 572, 18.

[51] Sed timor mortis est mors humanae animae. Ille, desperatio,
horror est ipsa mors. (WA 40 III, 550, 1)

[52] Ratio (angesichts des Zusammenhanges Sünde und Tod) igitur viam contemptus ingreditur aut viam blasphemiae. WA 40 III,
537, 18.

[53] . . . non Gentes, sed Monachi quoque multa disputarunt de
contemnenda morte, sed male. Nam homines hoc modo aut securi
fiunt aut blasphemi, dum exuunt timorem Dei ac commoventur
adversum Deum, quasi Deus tyrannum agat et sine ratione morti
exponat hanc miseram creaturam. WA 40 III, 520, 10.

[54] Quid enim est, quod Epicurus moritur, qui non solum Deum
esse nescit, Sed etiam calamitatem suam, quam sustinet, ignorat?
WA 40 III, 544, 25.

[55] Vgl. auch WA 40 III, 485, 13 ff.

[56] Ein besonders eindrückliches Beispiel aus dem nicht-christl.
Bereich ist ,,Die Todesverachtung der Japaner‘‘. Vgl. den gleichna-
migen Titel von E. BÄLZ, 1936.

[57] Wir dürfen uns nicht gegen die Schläge Gottes wappnen, indem
wir uns in Sicherheit wiegen (die stammt gerade vom Teufel);
sondern wir müssen uns von Gott auch obendrein die Sicherheit
zerbrechen lassen: ,,. . . daß Christus die tröstet, so der Teufel
erschreckt und verzagt will machen, und wiederum *die* erschreckt,

die der Teufel sicher und vermessen machet. Denn es müssen doch immerdar die zwei wider einander zu Felde liegen. Was der Teufel verdirbt und verstöret, das muß Christus bauen und aufrichten; und wiederum: was der Teufel anrichtet, das zerstöret Christus. WA 45, 472 f.

[58] . . . admoniti non aliunde accersamus auxilium, quam ab eo, qui inflixit malum. ,,Qui enim percussit, idem et sanabit." Hoc enim est titulus Dei nostri, Quod ,,occidit et vivificat, Quod ducit ad inferos et reducit." WA 40 III, 518, 20.

[59] Das angeführte Zitat ist gegen die Epikuräer und ihre geistige Bemühung gesagt, quomodo mitigentur mala, quae non possunt caveri: Sed doceri nos, ut bona et mala referamus ad unum Deum et discamus, quomodo illa mala vinci possint. WA 40 III, 517, 23.

[60] . . . quin potius barbariem vocemus elegantiam Graecorum, siquidem cum impietate et ignorantia Dei conjuncta est. WA 40 III, 459, 22 f.

[61] Vgl. dazu auch Paulus 1.Kor. 15,21.26, wo beim Tod das bloß physische Erleiden einerseits und das persönlich treffende, wehetuende Schuldgefühl und die Erfahrung des richtenden Gottes andererseits zwar unterschieden, aber nicht geschieden wird. Der Tod, wie ihn alle Menschen erfahren, ist eben erst durch Sünde und Gesetz da; und ohne diesen Stachel ist kein Menschentod, der diesen Namen verdiente.

[62] Siehe dazu: Der evang. Glaube II, 223 ff.

[63] Vgl. das Buch des Verf.s: ,,Zwischen Gott und Satan", 5. Aufl. 1978, S. 49 ff.

[64] LEOPOLD ZIEGLER, Überlieferung, Leipzig 1936, 343 ff.

[65] Beide Zitate verdanke ich G. NEBEL, a.a.O., 153.

[66] Es zeitigt ja dann auch wie alles Verdrängte ,,Komplexe". Die Götter und Ersatzreligionen wird man als deren ideologischen Ausdruck ansprechen dürfen.

[67] Obwohl der terminus ,,Nichtumkehrbarkeit der Zeitlinie" von KARL HEIM stammt, der sie gerade im Hinblick auf das Schulderlebnis immer wieder und überaus eindrucksvoll betont, wissen wir uns hier von HEIM doch insofern geschieden, als bei ihm diese Unvertauschbarkeit als ein Daseinsphänomen herausgestellt wird, zu dessen Einsicht ich genötigt werden kann, und das insofern andemonstrierbar ist. Ich muß das ganz entschieden leugnen. Die natürliche Wertung des Silvestererlebnisses – wie wir es nannten und wie wir daran aufzeigten – vermag eben ganz anders zu sein. Es

hängt alles von der Einsicht in die personhafte Struktur unseres Daseins und unserer Todesgrenze ab, und diese wiederum wird nur aus der Selbsterschließung des mir begegnenden, mich personhaft *machenden* Gottes ab. (Vgl. meine Auseinandersetzung mit Heim „Jesus der Weltvollender", Theol. Blätter Juni/Juli 1938.)

[68] Evang. Kirchengesangbuch Nr. 390.

[69] Vgl. die Auslegung dieses Gleichnisses in meinem Buch „Das Bilderbuch Gottes", 1957 ff. (47 ff.)

[70] Guardini-Ausg., 44.

[71] A.a.O., 51.

[72] S. KIERKEGAARD, Der Einzelne und die Kirche, 1934, S. 91.

[73] Vgl. „Das abenteuerliche Herz", besonders die 1. Fassung 1929. Der ältere JÜNGER hat freilich den Nihilismus deutlich überwunden. Vgl. dazu das Buch des Verfassers: „Fragen des Christentums an die moderne Welt", 4. Aufl. 1947, 60 ff.

[74] Großer Katechismus IV. Teil: Von der Taufe, 20.

[75] WILH. KAMLAH hat in seinem Buche „Christentum und Selbstbehauptung. Historisches und philosophische Untersuchungen zur Entstehung des Christentums und zu AUGUSTINS ‚Bürgerschaft Gottes' (Frankfurt a. M. 1940) die Beziehung zwischen dem Wissen um den Tod als Grenze und dem Wissen des Menschen um sich selbst als theologisch qualifizierten Einzelnen ebenfalls herausgearbeitet. Vgl. das Kapitel „Die eschatologische Vereinzelung vor Gesetz, Gericht und Tod", S. 47 ff.

[76] BERNHARD GROETHUYSEN, Das Bürgertum u. die kathol. Weltanschauung, 1927,83.

[77] Vgl. dazu JOSEF SELLMAIER, Der Mensch in der Tragik, 2. Aufl. 1941. Ferner die Arbeit des Verf.s: Schuld und Schicksal. Gedanken eines Christen über das Tragische, Berlin 1937.

[78] CURT LANGENBECK, Wiedergeburt des Dramas . . ., München 1940.

[79] Hebräer 3,8.15; 4,7, jeweils im Rückgriff auf Ps. 95,8.

[80] Es sei an die früher besprochene Geschichte vom Reichen Kornbauern erinnert.

[81] Matth. 8,22; Luk. 15,24; 32; Kol. 2,13; Eph. 2,1.5.

[82] „. . . Die Zoé ist Gott eigen als dem zôn (dem Lebendigen), d. h. nicht nur als dem, der die Zoé ursprünglich in sich hat (Joh. 5,26), der ewig lebt und allein die athanasía (Todlosigkeit) hat (1.Tim. 6,16), sondern vor allem dem, der lebendig machen wie töten kann . . . So ist Gott der Herr über Leben und Tod, wie er

Richter über die Lebendigen und Toten ist" (BULTMANN, NTW II, 863, 20).

[83] Der 1. Timotheus-Brief (6,19) nennt dieses eigentliche Leben die óntōs zoé, der dann auch der óntōs thánatos als endgültiger Tod entspricht (NTW 865 A. 268).

[84] Z. B. Matth. 19,16.29; Act 13,46.48; Röm. 2,7; 5,11; 6,22 f. u. a.

[85] Vgl. zum ,,exemplar"-Gedanken bei LUTHER Ev Gl II, 499 u. 232 ff.

[86] Auslegung des Römerbriefs, Bd. 16 der Gesamtausgabe von CALVINs Auslegung der Hl. Schrift, 1960, 125.

[87] Vgl. R. HERMANN, Luthers These: Gerecht und Sünder zugleich, 1930.

[88] Vgl. Ev Gl III, 97 ff.

[89] A.a.O., 125.

[90] PAUL GERHARDT, Gesangbuch 86,6.

[91] Vgl. das paulinische ,,Logízesthe", ,,haltet euch dafür", ,,rechnet damit": Röm. 6,11.

[92] Im alttestamentlichen Bezug von Verheißung und Erfüllung deutet sich diese Verwischung der Zeitzäsur schon an. Dazu: Ev Gl III, 201 ff.; 230 ff.

[93] 2.Tim. 1,10; vgl. Röm. 8,38; 2.Kor. 1,10.

[94] M. SCHMAUS geht über diesen Gedanken der biologischen Larve weit hinaus: ,,In dem leiblichen Sterben kommt hervor, was seit der Taufe immer schon im Menschen war. Der leibliche Tod ist die Vollendung des Todes, den der Mensch in der Taufe stirbt" (Kathol. Dogmatik III, 2, 2. A. 1941, 494). Demnach nimmt also die Taufe das menschliche Sterben nicht in gleichnishafter Weise auf – ebenso wie die Auferstehung Jesu Christi (Röm. 6,3 f.) –, sondern umgekehrt ist der Tod des Menschen Vollzug und Vollendung des in der Taufe angelegten Sterbens. – Dieser Gedanke erscheint mir in der SCHMAUSschen Formulierung unbiblisch und systematisch kaum zu rechtfertigen. Der Tod verliert auf diese Weise den bedrängenden Sinn, den er auch als biologische Larve noch besitzt. Er hat dann nicht mehr den bedrohlichen Charakter des ,,letzten Feindes" (welchen Rang er ja immerhin behält!). So muß dann auch der Trotz unverständlich bleiben, mit dem wir ihm nun im Namen des Auferstandenen entgegentreten, aber doch eben ,,entgegen-treten" (,,Trotz des Todes Rachen . . .").

Der Tod *bleibt* die Anamnesis an unsern Fall. Er bleibt die

Entgegensetzung zum Leben Gottes, auch wenn er uns nicht mehr scheiden kann von seiner Gemeinschaft. Es kommt niemals zu einem Augenblick, wo wir als die Erlösten mit dem Tode am gleichen Seil und in gleicher Richtung zögen. Auch die Freude des Paulus auf sein Ende (Phil. 1,23) ist nicht die Freude auf den Vollzug des Taufsegens, sondern die Freude auf die Beendigung der im Zwiespalt *bleibenden* Existenzform, der noch im Schatten und in der Ferne Wandelnden.

[95] Vgl. dazu die Apologie der Augsburger Konfession, Art. III: Über die Liebe und die Erfüllung des Gesetzes, bes. § 5, 20, 26.

[96] Nur unter einer Bedingung bleibt das personhafte Verhängnis zum Tode bestehen, ja bekommt es den Charakter der Endgültigkeit: wenn der Mensch die angebotene Gemeinschaft mit Gott ablehnt. In diesem Falle spricht das letzte Buch der Bibel vom „andern Tod" (deúteros thánatos). Überhaupt gibt es auch hier schon – wir wiesen darauf hin – ein Tot-sein in der Sünde: Luk. 15,32; Röm. 7,10; Eph. 2,1; 1.Tim. 5,6; 1.Joh. 3,14; Apk. 3,1.

[97] Vgl. die Auslegung von Ps. 45, WA 40 II, 527,9. Hierher gehört auch der Begriff der justitia activa.

[98] Der Heilige Geist möge uns unsere Tage zählen lehren, ut cogitemus de nobis, quid simus et etiam centum annos hujus vitae ducamus similes puncto mathematico et brevissimo momento. WA 40 III, 572, 23.

[99] Vgl. von katholischer Seite z. B. O. KARRER, Der Unsterblichkeitsglaube, 1936.

[100] Auf protestantischem Boden hat dieser Gedanke der Infusion ebenfalls wiederholt Platz gegriffen, soviel ich sehe aber nicht in der konsequenten Verbindung der so veränderten Rechtfertigungslehre mit einer sachlich dem entsprechenden Unsterblichkeitslehre. Vgl. dazu OSIANDERS Lehre von der Mitteilung und Einwohnung der wesentlichen Gerechtigkeit Christi, die er vor allem gegenüber MELANCHTHONS forensischer Fassung der Rechtfertigungslehre geltend macht. Dazu Ev Gl III, 54 ff.

[101] Im Gedanken der Stellvertretung steckt ja immer, daß ein anderer etwas ist und darstellt, was wir *nicht* sind und nie sein können und auch durch die Stellvertretung nicht real werden. Deshalb bleibt auch Christi stellvertretende Gerechtigkeit immer eine justitia *aliena*. Nur in diesem Sinne kann ich alles, was von meinem Stellvertreter Jesus Christus gilt, dann auch von *mir* aussagen. Nur so werde ich in die Menschheit Jesu Christi aufgenom-

men durch den Glauben und darin gerechtfertigt. Credentibus in
nomine domini donantur omnia peccata et justitia eis imputatur (=
im Namen des Herrn werden den Glaubenden alle Sünden
geschenkt und [seine] Gerechtigkeit wird ihnen zugerechnet [WA
2, 490,25]).

[102] Siehe dazu auch Beilage IV: Über den Zwischenzustand.

[103] Luthers Genesis-Kommentar, WA 43, 481,32 ff.

[104] Aus einem Brief an Spenlein, 1516, W.Br. I, 35.

[105] WA 2, 531, 10; 140, 7; 40 I, 278, 6.

Zu den Beilagen I–VI

[1] 2. Akt; Cotta'sche Ausg. 3,777.

[2] A.a.O., 778.

[3] Aus dem Gespräch vom 2. Mai 1824.

[4] Cotta-Ausg. 6,481.

[5] Eckermann, 1. Sept. 1829.

[6] Im Gespräch vom 25. Februar 1824. (Vgl. unsere frühere
Erörterung des Begriffs der ,,Tätigkeit".)

[7] Werke ed. Suphan 1877 ff., XVI, S. 122; zit. bei R. Unger,
Herder, Novalis und Kleist, in: Deutsche Forschungen 9/1922, 23.

[8] Unger, a.a.O.

[9] Zu dem hier vorliegenden Zeitbegriff vgl. das Buch des Verf.s:
Offenbarung, Vernunft und Existenz. Eine Studie über die Religionsphilosophie Lessings, 5. Auflage 1967.

[10] Vgl. dazu die Zusammenstellungen besonders aus der spätjü-
dischen Apokalyptik bei Ethelbert Stauffer, Theol. des N.T.,
1941, S. 56 ff.

[11] Zit. bei F. W. Weber, Gott in der Natur, 1936, S. 46.

[12] Für theologische Leser darf ich auf das einschlägige Kapitel in:
Der evangelische Glaube III, 548 ff. hinweisen. Dort wird auch der
Dialog mit der kathol. Theologie über den Zwischenzustand erör-
tert.

[13] Vgl. den Begriff katargéō in 1. Kor. 15,26 und 2.Tim 1,10.
Dieser Begriff meint ,,siegen" in dem Sinne von: ,,außer Wirksam-
keit setzen", ,,entkräften"; in der Passivform: ,,nichts mehr zu
schaffen haben mit . . .". In diesem Sinn hat nach 2.Tim. 1,10
Christus ,,den Tod besiegt" (außer Kraft gesetzt) und hat ,,Leben
und Unverweslichkeit ans Licht gebracht".

[14] Siehe Lit.-Verzeichnis.

[15] WA 37, 174 ff.

[16] In illo (cf. somno) pax est et quies, putat se dormivisse vix unam aut alteram horam et tamen videt animam ita dormire, ut etiam vigilet. Vgl. den ganzen Abschnitt über den Schlaf der Frommen in LUTHERS Auslegung von Gen. 25, Erlanger Ausg., exeg. op. lat. VI, 114 ff.

[17] Es sei z. B. an den Schlußchoral der BACHschen Johannes-Passion erinnert: ,,Ach Herr, laß dein lieb Engelein / an meinem End die Seele mein / in Abrahams Schoß tragen" (MARTIN SCHALLING, um 1570).

[18] Vgl. Ev Gl III, 549 ff.

[19] Diese Selbsttranszendierung ist der cantus firmus in meinem Versuch einer Anthropologie: ,,Mensch sein – Mensch werden", 3. A. 1980.

[20] Ev Gl II, 550.

[21] Lk. 24,13 ff. Darüber a.a.O., 558.

[22] Darauf, daß ich mich in puncto des etwas dubios gewordenen Begriffs ,,Anknüpfungspunkt" sowohl von EMIL BRUNNERS allzu undifferenzierter Bejahung dieses Begriffs wie von KARL BARTHS ebenso undifferenzierter Ablehnung unterscheide, habe ich durch Interpretation dieses Begriffs wiederholt hingewiesen. Vgl. dazu: Theol. Ethik, § 1675–1690; 1643–1674; Evang. Glaube I, 179–181.

[23] Der ev. Glaube, 533.

[24] Was das Auferstehungsgeheimnis anbelangt, das hier nur in jener ,,indirekten Beleuchtung" auftauchen kann, so darf ich hinsichtlich der Gesamtkonzeption zu diesem Thema auf die Kapitel über die Auferstehung Christi und der Auferstehung der Toten in den Bänden II und III der oben genannten Dogmatik hinweisen.

Literaturübersicht

(Hier nicht Aufgenommenes [z. B. PLATON, LUTHER u. a.] ist im Text bibliographisch angegeben.)

A. AHLBRECHT, Tod u. Unsterblichkeit in der evang. Theologie der Gegenwart, 1964

P. ALTHAUS, Die letzten Dinge. Entwurf einer christl. Eschatologie, 3. A. 1926; 6. A. 1956

DERS., Der Friedhof unserer Väter, 3. A. 1928

DERS., Die christliche Wahrheit. Lehrbuch der Dogmatik, 2 Bde., 1947/48

J. AMÉRY, Hand an sich legen. Diskurs über den Freitod, 1976

T. ANDRAE, Die letzten Dinge, 1940

PH. ARIÈS Studien zur Geschichte des Todes im Abendland, 1976

H. J. BADEN, Literatur und Selbstmord, 1965

G . BALLY, Das Todesproblem in der wissenschaftlich-technischen Gesellschaft, in: Wege zum Menschen, 1966, 129 ff.

U. VON BALTHASAR, Apokalypse der deutschen Seele. Studie zur Lehre von den letzten Haltungen, 3 Bde., o. J.

E. BÄLZ, Über die Todesverachtung der Japaner, 1936

G. BARBARIN, Der Tod als Freund, 1938

C. BARTH, Die Errettung vom Tode in den individuellen Klage- und Dankliedern des Alten Testaments, 1947

K. BARTH, Kirchliche Dogmatik III, 2, 1948, 714 ff.

W. BAETKE, Art und Glaube der Germanen, 1934

S. BAUM, Der verborgene Tod. Auskünfte über ein Tabu, 1979

S. DE BEAUVOIR, Ein sanfter Tod, 1965

W. BEHNK, Vom Mythos der ,,Leben-nach-dem-Tod"-Literatur, in: Zeitschrift für evang. Ethik 3/1979, 221 ff.

D. BONHOEFFER, Widerstand und Ergebung, 1951 ff.

T. BOVET, Die Ganzheit der Person in der ärztlichen Praxis, o. J.

R. BULTMANN, Der Lebensbegriff des Alten Testaments, in: G. Kittel u. G. Friedrich (ed.), Theol. Wörterbuch zum Neuen Testament (zit. NTW) II, 1967, 850 ff.

DERS., Der Lebensbegriff des Neuen Testaments, a.a.O., 862 ff.

H. BÜRKLE., Der Tod in den afrikan. Gemeinschaften, in: Lohse, Leben (siehe das), 243 ff.

J. CHORON, Der Tod im abendländischen Denken, 1970

O. CULLMANN, Unsterblichkeit der Seele und Auferstehung der Toten. Das Zeugnis des Neuen Testaments, in: Theol. Zeitschrift, Basel, 2/1956, 126 ff.

F. DEHN, Das Gespräch vom Tode, o. J.

KL. DIRSCHAUER, Der totgeschwiegene Tod, 1973

A. DOROZYNSKI, Der Mann, der nicht sterben durfte. Das Leben des russischen Nobelpreisträgers Lew Landau, 1966

G. EBELING, Dogmatik des christl. Glaubens III, 1979, Kap. 11, 385 ff.

M. EBON, The evidence for life after death, dtsch: Erfahrungen mit dem Leben nach dem Tod, 1977

K. R. EISSLER, Der sterbende Patient. Zur Psychologie des Todes, 1978

M. ELZE, Spätmittelalterliche Predigt im Angesicht des Todes, in: Lohse, Leben (siehe das) 89 ff.

K. ENGISCH, Euthanasie u. Vernichtung lebensunwerten Lebens in strafrechtlicher Betrachtung, Stuttgart o. J.

G. FOHRER, Das Geschick der Menschen nach dem Tode im Alten Testament, in: Kerygma u. Dogma 4/1968, 249 ff.

S. FREUD, Das Ich und das Es, 1923

V. GARDAVSKÝ, Gott ist nicht ganz tot, 1968

L. GOPPELT, Geschichtlich wirksames Sterben, in: Lohse, Leben (siehe das), 61 ff.

W. GRÖNBECH, Kultur u. Religion der Germanen, 1937. – Engl. Ausg.: The Culture of the Teutons, Copenhagen u. London, 1928 (erweitert)

L. R. GROTE, Das Problem des Todes unter dem Gesichtspunkt der biologischen Zeit, in: Synopsis. Studien aus Medizin u. Naturwissenschaft, ed. A. Jores, 1949, 25 ff.

B. GROETHUSEN, Die Entstehung der bürgerl. Weltanschauung in Frankreich, I, 1927

R. HAAS, Zum Todesmotiv im Werk Hemingways, in: Die neueren Sprachen 10/1959, 455 ff.

J. CHR. HAMPE, Sterben ist doch ganz anders, 1975

M. HEIDEGGER, Sein und Zeit, 3. A. 1931

G. HEINZ-MOHR, Jetzt und in der Stunde des Todes, 1963

M.-L. HENRY, ,,Tod" u. ,,Leben" . . . im Alten Testament, in: Lohse, Leben (siehe das), 1 ff.

H. E. HENGSTENBERG, Einsamkeit und Tod, 1938

DERS., Tod und Vollendung, 1938

B. HILDEBRANDT, Die theol. Bedeutung des Todes, in: Theol. Versuche VI, Berlin (Ost) 1975, 193 ff.

W. HÖFER, Leben müssen, sterben dürfen, 1977

F. HOFF, Von Krankheit und Heilung und vom Sterben, 1975

E. HORNUNG (ed.), Das Totenbuch der Ägypter, in: Bibliothek der Alten Welt, 1979.

C.-H. HUNZINGER, Die Hoffnung angesichts des Todes im Wandel paulin. Aussagen, in: Lohse, Leben (siehe das), 69 ff.

E. HUSSERL, Vorlesungen zur Phänomenologie des inneren Zeitbewußtseins, ed. M. Heidegger, 1928

K. JASPERS, Philosophie II. Existenzerhellung, 1932, 220 ff.

A. R. JOHNSON, The vitality of the individual in the thought of ancient Israel, 1949

A. JORES, Der Tod und der Arzt, in: Synopsis, 1949, 3 ff.

E. JÜNGEL, Tod, 2. A., 1979

W. KASPER, Gespräch über christl. Eschatologie, Herder-Korrespondenz 3/1977, 130 ff.

R. KAUTZKY, Der ärztliche Kampf um das Leben des Patienten ,,bis zum letzten Atemzug", in: Hochland, 1961, 303 ff.

DERS. (ed.), Sterben im Krankenhaus, 1976

U. KELLERMANN, Überwindung des Todesgeschicks in der alttestamentlichen Frömmigkeit vor und neben dem Auferstehungsglauben, in: Zeitschr. für Theol. u. Kirche 3/1976, 259 ff.

G. KLEMPNAUER, Wenn ich nur noch einen Tag zu leben hätte. Aussagen von Jugendlichen, 1977

A. KÖBERLE, Die Theologie der Gegenwart und das Leben nach dem Tod, 1970

K. KOCH, Der Schatz im Himmel, in: Lohse, Leben (siehe das), 47 ff.

G. KOLPAKTCHY (Übers.), Das ägyptische Totenbuch, 1973

H. J. Kraus, Vom Leben und Tod in den Psalmen, in: Lohse, Leben (siehe das), 27 ff.

G. Kretschmar, Auferstehung des Fleisches, in: Lohse, Leben (siehe das) 101 ff

E. Kübler-Ross, Interviews mit Sterbenden, 2. A. 1979

Dies., Reif werden zum Tode, 3. A. 1977

K. Lehmann, Der Tod bei Heidegger und Jaspers, 1938

J. Leipold, Der Tod bei Griechen und Juden, 1942

W. Lohff, Theol. Erwägungen zum Problem des Todes, in: Lohse, Leben (siehe das), 157 ff.

B. Lohse u. H. P. Schmidt (ed.) Leben angesichts des Todes, 1968

B. Lohse, Gesetz, Tod und Sünde in Luthers Auslegung des 90. Psalms, in: B. Lohse, Leben (siehe das), 138 ff.

H. J. Margull, Tod Jesu u. Schmerz Gottes, in: Lohse, Leben (siehe das), 269 ff.

H. Martensen-Larsen, An der Pforte des Todes, 1955

A. Mauder, Die Kunst des Sterbens, 3. A. 1976

R. A. Moody, Life after life: The investigation of a phenomenon–survival of bodily death, 1975; dtsch.: Leben nach dem Tod, 1978

H.-R. Müller-Schwefe, Tod u. Leben in der modernen Dichtung, in: Lohse, Leben (siehe das), 223 ff.

G. Nebel, Platon u. die Unsterblichkeit der Seele, in: Griechischer Ursprung I, 1948, 11–219

S. Neill, Die Macht u. Bewältigung des Todes in Hinduismus u. Buddhismus, in: Lohse, Leben (siehe das), 283 ff.

A. T. Nikolainen, Der Auferstehungsglaube in der Bibel u. ihrer Umwelt I, 1944

H. Nitschke (ed.), Wir wissen, daß wir sterben müssen, 1955

W. F. Otto, Die Götter Griechenlands, 1934, bes. 175 ff.; 189 f.

W. Pannenberg, Tod u. Auferstehung in der Sicht christl. Dogmatik, in: Kerygma u. Dogma 3/1974, 167 ff.

H. Poelchau, Bewußtes Sterben (vor der Hinrichtung), in: Synopsis 1949, 19 ff.

G. Quell, Die Auffassung des Todes in Israel, 1967

G. von Rad, Leben u. Tod im Alten Testament, in: NTW II, 844 ff.

Ders., Theologie des Alten Testaments, 2 Bde., 1957 ff.

K. Rahner, Zur Theologie des Todes, 2. A. 1958

W. Rehm, Der Todesgedanke in der deutschen Dichtung vom Mittelalter bis zur Romantik, 1928

R. Röhricht, Der Name „Gott", in: B. Lohse, Leben . . . (siehe das), 171 ff.

R. Rudolf, Ars moriendi. Forschungen zur Volkskunde, 1957

W. Schadewaldt, Das Gedenken der Toten in der Antike, in: Hellas u. Hesperien, 1960, 60 ff.

M. Scheler, Vom Ewigen im Menschen, 1923

H. P. Schmidt, Todeserfahrung u. Lebenserwartung, in: B. Lohse, Leben . . . (siehe das), 191 ff.

K. Schrötter, W. Wüst, Tod u. Unsterblichkeit im Weltbild der indogermanischen Denker, 1942

M. Schur, S. Freud. Sein Leben u. Sterben, 1973, bes. 436–444

Seneca, De brevitate vitae, 1976

G. Simmel, Metaphysik des Todes (1910), in: Logos 1, 57 ff.

C. Stange, Luthers Gedanken über die Todesfurcht, 1932

H. Thielicke, Theol. Ethik, Bd. I–III (zit. ThE), 2.–5. Aufl.

Ders., Der evangel. Glaube, Bd. I–III (zit. EvG1)

Ders., Mensch sein – Mensch werden (zit. Anthropol.), 3. Aufl. 1980

Ders., Wer darf sterben? Grenzfragen der modernen Medizin, 1979

P. Tillich, Systematische Theologie II, 3. A., 1958, 76 ff.

L. Tolstoi, Der Tod des Iwan Iljitsch, in: Die großen Erzählungen, 1974

F. Valentin (ed.), Die Euthanasie. Ihre theol., mediz. u. jur. Aspekte, 1969

J. Wach, Das Problem des Todes in der Philosophie unserer Zeit, 1934

L. Wächter, Der Tod im Alten Testament, 1967

G. Wehrung, Der Mensch und der Tod, 1950

W. Wickler, U. Seibt, Das Prinzip Eigennutz (über die Unsterblichkeit der Gene), 1977

E. Wiesenhütter, Blick nach drüben. Selbsterfahrungen im Sterben, 1974

H. W. Wolff, Anthropologie des Alten Testaments, 2. A. 1974, bes. § 12, 150 ff.

L. Ziegler, Überlieferung, 1936

Sachregister

Leben
angesichts des Todes

Beiträge zum theologischen Problem des Todes.
Helmut Thielicke zum 60. Geburtstag.
1968. VII. 325 Seiten. Ln.

Marie-Louise Henry: »Tod« und »Leben«. Unheil
und Heil als Funktionen des richtenden und rettenden
Gottes im Alten Testament – Hans-Joachim Kraus:
Vom Leben und Tod in den Psalmen – Klaus Koch:
Der Schatz im Himmel – Leonhard Goppelt:
Geschichtlich wirksames Sterben – Claus-Hunno
Hunzinger: Die Hoffnung angesichts des Todes im
Wandel der paulinischen Aussagen – Martin Elze:
Spätmittelalterliche Predigt im Angesicht des Todes –
Georg Kretschmar: Auferstehung des Fleisches –
Bernhard Lohse: Gesetz, Tod und Sünde in Luthers
Auslegung des 90. Psalms – Wenzel Lohff: Theologi-
sche Erwägungen zum Problem des Todes – Rainer
Röhricht: Der Name »Gott« – Hans P. Schmidt:
Todeserfahrung und Lebenserwartung – Hans-Rudolf
Müller-Schwefe: Tod und Leben in der modernen
Dichtung – Horst Bürkle: Der Tod in den afrikani-
schen Gemeinschaften – Hans Jochen Margull: Tod
Jesu und Schmerz Gottes – Heinrich Meyer: Der
Kampf mit dem Tode bei indischen Bergstämmen –
Stephen Neill: Die Macht und die Bewältigung des
Todes in Hinduismus und Buddhismus – Bibliogra-
phie Helmut Thielicke

J. C. B. Mohr (Paul Siebeck)
Tübingen

Helmut Thielicke
Theologische Ethik

Band I: Prinzipienlehre. Dogmatische, philosophische und kontro-
verstheologische Grundlegung. 4. Aufl. 1972. XIX, 746 Seiten. Ln.
Band II/1: Entfaltung, 1. Teil. Mensch und Welt. 4. Aufl. 1973.
XXII, 644 Seiten. Ln.
Band II/2: Entfaltung, 2.Teil. Ethik des Politischen. 3. Aufl. 1974.
XXIV, 787 Seiten. Ln.
Band III: Entfaltung, 3. Teil. Ethik der Gesellschaft, des Rechtes,
der Sexualität und der Kunst. 2. Aufl. 1968. XXXV, 972 Seiten.
Ln.

Der Evangelische Glaube

Grundzüge der Dogmatik
Band I: Prolegomena. Die Beziehung der Theologie zu den Denk-
formen der Neuzeit. 1968. XX, 611 Seiten. Kart., Ln.
Band II: Gotteslehre und Christologie. 1973. XIX, 585 Seiten.
Kart., Ln.
Band III: Theologie des Geistes. 1978. XXIV, 648 Seiten. Ln.

Dogmatik und Ethik sind, obwohl jeweils in sich abgeschlossen, als
ein Gesamt-Corpus zu verstehen. Eine profilierende Linie, die das
ganze siebenbändige Werk durchzieht, ist unverkennbar: Der the-
matische Bezugspunkt ist die alles durchwaltende Frage, inwiefern
der christliche Glaube unser In-der-Welt-Sein und damit unser
Dasein und unser mitmenschliches Sein aufschließt. Man könnte
auch sagen, es geht um die *weltliche Relevanz der Gottesfrage*.
Die *Theologische Ethik* gibt eine Interpretation unserer Wirklichkeit
sub specie der Gottesfrage. Es gibt kaum einen Lebensbereich oder
eine aktuelle Fragestellung, die hier nicht zur Sprache käme.
Während in der *Theologische Ethik* der christliche Glaubensgrund,
der die Sicht aller Lebensphänomene bestimmt, sozusagen nur in
›indirekter Beleuchtung‹ erscheint, geht es in *Der Evangelische
Glaube* um die Lichtquelle selbst. Der erste Band ist eine umfassende Auseinandersetzung mit Theologie und Philosophie seit der
Aufklärung. Im zweiten Band geht es vor allem um das Problem
des ›persönlichen‹ Gottes sowie um den Versuch, neue Zugänge zur
Christologie zu eröffnen. Der letzte Band behandelt den Dritten
Glaubensartikel, vor allem die Lehre vom heiligen Geist. Er bildet
gewissermaßen das Kernstück des ganzen hier vorgetragenen Systems.

J. C. B. Mohr (Paul Siebeck)
Tübingen